한국사회와 정보통신기술

허상수 지음

2006
백산서당

머리말

　1995년 이래 한국사회는 인터넷의 대중화와 함께 초고속, 축, 이동통신의 생활화를 통해 세계 유수의 정보대국으로 특히 한국사회가 이처럼 편한 생활이 가능해지고 나름대로 갖출 만큼 정보화 강국으로 부상할 수 있는 발판을 닦게 된 시점 대라고 한다. 그래서 한국사회가 세계경제사상 유례 없는 압축 고속 공업화를 넘어 정보화사회로 진입하게 된 것은 1980년대 정부 일각에 진한 정보산업 육성정책의 시행, 발군의 혁신 네트워크 운용, 창의적 기 파워엘리트의 헌신과 노력의 결과라고 생각한다. 그러나 그 추진과정은 여러 번의 기술 외적인 우여곡절을 겪은 게 사실이다. 이 책은 약 30년간의 한국 정보통신기술의 발전을 개괄해 보고자 그런 정치적 과도기에 일어난 새로운 기술형성을 사회적 관계와 사회과정을 중심으로 살펴본 것이다.

　1967년 경제기획원이 국내 최초로 컴퓨터를 도입한 이래 '꿈의 기계'로 불린 이 만능장치를 우리 것으로 만들기 위한 꿈과 열정과 도전정신으로 속이 꽉 찬 인재들이 뛰어들어 기나긴 국산기술 개발레이스가 시작됐다. 기술지식 기반도 일천한 풍토에서 이들은 한편으로 완제품 수입사용을 강요하는 상업화와 국제화의 흐름과, 다른 한편으로 새로운 기술개발에 대한 무지와 질시로 가득 찬 주위 사람들의 냉대와 실소에 맞서면서 의연하게 한 길을 걸어 나갔고, 이 과정에서 많은 성공과 실패, 여러 가지 좌절과 보람을 맛보았다. 한국 전자산업, 오늘날 정보통신산업이라 불리는 이 새로운 기술 체계를 도입 · 운용 · 개발 · 생산하는 과정에서 한국인들은 전화적체를 일거에 해결한 전전자교환기(全電子交換機) TDX 개발과 전화 1천만 회선 돌파, 오보산업기술의 꽃'으로 불리며 수출 주력산업으로 우뚝 선 반도체 AM 개발에 이어 1990년대에 메모리 반도체 세계시장 점유율 1위 달 최초 상업화기술로 유명한 이동통신 기술시스템의 총아인 CDMA 개발과 함께 행정전산화 사업추진과 그 주전산기 국산화 개발이라는 을 이루었다는 평가를 받고 있다. 그것은 황무지에 세계 굴지의 자동차 공장을 건설한 만큼이나 위대한 한국인의 기적이요, 한국사회 발전의 제와 오늘을 잘 비춰 주고 있다. 이 사례연구를 통해 한국 사회변동의 역 성과 긴장이 한 정보통신기술의 발전과정에 역력하게 반영되고 있음을 확인할 수 있었다. 국민동원과 혁신주체, 기술 수요자의 작용과 대응과정이 기묘하게 교직되어 상호 작용하고 있음을 목격할 수 있었다.

1994년 당시 한참 요란했던 한 무지막지한 재벌의 자동차산업 진입으로 야기된 논쟁과정을 정리한 자동차산업 연구조사 작업을 진행한 적이 있다. 그후 그 동안 공부해 왔던 산업사회학 영역을 넘어 과학기술학(STS: Science and Technology Studies)으로 작업폭을 확대하면서도 실증경험 연구에 대한 나의 관심은 끊어지지 않았다. 그 결과 이번에 소박한 수준이지만 점차 위력적인 세를 보이고 있는 정보통신산업의 기반인 정보통신기술 연구를 일단 마무리할 수 있게 됐다.

이 작업 결과는 2000년 10월 "한국 통신정보기술의 발전에 관한 사회학적 연구: 국가기간전산망의 사회적 형성을 중심으로"라는 제하에 국내 대학 최초로 개설된 고려대학교 대학원 과학학 협동과정 과학사회학 전공 박사학위 청구논문으로 제출됐다. 위 학과 특유의 '두 스승' 제도에 따라 사회학과 김문조 교수님과 컴퓨터과학과 황종선 교수님은 이 학위논문의 지도교수로서 자상한 배려와 훈도를 베풀어 주셨다. 또한 바쁘신 중에도 논문심사과정에 고려대 이초식 교수님, 국민대 김환석 교수님도 귀중한 의견과 지적을 해 주셨다. 뿐만 아니라 고려대 화학과 최동식 교수님, 행정학과 안문석, 염재호 교수님, 관동대 성영곤 교수님의 과학사 강의도 도야의 한 과정으로서 매우 유익한 것이었다.

또한 연구공간과 시간을 제공해 준 성공회대학교 김성수 총장님과 이재정 전 총장님, 사회과학부 신영복 교수님, 사회문화연구소 이종구·이영환 소장님, 조희연, 김진업, 박경태, 김동춘, 정해구 교수와 시민사회복지대학원 조효제 교수, 신문방송학과 김용호 교수, 컴퓨터공학부 이장우 교수님, 김명철 교수 여러분의 관심과 도움에 대해 이 기회를 빌어 감사드리지 않을 수 없다.

더욱이 한국과학기술원 전길남 교수님, 윤정로 교수님, 영국 에든버러대학의 로빈 윌리암스 교수, ICANN(The Internet Corporation for Assigned Names and Numbers) 요코하마 총회에서 만난 미국 조지아공대(GIT) 한스 클라인 교수의 의견과 자료제공, 한국과학사학회 송상용 교수님과 오진곤 교수, 한양대 윤영민 교수님, 국민대 배규한 교수님, 가톨릭대 이영희 교수, 과학기술정책연구원의 송위진, 송성수 박사의 건설적인 토론과 의견에 감사드린다.

아울러 뒤늦게 찾아 나선 배움의 길을 성원해 준 한국사회과학연구소 예춘호, 김중배 이사장님과 박영호 소장님께 감사드린다. 특히 고 박현채 교수님과 고 정윤형 소장님의 무언의 가르침도 잊을 수 없다. 한림대 유팔무 교수님과 상지대 정대화 교수의 성원도 적지 않은 힘이 돼 주었다. 또한 이 연구의 일부는 한국사회과학연구협의회(회장 안병영, 전 교육부 장관)의 특별연구지원에 의한 것이다. 현안문제의 산적에도 불구하고 공부할 틈을 양해해 준 4월 모임의 여러 선생님, 상지대 강만길 총장님, 한신대 고재식 총장님, 민족문학작가회의 현기영 선생님, 서원대학교 김정기 총장님, 가톨릭대 안병욱 교수님, 한겨레신문사 고희범 선배님, 배제대 강창일 교수님, 대구대 김영범 교수, 그리고 많은 벗들, 불민한 저를 지켜봐 준 후배들, 특히 양한권, 박찬식 학형과 김찬수 박사에게도 고마움을 표한다.

끝으로 척박한 학문연구의 풍토를 넘어서 개척자의 길을 걷고 있는 과학기술학 동학들과 함께 고려대 대학원 과학학 협동과정 여러분들, 특히 권오갑 선생님, 임병갑, 김동광, 고대승, 강윤재, 홍정진, 윤진효, 김규태, 윤성식, 조명숙, 박진서, 이왕렬, 이준영 학형의 성원과 격려를 잊을 수 없다. 또한 자료정리에 많은 도움을 준 연세대 장성순, 성공회대 김영덕, 심광진씨에게도 고마움을 전한다. 또한 어려운 출판사정임에도 책을 만들어 준 백산서당의 이 범·김철미 사장의 노고에 감사하지 않을 수 없다. 어려운 살림을 맡아 지금껏 꾸려온 안사람과 함께 구김살 없이 건강하게 자라 준 사랑하는 딸 유정이와 아들 재경이에게도 나의 사랑을 전한다.

  마지막으로 이 책을 못난 아들 때문에 고생하시다 먼저 가신 부모님의 영전에 바치고자 한다.

서기 2006년 2월
선유도가 바라보이는 양평동 우거에서
지은이

핵심어: 과학기술사회학, 기술의 사회적 형성, 정보통신기술, 컴퓨터통신, 기술 파워엘리트, 캠페인, 시스템 형성자, 사회과정, 사회적 선택과 협상, 기술의 안정화, 행정전산망, 기술혁신, 연구혁신체제, 중간범위의 기술이론.

약어 색인

CDC: 콘트롤데이타사(Control Data Corporation)

DACOM: 한국데이터통신(주), 현재 (주) 데이콤(DAta COMmunications corp. of Korea)

DEC: 디지털이퀴프먼트사(Digital Equipment Corporation)

DG: 데이터 제너럴사 (Data General Co.)

ETRI: 한국전자통신연구소(Electronics and Telecommunications Research Institute)

IBM: 아이비엠(International Business Machine)

KAIST: 한국과학기술원(Korea Advanced Institute of Science and Technology)

KIET: 한국전자기술연구소(Korea Institute of Electronics Technology)

KIST: 한국과학기술연구소(Korea Advanced Institute of Science and Technology)

KT: 한국통신(Korea Telecom)

KTA: 한국통신공사(Korea Telecommunication Authority)

KTRI: 한국통신연구소(Korea Telecommunication Research Institute)

LAOOC: 로스앤젤레스올림픽조직위원회(Los Angeles Olympic Organization Committee)

NAIS: 행정전산망(National Administration Information System)

NCA: 한국전산원(National Computerization Agency)

OCE: 동양전산기술(Oriental Computer Engineering)

SLOOC: 서울올림픽조직위원회(Seoul Olympic Organization Committee)

한국사회와 정보통신기술 / 차례

머리말·3

제1장 서 론 ·· 15
  1. 문제제기와 연구과제·15
  2. 기존 연구의 검토·21
  3. 책의 구성과 연구방법·23

제2장 이론적 고찰: 분석의 관점과 관련하여 ···························· 25
  1. 기술결정론의 한계·25
    1) 기술결정론·25
    2) 정보화사회와 기술결정론·27
    3) 기술결정론의 한계·30
  2. 기술혁신론·31
    1) 기술혁신론·31
    2) 기술혁신을 보는 몇 가지 방식·33
    3) 기술혁신론의 문제점·34
  3. 기술의 사회적 형성론·34

1) 사회형성론의 이론적 자원들 · 34
2) 기술의 사회적 형성론의 이론적 가지들 · 42
3) 기술의 사회적 형성론의 분석틀 · 47

제3장 정보통신기술의 구조와 사회적 맥락 ················· 57

1. 정보통신기술의 구조와 사회적 맥락 · 57
   1) 컴퓨터기술의 구조와 전산화 · 57
   2) 네트워킹을 위한 데이터통신 시스템 · 58
   3) 신기술의 사회적 효과와 이미지 · 61
2. 한국 정보통신기술의 제도화 과정 · 69
   1) 체계 형성자로서의 정부 · 69
   2) 연구기관의 출현과 정치적 개편과정 · 75
   3) 정보산업의 형성 · 85
   4) 정보산업 발전과 기술형성의 국제적 요인 · 91
   5) 기술혁신과정에서의 기업의 역할 · 99
3. 기술혁신의 사회적 선택: 경제적 실패와 성공 · 105
   1) 하드웨어의 국산화 경쟁과 기술형성 · 105
   2) 소프트웨어 기술의 사회적 선택 · 132

제4장 한국 정보통신기술의 사회적 선택과 협상 ················· 147

1. 컴퓨터 과학 기술의 제도적 응용 · 147
   1) 국가사무의 전산화 · 147
   2) 제1차 행정전산화(1978)사업의 정치적 형성 · 151
   3) 행정전산망사업 추진기구의 형성 · 160
   4) 연구혁신체제의 재정비 · 168
   5) 기술정책과 법률의 정비 · 175

2. 산업정책의 주도권을 둘러싼 주무부처의 이해관계 · 182
   1) 컴퓨터 도입심의 · 182
   2) 교육용컴퓨터 국산화 개발계획 · 194
   3) 국가의 산업보호정책과 시장과의 갈등 · 201
3. 국가의 기술형성 · 204
   1) 조직간 네트워크 · 204
   2) 기술형성을 위한 자금 조달방안 · 218
   3) 국가기간전산망의 형성 · 226
   4) 하드웨어 선택의 정치과정: 타이컴 · 229
   5) 정보처리기술의 한글화 · 241
   6) 행정전산망 워드프로세서의 사회적 형성 · 245
   7) 피드백으로서의 기술혁신 · 254

제5장 사례분석의 종합과 기술의 사회적 형성론에 대한 이론적 고찰 …… 283

제6장 결 론 ……………………………………………………… 299

참고문헌 · 307
부록: 한국정보기술산업 연대표 · 332
찾아보기 · 347

〈표차례〉

<표 3-1> 한국 정보통신기술 발전의 연도별 흐름 ·················· 59
<표 3-2> 국가별 정보화지수 비교 ······················· 88
<표 3-3> 한국정보산업 종사자의 전체 근로자에 대한 구성비 (단위: %, 명) ·········· 90
<표 3-4> 정보산업의 국민총생산(GNP)에 대한 비중 (단위: %, 백만 원) ··········· 91
<표 3-5> 공급기종별 컴퓨터 도입현황(1967~79년) ················ 93
<표 3-6> 컴퓨터기술 개발과 대표적 기업집단의 시장진입 ············· 104
<표 3-7> 1980년대 초반 한국 컴퓨터개발의 4대 흐름 ··············· 125
<표 4-1> 추진단계 ····························· 148
<표 4-2> 충청북도 전산화사업 연혁 ····················· 158
<표 4-3> 지방행정 전산화정책의 비교 ···················· 159
<표 4-4> 1960~90년대 SERI 주요연보 ····················· 173
<표 4-5> 정치과정에 의한 연구혁신조직의 개편 ················ 175
<표 4-6> ETRI의 주요기술 이전실적 ····················· 176
<표 4-7> 기술혁신을 위한 법령의 제정과 정비 ················ 178
<표 4-8> 경제개발계획과 과학기술정책의 변천과정 ··············· 179
<표 4-9> 교육용 국산 슈퍼마이크로컴퓨터(8 bit)의 개발(1983) ··········· 200
<표 4-10> 국가전산망사업의 추진경로 ···················· 208
<표 4-11> 전산망 구축시 예산절감액 추정(단위: 억원) ············· 218
<표 4-12> 정부기관별 업무개발 현황(1986. 3.) ················· 222
<표 4-13> 행정전산망 시범지역(1986. 4-8.) ·················· 228
<표 4-14> 행정전산망용 주전산기 기종 선택의 기술대상 ············ 232
<표 4-15> 행정전산망 주전산기 도입기종 선택과정 ··············· 235
<표 4-16> 주전산기 개발관련 소속기관별 참여자 (단위: 명) ··········· 238
<표 4-17> 행정전산망용 주전산기 Ⅰ 하드웨어의 사양 ·············· 239
<표 4-18> 행정전산망 주전산기 국산화 개발(1992. 5.) ············· 239
<표 4-19> 정보처리기술의 사회문화적 형성 ·················· 244
<표 4-20> 행정전산망용 주전산기 Ⅰ의 소프트웨어 사양 ············ 249
<표 4-21> 제1차 행정전산망 사업(1987~'91) 추진실태 ············· 250
<표 4-22> 행정전산망사업을 통한 국민편의 증진내역과 행정정보 이용 정책활용 사례 ·· 251
<표 4-23> 제2차 행정전산망 사업(1992~'96)에 의한 제공서비스 ·········· 252
<표 4-24> 행정전산망 추진시기별 개요 ···················· 253
<표 4-25> ETRI 연구원 출신 벤처 일람표 ··················· 271
<표 5-1> 한국컴퓨터 통신기술의 사회적 선택과 안정화 ············· 284
<표 5-2> 기술과 사회에 대한 관계의 대비 ·················· 287

〈그림차례〉

<그림 2-1> 기술혁신의 선형모델 ·· 28
<그림 2-2> 기술혁신 선형모델의 여러 변형(1) ·· 29
<그림 2-3> 기술혁신 선형모델의 여러 변형(2) ·· 29
<그림 2-4> 기술혁신 선형모델의 여러 변형(3) ·· 29
<그림 2-5> 기술혁신 선형모델의 여러 변형(4) ·· 29
<그림 2-6> 기술혁신 선형모델의 여러 변형(5) ·· 29
<그림 2-7> 기술의 사회적 형성모델 ·· 50
<그림 2-8> 기술의 사회적 형성론 분석틀(SST) ·· 54
<그림 2-9> 신 혁신모델 New perspectives: ·· 55
<그림 2-10> 기술의 사회적 형성론의 연구모델 ·· 55
<그림 2-11> 기술의 사회적 형성론의 단순화된 연구모델 ·························· 56
<그림 2-12> 기술의 사회적 형성론의 더욱 단순화된 연구모델 ················ 56
<그림 3-1> 한국 정보통신기술의 연대기적 발전 ·· 59
<그림 3-2> 컴퓨터 시스템 기술의 국산화 과정 ·· 60
<그림 4-1> 사무자동화의 기반구조 ·· 148
<그림 4-2> 사무·관리직 업무의 분류 ·· 149
<그림 4-3> 기술 연구혁신체제의 변화 ·· 172
<그림 4-4> 정보통신시스템 구축을 위한 기본구상 ···································· 226
<그림 4-5> 행정전산망의 기본개념 구조 ·· 227

한국사회와 정보통신기술

CRITICAL PRAXIS

제1장 서 론

1. 문제제기와 연구과제

이 책은 한국 정보통신기술의 발전에 관한 기술사회학적 연구를 주제로 한 것이다. 특히 이 연구는 행정전산망 개발프로젝트를 사례로 삼아 어떤 사회적·정치적·경제적·문화적 요인이 작용해 한국 정보통신기술이 형성됐는지를 분석하기 위한 것이다.[1]

지난 20세기는 '과학기술혁명의 시대'였다. 그 동안 인류는 자연과학과 공학기술의 비약적 발전의 성과로 엄청난 물질적 풍요와 생활상의 편익을 누려 왔다. 자연현상에 관한 누적적인 과학지식의 축적과 기술개발 및 응용은 생활양식의 변화, 세계관의 확대, 사회제도의 변동을 가져왔다. 이에 따라 현대사회에서는 사회구조의 다양한 질적·양적 변화와 함께 많은 문화창조가 성취됐다. 그러나 이로 인한 기술오용과 부작용으로 인한 자연파괴와 생태위기, 인간성상실과 소외문제 같은 '의도하지 않은 결과' 등 여러 가지 문제를 초래했다.

---

[1] 기술의 사회적 형성론(social shaping of technology perspectives)에 관한 연구는 ① 영국의 에든버러대에서 영국정부 발주에 의해 추진된 PICT(Program of Information and Communication Technology)에 의한 연구성과에 기초해 축적된 사례들에 근거한 것이다(Edge, 1985 등). 그후 이 연구프로젝트는 10년간 추진됐고 그 연구성과가 국제회의에서 발표됐는데, 그 가운데는 정보통신기술의 사회적 형성에 관한 국제회의의 연구결과도 있다(Dutton et al., 1997). ② 맥켄지와 와지만도 동일한 제목의 논문모음집을 1985년과 1999년에 발간했다(MacKenzie and Wajman, 1985, 1999). 자세한 내용은 후술하기로 한다.

사회학의 창시자 콩트(Comte)나 기능주의론의 비조 뒤르껭(Durkheim) 등은 일찍이 기계를 동력으로 한 기술 발전이 야기한 산업화에 주목해 기술변화가 사회에 미치는 하나의 결과인 산업사회의 사회현상을 이해하는 사회학적 문제해결에 대해 그들의 지적 역량을 집중했다.2) 이런 사회학적 연구경향으로 말미암아 미국 사회학자 쿨리(Cooley)는 철도망 같은 기술발전으로 인한 사회조직의 변화에 주목했다. 그는 사회를 조직화하고 인간관계를 유지하고 발전시킬 수 있는 기제로서 '커뮤니케이션'이 작동하는 이중과정을 분석했다(Cooley, 1901). 또한 슘페터는 "어떻게 자본주의가 기존의 구조를 만들고 파괴하는가" 하는 문제의식 아래 '창조적 파괴의 영속적인 질풍'(perennial gales of creative destruction)에 주목했다(Schumpeter, 1943: 84). 그래서 기술진보의 불연속적 성격에 많은 관심을 두고 있었다.

오랫동안 사회과학자들은 기술발전의 범위, 효과와 '영향' 또는 기술변화가 사회에 끼치는 '충격'에 대해 많은 지적 관심을 기울여 왔다. 그 결과 사회과학자들은 새로운 기술발전이라는 변화과정에 대해 사회는 아무런 영향을 미치지 못하는 변경할 수 없는 기술 그 자체의 발전논리를 가지고 있는 것처럼 간주해 왔다. 정보통신기술 분야에 대한 기술이해도 이런 유형에서 크게 벗어나지 못한다고 평가할 수 있다(Lyon, 1988, 1994; 한국사회학회 편, 1990, 1996; 한국전산원, 1996b, 1997).

또한 최초의 과학사회학자라 호칭할 수 있는 머튼의 고전적 사회학이론 저작의 발간 이래 과학기술과 사회와의 관계를 살펴려는 사회학적 접근이 계속돼 왔다(Merton, 1938, 1949, 1973). 그러나 기술 그 자체에 대한 사회학적

---

2) 기능주의는 기본적으로 한 사회현상의 결과를 그것의 궁극적 원인으로 보는 방법론적 입장이다. 어떤 한 사회제도는 어떤 역할을 수행하도록 기능을 하고, 이 결과(그것의 기능)는 그 제도가 최초로 출현한 바로 그 이유가 된다. 기능주의적 방법론은 특정 사회구조 또는 제도(예를 들어 과학과 기술 등)는 그것이 사회 전체를 위해 어떤 유용한 기능을 수행하기 때문에 존재한다고 가정하는 경향이 있다. 기존의 제도를 사회 전체에 대한 어떤 인지되지 않는 기능을 수행하는 것으로 간주함으로써 기능주의는 보수주의의 또 다른 측면을 갖게 된다는 평가를 받는다.

논의는 상대적으로 간과하거나 회피해 왔다고 지적할 수 있다.

한국사회에서는 1980년대 후반에 들어서면서 정보기술의 발전과 이에 따른 사회적 결과에 대한 논쟁을 통해 물리적 의미의 기술 그 자체에 대한 논의와 함께 정보기술의 사회적 의미에 대해 일정한 연구성과가 축적돼 왔다. 그 동안 국내에 소개된 정보사회론, 정보기술론, 정보화정책의 의미와 성격 해명을 둘러싼 여러 논의는 기술의 성격과 의미, 그것이 갖는 사회적 함축 그 자체에 대한 논의와 기술과 사회에 대한 대표적인 연구사례다(김문조, 1989, 1996, 1998, 1999; 권태환·조형제 편, 1997; 정보사회학회 편, 1998; 한국언론학회·한국사회학회, 1998 등).

기존의 정보기술에 대한 다수 연구는 '기술' 또는 '기술과 사회의 관련양상'에 대한 연구조사를 통해 직·간접적으로 "과학이 기술을 형성한다"든지 "기술이 기술을 형성한다"고 전제해 왔다. 더욱이 이런 논의는 '기술적 변수를 독립변수로' 두고, '사회적 요소를 종속변수로' 상정하고 있다고 평가할 수 있다(송성수, 1995). 그래서 정보통신기술이 갖는 개방적 성격이나 의미를 간과하게 될 소지가 없지 않다(Kubicek et al. ed., 1997). 그러나 1980년대 이후 최근의 기술사회학 연구성과에 따르면 사회도 기술발전에 일련의 영향을 주며 다양한 기여를 한다는 증거가 있다(Heap, et al. ed. 1995; Nowtny, et al. ed. 1996).

이 연구에서 그 많은 여러 기술 가운데 정보통신기술을 선택한 이유로는, 첫째, 현대사회의 변화를 야기하는 대표적인 기술이기 때문이다.[3] 정보통신

---

3) 이 연구에서 '정보'는 정보, 자료(data) 및 그래픽 또는 물리적 형상 등을 포함한다(Webster F., 1991). '기술'은 일련의 물질적 대상, 활동, 지식, 특히 실용적 기예(practical crafts)에 관한 체계적인 지식뿐만 아니라 노하우(know-how)와 암묵적 지식(tacit knowledge), 또는 인공물(artifacts), 발명(invention), 기술체계(technological system)와 기술궤적(technological trajectories)까지 포함하는 포괄적 의미로 사용한다(Saloman, 1984; Layton, 1974; Collins, 1982; Hughes, 1983: 18-46; Wise, 1985: 229-246; 송위진, 1992; 홍성욱, 1994: 329-350; 이영희, 1995: 5-35). 그래서 '정보통신기술'(ICT: information and communication technologies)은 컴퓨터-, 소프트웨어-, 통신-, 산업전자-, 전자제품-, 정보산업요소 기술 같은 정보통신기술 및 엔터테인먼트

기술은 산업구조, 고용, 정치경제 영역에서의 비중증대 등 전통적 중화학 관련기술과는 비교할 수 없을 만큼 막대한 사회적 영향력을 지니고 있다 (IIS, 1994). 예컨대 정보산업은 산업발전의 원동력, 사회간접자본으로 기능하며 지적 재산권이면서도 공공재산이라는 성격 때문에 사회경제적 차원에서 매우 중요한 의미를 갖는다고 주장되고 있다.

프리만은 1980~90년대 동아시아 경제성장의 견인차는 정보통신산업의 성장에 있다고 주장한다(Freeman, 1996: 19-36). 한국의 경우 1996년 현재 정보통신산업은 국내 전체 산업생산액의 약 6.1%, 정보기기산업은 전체 제조업생산액의 약 10.3%을 차지하고 있다. 부가가치액 측면에서 보면 정보통신산업은 한국경제 전체 부가가치액(GDP)의 약 6.8%, 정보통신기기산업의 부가가치는 제조업 부가가치의 약 16.2%를 차지하고 있다. 정보통신산업의 부가가치율은 51.9%로 전체산업(47.0%) 및 제조업(29.1%)에 비해 높게 나타나 정보통신산업은 고부가가치 산업임을 입증하고 있다(전자신문, 1997). 동년 정보통신산업의 수출액은 292억 달러로 총수출액(1,297억 달러)의 22.5%로, 약 97억 달러의 무역흑자를 기록했고, 세계시장의 약 3.0%, 특히 부품은 8.9%의 생산점유율을 나타내며 정보통신기기산업은 세계 9위의 시장점유율을 보이고 있다(윤창번 외, 1995; 전자신문, 1997).

둘째, 정보기술의 적용확대로 세계 정치경제 영역에서 새로운 사회형태를 주조할 만큼 중요한 기반기술로 자리잡고 있기 때문이다. 그래서 정보통신기술은 새로운 지구촌사회의 형성을 가져올 만큼 시장, 생산, 소비 및 금융, 커뮤니케이션에서 세계화를 이끌고 있는 것이다(김문조, 1990, 1993, 1999;

(entertainment)기술, 멀티미디어(multi-media)기술과, 이에 따른 관련 '정보기술산업'을 포함한다. 여기서 '정보기술산업'이란 이런 정보통신기술을 이용한 산업분야를 의미한다(김현옥, 1996). 따라서 이하의 서술에서 극소전자공학(micro-electronics)에 기초한 전자산업 및 그 관련기술 등은 정보통신기술에 포함하는 것으로 간주하고자 한다. 예를 들어 컴퓨터통신기술(computer and communication technologies)을 말한다. 또한 '사회'란 기술 이외의 외부환경뿐만 아니라 환경에 의해 제약된 구성원들의 상호작용과 그 관계를 말한다.

김문조, 박형준, 1996).

 셋째, 정보기술의 사용으로 정치 사회관계의 재구조화 가능성, 경제기반의 변화, 특히 산업사회의 연속과 단절을 운위할 만큼 근본적인 변화 가능성이 제기되고 있기 때문이다(강정인, 1995). 이 때문에 미국, 일본, 독일 등 선진 공업국가뿐만 아니라 싱가포르와 대만 같은 중진국에서조차 주요 국가프로젝트로 정보화사업을 추진하고 있다.

 따라서 이 연구의 의의는, 첫째, 경험연구를 통해 기술과 사회의 관계에 대한 인식의 심화, 기술사회이론에 의한 풍부한 설명력의 확보, 이론의 적합성 검토가 가능하리라고 보는 데 있다. 1980년대 들어 기술사회학에서 제기된 새로운 해석은 새로운 사회이론의 정립까지 시도할 만큼 광범위한 적용가능성을 시사하고 있다(Callon and Latour, 1992; Woolgar, 1996; Latour, 2000).

 둘째, 지난 1980년대 이후 한국정부가 추진해 온 정보화정책 과정에서의 사회적 영향을 탐구할 수 있으며 현재 진행중인 정보화정책이 나아가야 할 바람직한 방향을 가늠하는 데 유용한 사회학적 근거를 확보할 수 있을 것이다. 더욱이 90년대 말의 경제위기로 야기된 경기위축, 고용불안, 그로 인한 사회적 위기를 해소하는 데 정보화정책이 견지해야 할 원칙과 경계해야 할 규범체계를 적출할 수 있을 것이다.

 더 나아가 산업화과정의 재평가를 통해 정보화정책 집행을 위한 의사결정과정에 시민사회 영역의 참여가 절실해지고 있다는 점, 필요하다면 정보화정책의 수정과 그 추진을 위한 근거를 마련할 수 있다는 점에서 이런 기초연구의 의의는 학문적·실용적 가치를 지닌다고 평가할 수 있다.

 셋째, 기술사회학의 인지적 동일성(認知的 同一性, cognitive identity)을 실증할 수 있을 것으로 사료된다.[4] 그것은 정보사회의 도래라는 사회변동을 가져

---

[4] 신흥 학문이나 지식체계가 대학 교과과정이나 학문세계에서 인정받으려면 두 가지 동일성을 확보할 수 있어야 한다. 그것은 인지적 동일성과 전문적 동일성으로 요약할 수 있다. 인지적 동일성은 타 학문분야와 대상, 방법, 내용에서의 차별성과 함께 독자적인 지식탐구를 전제해야 한다. 그것은 학문의 독립성, 고유성, 자율성 인정에 의해 성립한다. 고유의 연구대상, 적절한 연구방법론, 체계화된 지식과 이

오는 한 축인 정보통신'기술' 그 자체에 대한 이해, 그리고 '기술'과 정보'사회'에 대한 심층적 해석을 통해 '바람직한 기술과 사회의 관계'가 무엇이어야 하는지를 판단할 지적 근거를 획득할 수 있을 것이다.

이 연구의 목적은 다음과 같은 기술사회학적 질문을 해결하기 위한 것이다. 첫째, 한국사회에서 어떤 사회적 요인이 막대한 사회적 영향을 가지는 컴퓨터통신기술을 형성해 왔는가, 우리가 경험하고 있는 정보통신기술의 충격을 유발하고 있는 사회적 원인과 과정은 무엇인가를 탐구하려고 한다. 그래서 기술의 설계, 인공물의 생산과 사용과정에 나타나는 사회적 요인을 적시하려고 한다. 이를 위해 기술발달에 미친 사회의 영향은 크게 두 가지 차원으로 나눠 기술혁신의 사회적 촉진과 저해과정을 살핀다.

둘째, 이 연구는 한국사회에서 정보통신기술이 변화·발전하는 과정에서 관련기술의 혁신에 미친 사회과정과 이를 가능하게 만든 사회적 선택과 협상을 규명하려고 한다.

셋째, 이 연구에서는 한국 정보통신기술의 등장과 발전을 기술의 제도화 측면에서 살펴보고자 한다. 그리하여 기술은 우리 사회에 어떤 형태로 도입돼 존재하고 있나, 또한 그런 기술과 정부, 기업, 연구기관과 시민간의 관계는 어떠한가, 동시에 그런 기술을 제도화하기 위한 관련기술의 형성과정은 어떠한가를 살피고자 한다.5)

론, 연구성과에 관한 학계의 합의와 평가를 획득하고 그 사회적 또는 학문적 가치나 유용성이 승인될 때 인지적 동일성은 확보된다. 전문적 동일성은 그 학문의 인지적 동일성을 기반으로 제도적으로 승인될 때 획득할 수 있다(오진곤, 1997: 128).

5) 기술혁신의 사회적 측면으로 정보통신기술의 발전과정을 살피고 이 새로운 가상공동체의 구성과정에서 채팅(chatting)과 해킹(hacking)이 갖는 적극적 기능에 대해 기술사회학적 고찰의 필요성이 대두하고 있다. 예컨대 해킹의 기능은 일반인의 상식과 달리 그 자체로 컴퓨터프로그램 기술의 발전을 가져온다는 것이며, 경우에 따라 보안정보기술의 발전을 자극하기도 한다. 더 나아가 뒤르껭(E. Durkheim, 1964)에 기대면 사회가 그만큼 규범에 충실한 것의 반증으로 컴퓨터범죄의 역기능과 인터넷의 확산에 미친 포르노그라피(pornography)의 기능에 대해서도 주목할 필요가 있다. 통제 가능한 사회문제의 출현은 이를 해결할 대안의 구성을 촉진한다

넷째, 한국사회에서 정보기술의 혁신은 과연 어떻게 진행되고 있는가, 기업의 연구개발 과정과 시장진입 및 상업화과정은 어떻게 진행됐는가를 분석하고자 한다.6)

2. 기존 연구의 검토

1980~90년대이래 한국정부는 중요한 국가발전 목표로 '전자정부', '지식국가'로의 진입, 세계경제에서의 국가경쟁력 강화, '정보사회' 실현을 설정했다. 그래서 정부는 이를 위한 다각적인 정책을 입안·수립하고 많은 인적·물적 자원을 확보해 이를 집행하고, 21세기 선진사회 건설을 추진하고 있다. 이를 위해 그 동안 많은 대학, 유관 연구소와 관련기업 등이 다양한 이론, 정책연구를 수행해 왔다.

사회학분야에서는 김경동(1986)의 연구 이래 김문조(1989), 김환석(1990), 박형준(1996), 윤영민(1996), 조형제 외(1996)의 연구가 있다. 그리고 많은 컴퓨터 과학, 신문방송학, 행정학, 경제학, 정치학 연구 등이 있다(황종선, 1985; 오명, 1988; 이경태 외, 1986; 강준만, 1989; 김승현 편, 1990; 김지운, 1991; 신윤식 외, 1992; 박승관, 1992: 43-64; 송경탁, 1992; 박재창, 1993; 전석호, 1994; 박동진, 1996; 한세억, 1996; 김영식, 1997; 김성태, 1999; 정보통신부, 1997; 전자신문사, 1997; 윤석민, 1998).

행정학과 경영학분야에서는 기술혁신과 기업경영에 관한 상당한 연구가 축적돼 있으며 그 학문적 의의와 함께 기술혁신 체제의 이해와 설명에 일

는 점에서 기능적이다(Albert, 1996; Davies, 1996; EOPUS, OIRAIPTB, 1995; Finnegen, 1987; Haraway, 1985; Rheingold, 1991, 1994; Jones, 1995; Rushkoff, 1996; Springer, 1996; Mashima and Hirose, 1996; Poster, 1997).

6) 장래에 이 연구는 선진공업국(G7 countries)과 개발도상국(developing countries)의 기술격차는 어떠하며 어떤 사회적 요인과 배경이 그런 차이를 만들게 됐는가를 따지는 국가유형(national style) 비교연구로 이어져야 할 것이다.

정한 설득력을 획득하고 있는 것이 사실이다(김길조, 1979; 이경희, 1987; 강신영, 1988; 이가종, 1990; 임석우, 1990; 기영석, 1991; 김광수, 1995; 노시평, 1993; 박홍철, 1994; 김재현, 1994; 서진영, 1995; 이상석, 1989; 이순철, 1998; 장경철, 1995; 김태완, 1997).

경제학분야에서는 산업발전의 구조변화나 발전 메커니즘, 기술변화와 이윤율의 관계, 자본의 국제화와 산업발전 등의 측면에서 전자산업의 발전을 추적하고 있다(이규억, 1989; 김세인, 1990; 임휘철, 1992; 김견, 1994; 유철규, 1996; 김용복, 1995). 또한 국가의 산업정책 분석을 통한 연구도 있다(김광동, 1996).

그러나 이러한 연구는 '정보화사회'의 도래를 가져다줄 정보통신기술 그 자체에 대해서는 '암흑상자'(black box)로 간주하고 관련기술과 산업이 가져다줄 사회경제적 효과와 영향에만 치중해 왔다.7) 즉 기술의 사회경제적 연원이나 기술 그 자체의 성격과 내용은 '백지상태'로 방임한 채 기술의 도입과 이용으로 인한 결과와 효용 측면에서만 고찰하고 있다. 이러한 연구는 기술혁신을 위한 사회적 맥락이나 과정을 사상하고 혁신주체에 대한 사례연구나 경험조사를 통해 기술 그 자체의 발전논리에만 주목해 왔던 것이다(Elliott, 1988). 그래서 정보통신산업의 경쟁력강화나 기술지원제도, 기업의 연구개발비 증액 필요성 같은 기술체제 내적인 것에만 시선을 돌렸다(최영락, 1991a, b, 1995; 최종필, 1990). 이런 연구 가운데 일부만이 기술결정론의 문제를 인식하고 극복하려는 다양한 시도를 일정하게 수행해 왔다. 이제 기술과 사회간의 역동적 관계에 주목하는 학문적 필요성이 대두한 것이다.

---

7) 기술을 '암흑상자'로 상정하게 되면 기술의 사회적 기원이나 본질, 그리고 내용에 대해서는 맹목적인 판단을 하게 되고 기술발전은 사회와 무관하게 이루어진다는 관념을 수용하게 돼 기술혁신의 전모를 이해하는 데 큰 인식상의 장애로 등장할 수 있다는 것이 로젠버그의 지적이다(Rosenberg, 1976a, 1982).

3. 책의 구성과 연구방법

이 책의 구성은 상술한 바와 같이 제1장에서 문제제기와 함께 연구과제를 설정하고 기존 연구를 검토하고 연구방법을 제시한다.

제2장에서는 분석의 관점과 관련해서 이론적 고찰을 수행한다. 여기에는 먼저 기술결정론의 재생산과 한계를 열거한다. 다음에는 기술혁신론의 대두와 기술혁신을 보는 몇 가지 방식과 함께, 기술혁신론의 문제점을 살펴본다. 이어 이 연구의 분석틀을 구성하기 위해 기술의 사회적 형성론을 고찰한다. 기술 사회형성론의 이론적 자원에는 과학지식사회학, 노동과정론, 기술경제학, 기술정책론의 상당한 성과가 축적돼 있다. 이런 이론적 토대 위에서 기술의 사회형성론의 다양한 이론적 가지를 살펴본다. 여기에는 미시적 접근으로 기술의 사회적 구성론, 거대기술체계론, 행위자 연결망이론과 거시적 접근법이 있다.

제3장에서는 기술이전의 정치경제와 한국 정보통신기술 발전과정을 시기별로 약술하고, 기술혁신의 사회적 맥락을 검토한다. 이어 한국 컴퓨터통신기술의 제도화과정을 고찰한다. 여기에서는 컴퓨터통신기술의 구조를 서두로 정부와 연구체제, 기업, 민간영역의 순서로 살피려고 한다. 더 나아가 한국 컴퓨터통신기술의 사회적 형성을 다루는데, 먼저 기술혁신의 사회적 맥락을 제시하고 하드웨어와 소프트웨어 순서로 분석하고 있다.

제4장의 사례연구는 컴퓨터통신기술의 산업적·제도적 응용에 대한 사례분석으로, 행정전산화와 국가기간전산망을 대상으로 한다. 이 사례의 비교분석을 위해 컴퓨터기술의 다양한 국산화 사례를 동원하게 될 것이다.

제5장에서는 사례분석의 종합과 기술의 사회적 형성론에 대한 이론적 고찰을 시도하게 될 것이다. 마지막으로 결론에서는 연구결과의 요약, 연구의 의의와 함께 연구의 한계를 다룰 예정이다.

연구방법

　상기한 연구목적을 달성하기 위한 연구방법으로는 먼저 질적 분석을 수행한다. 이를 위해 사례조사를 행하고 이를 보완하기 위해 면접조사와 문헌자료 검토를 병행한다(Nachmias, et al., 1981; Caplovitz, 1983; Simon, et al., 1985; Bloom, 1986; Graziano, et al., 1989; Adams, et al., 1991). 문헌자료는 기술변화에 영향을 주는 국내외의 주장과 연구결과들을 검토한다.

　상기한 연구방법에 따라 먼저 기술변화에 대한 전통적 분석방법인 기술결정론, 단순화된 선형적 혁신과정 모델, '암흑상자주의'(black boxism)——기술궤적은 사회적 영향과는 무관하게 결정된다는 관점——을 문제시하고자 한다. 그 대안으로 기술의 발생 및 진화과정 그 자체에 대한 탐구, '암흑상자'의 개봉을 겨냥하고자 한다(Russel and Williams, 1988). 이를 위해 기술변화의 전통적 선형모델을 수정하고, 기술을 형성하는 여러 가지 사회적 요인을 거론하고자 한다. 또한 각개 유형의 사회적 영향력을 고립적으로 거론하는 데서 더 나아가 여러 가지 영향력을 보다 종합적(integration)으로 고려하는 것이 필요하며, 새로운 기술지식이 발생해 시간에 따라 발전해 가는 과정에 대한 정확한 개념화를 시도한다(Edge, 1988).

　여기에서는 기술의 발생, 그 변화 및 진보, 발전과 혁신과정에 대한 사회적 영향을 국가, 민간, 일반대중 영역 및 해당 사회의 문화체계에서 따져 보고 기술에 대한 사회적 영향력을 네 가지 측면에서 살펴 그 기술에 대한 사회적 영향력의 효과를 기술방향, 기술구성, 과정상술, 기술생산, 기술확산, 기술사용의 측면에서 정리한다(McGinn, 1990). 기술에 대한 사회적 영향력을 미치는 것에는 구체적으로 정부, 기업, 연구기관 및 시민 같은 행위자, 제도와 법률 같은 제도적 요인, 행정조직 같은 조직적 요인, 기술 파워엘리트 같은 정치적 요인, 기업활동 같은 경제적 요인 등이 있다.

제2장 이론적 고찰: 분석의 관점과 관련하여

1. 기술결정론의 한계

1) 기술결정론

사회와 기술의 관계를 규명하려는 이론에는 크게 기술의 독자적 발전을 상정하는 자율적 기술론, 여러 가지 사회적 요인이 기술변화에 미치는 과정을 중시하는 기술의 사회적 형성론이 있다(Winner, 1977: 57-73; McGinn, 1991). 여기에는 기술과 사회의 관계를 이해하려는 대부분의 논자들에 의해 받아들여지는 기술의 영향력을 역설하는 기술결정론(Technological Determinism)이 있다. 이런 주장의 요점은 과학과 기술의 발전이 사회변화에 결정적 작용을 가한다는 데 있다. 즉 사회변화는 과학기술의 영향에 따른다는 결정론에 기초해 있다.

정보통신기술의 형성과 변화에 크게 주목하는 다니엘 벨(Bell, 1973)과 앨빈 토플러(Toeffler, 1980), 나이스빗(Naisbitt, 1982) 등이 이런 입장을 보인다. 이들은 "기술은 독립적 요소이며, 기술변화가 사회변화를 유발한다"고 주장한다. 더욱이 '강한 기술결정론'(hard technological determinism)은 기술변화가 사회변화의 가장 중요한 원인이라고 규정한다. 즉 기술은 사회 외부에서 사회에 영향을 미친다. 이러한 기술의 자율성과 사회 외부성은 기술변화가 사회변화를 유발한다는 주장으로 이어진다(Ogburn and Nimkoff, 1964: 571-575; Gilfillan, 1935: 5).[1]

---

[1] 기술진보의 사회적 힘 또는 측면에 주목했던 길필란은 기술진보 과정을 다음과

더 나아가 기술은 한 사회의 전체 형태를 제약하는 것으로도 간주된다. 즉 기술내용이 혁신되면 새로운 사회형태가 만들어진다는 것이다. 왜냐하면 예컨대 새로운 기술인 극소전자혁명(micro-electronic revolution)에 의해 "수백만 가지의 노동이 대체될 것"이기 때문이다. 그래서 "모든 사람의 노동시간이 현격하게 단축되는 사회"와 '몇몇 엘리트는 하루종일 일하고 대다수 대중은 영구적으로 고용되지 않는 사회"의 출현 가능성이 거론된다(Large, 1980). 마침내 기술발전의 결과로 '여가사회'나 '후기산업사회'가 도래할 수도 있다고 보는 것이다.

기술결정론은 "과거 사회의 형태가 어떻게 출현하고 소멸했는가"를 설명하는 하나의 역사이론으로는 유의미할 수도 있다. 이 경우 새로운 기술이 어떻게 나타나 사회형태를 변화시켰는가를 제시하면 논의는 끝나는 것이다. 이에 따르면 기술발전은 사회에 대해 자율적이어서 사회로부터 교호적(reciprocally)으로 영향을 받지 않는다. 오히려 기술은 사회의 밖에 있으면서도 사회변동에 큰 영향을 미친다고 여겨진다. 즉 새로운 기술은 한 사회의 성격을 결정짓는 가장 중요한 인자로 간주된다(황태연, 1991). 더 나아가 스미스는 기술결정론을 두 개로 나눠 분석한다. 경성의 기술결정론(hard technological determinism)은 "기술발전을 사회적 구속으로부터 완전히 독립적이고 자율적인 힘으로 간주하는" 입장으로, 어떤 발명이 사회에 출현하면 그 자체가 하나의 생명을 갖는 것이 된다는 것이다(Smith, 1994: 2). 이에 비해 연성의 기술결정론(soft technological determinism)은 "기술적 변화가 사회적 변화를 수반하지만 동시에 사회적 압력에 선택적으로 반응한다"는 것으로 기술 그 자체가 역사적 행위자로 여겨지기보다는 기술을 다양하고 복잡한 사회적·경제적·정치적·문화적 맥락 위에서 고찰한다(Smith, 1994: 2).

위와 같이 기술결정론은 그 이론적 정교성이나 설명력 때문이 아니라 그

같이 지적했다. "경험에 바탕을 둔 조그만 개선작업에 의존하며, 연속적인 개량이 이루어진 부품이나 다른 산업에서 개발된 소재들을 점진적으로 통합하는 것이다. 수많은 소규모의 개선과 수정이 꾸준히 축적되면서 이루어지며, 주요한 혁신은 아주 드물게 나타날 뿐이다"(Gilfillan, 1935).

것이 "기술과 사회의 관계에 대한 유일하고 가장 영향력을 지닌 이론"이라는 점에서 대단히 중요하게 받아들여진다. 한마디로 기술결정론은 기술혁신이 사회진보의 추동력이며, 기술혁신은 필연적인 경로를 따라간다는 믿음에 근거한다. 따라서 정보사회론 같은 기술 중심적 논의를 넘어서려면 정보기술혁명 같은 급속한 기술진보를 가능하도록 만든 제도적 매개물을 찾아보아야 한다.

2) 정보화사회와 기술결정론

기존 연구는 대체로 정보통신기술이 야기할 사회적 영향에 관한 것이다. 이에 따르면 정보화사회의 비관론자들은 정보통신기술이 그 긍정적 효과와 함께 여러 가지 부정적인 사회적 결과를 낳고 있다는 것이다(Schiller, 1989). 예컨대 "첫째, 프라이버시(privacy) 침해, 정보공해, 컴퓨터 및 통신중독증, 해킹, 컴퓨터바이러스(virus), 음란정보와 컴퓨터포르노, 정보/컴퓨터 의존증세, 정보과잉(과부하) 및 폭주, 정보오용과 왜곡과 같은 사회문제, 둘째, 관리국가, 정보벌(情報閥), 사이버 독재(cyber dictatorship), 정보집중과 정보유출, 컴퓨터 범죄, 정보조작, 정보통제, 정보종속, 정보단절과 같은 기술 정치적 문제, 셋째, 문화적 지체, 비인간화, 인간소외, 가치갈등, 정보윤리 실종, 청소년문화의 병적 붕괴, 정보스트레스(stress)와 이로 인한 테크노스트레스(techno-stress)의 심화와 같은 사회 문화적 문제, 넷째, 지역간·세대간·계층간 정보격차와 정보불평등, 정보문맹, 정보기술로 인한 실업문제, 네트워크(network) 붕괴, 2000년 표기문제, 무분별한 정보매매 등의 기술·경제적 문제가 있다(허상수, 1999a).

결국 정보통신기술의 발달과 경제·사회·정치적 이용의 증가와 함께 윤리문제의 발생, 비도덕적 범죄의 증가 가능성과 사회의 황폐화와 하위문화의 무규범(anomie) 상황이 빚어지고 있다는 것이다(Lyon, 1994). 신기술 도입과 사용으로 인한 사회변화에 대한 이런 부정적 수사(metaphor)는 다양한 분야에서 거론돼 왔다. 예를 들면 엘륄(J. Ellul, 1964: 85-94)과 하버마스(J. Habermas,

1971: 81-122) 등의 논의가 있다.

이에 반해 정보기술의 사회·정치·경제적 효과에 대한 낙관적 긍정론자들이 있다. 이들은 정보사회의 도래, 산업노동자의 감소, 대인 지향적 서비스의 증가, 전자민주주의의 실현, 서비스업과 새로운 취업기회의 증가, 사람들간의 게임, 최소비용, 대체성, 적합화, 극대화의 원칙, 산업사회와의 단절 등을 언급한다. 이런 주장은 예컨대 벨(Bell, 1973, 1981, 1992)과 포랫(Porat, 1977), 마스다(Masuda, 1980), 포리스터(Forester, 1987), 윌리암(William, 1988), 네그로폰테(Negroponte, 1995), 게이츠(Gates, 1995) 등이 하고 있다.

이들 가운데 정보기술의 역사적 정당성을 중시하는 토플러는 인류역사가 첫번째 물결인 농업혁명과 제2의 물결인 산업혁명을 경과해 이제 제3의 물결인 정보혁명으로 이어지고 있다고 한다(Toeffler, 1980).

이런 종류의 설명에 따르면 기술변화는 선형모델(linear model)을 따르며, 사회 밖에서 존재해 사회변화에 영향을 미친다(<그림 2-1> 참조). 예컨대 이런 모델에서는 기술발전이 새로운 기초지식의 발생 및/또는 형성→작동 가능한 상품의 설계(디자인) 및/또는 생산물 및/또는 체계(system)의 개발→사용 도입→광범위한 채택 및/또는 확산 및/또는 수용 단계→결과 및/또는 이용의 단계를 거쳐 한 방향으로만 흐르게 된다(Edge, 1988/1995: 14-32).

〈그림 2-1〉 기술혁신의 선형모델

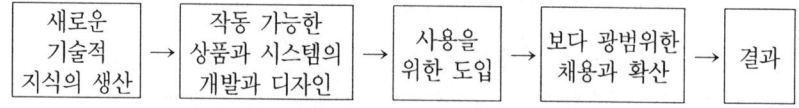

여기에는 다음과 같은 여러 가지 변형이 있을 수 있다. 즉 해당 사회의 기술수준에 따라 새로운 기술적 지식의 생산과 작동이 가능한 시스템과 디자인의 개발, 이용을 위한 도입, 확산에 따른 결과로 이어지는 기술혁신의 선형모델이 적용될 수 있다. 이런 모형을 단순화시키면 혁신과정의 6단계 모델로 제시될 수도 있다(Pinch and Bijker, 1987: 23).

기초연구 → 응용연구 → 기술개발 → 제품개발 → 생산 → 사용

따라서 기술혁신의 선형모델은 다음 여러 변형의 하나일 수밖에 없다(<그림 2-2, 3, 4, 5, 6>).

〈그림 2-2〉 기술혁신 선형모델의 여러 변형(1)

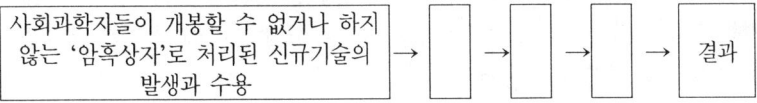

〈그림 2-3〉 기술혁신 선형모델의 여러 변형(2)

〈그림 2-4〉 기술혁신 선형모델의 여러 변형(3)

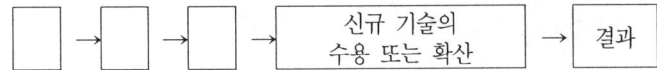

〈그림 2-5〉 기술혁신 선형모델의 여러 변형(4)

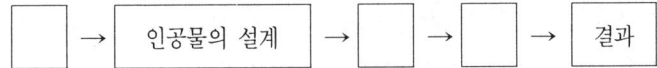

〈그림 2-6〉 기술혁신 선형모델의 여러 변형(5)

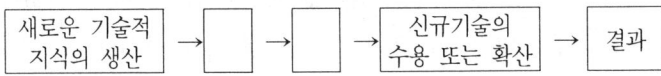

이런 관점을 기술혁신이론에 적용시켜 보면 다음과 같은 일반모델을 상정할 수 있다. 즉 기술(의 기술적) 형성의 일반모델로 나타낼 수 있다.

1) 기술혁신은 안정적이고 확실한 과정이다. 단순한 기술적 활동이다.
2) 혁신과정에 유일한 주체들만이 관여한다. 일단 의견이 주어지면 정보흐름은 덜 중요하게 된다.
3) 혁신과정은 선형모델에 기초한다. 기술은 응용과학이다. 기초연구, 응용연구, 개발, 상업적 생산, 사용 및 소비의 순차적 흐름을 가정한다. 발명-혁신-확산의 사이클은 분리된 '단계'로 인식된다. 발명단계에서는 신기술이 출현해 '고정되거나' '암흑상자에 갇힌다.' 자신의 요구에 적합한 기술을 선택하는 장치로 시장이 작용한다.
4) 시장이 작용하는 과정을 통해 확립된 기술은 사회, 작업조직, 생산체제, 숙련 등에 '충격'(impacts)을 행사한다.

따라서 이런 관점에서는 기술혁신의 복잡성이나 사회환경에 대한 논의는 무시될 소지가 매우 커진다.

3) 기술결정론의 한계

기술결정론에 대한 찬들러의 비판은, 첫째, 기술적 자율성이라는 가정, 둘째, 기술적 필연성의 가정, 셋째, 보편주의의 문제로 집약된다(Chandler, 연도미상). 이런 모델의 가장 큰 결점은 역류관계(feedback loop)가 결여돼 있다는 점이다. 기술 그 자체를 '암흑상자'에 가두어 버리는 이런 이론적 입장은 기술 그 자체에 대한 불가항력과 무관심을 야기하고 기술신비주의를 조장한다. 이에 반해 사회문화결정론(socio-cultural determinism)은 기술발전이 특정한 사회·문화적 맥락에 의해 결정된다고 한다. 마르크스에 따르면, 기술은 인간이 맺고 있는 생산관계를 변화시키고, 인간의 의식을 규정하며, 더 나아가 계급투쟁과 사회변혁, 역사발전의 동인이 된다고 한다.(Academies, 1973; Marx, 1976; Rosenberg, 1976: 61-84; McKenzie, 1984: 473-502; 안쉬슈킨, 1990; 마린코, 1990; 쿠신, 1990; 이창수 역, 1990; 김동식, 1990; 맥머티, 1990; 이호창, 1991: 105-138; 전석호, 1993: 49).

그러나 사회에서 기술이 채택되고 발전하는 과정에는 사회적 차원의 필요성과 적합성이 개입한다. 기술은 사회와 분리된 독립변수가 아니라 사회성격에 따라 어떤 기술은 채택되고 어떤 기술은 배제된다. 기술의 채택과 배제에 영향을 미치는 것은 필요성과 적합성이며, 그 사회구성체(social formation)의 생산관계다. 여기서 기술은 생산력에 변화를 가져오고, 생산력의 변화는 생산관계를 변화시키지만, 그 생산관계의 성격에 따라 기술은 채택되거나 사용이 유예되거나 배제된다(Williams, Raymond, 1981: 226-248). 예를 들면 거대자본의 이해관계가 정보기술의 발명, 도입, 활용에 관철되고 있으며, 마침내 정보기술은 자본주의체제를 유지하는 데 기여할 것이라고 믿는다. 그러나 이런 주장은 기술발전을 가져온 내적 동학을 경시한다는 점에서 한계가 있다. 즉 새로운 기술의 출현을 사회로부터 찾는 사회결정론 또는 기술의 사회환원론으로 규정돼 버린다. 그러나 이런 대립적 입장의 중간적 입장도 존재할 수 있다.2)

2. 기술혁신론

1) 기술혁신론

기술진보는 새로운 시장의 개척, 새로운 원료 공급원의 획득, 산업의 구조적 재조직화를 가져온다.3) 기술혁신은 새로운 제품과 생산공정의 출현을

---

2) 기술결정론과 사회결정론을 양극단으로 하는 이론적 스펙트럼상에는 기술결정론의 도식성을 보완하기 위해 '부드러운 기술결정론'(Pool, 1983)이나 사회적 가치의 선택이 기술을 통제한 것이 아니라 그것에 대응한다고 보는 '사회대응론' 등 두 가지 대립적인 이론적 입장의 차이를 넘어서려는 중간적인 이론적 시각이 존재한다(Street, 1992).

3) "일을 하는 방식에 있어서 역사적으로 중요한 돌이킬 수 없는 변화를 '혁신'이라 부른다. 혁신은 극도로 작은 단계로 분해될 수 없는 생산함수의 변화이다. 당신이 원하는 것만큼 아무리 많은 우편마차를 추가한다 할지라도, 그렇게 해서는 결코

수반하는 포괄적 개념으로 "새로운 제품이나 공정이 창조·개발·사용·확산(이전)되는 모든 과정"이라고 정의할 수 있다. 그것은, 첫째, 새로운 제품 또는 기존 제품의 새로운 개작(version)에 대한 시장수요(market or demand pull), 둘째, 기술지식의 추진력(technical-knowledge push), 기업 내의 요인 등에 의해 영향을 받아 발전한다. 기술혁신은 전술한 선형모델로 설명되기도 하고 연쇄모델(chain-linked model)로 기술되기도 한다. 연쇄모델은 시장조사→분석적 설계→세부설계 및 시험→생산→마케팅→기술축적→재연구의 과정을 거친다. 이에 대해 로젠버그는 기술도 중요하지만 사회적·문화적 요소도 간과하지 말아야 한다고 생각한다(Rosenberg, 1976a: 61-84, 1982: 120-140).

또한 기술혁신론은 과학지식의 창조와 기술발전이 내포하고 있는 불확실성, 복잡성, 상호의존성 때문에 국가개입의 정당성을 주장하고, 산업정책의 입안과 정책집행을 중시한다. 또한 기업수준에서 경쟁환경을 극복하기 위한 생존전략의 하나로 혁신은 기업활동의 가장 중요한 기제로 작용한다. 예를 들어 아버나시와 우터백(Abernathy and Utterback, 1978: 40-47)은 산업 내 혁신이 지닌 역동성을 장기적 관점에서 고찰하고 있다.

이 모델에 따르면 시간에 따라 주요한 제품혁신과 공정혁신이 일정한 패턴을 나타낸다고 한다. 제품혁신은 유동기(fluid phase)라고 불리는 산업이나 제품 형성기에 가장 높게 나타나며, 유동기 이후 주요한 제품혁신이 감소하기 시작하는 동시에 공정혁신이 증가하는 과도기(transitional phase)가 나타나 지배적 설계(dominant design)에 의해 기존의 다양한 제품이 사라진다. 그후 어떤 사업에서는 주요한 제품혁신과 공정혁신이 모두 감소하게 되는 경화기(specific phase)로 나아가는데, 이런 모델의 사례연구를 통해 경쟁의 강도와 산업의 선도지위가 뒤바뀔 수 있는 기술적 불연속성을 이해할 수 있다는 것이다(Utterback, 1994).

철도를 능가할 수 없다"(Schumpeter, 1935: 7). 이처럼 기술혁신의 집단적 출현, clustering은 슘페터의 경기순환 이론의 핵심이라고 지적할 수 있다.

2) 기술혁신을 보는 몇 가지 방식

오늘날 기술혁신론은 매우 빠른 속도로 발전하고 있어 이를 간명하게 한두 마디로 요약·정리하기는 쉽지 않을 것이다. 전술한 바와 같이 선형 혁신모델은 신기술의 근원으로 기초과학 연구를 지나치게 강조하고, 기술혁신을 순전히 기술적 행위로만 상정해 적합한 기술개발 정책만 적용하면 해결된다는 기술관료적 관점에 입각해 접근해 볼 수 있다. 그래서 정부개입의 정당성을 확보하는 논거가 되지만, 기술 자체의 내적 발전논리를 상정해 기술변화를 '암흑상자'로 취급한다는 문제를 안고 있다. 그러나 과학과 기술지식에 대한 관점의 변화로 혁신에 대한 새로운 접근이 이루어지고 있다.

첫째는 사슬연결 모델로 혁신과정의 상호작용과 되먹임(feedback)을 상정해 기술과 시장의 중첩(coupling)이 혁신 성공의 기본요건이라고 상정한다. 그리하여 기술과 경제의 상호 연관관계가 혁신을 보장해 주며 학습의 중요성을 부각시킨다(Coombs, Saviotti and Walsh, 1987).

둘째는 기술-경제 연결망(techno-economic network: TEN)이론으로 기술사회학의 행위자 연결망이론(actor-network theory: ANT)을 차용하고 있다(Callon, 1992). 여기서 혁신의 단위는 기업, 연구소 또는 소비자가 아니라 이들 상이한 행위자 사이에 존재하는 '상호 조정'된(co-ordination) 연결시스템이다(Kline and Rosenberg, 1986: 275-305). 그래서 기술-경제 연결망이론은 생산물의 유통과 유통되는 매개물의 유형에 따라 과학-기술-시장극점(pole)과 기술과 과학이 겹치는 이전극점과 기술과 시장이 중첩되는 개발극점이 있는데, 여기에서 특정 혁신의 출현과 안정화를 기술하고 있다. 매개물에는 구체화되지 않은 정보 또는 기타 문서류(서적, 기사, 특허 노트, 서신, 디스켓 등), 기술적 인공물(과학기술, 기계, 로봇, 소비재 등), 인간과 인간의 숙련(지식, 구체화된 노하우), 각종 금전(재정적 신용 등) 등으로 분류된다.

셋째는 혁신체계(systems of innovation)론으로 극도로 복잡한 기술혁신 출현과정을 기술하고 이해하려면 혁신에 영향을 미치고 형성하는 모든 중요한 요인을 설명해야 한다고 생각한다(Freeman, 1974; Fransman, 1986; Edquist. 1997). 이러한 전체적(holistic)이고 학제적인(interdisciplinary) 접근방식은 체계 내의 요소뿐 아니라 요소간의 관계에 의해 파악돼야 한다. 이밖에도 기술혁신을 제도내의 경쟁으로 보는 시각도 있다(DiMaggio and Powell, 1983: 147-160).

3) 기술혁신론의 문제점

기존의 기술혁신론은 기술선진국에서 기초과학과 응용과학의 존재 위에서 대학과 기업 또는 정부연구기관이 새로운 상품의 개발을 위한 일련의 개발과정을 개념화하기 위해 정립하게 된 것이다(Bolter, 1984; Bresson, 1987). 한국 같은 신흥공업국에서 기술혁신론의 문제점은 과학지식 창조와 신기술 창출이 주로 외부적 요인에 의해서 추진된다는 데 있다. 즉 정부나 기업이 특정 과제수행에 필요한 여러 조건을 지원하고 충족시켜 준다면 목표달성이 가능하다고 전제함으로써 과학기술사회학이 중시하는 사회적·문화적 과정의 중요성을 간과하기 쉽다. '새로운 기술혁신론'이 연구과제로 삼는 바와 같이 혁신과정에 개입하거나 영향을 미치는 요소간의 관계를 분석하는 경우 어느 것에 중점을 둘 것인가가 불분명할 수 있다. 그래서 기업 경영자들은 신기술 창출에 드는 불확실성을 신기술 도입으로 해소할 수 있다고 판단해 자원의 낭비를 자초하는 수가 많다.

3. 기술의 사회형성론

1) 사회형성론의 이론적 자원

위의 논의를 재정리하면 기술결정론은 기술발달이 사회변동의 원인 또는 선행변인이라는 인과론적 인식을 바탕으로 하여 사회는 기술에 의해 진보한다는 발전관을 따른다는 점과 기술발달에 의해 집단간, 지역 또는 국가간

차이가 좁아진다는 수렴명제를 수용하고 있다고 요약할 수 있다. 그러나 기술과 다른 사회현상은 서로 인과적으로 관련돼 있다기보다는 상호 영향을 미치는 관계에 있고, 기술발달에 의한 사회변동이 곧 발전은 아닐 수도 있으며, 선진공업국이라 하더라도 상이한 발전경로를 경과했다는 비판을 면하기 어렵다. 따라서 기술을 하나의 지식체계, 도구체계뿐 아니라 하나의 관념적 구성체라는 새로운 관점에서 조망해 볼 수도 있다(김문조, 1999: 40-45).

상기한 기술결정론이나 사회결정론의 이론적 난점을 해결하기 위해 기술은 사회 안에서 구성된다는 주장이 있다. 이 논의에 따르면 기술은 사회적 결과를 갖는다는 점을 부인하지 않으면서, 특정 기술을 발생하게 만드는 사회적 힘에 초점을 맞춘다(Bourdieu, 1975: 19-47). 이 점에서 기술은 결과만이 아니라 기원의 측면에서도 사회적이다(Mackay, 1995). 기술 설계과정에는 사회적 선택과 협상이 개재한다(Irwin and Vergragt, 1989: 57-70). 그래서 1980년대 이래 최근의 기술사회학 연구성과에 따르면 사회도 기술발전에 일련의 기여를 한다고 본다(Knorr-Cetina et al., eds., 1983; Cooley, 1987: 114-138).

이 '새로운 기술사회학 이론'은 ① 과학지식사회학, ② 노동과정론 같은 산업사회학, ③ 기술경제학, ④ 기술혁신정책론의 학문적 성과 위에 정립된 것이다.

(1) 과학지식사회학

과학사학의 발전은 과학적 발견을 사회학의 시각에서 조망할 수 있는 지평을 열어 놓았다(Shapin, 1982: 157-211; 1988: 533-550). 과학지식사회학(sociology of scientific knowledge)은 1960년대 이후 구미사회를 풍미했던 대항문화(counter culture)의 대두와 함께 기존 사회질서에 대한 비판적 인식의 결과로 태동했다(Bloor, 1976; Mulkay, 1976: 637-656; Mulkay, 1983; Hess, 1995, 1997; Barnes and Edge eds., 1982; Woolgar, 1991: 20-50). 1930년대에 사회학자로는 처음으로 근대 과학혁명(modern scientific revolution)의 기원을 설명하기 위해 사회적 요인에 주목했던 머튼은 제2차 세계대전 전후 서구의 장기호황과 과학에 대한 낙관적 견해, 기술문명에 대한 유토피아적 전망에 서서 과학공동체의 규범과 사회제도로서 과학을 이론적으로 설명하는 데 성공했다. 이른바 기능주의 과학사회학이 성립하게 된 것이다. 즉 머튼은 과학을 합리적 규범이 지배하는 과학자사회의 산물로 이해했다(Dolby, 1972; Merton, 1973). 그러나 이것은 과학을 순수하고 세속적이지 않은 '상아탑'의 활동으로 간주하고 만다는 비판에 직면하게 됐다(Callon et al, 1986). 머튼의 기능주의 사회학은 과학지식과 사회적 요인 사이의 관계를 인식하려는 전통적 지식사회학의 연구과제를 포기하는 것이며, 그리하여 과학의 내용을 '암흑상자'로 방치하는 결과를 빚게 하고 말았다는 새로운 과학지식사회학의 지적을 받게 됨으로써 그 한계가 노출되고 말았다.

머튼과 그 제자들에 의한 연구작업이 학문세계에서 선도적 지위를 내놓게 되자 '새로운 과학사회학'은 과학지식의 사회학으로 재등장했다. 과학기술에 대한 낙관론은 지난 200~300년 동안의 산업화과정으로 인해 빚어진 환경오염, 1950년대 한국전쟁과 1960~70년대 베트남전쟁에 대한 강대국 미국의 개입, 원자폭탄과 고엽제 같은 살상 전쟁무기에 대한 반대 등으로 강한 사회적 비판의 대상이 되고 말았다. 이는 곧 사회학자들로 하여금 과학지식의 본성(nature)에 대한 지적 성찰을 촉발했다. 급기야는 과학기술문명 그 자체의 의미와 성격을 시비하는 '반과학운동'이 출현하기도 했다. 이에 따라 과학기술과 사회의 관계에 대한 근본적인 재검토가 요구된다는 자각이 학문세계에서도 제기됐다. 이에 따라 1970년대에 영국과 미국의 대학에 새로운 학제인 STS(science and technology studies)프로그램이 설치됐다. 쿤(Kuhn, 1970)의 과학혁명의 구조가 제기한 과학철학의 상대주의는 반스(B. Barnes)와 블로어(D. Bloor) 같은 사회학자로 하여금 과학지식의 형성도 사회적 요인으로 설명해야 한다는 과학지식사회학의 강한 프로그램(strong programme in the sociology of knowledge)을 주창하게 만들었다(Barnes and Edge, ed, 1982). 이를 위한 네 가지 원칙으로 블로어는 인과성, 공평성, 대칭성, 성찰성을 제시했다(Bloor, 1976: 4-5). 첫째, 인과성(causality): 과학지식사회학은 신념이나 지식의 상태를 인과적으로 설명하는 데 목적이 있다. 둘째, 공평성(impartiality): 과학지식사회학은 참 또는 거짓, 합리성 또는 비합리성, 성공 또는 실패와 무관하게 모든 지식을 공평하게 다루어야 한다. 셋째, 대칭성(symmetry): 진리라고 알려진 지식이건 거짓이라고 알려진 지식이건 모두 동일한 종류의 원인으로 설명돼야 한다. 넷째 성찰성(reflexivity): 과학에 적용하는 것과 동일한 설명을 과학지식사회학에도 적용시킬 수 있어야 한다. 이런 입장은 과학지식의 사회적 구성과정에서 관련집단의 이해관계가 중요한 역할을 한다고 보았기 때문에 '이해관계 접근'이라 부르기도 한다(Webster, 1991).

더 나아가 콜린스(Collins, 1985)는 현재 진행중인 과학논쟁의 과정과 결과를 사회학적으로 설명하고자 시도하면서 '상대주의의 경험적 프로그램'(empirical programme of relativism: EPOR)을 정식화했다. 이 프로그램은 첫 단계에서 실험결과의 해석적 유연성(interpretive flexibility)에 대한 경험적 사례의 발굴, 둘째 단계에서 해석적 유연성을 제한함으로써 논쟁이 종결되고 합의에 이르는 기제(closure mechanism)에 대한 서술, 마지막 단계에서 논쟁 종결기제와 거시적인 사회적·정치적 구조의 관계를 규명하는 작업으로 구성돼 있다. 따라서 과학지식의 생산은 자연세계에 대한 특정한 해석을 행위주체(해당 과학자)가 수사력(rhetoric power)과 동맹 형성을 통해 과학자 사회에 수용되도록 만드는 과정이라고 보았다.

이들의 논의에 따르면 하나의 과학적 해석이 다른 경쟁적 해석보다 성공적으로 채택되는 이유는 불확실성에 따른 우연성(contingency)과 해석적 유연성으로 설명할 수 있다는 것이다. 또한 실험실 연구로 알려진 민속지적 접근을 통해 일상적 과학활동을 분석의 초점으로 하는 접근방식도 있다(Latour and Woolgar, 1986). 이들은 '있는 그대로의 과학'(science as it happen)을 정확하게 서술하는 데 연구목표를 설정하고 '기성의 과학'(ready-made-science)을 해체하면서 새로운 방식으로 사실을 재구성한다.

요약하면 과학지식사회학은 과학지식의 발생을 사회와의 관련하에 규명해야 한다고 역설했던 것이다(윤정로, 1994: 82-110; 김환석, 1997; 이영희, 1999; 홍성욱, 1999). 더욱이 김환석은 1980년대 말의 사회주의 붕괴와 1900년대 세계화로 인한 국민국가 붕괴 등이 사회학의 '위기'를 불러오고 있으나 과학기술학(STS)의 문제의식, 특히 행위자 연결망이론의 관점에 의해 새로운 시각을 제공하고 있다고 주장하고 있다(김환석, 2001: 201-234).

(2) 노동과정론

기술발전과 노사관계 및 노동시간의 변화는 오랜 연구대상의 하나였다 (Thompson, 1967: 56-97; Saul, 1970; Sorge, 1983; Yearley, 1989; Rifkin, 1994; Ziegler, 1995: 341-372). 특히 노동과정론은 산업사회학과 노동경제학에서 매우 중요하게 취급되고 있다(Braverman, 1974; Noble, 1979: 18-50; Levidow and Young eds., 1981). 마르크스의 자본: 정치경제학비판에서 제기한 노동과정론을 재발견한 브레이버만에 의해 20세기 기술발전에 의한 노동세계, 직업구조의 변화를 분석한 노동과정론은 기술변화와 관련된 사회집단 사이에 존재하는 계급관계와, 권력관계 등의 구조적 관계를 중시했다. 기술사회학자가 이 논의에 주목하게 되는 이유는 기술변화가 갖는 사회적 결과뿐만 아니라 그 기술의 창출과정 그 자체와 함께 기술의 실행과정에 참여하는 노동자와 소비자로부터의 되먹임에 의한 점진적 변화도 기술변화 분석과정에 포함시켜야 하기 때문이다. 자본주의체제의 발전이라는 역사적으로 구조화된 사회관계 아래서 활동하고 있는 행위자들은 그 행위선택의 폭과 깊이에 적지 않은 제한과 통제를 받으며, 이에 따라 노동과정 또는 생산과정 안에 투입되는 노동력에 의한 기술형성도 그 한계와 일정한 범위 안에서만 이루어지는 것이다(박형준, 1991; 박준식·이영희, 1991).

포드주의는 기술적 측면에서 노동과정에서의 '구상'과 '실행'을 분리시킴으로써 기술혁신의 성격을 획득한다(Braverman, 1974). 이에 따른 신국제분업 (new international division of labor)은 한편으로 판매시장을 구축해 소비를 촉진하고, 다른 한편으로 기술수준에 따른 노동과정의 분할을 통해 연구개발 (R&D: research and development)(예를 들면 반도체의 경우, 핵심소자와 칩의 설계 등) 은 초국적기업(MNC: multinational corporation)이 맡고 생산활동(예를 들면 조립과 검사)은 개발도상국에 떠넘기는 방식을 통해 시간적·공간적으로 지구적 생산체제를 재구축하는 것이다.

이런 해석에 기대 보면 한국의 정보통신기술은 1960년대 이래 괄목할 만한 도약과 발전을 거듭해 왔으나, 그 성장구조는 여전히 대외 의존적이며 핵심기술은 유럽의 절반 수준, 미국과 일본의 1/3 수준에 머물고 있다는 지적은 일정한 설득력을 지닌다(김문조, 1999: 166-191). 그래서 국민경제에서 차지하는 비중증대와 국내 생산활동의 노동집약성을 탈피하지 못하고 있는 정보기술산업 수준에서 벗어나려는 기술종속 극복을 위한 다양한 시도가 있어 왔다.

(3) 기술경제학

기술경제학도 기술사회학의 발전에 중요한 이론적 자양분을 제공했다 (Rosenberg, 1976a, 1982; Nelson and Winter eds., 1977: 36-76; Nelson and Winter, 1982; Doci, 1982; Doci, Freeman, Nelson, Silverberg and Soete, 1988; Coombs, Saviotti and Walsh, eds., 1987, 1992). 주류경제학은 과학지식을 '공공재'로, 기술을 '생산요소'로 이해하는 신고전파 경제이론에 근거해 기술에 대한 '도구적' 접근을 취한다. 그러나 공급 측면을 강조하며 기술개발에 중점을 두는 후기 슘페터주의(post-Schumpeterian) 경제학에서는 기본기술의 변화를 매우 중시한다. 이들은 일반적 수준에서 혁신활동과 경제활동의 장기패턴(예를 들어 Kondratiev의 장기파동)을 설명하려고 시도한다(Schumpeter, 1934, 1939, 1943). 그래서 이들은 과학혁명의 구조해석에 대한 쿤의 패러다임(paradigm)론을 활용해 기술경제 패러다임(techno-economic paradigm)의 변동을 통해 경기변동을 설명한다(Doci, 1982: 147-162).

기술진보는 경제학의 관점에서 다음과 같이 요약될 수 있다. ① 기술변화에 의해 투입의 증가 없이도 산출량을 증대시킬 수 있게 되는 상태, 또는 같은 산출량을 생산하는 데 보다 적은 투입으로 가능하게 되는 상태. ② 투입요소의 질과 양의 증가로 인해 재화의 질과 양을 향상시키는 상태. ③ 신소재와 자원개발을 가능하게 하는 기술개발. ④ 신제품의 개발(Browne, 1984: 5-6). 경제학자들은 기술변화를 경제영역의 외부에 존재하는 것으로 상정하거나 생산요소의 하나로 간주해 왔다. 그러나 기술변화의 중요성을 지적하는 슘페터의 시각에 기대면 상기 ①항은 공정혁신(process innovation)이고, ④

항은 제품혁신(product innovation)에 해당한다.

기술혁신의 진화적 모델을 제시하고 있는 신제도학파에서는 특정 기술의 생존을 선호하는 선택환경으로 시장의 중요성을 지적한다(김창욱, 1998). 넬슨과 윈터(Nelson and Winter, 1977: 36-76; Nelson, 1993; Edquist, 1997), 도시(Dosi, 1982: 147-162) 등은 특정한 경제적·사회적 맥락이 일련의 혁신을 규제하는 선택환경을 만든다고 생각하고, 이에 따라 혁신과정이 안정화되는 기술궤적(technological trajectories)이 형성된다고 생각한다.

(4) 기술정책론

기술정책론은 상기한 기술혁신론 또는 기술경제학에서 제기됐던 다양한 이론적 성과와 문제점을 기술사회학의 발전에 제공함으로써 기술형성론의 문제제기에 기여했다(Russel and Williams, 1988; Molina, 1989). 그것은 기술혁신의 현장 안팎에서 혁신 행위자들이 딛고 서 있는 물리적·사회적 환경을 이해하는 데 중요한 시점(view point)을 제공했다(Elster, 1983). 말하자면 국가와 기업, 대학이 기술혁신을 위해 어떤 거시적·미시적 정책을 입안·채택하고 이를 집행하는가에 따라 기술혁신의 목표를 이해할 수 있게 해 주기 때문이다(김종범, 1993).

과학기술을 발전·혁신하기 위한 국가의 과학기술정책은 ① 정부의 기술수요정책과 ② 기술개발정책과 산업정책을 통해 추진된다.4) 이는 과학기술정책이 처음부터 존재하는 것이 아니라 산업사회의 일부 산업정책으로 추진되다가 그 주무부처의 등장을 통해 주도권을 확보하게 되면서 과학기술정책으로 변형돼 나타나게 된 것이다. 즉 산업사회 발전과 정보사회로 가기 위한 본격적인 추진을 통해 기술정책은 일련의 정책입안과 함께 집행수단의 확보(즉 예산과 인력)와 그 집행을 통해 구현되는 것이다.

---

4) 구미의 경우 제2차 세계대전 이후 기술혁신 정책의 변화는 정치에서 정책으로 전환하면서, 과학기술정책의 문화적 성격 강조와 함께 임무지향에서 경제지향 또는 사회지향으로 의제 변화를 보이고 있다는 점에 주목을 요한다(Elzinga and Jamison, 1995: 572-597).

정부는 이 밖에도 관련행정의 효율극대화를 위해 보조금지급과 세금감면, 재정과 금융, 정보제공, 환경개선, 인력양성, 단지조성, 규제완화와 강화, 기반기술 제공, 기준제정 등 다양한 정책수단을 활용한다. 여기에는 정부간여의 정도에 따라 법과 제도, 조세 등 명령·지시·규제·직접적 성격이 강한 경성(hard)수단과 정보제공, 기술지원, 규제개선 등 유인·촉진·간접적 성격을 띤 연성(soft)수단으로 분류된다(한세억, 1998: 109-152).

국가의 관점에서 기술혁신의 목적은 ① 국가 안전보장이나 국가위신, ② 시장지향과 국제경쟁력 강화, ③ 공공복지 향상과 삶의 쾌적함을 개선하는 데 있다. 특히 기술개발은 산업 경제발전에 기여하고, 시장을 확대하며, 생산경비를 저하시키고, 대량생산체제를 발달시키며, 기업이윤 증대와 매출액을 확대하는 데 그 목표가 주어진다(산업기술연구원, 1985). 이런 도구주의적 기술관은 국가가 처해 있는 시대상황에 따라, 해당 국가의 경제발전 단계에 따라 역점을 어디에 두느냐에 따라 달라지게 된다.

한국사회에서 다국적기업의 신기술과 그 구현체인 완제품을 수입하고 그 판매시장으로만 기능할 뿐 아니라 신국제분업의 생산기지로서만 역할하게 된다면 위에서 열거한 기술진보의 가능성은 매우 협소한 것처럼 비쳐졌고 기술종속론자들의 시각에서 볼 때 기술자립의 길은 요원한 것이었다. 그래서 국가의 역할은 막중한 것이 아닐 수 없었다. 따라서 국가는 과학기술정책의 명시적 수단의 하나로 기술이전과 기술협력을 통하거나, 묵시적 수단으로 외국인투자나 외환정책을 통해 신기술에 의한 신상품 판매시장으로서 저개발국의 기술혁신을 조장한다(IDRC, 1976). 이것을 통해 기술후진국은 기술형성을 위한 지식기반(knowledge base)을 확보할 수 있게 된다.

현대사회에서 기술은 규모의 증대, 기술개발과 이용의 국제적 성격, 합리화 경향, 공생적 상호의존성을 특징으로 한다. 많은 면에서 기계기구의 수량과 크기, 산출물의 양과 생산비율, 종사자의 수, 예산의 크기, 기술을 수용하는 조직의 평균크기, 그 수행에 필요한 물질적·조직적 자원의 양 등이 규모의 증대를 잘 보여준다. 20세기 들어 발전한 원격통신과 운송혁명으로 기술의 국제적 성격은 더욱 가속화됐다. 정형화된 기술관련 과정의 중요성과 시스템분석 같은 체계적인 방법의 사용이 증가하고 증대될 뿐 아니라 고도화되고 전문화된 현대기술의 성과가 대규모 관료조직에 수용돼 왔다. 막스 베버가 '현대생활의 합리주의'라고 언급한 잠재적이고 일반적인 경향이 "명백하고 추상적인 그리고 지적으로 계산되는 지식, 규칙 그리고 과정"에 기초해서 자리잡게 됐다. 어떤 두드러진 합리적 과정의 산출물은 이전에 지배적이었던 장인기술에 기반을 둔 수공업적 상태에서 과학적·수학적으로, 더 나아가서는 잘 발달한 공학적 방법과 지식에 기반을 둔 성숙한 전문적 영역에서만 가능하게 됐다.

현대사회에서는 기술혁신의 속도와 대상도 더욱 가속화되고 확대된다. 정보의 생산과 가공처리가 매일 만들어지고, 처리되고, 분배되고, '소비'되고, '처분'된다. 이 주목할 만한 처리량의 수준은 막대한 양의 정보와 물질적 상품의 생산, 처리, 분배, 처분을 급속도로 가능하게 만든 현대사회의 광범위하고 경제적인 생산·교통·통신기술과 체계에 의해 이룩된 것이다. 또한 사회체계를 관통하고 있는 더 가속화된 에너지, 물질, 정보흐름의 관점에서 삶의 속도도 그것에 드는 시간만큼 빨라진 것이다. 이런 사회변화를 선도하고 있는 대표적인 것이 정보통신기술이라고 기술결정론자들은 지적하고 주장한다. 이처럼 현대사회의 변화와 함께 기술과 사회의 관련양상을 해명하는 데 과학지식사회학, 산업사회학, 기술경제학, 기술정책론의 지적 논의가 동원됐다. 그것은 과학의 사회적 구성주의, 노동과정론, 후기 슘페터주의, 기술개발정책론과 같은 점이라고 요약할 수 있다.

2) 기술의 사회적 형성론의 이론적 가지들

(1) 기술의 미시적 사회 형성론

기술의 사회형성론은 다종다기한 이론적 가지들(branches)로부터 연유한다. 기술발전을 사회적 측면에서 조망하는 이론은 크게 미시적 접근과 거시적 접근으로 나누어 볼 수 있다. 어떤 이론이 미시적인가 거시적인가 여부는 논자의 이론적 강조에 따라 상대적인 것이다. 여기에는 먼저 미시적 접근이라고 가름할 수 있는 기술의 사회적 구성주의(social construction of technology: SCOT)가 있다. 이들 이론이 미시적 접근이라고 분류할 수 있는 이유는 연구 대상의 구체적 현장(research loci)을 미시적 차원에서 탐색하고 있기 때문이다. 이 밖에 기술의 사회이론에는 ㉠ 거대기술체계론(large technological system approach, Hughes, 1979: 125-139; 1983: 18-46;, 1987: 51-82), ㉡ 행위자 연결망이론(actor-network theory: ANT)이 제안돼 있다(Callon and Law, 1996). 특히 거대기술체계론은 기존의 기술결정론과 사회결정론의 이론적 함정을 모두 피하면서 기술변화에 대한 유연한 해명이 가능하다고 주장한다(Hughes, 1994).

① 기술의 사회적 구성주의론

기술의 사회적 구성주의는 과학지식사회학, 특히 콜린스의 경험적 상대주의 프로그램(EPOR)을 거의 그대로 기술사회학 연구에 적용시킨다. 즉 첫 단계에서는 특정한 기술적 인공물(artifacts)을 둘러 싼 관련된 사회집단(relevant social group) 사이에 해석적 유연성이 제기되어 동일한 인공물에 대해 서로 다른 사회집단들이 서로 다른 의미를 부여한다. 특정 인공물에 대한 이런 상이한 의미부여는 그 인공물에 내재한 문제점을 서로 다르게 파악하는 것으로 나아가고, 나중에는 상이한 기술적 해결책의 제시로 나타난다. 둘째 단계에서는 인공물의 의미를 둘러싼 사회적 논쟁이 종결되면서 특정한 인공물이 안정화되는 단계다. 마지막 단계에서는 이런 종결과 안정화의 과정에 광의의 사회적 맥락을 부여하는 단계다. 즉 인공물의 내용이 사회적으로 구성된다는 것이다(Woolgar, 1991: 20-50). 그렇지만 사회적 맥락이 기술 내용의 파악을 보장해 주지는 못한다.5) 핀버그의 다음 진술은 기술의 사회적 구성주의를 잘 요약해 주고 있다(Feenberg, 1991: 5).

---

5) 다음의 진술은 그런 사정을 일정하게 반영하고 있다. "텔레비전의 사회적 의미가 맥락 의존적이라는 것을 보이기는 쉽다. 그러나 무엇이 제대로 작동하는 텔레비전으로 간주돼야 하는가를 맥락 의존적으로 보이기는 어렵다"(Mulkay, Pinch and Bijker, 1987: 41-42에서 재인용).

기술은 하나의 사회적 맥락에서 이루어진 사회적 구성으로 이해돼야 한다. 하나의 기술에 대한 정의는 그 기술이 해결하려고 하는 과제에 대한 정의에 달려 있다. 그것은 사회적 문제이며, 기술적 문제가 아니다. 기술은 많은 것을 '해낼 수 있는' 잠재력을 가지고 있으며 많은 것을 의미할 수 있다. 그러나 그 선택과정은 성격상 사회적이어야 한다. 왜냐하면 기술 그 자체에는 기술이 무엇에 적합한지, 무엇을 위해 필요한지를 정확하게 말해 주는 어떤 것도 존재하지 않는다. 그것이 진화하는 방식은 사람들이 그것을 가지고 어떤 과제를 해결하려고 하는가에 달려 있다.

이리하여 정보기술은 하나의 사회적 맥락에서 이루어지는 사회적 구성으로 이해될 수 있다. 사회적 구성주의는 정보통신기술과 사회구조에 관한 단일 방향적(uni-dimensional) 인과론을 부인한다. 한마디로 사회구조에 대한 정보기술의 막강한 영향력을 부정하지 않으면서 동시에 정보기술의 발전에 대한 사회적 개입의 가능성을 열어 두고 있다(Russel, 1986: 331-346; Fleck, Webster and Williams, 1990: 618-640; Pinch and Bijker, 1986: 347-360; Bijker, Hughes and Pinch eds., 1987; Bijker and Law eds., 1992). 이런 기술의 사회적 구성주의론은 미시적 차원에서 전개되는 행위자 중심의 접근이라고 요약할 수 있다. 기술은 휴즈가 언급한 바와 같이 사회와 상호 연계된(interwoven) 것으로 이해해야 하며, 바이커가 지적하는 사회기술적 조합(sociotechnical ensembles)이다(Jasanoff, et al., 1995: 225-6). 따라서 기술은 사회, 과학, 정치, 경제, 문화 등과 연계된 것으로 파악된다(Latour, 1987).

② 거대기술체계론

기술의 사회적 구성주의를 비판하는 거대기술 체계론은 미국의 기술사학자 토머스 휴즈(Hughes)에 의해 제시됐다(Hughes, 1979: 125-139: Hughes, 1987: 51-82). 그는 기술을 하나의 거대기술 체계로 정의해 인공물을 포함한 유형, 무형의 기술적 요소뿐만 아니라 생산공장, 설비회사, 투자은행 등의 조직, 과학적인 요소(지식, 과학자 같은 인력), 자연자원, 발명가, 기업가, 시스템 운전자(operator) 등으로 파악한다. 기술체계는 다음 5단계의 과정을 거치면서 진화한다: 발명단계—>개발단계—>혁신단계—>기술이전 단계—>성장, 경쟁, 공고화(growth, competition and consolidation) 단계--> 모멘텀(momentum)의 획득단계. 휴즈는 이런 기술체계의 구성요소를 고안하고 그들간의 상호관계를 고려해 체계를 전체적으로 설계하는 사람을 체계 형성자(system builder)라고 규정했다. 그는 이런 유형으로 토마스 에디슨 같은 발명가 겸 기업가(inventor-entrepreneur)를 대표적인 사례로 들었다. 그에 따르면 과학과 기술, 기술과 사회, 기술과 그것이 도입되는 환경 등은 서로 본질적으로 구분되는 요소가 아니다. 기술체계는 제도와 혁신의 상호작용의 결과다. 기술발전을 위해 자금, 전문성(expertise)과 권위라는 자원이 필요하며, 이에 필요한 자원의 형태를 정의하는 기술비전(technological vision)이 전제돼야 한다(Klein, 1996).[6]

③ 행위자 연결망이론

기술의 사회적 구성주의를 넘어서고자 하는 행위자 연결망이론은 인간적 요소와 인간적인 것이 아닌 요소간의 대칭성(human-non-human symmetry)을 인정해 인간이나 인간이 구성한 조직뿐 아니라 전자(electron)나 축전지 같은 자연현상과 인공물까지도 사회학적 행위자(actor)의 범주에 포함시킨다(Callon, 1987: 83-103).[7] 그래서 어떤 기술적 프로젝트의 성공 여부는 그 프로젝트를 담당한 엔지니어-사회학자(engineer-sociologist)가 어떻게 서로 성질이 다른(heterogeneous) 것들을 단순화시키고 결합해 이들을 엮는 행위자 연결망(actor-network)을 성

---

6) 정책결정과정에서 전문가의 역할에 대해서는 Collingridge and Reeve, 1986 참조.
7) 행위자-연결망이론의 문제의식은 세계관과 관련된 근본적인 사고의 전환이며 그 지향점은 기존 사회학 내지 학문(자연과학과 인문사회과학으로 분할된 '두 문화') 전체의 쇄신이라고 한다. 따라서 행위자-연결망이론은 과학학이 과학지식 생산의 사회적 과정을 연구하는, 단지 사회학의 많은 분과 중 하나에 머물러서는 안 된다고 주장하고 있다. 이들은 사회적 구성주의를 지지하는 과학지식사회학자들과 같이 과학이 사회적 구성물이라는 공통된 입장을 취하면서도 서로간의 논쟁을 통해 과학을 설명하는 데 심각한 차이점을 드러내고 있다(Pickering, 1992).

공적으로 구성하는가에 달려 있다고 주장했다(Law, et al., 1999). 여기서 행위자 연결망은 전통적인 사회학에서의 행위자뿐 아니라 인간이 아닌 구성요소를 두루 포함하는 것이며 그 속에서 존재자들은 서로를 규정하고 규정받음과 동시에 연결망을 구성하고 연결망에 의해 구성된다. 기술과 사회는 행위자 연결망이론 속에서 서로 구분되는 실체가 아니며, 이는 그 속에서 서로 구성하고 구성되며, 따라서 동시 구성(co-construction)된다고 보았다.

랭던 위너는 이러한 기술에 대한 사회구성주의적 접근이 갖는 문제를 네 가지로 정리하고 있다(Winner, 1991: 368-373; 김규태, 1999). 첫째, 선택된(또는 구성된) 기술이 사회에 대해 어떤 영향을 미치고 있는지에 대한 관심을 빠뜨리고 있다는 것이다. 둘째, '새로운 기술사회학'은 기술적인 논쟁에 개입하지 못하고 있으며, 이로부터 구조적으로 배제된 '관련되지 못한 사회집단'(irrelevant social group)에 대해서는 전혀 언급하고 있지 않다는 것이다. 환언하면 기술의 사회구성주의자들은 기술의 역사를 단선적으로 이해하는 휘그적(Whiggish) 역사관에서는 탈피했지만 엘리트주의적 역사관—승리자의 관점(the winner's point of view)—에서는 탈피하지 못했다는 것이다. 셋째, '새로운 기술사회학'에는 행위자의 행위를 거시적 차원에서 규정하는 구조와 문화에 대한 언급이 없다는 것이다. 넷째, 그들이 현대의 기술체계와 그 속에서 인간의 위치에 대한 전망과 입장이 제출돼 있지 않기 때문에 사회현실의 문제를 해결하는 측면에서는 무용하다는 것이다.

(2) 거시적 접근

기술의 사회적 구성주의가 미시적 차원에서 기술형성의 사회적 차원을 강조한다면 네오 맑시스트(neo-Marxist)들은 계급, 시장, 국가와 자본 같은 사회의 거시적 차원이 갖는 효과를 중시하는 거시적 접근법을 취한다(Dubofsky, 1975; Clark, 1985). 그러나 이들은 기술혁신 과정에 미치는 경제적 요인에만 국한하지 않음으로써 올드 맑시스트(old Marxist)들과 구별된다. 경제적 요인 외에 문화적 요인이나 사회정치적 요인도 기술변화에 영향을 미칠 수 있다고 간주한다(Hobsbawm, 1968: 5-22; Landes, 1969; Lazonick, 1981: 491-516).[8] 그래서 이들은 예를 들어 국가가 군사기술 발전에 대한 영향력의 크기를 역설하는 경우나 정보기술의 발전을 러다이트의 시각에서 분석한 경우도 있다(Webster and Robin, 1986). 네오포디즘(neo-Fordism)에서는 국제분업에 따라 생산의 국제화가 진전되면 개발도상국의 기술발전은 선진국의 기술이전을 통해서 달성되지만 그 개발의 한계는 명백한 것이라는 함의를 남겨 준다.

3) 기술의 사회형성론 분석틀

만약 기술이 내부의 기술적·과학적 논리의 필연적인 추동력에 의해 진화하는 것이 아니라면 기술은 내재적 모멘텀을 가지고 있지 않을 것이다. 기술이 진화 또는 변하는 것은 사회 안에서 특정한 방식으로 형성되기 때문일 것이다. "엔지니어, 기업가, 정치가는 어떤 가정을 가지고 사람과 기계가 세상에서 수행하는 역할을 규정하는가? 그들이 기술을 구축하고 채택할 때 고려하는 제약은 무엇인가?"(Bijker and Law, 1992: 1-14). 거시적 차원과 미시적 차원의 중간범위에서 기술은 사회적 요인에 의해 형성된다(Williams and

---

8) 예를 들어 산업혁명기의 기술발전을 설명한 란데스는 근대적 산업기술이 서유럽에서 최초로 출현한 이유로 다음 두 가지를 들고 있다. 첫째, 유럽은 사적 기업활동에 특별히 효율적인 토대를 제공해 준 정치·제도·법적 발전을 경험했다. 둘째, 유럽사회는 환경을 합리적으로 조작하는 데 높은 가치를 부여했다. 예를 들면 군사문화는 목적에 대한 수단의 합리적 작용을 강조했다(Landes, 1969). 더 나아가 한편으로 이 시기에 이전 시대와 같은 미신과 마술의 중요성을 점차 깎아 내리는 문화를 창조하고, 다른 한편으로 효율성과 생생한 눈요기(live show)를 즐기는 문화를 선호했다. "왜 자본주의가 다른 곳이 아닌 유럽에서 출현했는가"라고 묻게 될 때 로젠버그가 말한 대로 부르주아는 "기술변화와 불가분하게 연결된 이해관계를 가진 역사상 최초의 지배계급"으로서 자기 역할을 다한 셈이다(Rosenberg, 1982). 한마디로 급속한 기술진보는 역사적으로 자본주의와 불가분의 관계에 있었다고 평가할 수 있다. 그렇다면 과학혁명, 문예부흥, 종교개혁, 자본주의체제사이의 정확한 상호관계는 어떤 것이었을까? 어째서 유럽문명만이 그런 합리성을 독점할 수 있었을까? 어떤 조건이 유럽문명으로 하여금 기술적 역동성을 향유할 수 있게 만들었을까? 한마디로 유럽문명 발전유형에서 과연 독특한 것은 무엇이었을까?

Edge, 1991: 152-205, 1996a: 53-67, 1996b: 865-899; Williams and Russel, 1992; Edge, 1988, 1995: 14-32; Fleck, 1988; Fleck, J. Webster, and Robin Williams, 1990: 618-640, Mackay, 1995). 따라서 기술의 사회형성론은 '기술과 사회관계론'의 중간범위 이론이라고 정리할 수 있다. 이 이론은 기술형성 과정에서 예컨대 생산과 소비, 시장, 계급, 국가, 사회구조 같은 거시적 차원의 분석을 선호하는 경향이 있다. 이와 함께 이 이론은 사회의 보다 거시적인 구조와 특수한 역사상황에서 그런 구조적 요인이 어떻게, 어떤 사회적 과정을 거쳐 기술형성에 작용하는 가를 중시한다. 왜냐하면 이 이론은 기술변화와 관련된 사회집단 사이에 존재하는 계급관계, 권력관계 등의 구조적 관계와 함께 행위자의 사회적 과정을 중시하기 때문이다(김환석, 1999: 69-87). 몇몇 연구사례에 따르면 어떤 기술은 경제적·정치적으로 형성된다(Habakkuk, 1962; Bassala, 1988; Ende, Ravesteijn and Wit, 1997: 13-26).[9] 이와 관련한 국내 연구는 이론 소개와 외국사례의 비교연구를 들 수 있다(한경희, 1993; 서이종, 1998; 이영희, 1999).

이 이론의 기본전제는 '기술과 사회의 관계'를 상호 작용하는 '순환적 과정'(recursive process)으로 본다는 데 있다. 이 사회적 형성론 연구에서는 기술의 초기 연구개발 과정부터 그 기술의 이행과정까지 모두를 다룬다. 그래서 기술변화의 '결과'에 대한 연구와 '영향'에 대한 연구는 강한 상호 보완성을 띠게 된다. 다시 말하면 기술의 사회적 형성론은 기술변화의 원인을 이해하면 그 결과를 이해할 수 있게 된다는 점에 주목한다. 기존 연구에 따르면 매우 특수하고 국소적인 사회조직이나 사회적 관심이 기술형성에 중대한 역할을 한다는 것이다. 더 나아가 그런 기술혁신의 형성을 촉진·규제하는 사회적 영향을 규명해야 한다.

상술한 사회적 요인이 기술형성 과정에 영향을 미치는 방식은 다음 4가지로 구분할 수 있다. ① 이용 가능한 여러 가지 기술적 가능성 가운데 어느 하나를 사회적으로 선택하는 것, ② 가능한 기술개발 영역 중 오직 한

---

9) 기술은 권력과 여러 가지 함수관계를 갖고 있다는 주장은 적지 않다(Aronowitz, 1989; Castells, 1996; Ciccotti, 1976: 50; Mumford, 1964: 1-8; Winner, 1980: 121-136; Giddens, 1985; Volti, 1995; Keil, 1997: 299-316).

가지만 사회적으로 허용되는 것, ③ 특정한 기술적 구성방식·배열만이 사회적으로 성공할 수 있는 특정한 환경을 조성하는 것(고객의 요구에 적응하기 위해 포괄적인 수정과 응용이 요구되는 기술의 경우), ④ 특정한 사회모델을 기술에 체현하는 것이다(Edge, 1988). 여기에는 기술(발전)궤적에서 사회적 합의와 개입(social consensuses & social interventions) 또는 사회적 형성(social shaping of technology)에 대한 포괄적 이해가 포함된다. 더 주목해야 할 점은 여기서의 '사회' 개념은 전사회적인(societal) 경우와 매우 국소적인(local) 경우가 상정될 수 있다는 것이다. 사회는 사회과정(social process, Elliott, 1988), 사회기반(social base, Molina, 1989), 사회환경(social milieu, Montealegre, 1997) 등으로 이해될 수도 있다. 이러한 문제의식에는 "기술은 사회에 의해 형성된다"는 논의와 "어떠한 방식으로 해당 사회가 그처럼 급속하게 변하고 있는 기술에 최대한 적응할 수 있는가" 하는 문제의식과 연관돼 있다(MacKenzie and Wajcman, 1985, 1999; Edge, 1988; MacKenzie, 1988, 1996). 또한 여기에는 특정한 기술적 대안이 사회적으로 배제·고립·기각되는 과정이 있을 수 있다. 따라서 기술의 사회적 형성론에 대한 올바른 이해는 어떤 논자의 '기술'과 '사회', '기술과 사회'의 범위설정을 충실하게 파악하는 데서부터 시작돼야 할 것이다.

그리하여 이런 기술변화에 대한 사회적 영향(influence agents, types and effects)은 ① 국가영역, ② 민간영역, ③ 일반대중 영역, ④ 사회의 문화체계로 나누어 살펴볼 수 있다(McGinn, 1991). ① 국가영역에는 행정부서, 입법부서, 사법부서, 규제부서, 독립 자문법인으로 나눠 살펴볼 수 있다. ② 민간영역에는 독립 자문법인, 기업, 비영리단체와 조직(박애주의적 재단, 기술 전문집단, 노동조합, 종교단체, 공익집단)이 분석대상이 된다. ③ 일반대중 영역에는 소비자로서 시민발의권, 주민투표, 정기조사(survey) 등이 있다. ④ 사회의 문화체계에는 문화적 제도(대학 도서관, 서점 등), 문화적 믿음 등이 있을 수 있다(McGinn, 1991). 포괄적으로 다시 말하자면 기술변화에 대한 사회적 영향력의 유형으로는 적어도 다음 8가지가 거론된다. ① 지리, 환경 및 자원요인, ② 과학적 진보, ③ 기존 기술, ④ 시장의 과정들, ⑤ 노사관계 또는 산업적 이해관계, ⑥ 다른 조직 구조적 측면, ⑦ 국가제도 및 국가간의 국제적 관계,

⑧ 성적 역할분화, ⑨ 문화적 요인 등(Edge, 1988).

이것은 기술에 대한 중요한 사회적 영향력으로 ① 가능하게 하기(enabling) 와 무력하게 하기(disabling), ② 생성시키기(generating)와 종결시키기(terminating), ③ 조력하기(helping)와 방해하기(hindering), ④ 한정하기(determinating)와 자유롭게 하기(liberating)의 형태로 작용할 것이다.

그 결과 기술에 대한 사회적 영향력의 효과로는 ① 방향(direction), ② 구성(constitution), ③ 과정상술(process specification), ④ 생산(production), ⑤ 확산(diffusion)——기술은 어떻게 확산되나, 예컨대 기술이전(technology transfer), ⑥ 사용(use)으로 나타날 것이다(McGinn, 1991).

그래서 상기한 <그림 2-1>과 <그림 2-2, 3, 4, 5, 6>에서 제시된 단순한 모델은 복잡한 형태로 바뀌게 된다(<그림 2-7>).

〈그림 2-7〉 기술의 사회적 형성모델

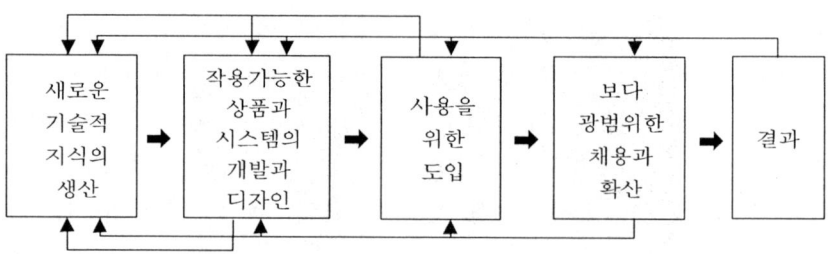

이 관점을 기술혁신모델에 적용시켜 보면 기술혁신 과정에는 종류에 따라 다르긴 하지만 여러 가지 기술의 선택지들이 제시될 경우 사회적 요인, 즉 조직적·정치적·경제적·문화적·제도적·사회적 요소에 의해 기술이 형성돼, ① 혁신의 속도뿐 아니라 '방향', ② 기술의 '형태', 기술적 인공물과 실행의 내용, ③ 사회의 다른 구성물에 대한 기술변화의 '결과'를 형성한다는 것이다.

여기에는 매우 다양한 행위자들이 등장하며 부품 및 완제품의 공급자, 기업뿐만 아니라 기술자, 잠재적 사용자 등의 이해당사자들이 제휴 또는 갈등하면서 필요한 물적/인적 자원을 매개하게 된다. 그래서 사회로부터 충분한 지원을 했는데도 기술개발에 실패한 경우('재벌' 기업의 투자 실패 사례, 정부의 지원 실패 사례)와 마찬가지로 성공사례도 취급될 수 있다. 이런 기술의 사회적 형성론의 일반모델에서 기술혁신은 다음과 같은 성격을 띠게 된다.

① 기술혁신은 모순적이고 불확실한 과정이다. 기술혁신은 복잡한 사회적 활동이다. 기술혁신은 기술적 과정과 사회(투쟁)과정이다. 혁신은 정교화와 학습의 과정을 포함한다.

② 혁신과정에 관여하는 다양한 주체가 보유하고 있는 의견의 유형과 그들 사이의 정보흐름에 주목한다.

③ 혁신과정은 선형적인 과정이 아니라 지속적인 피드백 과정을 포함하는 나선형의 과정이다. 혁신의 후기단계에서 앞의 단계로 가는 상향적인 피드백 과정이다. 혁신은 설계단계뿐만 아니라 개량단계에서도 일어난다. 혁신은 행위자의 네트워크를 따르는 상호작용을 통해 발생한다.

④ 이에 따라 기술의 형태와 내용에는 상당한 차이점이 나타날 수 있다.

기술혁신의 가장 일상적인 사례로 건축과 기술자의 관계를 들 수 있다. 한 건축사 또는 목수의 구상과 건축도면, 그리고 실제 건축과정의 기술전개와 잦은 재설계 및 설계변경, 그리고 시공의 경우를 들 수 있을 것이다. 이 전체 과정에서 구상과 실행은 사회적 요인에 의해 직접적·간접적 영향을 받게 된다. 그렇다고 해서 건축설계나 목수, 작업자의 창의성이 간과되거나 훼손되는 것은 결코 아니다.

그래서 플렉(Fleck)은 사례연구를 통해 이런 과정을 학습이론으로 정리하고 있다. 즉 투쟁에 의한 학습(learning by struggling)은 혁신(innovation)과 확산(diffusion)의 합성어로 '혁산'(革散, innofusion)이라는 용어로 집약되고 있다.

> 기술개발의 가능성은 사용자의 필요와 요구, 즉 수요의 특성에서 비롯된다. 그러나 수요에 관한 정보를 전달하는 시장신호에 수동적으로 반응해 기술이 비밀스럽고 임의적으로 개발되는 것은 아니다. 오히려 기술은 설계, 시도, 탐색의

복잡한 과정을 거쳐 개발되며, 그것은 사용자의 필요와 요구를 발견하고, 기술을 유용한 방식으로 응용하려는 투쟁의 과정이다(Fleck, 1988: 3).

그러므로 기술의 사회형성론은 조직 내부에서 기술이 개량되는 과정, 시장의 창출을 포함한 기술의 소비과정, 성과 기술의 상관이라는 기술변화를 '사회과정'으로 이해한다(Edwards, 1995: 257-285). 여기서 기술혁신 과정은 분석단계에서 '사회경제적 차원'과 '기술적 차원'을 명백하게 분리할 수 없다(Mitcham, 1979: 163-201). 즉 기술의 사회형성론은 혁신의 사회적 과정과 그 사회적 선택과 맥락을 살펴야 하는 것이다. 이런 개념의 설정으로 기술의 사회적 형성론은 '기술과 사회관계'에 대한 거시적 이론과 미시적 이론을 이어 주는 매개개념 또는 통합적인 이론틀을 시사하는 기술혁신의 중간범위 이론(socio-technological innovation theory of middle range)으로 재규정할 수 있다(McKenzie, 1988, 1992).

이 점에서 정보통신기술은 기술개발의 혁신속도가 상대적으로 매우 빠르고 발현성(emergent)을 지닌 것으로 파악된다.[10] 한마디로 정보통신기술은 조직과 사회와 문화의 산물인 배열적 기술(configurational technologies)이다(Robin Williams, 1997: 299-338). 또한 정보기술은 그것을 작동하기 위해 전력(强電과 弱電)의 생산과 공급, 그 수요체제, 하드웨어 및 그 부품 생산과 공급, 그 수요체제, 완성품의 조립과 공급, 그 수용체제, 완제품 판매(도·소매)와 유지, 보수, 그 관리체제, 그리고 이용자 및 또는 소비자와 함께 내용과 이를 구현하고 동작시키기 위한 다양한 소프트웨어와 응용프로그램의 생산과 공급, 그 수요체제를 필요로 한다는 점에서 그 자체로 사회적 의미를 지닌 기술체계다(Hughes, 1979: 125-139, 1983: 18-46). 이 가운데 어느 하나의 부문이나 요소가 결락해도 기술체제는 정상적으로 작동하지 않는다. 현대사회에서 기술체계의 안정화가 얼마나 중요한지 실감케 한다.

이 책에서 논의하는 조직적 요소는 국가와 자본 같은 거시적인 것뿐 아

---

10) 예를 들어 컴퓨터버그(computer bug)의 하나인 '컴퓨터바이러스'가 생명현상에 비유되고 있는 것도 바로 이 때문이다.

니라 여기서 형성된 연구혁신 체제나 교육체제를 두루 포함한다.[11] 자본에도 국내자본과 해외자본이 있고, 국내자본에도 재벌 같은 거대기업집단과 중소기업 및 영세기업도 포함하지 않을 수 없다. 최고권력(supreme power)과 행정권력(administrative power), 기술권력(technological power) 같은 정치적 요인, 기금조성과 이익창출을 위한 것뿐만 아니라 시장형성이나 그 속에서의 경쟁 같은 경제적 요인, 경쟁문화와 모방 같은 기업문화, 기술의 현지화 같은 문화적 요인, 법과 규칙의 제정과 집행 같은 제도적 요인, 그리고 사회적 맥락 같은 사회적 요소가 주요 행위자들의 역할과 기능과 함께 사회과정으로 고찰하게 될 것이다(Mander, 1978: 44; Noble, 1984).

여기서 기술권력이란 베버적 의미로 기술능력을 가진 전문가집단 또는 기술엘리트의 권위와 기술능력으로 인한 기술의 권력화(empowerment of technology)로 인해 기존의 기술체계를 지지·확장할 수 있는 능력 또는 새로운 기술의 도입과 적용을 둘러싸고 제기될 수밖에 없는 많은 저항과 주저에도 불구하고 새로운 기술 또는 기술체계를 도입·수용하게 할 수 있는 능력을 말한다. 따라서 기술 파워엘리트(technological power elite)는 이런 기술권력을 행사하는 행위자를 말한다. 따라서 기술정책의 입안과 집행을 위한 구체적인 행위자에 주목하게 된다. 사회변화와 요구의 증대에 대한 기술발전의 필요성은 최고권력(Supreme power)뿐만 아니라 권력엘리트(power elite)의 기술비전(technology vision)을 불가피하게 요구한다. 여기에서 권력엘리트는 기술권력 엘리트(top level technological power elite)와 행정권력 엘리트(administrative power elite)로 나누어 살펴볼 수 있다.

또한 이 연구에서 논의될 여러 형태의 사회과정을 집약하는 발견적(heuristic) 용어로 '캠페인'(campaign)을 들 수 있다. '캠페인'은 사전적 의미로 '(들판에서의) 전쟁, 회전(會戰), 작전행동, (사회적) 운동, 유세, 선거전'을 의미한다. 그 말은 종군하거나 출정하거나 운동을 일으키는 동사형으로도 사용

---

11) 저개발국 또는 개발도상국의 과학과 기술에 대해서는 Schrum and Shenhav, 1995 참조

된다. 군사용어로 '캠페인'은 전역(戰役)으로 번역되며 "주어진 시간과 공간 내에서 전략적 작전목표를 달성하기 위하여 실시하는 일련의 연관된 군사작전"이라고 규정하고 있다(윤기철, 2000: 402).[12] 따라서 새로운 기술형성을 위한 '캠페인'은 기술적 권고(technological recommendation)의 제시, 기술 가능성(technological possibility)의 상정, 기술권력을 통한 설득 등을 포함한다. 더 나아가 캠페인은 '매뉴버'(manoeuvre)를 위한 사전 정지작업을 의미하기도 한다. '매뉴버'는 사전적 의미로 '군사작전의 행동, 교묘한 조치, (항공기 선회 등의) 운동, 궤도수정(변경), 책략, 공작, 책동'을 말하는데 이 역시 '캠페인'과 함께 기술혁신 과정을 이해하는 데 다양한 함축을 시사할 수 있다.

아래에 도시하는 바와 같이 기술의 사회적 형성론은 단순한 기존 모델과 달리 매우 복잡 다기한 피드백 과정을 거친다. 이런 기술의 사회적 형성론 모델을 이 연구목적의 분석을 위해 한국사회에 적용하여 구체화시킨 분석틀들을 도시해 보면 다음과 같다. 분석틀의 비교를 위해 구 혁신모델과 신 혁신모델을 대비시키고 연구를 위한 분석모델을 제시했다.

〈그림 2-8〉 기술의 사회적 형성론 분석틀(SST)

구 혁신모델(old perspectives):

혁신 Innovation → 확산 Diffusion → 사용 Use/Consumption

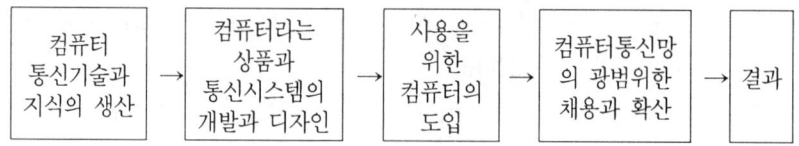

---

12) 여기서 TMD는 전역미사일방어(theater missile defense)의 약자다. 기술사회학에서 혁신을 설명하기 위한 군사용어의 차용은 휴즈의 미사일 연구가 대표적인 사례다.

⟨그림 2-9⟩ 신 혁신모델 New perspectives:

행위자들→f(POSEIC)→선택/협상→혁신→사용/확산→안정화/탈안정화
─────────────→ 피드백과정 ←─────────────
─────────────→ 사 회 과 정 ←─────────────
─────────────→ 사회적 맥락들 ←─────────────
사 회

* 약어 해설
  f(POSEIC): P: Political factor 정치적 요인; O: Organizational factor 조직적 요인;
  S: Social factor 사회적 요인; E: Economic factor 경제적 요인;
  I: Institutional factor 제도적 요인; C: Cultural factor 문화적 요인.
  G, I, R, C: G: Government; I: Industry; R: Research: C: Citizen.

⟨그림 2-10⟩ 기술의 사회적 형성론의 연구모델

G,I,R,C→f(POSEIC)→선택/협상→혁신→사용/확산→안정화/탈안정화
─────────────→ 피드백과정 ←─────────────
─────────────→ 캠 페 인 ←─────────────
─────────────→ 거시/미시 사회적 맥락들 ←─────────────
사 회

〈그림 2-11〉 기술의 사회적 형성론의 단순화된 연구모델

I—G—R→f(POSEIC)→선택/협상→혁신→사용/확산→안정화/탈안정화 \\ \C/
──────────→ 피드백과정 ←──────────
──────────→ 캠 페 인 ←──────────
──────────→ 거시/미시 사회적 맥락들 ←──────────
사 회

〈그림 2-12〉 기술의 사회적 형성론의 더욱 단순화된 연구모델

기술 파워엘리트→캠페인→선택/협상→혁신과 확산→안정화/탈안정화
──────────→ 피드백과정 ←──────────
──────────→ 거시/미시 사회적 맥락들 ←──────────
사 회

제3장 정보통신기술의 구조와 사회적 맥락

1. 정보통신기술의 구조와 사회적 맥락

1) 컴퓨터기술의 구조와 전산화

컴퓨터는 하드웨어와 소프트웨어로 구성돼 있다(한국전자계산소, 1977: 10; Goldstein, 1972; Anderson and Sullivan, 1988: 8-53; Mahoney, 1991: 537-553).[1] 하드웨어는 중앙처리장치(주기억장치, 연산장치, 제어장치)와 주변장치(입력장치, 출력장치, 보조기억장치)로 돼 있다. 기억장치는 자기디스크, 자기테이프, 자기드럼 등으로 구성돼 있다. 그래서 컴퓨터는 입력, 기억, 연산, 출력, 제어기능을 갖는다. 또한 컴퓨터는 사용자, 전원체계와 소프트웨어, 필요하다면 통신체계가 구비돼 있어야 제 기능을 발휘해 이용할 수 있다.

소프트웨어는 컴퓨터의 하드웨어를 효율적으로 운용되도록 하는 기능과 이용기술 등을 갖춘 프로그램의 집합을 총칭한다. 소프트웨어는 기능에 따라 사용자가 자신의 고유목적에 따라 작성한 응용프로그램(application program), 프로그램의 작성을 용이하게 하고 시스템처리에 필요한 기능을 제공하는 시스템프로그램(system program), 자주 사용되는 프로그램을 모아 둔 라이브러리 프로그램(library program)이나 유틸리티 프로그램(utility program) 등으로 구분될 수 있다. 이런 소프트웨어와 하드웨어를 총괄해서 관리하는 프로그램을 운영체제(operating system)라고 하는데, 이것은 일종의 제어프로그램으로 컴퓨

---

[1] 1970년대 말까지만 해도 한국사회에서는 컴퓨터를 전자계산조직(EDPS: electronic data processing system)으로 호칭했다.

터의 처리능력을 최대한으로 높이도록 중앙처리장치와 그 주변장치를 제어·관리한다(Anderson and Sullivan, 1988; Campbell-Kelly and Aspray, 1996).

2) 네트워킹을 위한 데이터통신 시스템

컴퓨터의 도입과 이용만으로는 아무런 전산망을 구축할 수 없다. 정보의 처리, 가공, 이동을 위한 데이터 통신시스템은 정보의 이동을 담당하는 데이터 전송계와 정보의 가공·처리·보관 등을 수행하는 데이터 처리계로 크게 나누어진다. 이런 데이터통신의 이용형태는 질의응답, 기록갱신, 데이터수집·입력, 거래처리, 공정제어, 원격 일괄처리 시스템과 컴퓨터 네트워크시스템 등이 있다.

따라서 컴퓨터시스템을 국가 사무 및 행정체제에 도입할 경우를 이를 행정전산화라 부르고, 여기에 통신네트워크를 갖추게 되면 행정전산망(national administrative information system)이라고 부르게 된다.

한국사회에서 컴퓨터기술의 발전과 전산화는 다음 그림에 도시한 바와 같이 1970년대의 메인프레임 컴퓨터(main frame computer)와 네이티브 터미널(native terminal), WAN(wide area network)을 거쳐 1980년대의 PC(personal computer) 개발과 서버(server), LAN(local area network)의 운용, 1990년대의 공조 클라이언트(client)와 서버구조의 도입 및 네트워크 구축을 통해 이루어졌다고 개괄할 수 있다. 미국과 유럽 국가, 일본을 제외하고 단기간에 정보통신기술의 발전을 이룩한 한국의 경우는 매우 이례적이고 주목할 만한 것으로 평가받고 있다.

그 다음 표와 그림은 컴퓨터 통신기술(computer and communication technologies) 발전의 연도별 흐름과 컴퓨터시스템 기술의 국산화과정을 제시한 것이다. 이 책은 뚜렷한 연구혁신 체제의 성과나 별 다른 기술지식기반도 없는 상태에서 불과 30년 사이에 이렇게 괄목할 만한 기술적 발전이 어떻게 가능했는지를 그 기술발전의 사회적 형성과정을 탐구하려는 것이다.

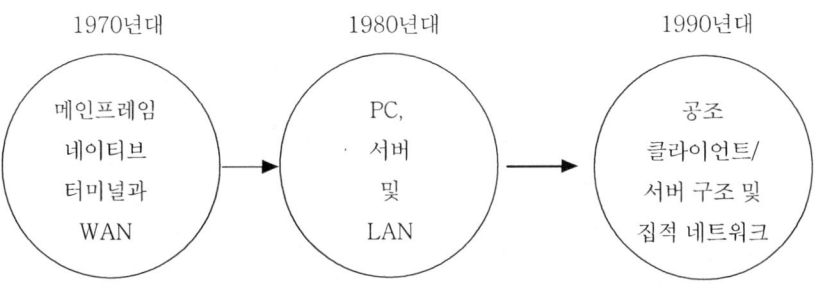

〈그림 3-1〉 한국 정보통신기술의 연대기적 발전

〈표 3-1〉 한국 정보통신기술 발전의 연도별 흐름

구분 / 연도	1975	1980	1985	1990	1995	2000
컴퓨터 국산화		───────────────────▶				
- 주전산기 개발				─────────▶		
국가기간전산망			─────▶			
인터넷			─────────────▶			
- SDN		───▶				
- PC 통신			─────────▶			
- 통신의 상용화				───▶		
초고속 정보통신망				───▶		
- APAN					──▶	

자료: 전길남, 1999: 51.
  * SDN: System Development Network, APAN: Asia Pacific Advanced Network.

〈그림 3-2〉 컴퓨터 시스템 기술의 국산화 과정

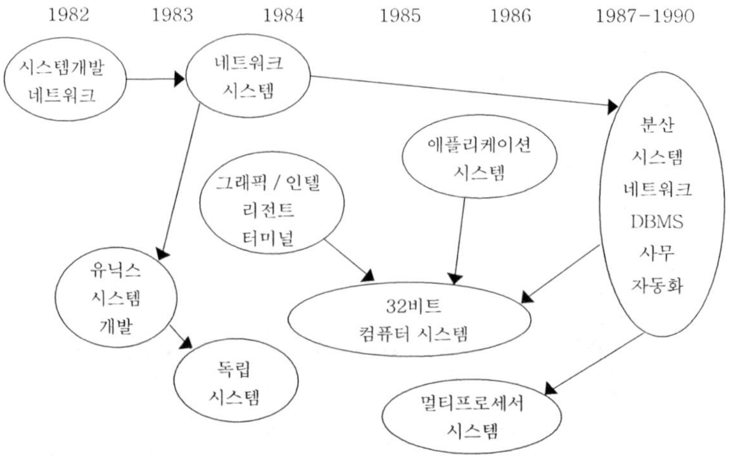

```
1982        1983        1984        1985        1986        1987-1990

시스템개발              네트워크                                              분산
네트워크                 시스템                                              시스템
                                            애플리케이션                    네트워크
                                            시스템                         DBMS
                       그래픽/인텔                                          사무
                       리전트                                              자동화
                       터미널
        유닉스
        시스템
        개발                       32비트
                                  컴퓨터 시스템
                       독립
                       시스템
                                        멀티프로세서
                                        시스템
```

자료: 전길남, 1999: 52 참조.

3) 신기술의 사회적 효과와 이미지

(1) 신기술의 사회적 효과

이상에서 개괄한 바와 같이 한국 정보통신기술의 혁신은 1980년대 중반에 비약적인 발전과 성공을 이룩했다(Larson, 1995; 김정수, 1999). 그러면 어떤 요인이 그런 기술능력의 혁신을 가능하게 만들었을까? 언제부터 어떤 행위자들에 의해 그런 신기술의 이용과 혁신이 이루어진 것일까? 새로운 기술의 도입은 그것을 이용하기 위한 인력의 양성을 위한 기술교육, 즉 컴퓨터 교육을 필수로 한다.

일본 후지쯔(富士通) 사가 1961년에 개발한 '파콤 222'를 도입한 생산성본부는 과학기술 관련 정부부처로는 처음으로 1967년에 신설된 과학기술처의 기술요원 양성계획에 따라 1967년 7월 10일, '제1회 전자계산조직 프로그래밍 기초강좌'를 개설하고 국내에서는 처음으로 전자자료 처리시스템(EDPS:

electronic data processing system) 요원 양성교육을 실시했다(서현진, 1997).[2] 추진 부처가 당면한 최대과제는 컴퓨터를 이해하고 이를 업무에 적용할 수 있도록 하는 공무원사회에서의 교육기회 확대였다. 그리하여 1960년대 말까지 과학기술처는 정부 각 기관 공무원들을 최우선 교육대상으로 삼고 공무원들이 먼저 컴퓨터를 이해하고 사용할 줄 알아야 기관 및 기업의 컴퓨터 도입 및 활용이 활성화된다고 판단했다. 1968년 4월부터 각급 공무원들을 대상으로 기초과정, 고급과정, 특수과정 등으로 구성된 4주간의 EDPS요원 관리자교육을 실시했다. 이때의 교육내용은 EDPS의 개념, 프로그래밍의 기본 원리 및 실습, 포트란(FORTRAN) 개념 등이었다.[3]

기술도입과 이용의 효과가 교육분야에서 나타나기 시작했다. 1970년 중학교 무시험 추첨을 컴퓨터로 실시해 교육행정 전산화의 시발을 계기로 다음 해에는 대학입학 예비고사 채점의 전산화가 실시됐다.[4] 이것은 1969년 대학입학 예비고사 제도가 처음 실시되고 2년 만의 일이었다. 첫번째 대입 예비고사의 채점은 수작업으로 처리돼 채점결과로 합격자를 가리는 데 컴퓨터가 이용되지 못했다.[5] 포트란언어로 짜여진 응용프로그램과 OCR(Optical Card

---

2) 이 책은 국내에서 쓰여진 최초의 한국 컴퓨터 역사서로 이 분야 산업연구에 귀중한 성과라고 지적할 수 있다. 즉 10여 년에 걸친 자료수집, 1년여의 정리와 전자신문 연재의 소산이다. 이 작업의 성과를 본 연구에 활용하도록 해 준 필자에게 사의를 표한다.

3) FORTRAN언어(formula translation)는 개념적으로 COBOL언어(common business oriented language)와 대단히 유사하다. 후자에는 상업영어가 사용되는 데 대해 전자에서는 수학적인 용어가 사용된다. 양자 사이의 차이는 프로그래머가 원시 프로그램을 표현하는 데 사용하는 언어다(한국전자계산소, 1977: 92-98).
  예: ADD DIVIDENDS to INCOME(COBOL)
     INCOME=DIVIDENDS + INCOME (FORTRAN)
     INCO=DIV + INCO (FORTRAN).

4) 이 국가시험 채점의 전산화작업에는 KIST 전산실의 안문석, 김봉일, 신동필, 최영화, 최지훈이 참여했다.

5) 1969년 국가기관인 문교부가 시행한 대학입학 예비고사 채점은 주산 5단 이상의

Reader)카드를 이용한 채점의 전산화작업은 국내에서 처음 시도하는 일이어서 여러 가지 기술적 난점이 많은 프로젝트였다.

일반인에게 컴퓨터 활용에 대한 선호도를 급격하게 변화시킨 데이터통신은 1970년 6월 경제기획원 예산국(전 재정경제원 예산실)과 한국과학기술연구소(KIST: Korea Institute of Science and Technology, 현 한국과학기술원) 전자계산실간의 통신, 즉 서울시 북동부의 홍릉과 서울 시내 중심부인 광화문을 잇는 컴퓨터 시스템간의 소통으로부터 시작됐다. 이 시기에 KIST 전산실은 연구원 안문석의 연구결과인 "예산업무의 EDPS화에 관한 연구"를 토대로 경제기획원으로부터 국가 예산업무의 전산화(당시 용어로 EDPS) 용역의뢰를 받은 상태였다. 이 프로젝트의 추진에는 KIST의 성기수와 안문석이 참여했다.6) 또한 이 프로젝트에는 경제기획원 예산총괄과장 강경식의 역할이 지대했다.7) 그래서 양 기관간에 전자통신을 구현할 필요가 있었다.

데이터통신을 위해 미국 릭슨(Rixon)사에서 수입해 온 전송속도 300bps(bits per seconds)급의 모뎀 릭슨 PM24A가 통신장비로 사용됐다.8) 강경식의 '강경

상업학교 학생 30여 명이 20여 일을 합숙하며 집계를 진행했다.

6) 成琦秀: 1934년생. [학력] 58년 서울대 공대 항공공학과 졸, 62년 미국 하버드대 졸, 63년 공학박사(미국 하버드대). [경력] 58~68년 공군사관학교 교수부 교관, 63~67년 서울대 강사, 64년 한국경제개발협회 조사역, 67~80년 한국과학기술연구소(KIST) 전산연구실장, 81~89년 한국과학기술원 시스템공학센터 소장, 89년 한국과학기술연구원 시스템공학연구소장, 92년 동 연구위원, 93~95년 동 연구개발정보센터 소장, 95~98년 동명정보대 총장, 98년 ELEX컴퓨터(주) 고문, 98년 전자통신연구원 초빙연구원, 98년 세리컨설팅그룹(주) 회장, 2000년 세계사이버기원(주) 대표이사(현), 2000년 국가과학기술자문회의 자문위원(현). [저서]『로켓탄도의 近似공식』,『컴퓨토피아』. 이하 인물정보는 특기하지 않는 경우 연합뉴스 인물검색 자료임. 연합뉴스에 감사드린다.

7) 미국 시라큐스대학 행정학 석사 출신인 강경식은 1969년 과장이 되면서 김학렬 부총리 겸 기획원장관에게 예산업무 전산화를 강력하게 건의하기 시작하고, 부총리는 1970년 4월 7일, 대통령에게 예산업무 전산화계획을 보고하게 됐다.

8) 1970년, 경제기획원 예산국에 도입된 릭슨 PM 24A는 국내 최초로 도입된 데이터용 모뎀이다. 이것은 나중에 KIST 전산실 내에 데이터 통신 연구그룹이 조직되는

한' 정책추진이 그를 국내 첫 데이터통신 개통의 주역이 되게 했다. KIST 전산실은 터미널과 모뎀의 설치에 앞서 IBM(International Business Machine Co.)에 데이터통신 환경 및 타당성 조사를 의뢰했으나 체신부의 전용선 상태가 불량해 통신이 가능하지 않다는 결과가 나왔다. 그러나 강경식은 이 조사결과를 무시하고 KIST의 작업강행을 독려했던 것이다. 1970년 6월 21일 강경식의 주도 아래 터미널 개통식이 열렸다.9)

1973년 봄에 조직된 KIST 전산실의 데이터통신 연구그룹은 연구목표를 "원격지에서 온라인 터미널을 접속해서 대용량 호스트 컴퓨터 서비스를 전국으로 확대시키겠다"는 것으로 설정했다. 당시 KIST 전산실 호스트는 초대형 컴퓨터 사이버 Cyber72 기종으로 교체돼 있었다.10) 다음해인 1974년 이들 데이터통신 연구그룹은 300bps급 국산모뎀 시제품을 완성하게 됐다. 이 모뎀시스템 개발경험은 1980년대 후반 국산 데이터통신 장비업체의 잉태를 가져오게 됐다.11) 데이터통신 연구그룹이 주력한 분야는 모뎀 시제품의 제작보다는 터미널 보급이었다.12) 그래서 별도의 터미널 연구팀이 구성됐다.

1974년 KIST 전산실의 Cyber 72와 전남 송정리 삼양타이어 공장간 400km 사이에 설치된 최초의 장거리 데이터통신도 M38이라는 대화형 텔레타이프

계기가 됐고, 이들에 의해 최초의 국산모뎀 시제품 개발의 초석이 됐다. 누구 주도에 의한 어떤 기술이전 과정인가 여부에 따라 그 개발결과가 달라질 수 있음을 보여주는 사례다.

9) 컴퓨터 터미널 개통식장에서 강경식은 터미널의 무사개통을 위해 돼지머리를 준비하고 고사를 지냈다. 익일 <동아일보>는 이를 두고 "최첨단 만능컴퓨터 앞에서 고사를 지냈다"는 가십기사를 실었다. 경제기획원 예산국의 터미널과 모뎀 설치가 사회적으로 얼마나 큰 관심과 기대를 모았는지 잘 보여주는 대목이다.
10) 모뎀 국산화작업에는 김동규(미 캔자스주립대에서 국내 최초로 데이터통신 분야 박사학위 취득), 정진욱, 한기영 등이 초창기 연구자로 참여했다. 이어 2진으로 박희원, 남석우 등이 가세했다.
11) 콤텍시스템(남석우, 1988년 창업)과 데이타콤(박희원, 1989년 창업).
12) 이에 따라 KIST 전산실 안에 터미널 개발을 위해 이기식, 김동규, 정진욱, 박찬성 등이 별도의 연구팀을 구성했다.

터미널에 의해서였다. 이 통신 개통은 당시로서는 비교적 초장거리였으며, 국내 처음으로 4,800bps 속도를 실현했다는 점에서 KIST 전산실과 기획원 예산국간 터미널 설치 이상의 역사적 의미를 지닌다.

이 시기 정치·사회권에서 컴퓨터통신 기술개발에 대한 촉진요인으로는 최고권력자인 박정희 대통령의 관심과 참여가 매우 강렬했다는 점이다.[13] 박정희는 1950년 6월, 한국전쟁 발발 당시 육군본부 정보부서에 근무했던 '정보마인드'에 매우 숙지된 직업경험의 소유자였다. 포병 출신이었지만 정부수립 이전 숙군과정을 거치면서 예비역으로 예편됐다가 군무에 복귀한 상태였다. 1961년 군사쿠데타 이후 정권을 장악한 그는 경제발전을 위해 수출지향의 산업화를 추구하는 과정에서 과학기술 발전의 의미를 간파하고 있었던 것으로 알려져 있다. 당시 정부부처 중에서는 유일하게 과학기술처 내 장관실 옆에 텔레타이프가 설치돼 있었는데, 대통령의 연두순시 중 일어난 에피소드가 이를 잘 보여준다.[14]

그러나 데이터통신 개발에 대한 기술혁신의 지체요인으로는 잦은 고장 발생과 주위의 이해부족을 들 수 있다. 대다수의 텔레타이프나 배치터미널은 각종 장애로 고장을 일으켰다. 특히 각종 행사 때 운영자들이 터미널의 위력을 과시하기 위해 참석한 기관장이나 사장의 얼굴이나 '축 환영' 같은 글자를 코딩해 라인프린터를 통해 찍어내곤 했는데, 그럴 때마다 고장을 일으켰다. 이런 터미널 장애는 회선불량과 함께 전화국 직원들의 데이터통신이나 모뎀에 대한 이해부족이 가장 큰 이유였다. 예를 들면 통신회선의 점검 같은 작업이 음성통신에만 의지해 진행되던 상황이어서 디지털통신의 장점이나 기능을 이해할 수 없었기 때문이다.

---

13) 박정희 대통령은 1967년에 2회, 68년에 3회, 1969~71년 각 2회씩 5년 동안 11회나 KIST를 방문했다(KIST, 1994).

14) 박정희 대통령은 그 텔레타이프 터미널을 보며 "우리나라에 소와 닭이 몇 마리나 되는가"라고 물었고, 이 터미널은 즉석에서 끝자릿수까지 자세하게 답하는 위력(?)을 보였다고 한다.

⑵ 기술혁신의 사회적 이미지

① 기술에 대한 이미지

1970년대 한국사회에서 컴퓨터는 '꿈의 기계'(dream machine)로 알려져 있었다. 컴퓨터 도입대상과 이용폭의 확대는 당시 한국사회에서 매우 현저한 경향을 띠고 나타나고 있었다. 과학기술처의 조사에 따르면 1969년 말까지 전체 17대였던 도입대수가 1971년 36대, 73년 66대, 75년 129대로 급증해 2년을 주기로 거의 100%씩 증가하는 양상을 보였다. 즉 초창기인 1960년대 말에는 정부 및 공공기관이 도입을 주도했고, 1970년대 초반에는 금융기관과 교육기관이 많았다. 기업 쪽에서는 1972년부터 도입이 서서히 증가하기 시작해, 1975년 한 해 도입된 전체 39대 가운데 60%가 넘는 24대가 기업에서 도입되고 있었다. 왜 이런 컴퓨터시스템 도입기관의 확대와 규모증가 같은 변화가 이 시기에 나타나고 있었던 것일까?

그 이유는 첫째, 금융 및 제조분야에서 기업의 외형확대와 업무증가, 규모의 팽창에 따라 전산처리 수요가 급증했기 때문이다. 둘째, 컴퓨터 생산기술의 발전에 따라 도입비용이 상대적으로 하향세로 전환하고 있었기 때문이다. 셋째, 제2차 경제개발 5개년계획(1967~71년)의 성과와 제3차 경제개발 계획 진입시점에서 정부가 기업 등을 대상으로 컴퓨터 도입을 유도한 데 따른 결과이기도 했다. 넷째, 부분적으로는 어느 기관 또는 어느 기업이 컴퓨터를 도입한다는 사실 자체가 당시에는 사회적 화제와 관심의 대상이 되기도 했기 때문이다. 따라서 신기술 도입이유를 경제적 이유에서만 찾는, 경제적 합리성을 중시하는 고전경제학적 관점보다는 제도주의적 관점이 일정한 설득력을 갖는다. 즉 신기술의 도입은 비경제적 요인에 의해 좌우되기도 한다. 이런 관점을 '제한적 합리성'으로 설명할 수 있다.

그리하여 컴퓨터는 산업현장의 생산성향상을 위한 생력화(省力化) 도구로서 1970년대 경제부흥의 선봉장으로 사회적 추앙을 받게 됐던 것이다. 컴퓨터를 도입했거나 도입 예정인 기관과 기업은 대통령이나 장관 또는 기업집단의 최고경영자가 산업현장을 순시할 때마다 몇 년 이내에 몇 %의 인력절감, 경비절감, 생산량증가 같은 구체적인 수치를 내놓는 것이 하나의 패션을 이루었다. 당연히 전산실 개통 때에는 기관과 기업에 관계없이 정부 고위인사가 참석해 개통식을 빛내 주었다.

사회적으로 컴퓨터는 이미 만능기계나 인공지능 로봇 같은 전능한 기술체계로 받아들여져 도입기관의 전산실만 구경한 사람도 전문가들 이상의 수준에서 언급할 만큼 하나의 '전설'을 구성하고 있었다. 이런 이미지는 교육전산화, 서울·부산간 은행 온라인 개통, 영화 '슈퍼챔피언과 가상 피아노 연주대결' 등이 일반인들의 화제에 오르면서 이미 하나의 '사회적 사실'로 기능을 행사했다. '만능기계'라고 불리는 컴퓨터에 대한 사회적 인식의 제고, 선진기술과 기술자립화에 대한 사회·경제적 열망 등이 기술혁신을 위한 중요한 사회·문화적 맥락을 구성하고 있었다. 신기술에 대한 이런 낙관적 전망과 이해가 사회 전반에 확산되고 있는 한편에 그 부작용도 나타나기 시작했다.

② 컴퓨터에 대한 부정적 이미지

최초의 컴퓨터범죄 발생은 신기술에 대한 또 다른 이미지를 심어 주었다. 1973년 10월, 이른바 서울 반포 AID차관 아파트 부정 추첨사건이 발생했다. 정부는 서울 강남지역 개발계획에 따라 미국 국제개발국(AID: Agency of International Development) 자금을 도입해 대규모 아파트단지를 건축하게 됐다. 입지여건도 양호해 분양 전부터 수요자들에게 많은 인기를 집중시키고 있었던 아파트단지 분양을 위해 관계당국에 일반인들의 입주신청이 폭주하게 됐다. 이에 당국은 최종 입주자 선정을 위해 컴퓨터를 통해 추첨하기로 하고, 그 용역을 과학기술처 산하에 있던 중앙전자계산소(NCC: National Computer Center, 현 총무처 정부전자계산소)에 맡기게 됐다.

NCC가 이 추첨용역을 수임하게 된 배경은 당시 국내 컴퓨터 중 최대용량인 131KB의 유니백 1106을 보유하고 있었고, 정부 산하기관이었으므로 부정이 개입할 여지가 적다고 판단했기 때문이다. 그러나 이 NCC 소속 한 프로그래머에 의해 수십 명의 입주 신청자들로부터 뇌물청탁을 받고 추첨 프로그램 처리과정을 임의로 조작하는 방법을 통해 9세대 분을 부정 당첨하도록 편의를 제공했던 것이다.

기술적으로는 당시의 시스템에서 완전범죄가 가능할 수도 있었으나 청탁과정에서 불만을 사게 된 동료 NCC직원의 검찰투서로 진상이 드러났다.[15] 실제 당첨된 9세대 가운데 5세대가 프로그래머와 같은 기관 직원이었다. 이 사건의 발생으로 지금까지 컴퓨터나 전산화에 대해 가져 왔던 일방적인 신드롬(syndrome)이 붕괴하게 되고, 그 이미지가 왜곡되는 충격을 사회에 안겨 주었다. 즉 특정 기술의 실무자나 사용자가 마음만 먹으면 얼마든지 원치 않는 결과를 남길 수 있다는 것이다. 따라서 그와 같은 기술사용의 부작용이나 역기능이 기술의 속성으로 자리잡고 있다는 것을 깨닫게 하는 사건이기도 했다.

그러므로 기술의 개발자나 사용자들은 기술활동의 본성을 제대로 이해할 필요가 있다. 이를 위해서는 기술의 외적 또는 거시적 맥락이라고 이름 붙일 수 있는 것에도 관심을 가져야 한다. 그런 것에는 기술활동을 둘러싼 국제적 수준이건 전체 사회를 포괄하는 정치적·경제적·환경적 차원 같은 사회의 전체적 측면을 지칭한다. 그런 거시적인 사회적 맥락은 특정한 기술 발전의 원인과 결과를 이해하는 데 필수적이다(McGinn, 1991).

미시적 맥락은 어떤 기술활동 또는 기술과 관련한 어떤 현상이 벌어지는 곳, 다시 말해 집단, 기업 또는 일정한 조직체계가 자리한 환경을 들 수 있다. 한 집단은 서로 관련된 활동을 하는 종사자들로 구성돼 있고, 이 집단에는 상황에 따른 여러 측면이 나타나는데, 이런 것들로는 집단의 구성체계라

---

15) NCC의 추첨프로그램은 컴퓨터기능의 한계 때문에 데이터 처리과정이 콘솔 프린터(console printer)라는 감시용 출력장치에만 나타나고 오래 보관할 수 있는 디스크 장치에는 남을 수 없도록 짜여 있었다. 기술적 원리상 이 콘솔장치의 출력과정만 조작하면 논리적으로는 완전범죄가 가능한 상황이었다. 이런 시스템상의 허점을 알아차린 프로그래머는 먼저 청탁자들이 당첨될 수 있도록 시스템 처리과정을 변경시킨 25장의 프로그램 카드를 별도로 작성했다. 그는 이들 카드를 정상적인 프로그램 카드에 끼워 넣고, 컴퓨터에 입력 처리한 다음 최종 프로그램 컴파일 과정에서는 이를 다시 빼내 버리는 수법을 사용했다. 즉 콘솔장치에서는 부정한 25장의 카드처리 흔적이 나타나지 않도록 한 것이다.

든지 그 집단의 사회구조 같은 것이 있다. 또한 그 집단이 보유한 자원과 집단의 독특한 운영원리나 철학 또는 정책, 그 집단을 후원 또는 방해하는 또 다른 집단과 조직간의 관계 등을 들 수 있다.

이런 맥락을 구성하는 차원으로는 종사자, 기술, 정치-경제, 환경, 문화적 차원 같은 것이 있다. 그리하여 신기술의 기능(의도한 결과)과 역기능(의도하지 않은 결과, unintended consequences)을 식별하고, 기술의 효과를 전시효과, 정치적 효과, 그리고 문화적 차원의 전·후면요소를 살펴야 한다.

또한 신기술의 도입과 이용, 새로운 기술의 개발은 사용자의 수용능력이나 자세와 무관하지 않다. 1980년대 후반 본격적인 컴퓨터 하드웨어 기술개발에 돌입했을 때조차 국민의 컴퓨터 수용자세가 부족해 정보화사회에 대한 여건성숙이 지연돼 있었고, 그것이 기술개발에 취약점으로 지적됐다(한국전산원, 1988: 41). 국가사회 전산화의 취약점으로, 첫째, 컴퓨터마인드의 확산문제, 둘째, 전산 전문인력의 부족, 셋째, 표준화의 문제, 넷째, 관련산업 정책기구의 다원화, 여섯째, 하드웨어 가격, 일곱째, 소프트웨어의 부족, 여덟째, 재원조달 등이 지적됐다. 이에 반해 전산화를 위한 강점으로는 국민의 수용자세, 컴퓨터 이용의 증가 및 인식개선, 통신망의 첨단구축 마련, 정부의 의지 등을 들었다(전산망조정위원회, 한국전산원, 1988: 65-70). 전자가 정보화의 제한요인이라면 후자는 촉진요인으로 간주할 수 있다. 여기서 주목할 점은 국가사회 전산화의 특수환경으로 국제정세의 변화, 국가안보와 통일전망, 인구문제를 들 수 있고, 자원상의 강점으로 우수한 국민성, 높은 교육열을 들었다. 이와 함께 취약점으로는 빈약한 부존자원, 협소한 국토면적, 국가제도의 불균형, 지역간 격차 심화, 안보상 문제의 상존을 열거하고 있다(전산망조정위원회, 한국전산원, 1988: 52-63). 국가사회 전산화 프로젝트의 추진자들은 국가발전 전망과 사회변화의 추세로 국민 생활수준 향상, 산업구조의 고도화, 국민복지 확대, 지역개발, 교통통신 발달, 교육기회 증가, 문화발달, 국제화의 진전, 고도정보화, 고령화, 도시집중화, 욕구(needs)의 다양화 등에 주목하고 있었다.

2. 한국 정보통신기술의 제도화과정

1) 체계 형성자로서의 정부

(1) 기술의 수요자

현대사회에서 국가는 산업계, 학계와 함께 기술혁신의 주체(triple helix of innovation)를 이룬다. 특히 정부는 휴즈가 지적했듯이 새로운 기술적 인공품(technological artifacts)의 도입과 혁신과정에서 주요한 기술체계 형성자의 역할을 다해 왔다(Hughes, 1979: 125-139, 1987: 51-82). 더 나아가 정부는 기술체계 개발자(system developer)의 역할을 맡기도 한다(Klein, 1996). 이 과정에서 정부는 시장구매, 자금지원, 세금감면, 법과 제도의 마련을 통해 기술혁신을 주도한다(Cozzens, 1986: 9-21). 그러나 구 사회체제에서 신기술의 도입과 이용은 신기술에 대한 두려움으로 인한 불필요한 저항이나 막연한 맹신을 가져오기도 한다(Kling, 1996).

1967년 컴퓨터가 정부관료의 주문에 의해 한국사회에 행정업무 처리용으로 처음 도입됐다(서현진, 1997: 15-20). 한국에 전자계산기가 '공식적으로' 처음 도입된 것은 1967년 4월 15일(인천항 도착일 기준) 정부기관인 경제기획원 조사통계국이 인구센서스 통계를 위해 미국 아이비엠(IBM)사의 IBM 1401이었다.[16] 그 이전까지 인구조사통계는 1961년 3월, 내무부 통계국이 국내에 처음 도입한 아이비엠사의 천공카드시스템(PCS: punching card system)을 이용해 진행됐다. 이 통계자료 처리체제는 계산시간을 단축할 수 없는 수동집계 기

---

16) '비공식적으로' 처음 도입된 것은 같은 해인 1967년 3월 25일, 한국생산성본부에 먼저 들여온 일본 후지쯔 신기제작주식회사의 'FACOM 222' 기종이었다. 경제기획원에 컴퓨터가 '공식적으로' 최초 도입됐다 함은 당시 재무부장관 소관이던 수입 컴퓨터에 대한 세관 통관허가가 '파콤 222'보다 17일 먼저 1967년 4월 25일에 내려졌기 때문이다.

계와 다름이 없었다. 컴퓨터와 같은 이러한 신기술 도입의 맥락은 행정업무의 효율성을 극대화하기 위한 행정권력의 의도를 반영한 것이었다. 그 도입 과정을 보면 아무런 사전준비나 기종선택 과정이 무시된 채 기술이용이 시작됐음을 확인할 수 있다.

도입 2개월 후인 1967년 6월 24일 낮 12시 30분부터 시동한 이 전산기는 당시 시가 40만 불에 이르는 것으로 통계국은 매월 미화 9천 불의 사용료를 지불하고 임차한 것이다. 그 도입동기는 시간과 인력을 절감하기 위한 것이었다. 즉 "전년 1966년의 인구조사 결과를 완전히 분석하자면 통계직원 450명과 2억 1천만 원의 돈과 14년 반의 시간이 걸리는데, 이 기계를 쓰면 9천만 원의 돈과 1년 반의 시간으로 단번에 단축할 수 있다"는 것이었다.17)

이 신형 사무기의 도입은 미국 출장중이던 경제기획원 차관이 미 연방정부와 산업현장 등에서 이 신형 발명품이 유익하게 활용되고 있는 것을 보고 통계국에 전산기 도입을 지시하게 되면서 비롯됐다고 알려져 있다. 그러나 당시 우리 사회에서는 컴퓨터가 전무했고 기술정보의 부재로 어떤 기업의 무슨 기종을 선택해야 할지 불확실한 상태였다.

한국은 미국에서 상용컴퓨터가 처음 개발된 후 15년 이상 뒤진 다음에야 개인이나 기업이 아닌 정부기관에서, 그 중에서도 연구기관이 아닌 경제부서에서 처음 이를 도입·사용했다.18) 이 부서에서 도입한 기종은 IBM사가 발표한 지 8년이 지난 것이었다.19) 경제기획원의 컴퓨터 도입의사가 기관 외부에 알려지자 주로 미국과 일본의 몇몇 외국기업 등에서 자사 기종 도입을 권유하기 위해 기획원 방문이 이어졌다. 그러나 관련공무원들은 '무리

---

17) <동아일보>, 1967년 6월 24일. 이 가동식에는 박정희 대통령과 장기영 부총리, 김기형 과학기술처 장관, 김학렬 경제기획원 차관이 참석했다.

18) IBM의 컴퓨터개발은 1950년대부터 시작됐다. 1951년 첫 상용컴퓨터 'UNIVAC I'가 출시됐다.

19) 원래 김학렬 차관 등이 도입하기로 결정한 기종은 당시 최신형인 IBM System/370(S/370)이었다. 그러나 이 신기종은 미국 내외에서 주문이 쇄도해 발주 후 인도까지 1년 반이나 대기해야 했다.

수'를 두기는 어렵고 정보도 없었기 때문에 기종선택을 주저하게 됐다. 이 문제를 해결하게 된 것은 미국 시사주간지 *Time*의 S/370 기사를 읽어 본 차관에 의해서였다. 기획원 관계자들과 협의하던 IBM 영업대표는 주문이 밀려 시간이 걸리므로 '잠정적으로' IBM 1401을 도입하도록 권유했고 이를 받아들였다(한국아이비엠, 1992).[20]

경제기획원 통계국은 이를 월평균 400~500시간씩 사용하면서 간이 인구센서스 자료를 처리했다. 여기서 '잠정적'이라 함은 도입주체라고 할 기획원 관계자들이 IBM 1401에 대한 인식이 기존에 사용해 오던 PCS보다 단지 한 단계 위의 기계 정도로 간주했기 때문이다. 그래서 이 기종의 이용시한도 S/370이 도입될 때까지라고 잠정적 시간으로 여겼고, 실제 가동 1년 만인 1968년 12월 원래 예정했던 S/370(모델 40)을 도입했다. 이 당시 경제관료들의 기계에 대한 이해 정도를 잘 보여주는 예증이라고 삼을 만하다. 어떤 기종이 선택되느냐에 따라 이후 동종업계의 기술내용이 엇갈리게 됐다는 점도 주목을 요한다.

발전도상국에서 기술혁신을 위한 정부의 역할과 이를 위한 정책 필요성은 단순히 제품의 수요자나 간접지원에 그치지 않는 상호작용으로 이해돼야 할 것이다(Lundvall, 1988: 349-369).

(2) 정부의 과학기술정책

국가는 과학과 기술의 진보만이 국민의 건강과 번영, 국가안보를 확고히

---

20) 이 기종은 1959년 개발된 것으로 트랜지스터를 주기억장치로 사용한 제2세대 컴퓨터였다. 1964년까지 전세계에 약 6만 대가 판매될 정도로 상종 가격의 대중적 인기를 모았다고 한다. 주기억장치의 용량은 16KC(kilo character, kilo byte)였고 성능 면에서 지금의 XT급 PC에도 모자랐지만 전체 크기는 금고만한 본체와 여러 대의 보조기억장치, 인쇄장치, 항온 항습기, 작업설비(harness) 등 부대장비가 부수되는 규모였다. 생산성본부가 도입한 '파콤 222'의 성능은 기억용량이 18KC(18,000어), 처리속도는 초당 100만 자의 트랜지스터를 이용한 2세대 컴퓨터로 'IBM 1401'보다 우수한 것이었다. 반면에 가격은 60만 달러에 이르러 가격경쟁 면에서 불리한 것이었다.

할 수 있다고 전제하고, 그 진흥을 위해 정책을 수립해야 한다고 확신한다(Bush, 1960: 11). 따라서 국가의 성격, 정부의 민주성, 기업의 자율성, 시민사회의 활력 등에 따라 정부개입의 정당성과 정도는 달라진다. 정부의 과학기술정책은 경제개발 제1차 5개년계획(1962~66년)의 경험을 토대로 소장학자들의 과학기술 개발의지를 고무하고, 이를 경제부흥의 요체로서 정부차원에서 추진해야 한다는 주장을 반영하게 되면서부터다. '근대화'를 지배이념으로 내세운 5·16군사쿠데타 주도세력은 과학기술의 도입과 개발에 대해 많은 관심을 기울였다. 관련부처의 신설이나 연구기관의 창립이 이들에 의해 추진됐다. 특히 기술개발의 위험성과 불확실성을 분담한다는 점에서 정부의 지원과 육성정책은 필수적이었다(Tisdell, 1979: 576-585).

정부가 발표한 첫 과학기술정책은 1966년 경제기획원이 마련한 "과학기술진흥 5개년계획"이었다. 그러나 이미 1964년부터 박충훈 상공부장관은 수출을 독려하면서 전자공업을 전략산업으로 육성하는 데 앞장서고 있었다. 이 당시 상공부 이만희 전기공업과장의 회고에 의하면, 그는 1966년에 가전(家電)을 상공부 업무에 포함시켜 전자공업에 대한 최초의 산업적 접근을 시도했고, 행정업무 차원에서 '전자'라는 말을 가장 먼저 사용한 사람 중의 하나로 알려져 있다.[21] 상공부는 1977년의 정밀전자공업국 신설, 1978년의 전자전기공업국으로의 보강, 1983년 정보기기과 신설을 통해 산업정책 진흥을 도모했다(한국전자통신연구소, 1995: 275).

기술혁신을 위한 정책기반은 법과 제도의 마련과 정비를 통해 이루어진다. 한국사회에서 기술혁신을 위한 정책기반은 관련법률 제정과 제도의 창설을 통해 실현됐다. 1967년 1월, 법률 제1864호로 과학기술진흥법이 제정됐

---

21) "1960년대 중반의 일이었다. 우리 국민의 손재주와 학문에 대한 열정, 그리고 기후조건을 고려할 때 전자산업의 미래는 밝다고 판단했다. 우선 TV부터 국산화시켜야겠다고 마음먹고 필립스 TV를 견본품으로 들여오려고 수입 실무부서인 상역국 상경과로 찾아갔다가 생긴 일을 계기로 하여 상공부 직원들은 'TV국산화가 시작됐다'는 말을 했다"(이선기, 1999. 2. 11). <전자신문>사는 전자공업 40년의 기점을 1959년 금성사의 라디오 조립시기로부터 잡고 연중기획을 진행했다.

다. 이 법의 제정에 상기한 과학기술진흥 5개년계획이 여러 가지로 모태가 됐다. 이 진흥법 제10조 2항에는 과학기술처 장관이 수립해야 할 시책과 계획이 명시돼 있는데, 여기에 전자계산기조직(컴퓨터)의 도입과 이용기술의 개발 및 정보처리요원 양성에 관한 사항을 규정해 놓았다. 이것은 정부차원에서 처음으로 컴퓨터에 관한 정책의지를 표명해 놓은 것이다.

1967년 4월 21일, 과학기술처가 정식 발족했다(초대 장관 김기형). 그 이전까지 과학기술정책은 경제기획원이 관장해 왔다. 과학기술 전담부서의 발족은 1966~67년 사이 경제기획원이 주도했던 일련의 과학기술정책 실현이라는 의지표명의 결과였다. 즉 1965년의 한국과학기술연구소(KIST) 창립계획, 66년의 과학기술진흥 5개년계획, 67년 초의 과학기술진흥법 제정을 통해 예고된 사태의 발전이었다. 이것은 한국 과학기술정책을 정부차원에서 독자적으로 입안하고 시행하기 위한 최초의 정부조직이었다. 과학기술처 발족 1개월 후인 1967년 5월 23일, 장관은 취임 첫 기자회견에서 "전자계산기 사용개발 7개년계획"이라는 것을 발표했다. 그 골자는 컴퓨터요원 양성과 훈련, 소프트웨어 수출, 컴퓨터에 관한 국민계몽, 컴퓨터의 활용시기, 법적 지원, 이를 추진할 위원회 설치 등이었다.

과기처장관의 첫 기자회견에서 이런 계획의 발표를 서두른 데는 다음의 몇 가지 배경이 있었다. 첫째, 컴퓨터 도입과 관련된 외환관리가 중요한 사안이었다. 당시 정부·공공기관이나 기업에서 컴퓨터 도입은 그 자금조달이 차관일 경우 과학기술처장관의 검토가 수반됐다. 또한 정부보유외환(KFX: Korea Foreign Exchange) 자금으로 도입하는 경우에는 주무부처 장관의 추천과 승인이 있어야 도입이 허용됐다.

둘째, 관련 법적 근거가 미약했다. 예를 들어 컴퓨터 도입과 승인업무를 일관되게 처리할 수 있는 법률적 근거가 부재했다. 이것은 당시의 낙후한 기술수준이나 농업위주의 산업발전 단계에서 당연한 일이었다.

셋째, 외화낭비의 우려가 있었다. 당시에는 국가차원에서 기술도입의 경제성 여부를 판단하기가 불확실했다. 또한 컴퓨터의 구체적 운용계획이 마련되지 못한 상태였다. 이런 상황에서 컴퓨터의 도입은 막대한 외화낭비의 우려가 제기됐다.

넷째, 새로운 기술체계의 무분별한 도입은 가동률 저하라는 또 다른 문제를 야기할 수 있었다. 즉 기관별 또는 기업별로 도입할 경우 운영요원 및 적용 업무량 부족으로 실제로 가동률이 저하하거나 생산성 역설(productivity paradoxes)에 빠질 수 있었던 것이다(Attewell, 1996: 227-238).22) 또한 이 가동률 저하는 도입기관끼리 외부용역 수탁경쟁을 유발할 가능성이 있었다. 이것은 정부가 추진·육성하려고 했던 용역 전문기업들의 사기위축과 부실을 가져올 만한 것이었다. 즉 용역 전문기업들은 당시 소프트웨어 수출에 상당한 비중을 두고 있었다.

이와 같은 배경과 상황하에서 마련된 이 '7개년 계획'에 따라 1967년 9월 27일, 전자계산조직(컴퓨터)개발조정위원회가 설치됐다. 이 위원회는 과학기술처 차관을 위원장으로 하고 각계에서 추천한 16명의 위원으로 구성됐다. 여기에서는 위원회의 주요임무로 국가정책과 기업분야의 경영개선 및 업무과학화와 생산성향상을 위한 컴퓨터의 종합개발 및 활용계획 수립, 사전도입 검토, 개발비의 조성과 배분, 시설교육·훈련 및 보급 등에 대한 행정지원 및 통제 전반에 걸쳐 있었다. 이는 국책 차원에서 이루어진 컴퓨터산업 육성계획의 시발점이었다.

이 위원회의 실무조정은 처음에 과학기술처 진흥국이 맡았다. 곧 이어 관련 정책업무가 많아지면서 1971년 9월, 과학기술처는 컴퓨터산업을 제도적으로 뒷받침하기 위한 조직으로 정보관리실을 설치하고 컴퓨터도입 승인업무 등을 주관하게 했다. 이것은 정부기구 내에 마련된 국내 최초의 정보산업 기술관련 부서였다. 정보관리실은 과기처의 컴퓨터 정책부문 역할증대에 따라 1975년 정보산업국으로 확대·개편돼 산하에 정보산업과와 정보유통

---

22) 컴퓨터 도입과 운영에 대한 미국에서의 사례연구는 새로운 기술도입과 이용이 생산성향상을 보장해 주는 것은 아니다는 것을 보여 주고 있다. 동일업종인 은행에 컴퓨터시스템을 도입했을 때 은행간 생산성격차를 보였다는 것이다. 따라서 "신기술이 자리잡으려면 효율성이 기존의 것보다 최소 10배 이상이어야 한다"는 것이다(피터 드러커, Gilder, 1989: 55에서 재인용).

과를 두었다. 다시 1981년 11월에는 정보계획국으로 개편돼 정보산업과, 기술조정과, 조사과를 두었고 정보유통과는 폐지됐다. 1985년에는 다시 기술정책실 내 정보산업기술 담당관으로 조정됐다(한국전자통신연구소, 1995: 274).

관련부서 출범과 연구기관 창설에 이어 한국과학기술단체총연합회가 결성됐다. 이 과학기술 관련단체 연합체는 과학기술에 대한 대국민 이미지 제고와 대중화, 주요현안에 대한 대정부 건의 등 개별 단체나 기관에서 행사하지 못하는 기능을 수행하고자 했다. 또 국립과학관 마련을 위한 한미 협의회 같은 단체들을 잇따라 출범시켰다.

2) 연구기관의 출현과 정치적 개편과정

정부에 의한 연구혁신 체제의 형성과 기술적 성과 및 기술혁신조직 개편은 정치적 과정을 거쳐 이루어졌다. 1966년 2월 KIST가 창립됐다.[23] 이 연구기관은 1965년 5월 박정희 대통령의 미국 방문과정에서 존슨 미합중국 대통령과 한미 양국 정부의 지원 아래 설립하기로 합의함으로써 비롯된 것이다. 이 합의의 이면에는 한국군의 베트남파병의 대가가 있었다.[24]

1970년 10월에는 국방과학연구소(Agency of Defence Development)가 설립됐다. 기술능력이 낙후한 국가에서 국방력이 강성함을 바라는 것은 기술력이 후진한 국가가 국제무역 경쟁력의 강화를 희망하는 것과 마찬가지일 것이다. 최신 첨단병기가 현대전의 필수적 조건이지만 국방과 관련된 기술개발은 막대한 연구개발 투자비용이 소요될 뿐 아니라 다수의 과학기술자 집단을 요구한다(김종범, 2002: 50-51). 민간에게 국방 연구개발을 맡길 경우 과소한 성과의 창출이 예상되므로 정부는 국가안보에 필수적인 이들 연구의 활성

---

[23] KIST 초대 소장 최형섭은 나중에 1971년부터 78년까지 최 장기 과학기술처장관으로 재직하면서 정부출연연구소와 교육기관을 통폐합하고, 과학기술 연구의 새로운 중심지인 대덕연구단지 조성에 핵심역할을 행사했다.

[24] 이 연구소의 추진과 창립, 운영은 선진공업국 차원에서 개발도상국에 과학기술 지식의 이전을 위한 모범사례로 평가됐다.

화를 위해 개입하게 되는 것이다(Kahn, 1966: 23-47; Dinnen and Frick, 1977: 1151-1155). 박정희 대통령은 1970년대 들어 미국과 중국의 수교, 주한미군 철수 움직임 등 국면 불안을 감지하고, 핵폭탄과 유도탄 개발에 착수하는 등 자립국방 의지를 감추지 않고 미국에서 귀국하는 해외 우수두뇌를 유치하는 데 많은 관심을 기울였다(서정욱, 1996: 30-45).25)

이 두 개의 연구기관은 이후 한국사회에서 과학기술 인맥을 주도하는 양대 흐름을 형성했다(신동호, 1994: 444-459). 따라서 이 과학기술 인맥은 관련 부문의 의제형성, 자원배분, 인사 발탁과정에서 기술 파워엘리트의 자가충원과 그 권력자원의 배분을 가능하게 만들었다고 평가할 수 있다. 특히 이들은 비민주적 정치지형에서 최고권력과 지근거리에 위치하면서 관련부문의 사회적 네트워크를 구성하는 데 매우 원활한 양상을 보여 왔다.

(1) 과학기술 연구체제의 형성

1967년 9월 14일 한국형 소프트웨어 기술의 산실인 KIST 전자계산실이 발족됐다.26) 이 전산실에는 미국 컨트롤데이터사(Control Data Corporation)의 'CDC-3300'이 가동됐다. KIST 전자계산실 초대 실장 성기수의 취임 이후 그

---

25) 徐廷旭: 1934년생. [학력] 53년 휘문고 졸, 57년 서울대 전기공학과 졸, 69년 미국 텍사스 A&M대 졸(공학박사). [경력] 57~70년 공군사관학교 전자공학과 주임교수, 70~82년 국방과학연구소 실장·부장·부소장·소장, 82년 IEEE 펠로우, 84년 한국전기통신공사 전자교환기사업단장 겸 품질보증단장, 86년 대한전자공학회장, 87년 한국전기통신공사 품질보증단장 겸 사업개발단장, 90년 동 부사장, 90년 과학기술처 차관, 92~93년 한국과학기술연구원(KIST) 원장, 93년 체신부 전파통신기술개발 추진협의회 의장, 95년 한국이동통신 사장, 97년 SK텔레콤 사장, 98년 동 부회장, 99년 초당대 총장, 99~2001년 과학기술부 장관, 2001년 한국인터넷청소년연맹 총재(현), 2001년 한국인정원 회장(현). [저서]『미래엘리트를 위한 텔레마띠ㅠ』, 『정보화사회의 길목에 서서』(共), 『한국의 2001년 설계』(共), 『미래를 열어온 사람들』. [번역]『일렉트로닉스 신소재』, 『암기편중교육에 대한 직언』.

26) KIST 전자계산실 발족 행사에 대통령 내외가 참석했는데 이는 정부와 최고권력의 기대가 얼마나 컸는지를 잘 보여주는 예증이다.

는 정부의 예산업무 처리, 1970년대 전화요금 전산화, 대학입학예비고사 전산처리, 경영정보시스템 모델연구 등 주요 전산시스템을 개발하며 1987년까지 KIST에서 30년 동안 근무했다.27)

1967년의 KIST 전산실 창설과 출범은 컴퓨터 도입과 교육체제 및 정부조직 가동과 함께 한국사회에서 본격적인 컴퓨터시대, 즉 정보화시대를 여는 중요한 계기가 됐다. 특히 KIST는 당시 세계 최고수준의 컴퓨터를 선정하고 도입할 수 있게 됨으로써 이후 한국 정보기술의 형성 가능성을 더욱 밝게 해 주었다. 기종선택과 컴퓨터 관련 수요조사는 KIST 운영 전반에 대한 자문기관이며 설립 모델 연구기관인 미국 바텔연구소와의 협의를 거쳐 이뤄

---

27) KIST 전자계산실이라는 이 연구공간의 책임자는 당시 약관 34세의 공군사관학교 항공역학교관(대위)이던 미 하버드대학 기계공학 박사 출신의 성기수였다. 그후 성기수가 연구 책임자인 소장으로 있는 동안 SERI 연구원으로 재직하다 1998년 말 현재 한국 주요 정부기관, 산업계, 연구소, 대학 등에서 주요 보직을 맡고 있는 인물은 약 7백여 명이다. 주요 인사로는 경상현, 고건, 구지회, 권순덕, 권영범, 김길수, 김길조, 김길창, 김동규, 김봉일, 김우영, 김의홍, 김진형, 남석우, 민병민, 박동인, 박병소, 박성주, 박승규, 배일성, 백인섭, 변옥환, 성승희, 신동필, 안문석, 안영경, 안태백, 양영규, 오길록, 우치수, 원유헌, 유락균, 유완영, 윤재철, 이경상, 이광세, 이기식, 이단형, 이만재, 이명재, 이무신, 이옥화, 이용태, 이윤기, 이은숙, 이인동, 이정희, 이화순, 전주식, 정규동, 정진욱, 조영화, 주혜경, 천유식, 최덕규, 최정호, 허문열, 황규복 등이 있다. 이 밖에도 1970년대부터 주력한 교육사업 부문에서도 그의 영향력은 광범위해 SERI는 4만 3천여 명의 고급 정보기술 인력을 배출해냈다. 따라서 제3공화국 전 기간에 대통령의 두터운 신임과 탁월한 리더십 등은 그의 연구역량과 함께 이 분야에서 타의 추종을 불허하는 막강한 기술권력을 행사하고 누려 왔다고 할 수 있을 것이다. 1992년 1월 9일 성기수는 지난 25년 동안 모든 것을 바쳤던 SERI에서 이임사 한마디 못한 채 소장직에서 물러났다. 그 1주일 뒤 과기처는 그가 "일신상의 이유로 사의를 표명했다"고 발표했지만 사실 그의 사임은 그 즈음 1993년 대전엑스포 전산화 프로젝트 수행을 놓고 과기처와 SERI 사이의 그 동안 쌓여 왔던 상호작용이 비등해 분출한 것이 원인이 됐다. SERI 강당에서 있은 소장 이취임 행사에서 과기처는 신동필(申東弼, KAIST 교수) 신임 SERI 소장의 취임사는 허락했지만 전임 성기수 소장의 이임사는 허락하지 않았다(전자신문, 1998. 12. 24).

졌다. 그러나 바텔연구소는 KIST의 컴퓨터 활용분야를 과학기술로 제한하자고 주장했다. 이에 대해 성기수 전산실장은 사회 모든 분야를 활용대상으로 해야 한다고 요구했다. 마침내 미국정부가 이 주장을 받아들임으로써 쟁점은 해소됐다. 이것은 우리나라 정보산업의 방향이 복잡한 변수로 구성된 수학적 모델로 자리잡히게 되는 분기점이 됐다고 KIST 출신들은 보고 있다고 전해진다. 만약 미국측 주장대로 제한적 활용을 위한 도입이었다면 어떻게 됐을까? 그렇게 됐더라면 한국은 상당 기간 동안 전자계산조직의 자립적 성장을 기대할 수 없게 됐을 것이고, 미국 등 기술선진국이 제공하는 상품을 구매하는 기술 수입국가의 지위를 모면하기 어려웠을 것이다.

KIST는 출범 후 1989년에 한국과학기술원(KAIST: Korea Advanced Institute of Science and Technology)과 분리될 때까지 1960~70년대에 FM 휴대용 무전기, 포켓용 계산기, 트랜지스터, 레이저 발진기, 광섬유 개발에 진력했다(과학기술처, 1977). 이 가운데 KIST는 미국 데이터제너럴사의 노바 01 모델을 개량해 1973년 2월 '세종 1호'라는 최초의 국산 미니컴퓨터를 개발하는 데 중요한 역할을 했다.28) 계약연구(contract research) 기관으로 출발한 KIST는 연구역량의 집적과 사회적 요구, 기술개발 수준의 제고에 따라 연구실을 분화·발전시켰고, 연구소의 독립적 분립의 계기를 제공해 왔다.

1976년 12월에야 한국과학기술연구소 부설 한국전자통신연구소(과학기술처 산하)와 한국전자기술연구소(상공부 산하)가, 이듬해에는 한국통신기술연구소(체신부 산하)가 설립됐다.29) 체신부는 1981년 한국전기통신공사의 설립,

---

28) 그 개발의 주역은 안병성 한국과학기술연구소 컴퓨터공학부 실장이었다.
29) 1970년대 중반 한국전자기술연구소(KIET: ETRI의 전신) 부소장으로 마이크로 컴퓨터 'HAN-8' 개발을 진두 지휘한 이용태와 한국전자통신연구소 행정전산망 주전산기 개발본부장 오길록, TDX개발단장 양승택 등은 1980년대 기술개발의 주역들이었다. 梁承澤 1939년생. [학력] 57년 동아고 졸, 61년 서울대 공대 전기공학과 졸, 68년 미국 버지니아공대 졸, 76년 공학박사(미국 뉴욕브루클린공대). [경력] 61~64년 해군장교(중위), 64~67년 삼양전기(주)·국제융진공사 근무, 67년 미국 버지니아공대 조교, 68~79년 미국 Bell Tel. Labs. 연구원, 79~81년 한국전자통신(주) 기술상무, 81~86년 한국전자통신연구소 선임연구부장·소장 서리·TDX개발단장, 86~89

82년, 통신정책국의 신설과 한국데이타통신주식회사의 설립 등 기반구축을 완료했다. 이어 체신부는 1983년 통신정책국을 통신기획과, 통신진흥과, 통신업무과로 개편했고, 94년에는 직제개편을 통해 정보통신정책실, 정보통신진흥국, 정보통신협력관을 두고, 정보통신정책실산하에 정책총괄과, 정보통신과 등 6개 과, 정보통신진흥국 산하에 통신기획과 등 3개 과, 정보통신협력관 산하에 협력기획 담당관 및 국제협력관을 두어 연구개발기능과 정책 입안 및 집행기능을 수행했다(한국전자통신연구소, 1995: 275). 이를 통해 체신부는 1980년에 들어서서 정보기술과 관련해서 강력한 부처(Super Ministry)로 부상할 수 있게 됐다.

이들 연구기관들간의 역할분담으로 정부출연연구소는 기초기반기술, 기업은 상업화기술 개발을 담당해 연구개발의 시너지(synergy)효과를 극대화했으나, 문제점으로 자원의 분산이라는 낭비적 요소가 지적돼 왔고 계약연구의 장·단점이 드러나기도 했다.

제4차 경제개발계획(1977-81년)의 기본목표가 자력 성장구조 실현, 사회개발 촉진, 기술혁신과 능률향상으로 귀착된 것은 이런 사회변화와 매우 유관한 것이었다. 이와 같은 목표설정에 따라 과학기술 개발촉진은 4차 계획의 핵심과제였다. 4차 계획에서 과학기술 개발전략은 크게 '자체기술 개발'과 '도입기술의 토착화'라는 두 가지 방향에서 접근하고 있었다. 이를 위해 정부는 당시 거의 유일한 국책 종합 연구기관인 KIST의 역할을 재정립하기로 했다. 이를테면 기초과학연구 등 기업과 단위 연구소가 할 수 없는 대형 국책 연구사업은 KIST가 맡고 현장의 당면과제는 분야별 전문연구소를 새로 설립하는 역할분담 체제를 갖춘다는 것이었다.30) 한마디로 이 시기에 기술

년 한국통신진흥 사장, 89~92년 한국통신기술 사장, 91년 한국통신학회장, 92~98년 한국전자통신연구원장, 94년 한국과학기술한림원 정회원(현), 96년 산학연협동연구소 이사장, 97년 한국기술혁신학회장, 98년 한국정보통신대학원대학교 총장, 2001년 정보통신부 장관. [저서]『전화교통공학』.

30) 이때 설립되거나 KIST에서 독립된 연구소가 한국선박연구소, 한국해양개발연구소, 한국통신기술연구소(KTRI), 지역개발연구소, 한국표준연구소, 한국화학연구소,

개발 지원정책의 방향전환이 시도된 것이다(정준석, 1989: 32-38).

　1976년 12월 6일에 발표된 정부계획에 의하면 한국전자기술연구소의 설립에는 정부출연 41억 원, 민간출연 51억 원, IBRD 차관 1,100만 달러 등 모두 106억 원의 거금이 투입되는 대규모 사업이었다. 또한 제4차 경제개발 5개년계획에 이 연구소의 설립이 포함돼 있어 경제정책 최고기구였던 무역진흥확대회의를 통해 대통령에게 그 청사진을 보고할 만큼 큰 비중을 지닌 사업이었다. 즉 대통령의 출신지라는 연고를 가진 경상북도 구미공업단지에 부지 3만 평을 매입해 1978년 6월까지 컴퓨터 및 반도체 전문 대단위 기술연구용 단지를 건설한다는 내용이 들어 있었다. 또 연구소의 주요사업은 컴퓨터부문에서 사용제품 개발 및 국산화추진, 관련공장의 운영, 기술훈련, 기술지원 등이었고, 반도체부문에서 반도체의 설계, 제조, 공정 및 양산기술의 국산화추진 등이었다.

　한국전자기술연구소의 기본 운영방침은 그 동안 과학기술처 산하 한국과학기술연구소(KIST)의 컴퓨터 국산화 연구실을 중심으로 진행돼 온 컴퓨터와 반도체부문의 연구개발 활동을 한 곳에 집중시킨다는 것이었다. 말하자면 KIST 컴퓨터국산화연구실을 정부출연기관으로 전환시켜 상공부 통제하에 둘 수 있게 한 것이다. 결과적으로 한국전자기술연구소 출범은 상공부가 한국 정보산업 정책결정의 전면에 나설 수 있는 출구를 열어 준 것이었다.

　분야별 전문연구소 설립과 역할분담에 따라 새로운 체제구축을 하는 과정에서 이 가운데 컴퓨터, 전자통신, 반도체 등 전자산업과 관련된 곳은 한국전자기술연구소(KIET: Korea Institute of Electronics Technology), 한국통신기술연구소(KTRI: Korea Transmission Research Institute), 한국전기기기시험연구소 등 3개 연구소였다. 그러나 이 연구소 가운데 현존하는 것은 하나도 없다. 4공화국의 연구소 전문화 방침에 의해 KIST 등에서 분리됐던 3개 연구소는 다시 통폐합을 추진한 5공화국에 의해 1984년, 현재의 한국전자통신연구원(ETRI)

　　한국핵연료개발공단, 한국자원개발연구소, 한국기계금속시험연구소, 한국전기기기시험연구소, 한국전자기술연구소(KIET), 한국열관리시험연구소 등이다.

으로 통합하게 되는 과정을 거치게 됐다.

제5차 경제개발계획(1982~86년)에는 전자산업정책의 수출산업화와 기술자립화에 초점을 두게 됐다. 이 시기 주요과제는 컴퓨터산업의 국산화였다. 이에 따라 1981년 3월 수립된 전자공업 중장기계획 중 컴퓨터산업 국산화가 주요사안으로 취급됐다. 컴퓨터산업의 국산화전략에 따라 과학기술처는 전자계산기 도입계획 확인제도를 채택해 운영에 들어갔다

제5공화국 개혁정책 중 고도정보사회 구현을 위해 국가통신사업발전계획을 5차 개발계획에 포함시켰으며 이에 따라 한국통신과 한국데이터통신이 공식 출범했다.

KIET는 상공부, KTRI는 체신부, 한국전기기기시험연구소는 동력자원부(당시는 상공부)가 각각 출연한 것이었다. 역할분담도 서로 달랐다. 문제는 KIET와 KTRI 및 이들 조직을 배출시킨 KIST와의 관계였다. 1977년 3월 이 3개 연구소간에 합의된 역할분담 내용을 보면 KIST는 전자재료와 부품, 공정제어계측 등 기초분야, 한국전자기술연구소(KIET)는 반도체와 범용컴퓨터, 한국통신기술연구소(KTRI)는 교환, 전송, 단말 등 통신기기를 각각 전담하는 것이었다. KIST는 그 동안 독점해 온 컴퓨터, 통신, 반도체 등 1980년대 이후 전자산업의 핵심이 된 분야를 모두 후발 연구혁신 체제인 두 연구소에 넘겨준 것이다.

1970년대 말에 거의 동시에 진행된 3개 연구소의 출범과정을 살펴보면 몇 가지 공통점을 찾을 수 있다. 첫째, 연구소 출범의 법적 근거가 모두 1974년부터 발효된 "특정 연구기관 육성법"이라는 점이다. 둘째, 설립자가 모두 박정희 대통령이라는 점이다. 셋째, 출범시기도 모두 1976년 12월 30일이라는 점이다. 넷째, 출범 후 3개 연구소가 모두 4차 경제개발 5개년계획의 과학기술 부문 개발을 위한 특정 연구기관으로 지정됐다는 점이다. 3개 연구소 가운데 KTRI는 전자전화교환기 도입과 개발사업을 주관하기 위해 1976년 KIST 부설 한국전자통신연구소(KCRI, 현재의 ETRI와는 다르다)라는 이름으로 먼저 발족했다.

전자전화교환기 도입과 개발에 대한 연구는 이미 1966년 출범한 한국전

기통신연구소(1981년에 출범하게 되는 KETRI와는 다르다)에 의해 추진돼 왔고, 1972년부터는 대통령의 지시에 의해 도입대상 교환기에 대한 성능상의 장·단점이 파악된 상황이었다. 1974년에는 전자교환방식 공동연구 추진계획에 따라 한국전기통신연구소 내에 전자교환 연구부가 구성되고, 교환기 도입에 대한 연구가 본격적으로 시작됐다. 그러나 1975년의 이 연구사업은 "전자전화교환기를 국내 기술진이 개발하라"는 박정희 대통령의 지시에 의해 중단되고 말았다. 이리하여 기술도입과 이용을 위한 기술정책에서 독자개발을 위한 정책으로 전환됐다. 이에 따라 국산 전자전화교환기 개발을 담당할 새로운 연구소 건립이 추진됐는데, 이때 발족한 것이 KIST 부설 한국전자통신연구소(연구소장은 KIST 부소장이던 정만영)였다.

그러나 한국전자통신연구소는 연구소장만 정해져 있었을 뿐, 아무런 준비나 기반이 마련돼 있지 않았다. 이런 상태에서 한국전자통신연구소를 "특정 연구기관 육성법"에 의해 명칭을 변경해 산하 특정 연구기관으로 변모시킨 것이 바로 한국통신기술연구소(KTRI)였다. KTRI는 1977년 12월 10일, 서울민사지방법원에서 박정희 대통령을 설립자로 하고 출연금 100만 원으로 하는 설립등기가 마쳐짐으로써 정식 출범했다.31)

통신기기를 제외한 다른 모든 전자산업분야 업체의 많은 호응과 큰 환영을 받은 한국전자기술연구소(KIET)는 1970년대 중반시기에 전자산업 전반에 태동하던 두 갈래의 흐름이 하나로 통합되는 과정을 통해 창립하게 된 사건이었다. 그 흐름의 하나는 정부의 전자공업 육성정책에 의한 제도적 측면이었고, 다른 하나는 KIST의 전자분야 연구진의 기술적 노력의 측면이었다.

제도적 측면의 경우 1973년 석유수출기구(OPEC)의 석유가격 인상파동으로 경제여건 악화라는 새로운 국면을 맞게 되자, 정부는 1974년 제2차 전자공업 육성책을 발표하는 등 초기의 산업육성 계획의 수정·보완에 나서게 되고, 이를 계기로 구체화된 것이 대통령의 출신 연고지인 구미전자공업단

---

31) KTRI 초대 소장은 정만영이 그대로 이어받았고 조직의 핵심인 제1연구담당(전송부문) 부소장에는 김종련, 제2연구담당(교환부문) 부소장에는 안병성, 제3연구담당(특수업무 및 통신시스템부문) 부소장에는 경상현이 각각 임명됐다.

지의 조성과 한국전자공업진흥회의 출범이었다. 기술적 측면에서 정부는 전자산업의 핵심부품인 반도체와 컴퓨터분야 기술개발에 많은 관심을 보여 이미 1974년에 한국전자기술연구소(가칭)를 등록해 놓고 "특정 연구기관 육성법"상의 특정 연구기관을 지정했다. 따라서 이 기술 연구체제의 개편과정을 정치적 맥락에 따라 이해될 필요가 있다.

(2) 과학기술연구체제의 정치적 재편

정치사회적 흐름과 별도로 기술적 측면에서 KIST 안에서는 새로운 연구영역의 확대와 추진을 위한 구상이 제시됐다.32) 새로운 연구혁신 체제의 신

---

32) KIST에서는 김만진과 이용태가 각각 연구 책임자로 있던 부설 반도체기술개발센터와 컴퓨터국산화연구실이 정부의 개발의지에 부합하는 각종 연구를 진행해 오고 있었다. 특히 김만진은 정부 요로에 반도체기술의 중요성을 설명하고, 나아가 UNDP(유엔개발기금) 등 해외 원조기관에 연구계획서를 제출해 독자적인 연구자금 확보를 모색하기도 했다. 이용태는 1978년 전자기술연구소 부소장 시절 개발한 미니컴퓨터 개발경험을 토대로 벤처기업 삼보컴퓨터를 창사했다. 李龍兌. 1933년생. [학력] 57년 서울대 문리대 졸, 70년 통계물리학 박사(미국 유타대), 93년 명예 컴퓨터공학박사(러시아 모스크바주립기술대), 2001년 명예 경영학박사(한국외국어대). [경력] 64~69년 이화여대 교수, 73년 한국과학기술연구원 전자계산기운영실장, 76년 동 전자계산기국산화연구실장, 78~81년 전자기술연구소 부소장, 82~88년 한국데이터통신 사장, 83년 정보산업협회 부회장, 84~88년 아시아대양주 전산산업기구 간사장·부회장, 85년 교육개혁심의위원, 87년 한국정보산업연합회장(현), 88년 민주화합추진위원, 88년 한국데이터통신 회장, 88년 대통령 과학기술자문위원, 88~95년 한국정보문화센터 이사장, 88~90년 아시아대양주전산산업기구(ASOCIO) 회장, 89년 퇴계학연구원 이사장, 89년 삼보컴퓨터 회장(현), 92년 정보산업발전민관협의회 공동위원장, 93년 정보통신정책협의회 위원장, 94~95년 ASOCIO 회장, 95~96년 '정보엑스포 96' 조직위원장, 96년 (주)두루넷 대표이사 회장(현). 97년 한국전자거래진흥원 이사장(현). 98년 숙명학원 이사장(현). 99년 전국경제인연합회 부회장(현). 2001년 한일자유무역협정 비즈니스포럼 정보기술분과위원회 초대 위원장(현). [저서] 『전자계산기개론』, 『FORTRAN』(共), 『COBOL』(共), 『컴퓨터산책』, 『컴퓨터가 세상을 어떻게 변화시킬 것인가』, 『정보사회 정보문화』, 『선진국 마음먹기에 달렸다』. [번역] 『전자회로』.

설을 주장하는 이런 흐름과 함께 KIST 김만진의 다양한 캠페인이 상공부 전기공업과장 유영준과 청와대 경제수석 오원철 등에 수용되면서 비로소 KIET의 설립이 시작됐다. KIET는 1976년 12월, 정부 출연 자금에 내자와 IBRD 차관 등 외자를 도입하겠다는 것에 대해 정부의 재가를 얻어 구미 전자공업단지에서 정식으로 설립됐다.

한국전기기기시험연구소는 설립 당시에는 상공부 산하 특정 연구기관이었으나 나중에 전력 등 중전분야를 전담하게 되면서 동력자원부로 이관됐다. 발전과 송배전 등 동력과 관련된 중전산업은 1970년대 전반까지만 하더라도 초보단계에 머물러 있었다. 경제개발계획으로 전기수요가 급증함에 따라 중전기 공업기반이 확대 일로에 있었으나 아직 이를 충당할 기술이나 대규모 시험설비 등이 구비돼 있지 않은 상태였다. 이 때문에 기업들은 외국에서 기술과 부품을 도입해 제품을 생산하고 이의 시험을 다시 외국기관에 의존하는 실정이었다. 지속적인 경제성장을 위해서는 독자적인 제품검사 기관과 시험설비에 대한 요구와 이에 대한 해결책 마련이 시급했다. 1975년 1월 중소기업중앙회에서 주최한 상공부장관과의 간담회에서 단락시험설비의 필요성이 처음 제기됐다. 이어 전기공업협동조합에서는 1975년도 4대 사업의 하나로 시험소 설치를 계획하고 있었다.

민간경제단체와 관련업체 협의회 차원에서 연구기관의 필요성이 제기되는 가운데 1976년 2월 전기학회, 한국전력공사, 한국전기공업협동조합, 한국전기협회 등 21개 기관이 상공부에 모여 한국중전기시험소 설치추진위원회를 발족시키게 됐다. 이 추진위원회가 실제 추진한 내용은 기존 한국전력 부설 한전기술연구소를 상공부 산하 특정 연구기관으로 개편하고, 연구인력과 설비도 그대로 활용한다는 내용이었다. 이 계획은 대통령의 재가를 얻어 그대로 확정됐다. 한국전기기기시험연구소는 1976년 12월 30일 창원기계공업단지 내에서 추진위원장이던 정성계를 초대 소장으로 정식 설립됐다.

한국전기기기시험연구소의 연구는 주로 중전기분야에 대한 각종 시험연구를 비롯해서 전기용품의 품질보증 및 검정 등이었으나 이는 과학기술에 관한 제반 시험연구와 지원이 수반되는 것이어서 그 실적이 계속 축적됐다.

그러나 한국전기기기시험연구소는 발족 4년 만인 1980년 12월, 한국통신기술연구소(KTRI)와 1차 통합돼 한국전기통신연구소(KETRI)로 재탄생했다.

1977년 말부터 상공부에 의해 KETRI(통신)와 KIET(컴퓨터, 반도체)의 통합이 제기돼 왔다. 이 당시 3대 연구소 가운데 KIET는 상공부, KTRI는 체신부, 한국전기기기시험연구소는 동력자원부 소속이었는데, 상공부가 이를 KIET 중심으로 통합하자는 제안을 했던 것이다. 그러나 이 안은 정보산업 주도권을 둘러싸고 대립하고 있던 과학기술처와 체신부의 반대에 부딪쳐 성사되지 못했다.

이 밖에 관(官)·산(産)·학(學)·연(硏)의 일심동체(정부·기업·대학/학회·연구기관)는 기술혁신에 나서는 주된 행위자인 정부, 기업, 연구소, 학회와 상기한 민간단체 외에도 연구조합의 형태로 존재하고 있었다.

3) 정보산업의 형성

한국에서 정보통신기술의 도입은 1885년에 첫 전신업무가 개통되면서 시작됐다. 조선시대 말기 왕궁에 전화가 처음 가설됐고, 이미 1927년에 경성방송이 개국해 일제 라디오가 일본인에 의해 보급되면서부터 사람들은 전자통신 문명과 접하게 됐다. 이것은 농업사회에서 산업사회가 만든 신기술품(new technics)의 도입에 대한 대중적 관심을 일으킨 사건이라고 지적할 만하다. 20세기 기술시대의 지평을 확대한 전화, 철도, 자동차에 이은 전자문명의 시대가 열린 것이다. 이처럼 매스미디어에 의한 기술문명의 혜택을 향유하기 시작한 한국사회는 그후 정치적 격변에 의해 기술문명 발전의 기회가 차단을 당하거나 혁신속도가 지연됐다.

국내외 통신 약사
1837-1845 Samuel Finley Breese Morse 전신기 발명.
1860 Antonio Meuci, 최초의 전화기 '텔레트로포노' 발명.[33]

---

33) 한겨레, 2002. 6. 18.

1876 Alexander Graham Bell, 전화기 발명.
      수신사 김기수,『日東記游』에서 일본 모스 인자(印字) 전신 소개.
1881 영선사 김윤식, 청국 통신기술 전수.
1882 전화기 도입.
1884 전화 시험통화 성공.
1883 최초의 근대신문인 <한성순보> 발행.
1885. 9. 25 전신기 도입(한성·제물포간 전신시설 개통).
1887. 4. 6 조선전보총국 설치.
1895. 4. 1 자석식 전화 신설.
      Marchese Guglielmo Marconi 2극 진공관 발명.
1902. 3. 20 한성·인천간 전화 개통.
      6. 6 한성전화, 시내전화 개시.
1905. 4. 1 한일통신협정 체결로 통신권 피탈(被奪).
1910 무선통신 개통.
1920 미국, 최초의 AM 라디오 방송.
1927 경성방송국 개국.
1936 영국, 최초의 흑백 TV방송 시작.
1947 미 Bell Lab. 트랜지스터 발명.
1956 한국, 최초의 흑백TV 방송 시작.

　　일본이 한반도에서 물러난 뒤 기성품을 분해·재생하는 수공업적 방식이 긴 했지만 일정한 정보기술 역량을 축적할 기회를 맞기 시작했으나, 1950년 6월 25일 전쟁 발발로 인해 그 길은 차단됐다. 1953년 휴전 이후부터 전자공학기술을 토착화하려는 경제적 접근이 시작돼 전자부품을 제작해 체신부에 납품하기 시작했다. 이때부터 정부기관은 정보통신기술 제품의 수요자가 됐고, 더 나아가 기술혁신의 유인을 제공하기 시작했다.
　　1950년대 이후 60년대까지 한국 정보통신기술의 태동에 걸림돌이 됐던 것은 외국산 제품의 출현과 그 막대한 수량의 공급이었다. 특히 전통적 재래시장을 통해 유입된 비공식 거래형태의 산물인 '밀수품'이 국산제품의 출현과 시장진출을 가로막고 있었다. 특히 미군 군수품의 존재는 자생적 기술형성의 길을 차단하고 있었다.

1970년대는 정보통신기술과 산업의 성장기(growth phase)였다. 대표적인 가전기업들이 산업의 삼각구도를 이루었다. 전산화 물결이 1960년대 말에는 정부기관에 집중됐다면, 70년대 초반에는 금융기관, 특히 은행 쪽에 쏟아졌다. 은행 전산화 대상업무는 크게 두 가지였다. 첫째는 한일은행, 상업은행 등 시중은행이 추진한 사무자동화이고, 둘째는 본점과 지점간 고객의 입출금 처리 및 조회업무를 즉시 자동화하는 온라인 뱅킹(online banking) 등이었다.34) 금융권에서는 진정한 1일 생활권 실현은 경부고속도로 개통보다는 서울·부산간 외환은행의 온라인 뱅킹 개통에서 실현됐다고 지적하고 있다.

한국의 전자산업은 산업규모가 일정수준에 오르고 제품생산 및 개발경험을 축적한 후 1970년대부터는 기술제 공업체로부터 기술 라이선스(technical license)를 받는 조건으로 주문자상표로 완성품을 제작해 저가로 공급하는 OEM(original equipment manufacturing) 생산단계로 발전했다.

통신산업 역사의 재출발 계기가 된 것은 1974년 체신부가 전자교환방식을 연구한 연구그룹을 구성하면서부터다. 1975년 박정희 대통령은 전자전화교환기를 국내기술로 개발토록 지시했고, 이에 따라 체신부는 같은 해 전자교환기개발준비위원회를 구성, 국내개발을 통한 전자교환시설 설치계획을 발표했다. 1976년 체신부는 전자전화교환기 도입업체 선정입찰을 시행했다. 여기에 금성통신 등 5개 업체가 응찰했고, 대기업들이 관련업체를 설립해 전자전화교환기 생산에 참여하고 연구소를 창립했다. 이에 따라 산·관·학·연이 일체가 돼 TDX개발이 본격 추진됐고, 개발 5년 만에 세계에서 10번째로 자체 개발을 완료했다. 이 국산 전전자교환기 TDX는 한국통신산업의 가능성을 확인한 일대사건으로, 전량 수입에 의존하던 전자전화교환기

---

34) 전술한 바와 같이 사실상 그 이전에는 한국은행, 기업은행 등 국책은행에서 은행 고유업무와는 직접 관련이 없기는 했으나 1960년대 중반부터 카드천공시스템(PCS)을 도입해 각종 조사통계업무를 처리하고 있었다. PCS는 일반 시중은행들이 1960년대 말부터 컴퓨터를 직접 도입하는 계획을 수립하는 데 중요한 계기가 됐다.

대체뿐 아니라 수출산업 육성을 위해 당시로서는 국내 최대규모로 추진된 프로젝트였다.

부분적인 기술개발의 성공에도 불구하고 사회 전체적으로 볼 때 1970년대의 정보화지수는 그리 높다고 할 수 없는 수준이었다. 1975년 일본의 정보화지수를 100으로 보았을 때 각국의 정보화 수준을 비교해 보면 <표 3-2>와 같다.35)

〈표 3-2〉 국가별 정보화지수 비교

	한국	대만	일본	영국	프랑스	서독	미국
1965년	3.99	5.49	18.55	23.79	21.30	23.21	68.89
1975년	8.32	11.48	100	60.30	67.39	77.20	134.02

자료: 한국과학기술원, 1982; 안문석, 1995; 1998.

1970년대에 관련기술기반이 부재하거나 취약한 국내 기술수준에서 자생적으로 형성된 하나의 컴퓨터산업 분야는 하드웨어 공급이었고, 다른 하나는 소프트웨어 용역이었다. 당시 소프트웨어 용역은 크게 세 가지 형태로 나누어져 진행되고 있었다. 첫째는 키펀치(key punch) 용역, 둘째는 컴퓨터(하드웨어) 도입기관의 주문과 그 사양에 의한 업무개발 용역, 셋째는 외국산 패키지(package)를 도입해서 국내실정에 적합하게 구현된 기술개선을 통해 용도에 맞게 개량해 주는 업버전(up version) 용역이었다.36)

---

35) 정보화지수는 ① 정보량, ② 정보장비율, ③ 통신주체의 구성, 그리고 ④ 정보계수로 구성된다. 정보량은 ① 1인당 연간 우편수, ② 1인당 연간 통화수, ③ 100인당 하루의 신문발행 부수, ④ 10,000인당 연간 서적발행 종류, ⑤ 1km^{2}당 인구밀도로 측정된다. 정보장비율은 ① 100인당 전화설치 대수, ② 100인당 텔레비전 설치 대수, ③ 100만인당 대형 이상 전자계산기 대수를 지표로 사용한다. PC보급에 따라 100인당 PC대수도 추가될 수 있다. 통신주체는 ① 취업인구 중 3차산업 종사자 수 ② 인구 100인당 대학생수로 추정한다. 정보계수는 개인의 소비지출 중 잡비의 비율을 지표로 사용한다(일본전기통신연구소에서 설정한 정보화지수 참조. 안문석, 1998: 409-413).

1970년대 초반에 키펀치 용역수출 외에 소프트웨어산업이라고 부를 만한 본격적인 프로그램개발에 착수한 경우를 살펴보자. 1967년에 설립된 한국전자계산소(현 KCC 정보통신), KIST 전자계산실(나중에 시스템공학연구소로 개편), 한국보험전산, 서울컴퓨터센터(현 서울정보처리학원) 등이 본격적으로 소프트웨어 개발에 착수했다. 여기에 은행의 공동컴퓨터 이용센터인 금융기관 전자계산본부(KBCC)와 정부전자계산소(GCC) 등이 가세해 초창기 한국 소프트웨어산업이 태동하게 됐다. 특히 KIST 전자계산실은 체신부의 전화요금 전산화 등 정부용역에서 쌓은 노하우를 바탕으로 1972년부터 해외수출에 주목하면서 자구책 마련을 시도했다.37)

　정보통신기술과 산업의 발전기(development phase)인 1980년대 들어 컬러TV 방송의 개시를 계기로 전자산업은 내수기반을 확보하게 됐다. 지금까지의 OEM거래, 해외시장 경험축적을 통해 국내기업이 독자적인 판매망을 구축하기 위해서는 자립기술 확보가 전제돼야 한다는 판단 아래 연구소 설립과 필요한 기술의 도입에 적극적으로 나서게 됐다. 기술개발 노력의 결과 국제수준의 기술표준화에는 미달하지만 핵심기술을 제외한 개량형 회로설계 기술과 부품국산화에 상당한 성공을 거두게 됐다. 한국 전자산업 발전의 배경으로는 정부의 산업 육성정책과 기업의 수출드라이브 정책이 적절한 조화를 이룬 결과라고 지적할 수 있다.

　1980년대 들어서 정보산업의 국민총생산에서 미치는 비중의 증대와 정보산업 종사자의 구성에 변화가 이미 완연하게 드러나고 있었다.

---

36) 키펀치 용역이란 프로그램과 데이터를 기억시키기 위해 종이카드나 종이테이프에 구멍을 뚫고(punching) 검공(verifying)하는 작업을 말한다. 컴퓨터기술 발전 초기에 이 종이카드나 테이프는 컴퓨터에 데이터를 입력하는 수단으로 사용됐다. 이 과정에서 잘 훈련된 프로그래머가 필요했다. 그래서 초창기 키펀치 용역은 소프트웨어 분야로 분류됐다.

37) 컴퓨터 소프트웨어 해외수출 노력의 결과, 1970년대 초반에 KIST 전산실은 한미기획단(USAKPA)의 병참업무 전산화, 미 공보원(USIS)의 자료처리, 미 육군 8군사령부의 워게임(War Game) 시뮬레이션 소프트웨어 개발 등 대표적인 수출용역의 성과를 낳았다.

〈표 3-3〉 한국정보산업 종사자의 전체 근로자에 대한 구성비 (단위: %, 명)

연도	구성비	근로자수
1975	10.71	1,174,879
1980	12.01	1,450,780
1983	13.99	1,800,290
1985	14.79	1,936,940
1986	17.98	2,433,580

자료: 안문석, 1995

이들 객관적 지표로 미루어 보아 지난 1975년은 경제활동인구에서 산업부문이 50%를 상회해 농업사회에서 명실상부한 산업사회로의 이행이 이루어지기도 했지만 같은 해 정보산업 종사자가 1백만 명을 넘어서고 전체 근로자의 10%를 초과하는 구성을 나타냄으로써 '정보사회'로의 진입 가능성을 시사해 주었다고 평가할 수 있다.[38] 정보산업은 1975년을 경과하면서 GNP대비 10%를 넘어섰으며 10년 후인 1985년에는 20%를 돌파했다. 정보기술을 생산하는 정보산업 III부문의 비중이 1983년 이후 3%에 이르면서 급격한 신장세를 보여주었다. 1985년에는 정보산업에 종사하는 근로자의 수가 200만에 육박하는 15%에 가까운 구성비를 보여주었다.

정보통신기술의 성숙기(maturation phase)인 1990년대에 들어서서 486 PC가 국내에 본격 공급돼 PC산업은 본격적인 성장을 거듭하게 됐다.

---

[38] 포랫(Porat, 1977)에 따른 정보산업의 분류: I유형(최종 생산물이 정보 또는 통신인 산업 ① 신문·출판·인쇄업, ② 뉴스를 제외한 인쇄·출판업, ③ 전화사업, ④ 전신·전보, 기타 통신업, ⑤ 라디오·텔레비전 방송업, ⑥ 영화 극장, ⑦ 도서관업, ⑧ 우편사업), II유형(주요 중간서비스가 정보인 산업 ① 재무: 은행·증권·보험업, ② 교육: 학교·학원 등, ③ 행정관계 업종: 중앙·지방행정기관, ④ 기타업종; 상담업·중개업·연구개발기업·컴퓨터용역업·정보검색업), III유형(정보기술을 생산하는 산업 ① 사무회계기기 제조업, ② 컴퓨터제조업, ③ 라디오·텔레비전 통신기기 제조업, ④ 과학기구 제조업, ⑤ 사진장비 및 부품 제조업, ⑥ 종이 및 펄프 제조업).

〈표 3-4〉 정보산업의 국민총생산(GNP)에 대한 비중 (단위: %, 백만 원)

		1970	73	75	78	80	83	85	86	87	88
정보산업	I	1.96	1.83	1.60	1.58	1.75	2.25	2.38	2.28	2.35	2.37
	II	8.41	7.26	6.10	7.12	8.99	11.94	13.30	13.47	13.36	13.70
	III	1.82	3.47	1.87	2.00	2.27	2.75	4.99	6.08	6.59	7.21
전체 비중		12.19	12.56	9.57	10.70	13	16.95	20.67	21.83	22.3	23.28
GNP		5,026,867.0	10,185,205.5	20,990,399.5	49,873,374.1	93,637,524	150,241,921	190,664,174	217,687,331	252,698,297	295,988,100

자료: 안문석, 1995

1990년대의 국내 시장규모는 92년 91만 대, 93년 129만 대, 94년 149만 대, 1995년 165만 대로 96년 초에는 국내 PC보급 누적대수가 1천만 대에 육박하게 됐다. 1998년에는 펜티엄 II 기종이 주력으로 부상했다. 핸드 헬드 컴퓨터(HPC) 등 새로운 이동컴퓨터 시장도 태동했다. 그 이후 전자산업은 1990년대 들어 전체산업에서 생산은 22.4%(19조 7,080억 원, 1997년 기준), 수출은 30.4%(414억 달러)를 차지하는 핵심 기간산업으로 자리잡게 됐다.

1990년대에 국내업계의 기술능력은 성숙단계로 진입했고, 핵심기술분야를 선도하는 수준으로까지 비약하게 됐다. 따라서 우리는 1990년대에 인터넷과 이동통신기술의 발달 등 '정보사회'의 도래를 촉진한 여러 가지 요인에 주목할 필요가 있다.

4) 정보산업 발전과 기술형성의 국제적 요인

(1) 판매시장

새로운 기술을 형성하는 중요한 요소로는 한 나라의 소득수준, 자원 이용도, 기술개발에 따른 사회적 비용, 생산조직 체계, 기술수준과 속성을 들 수 있다. 따라서 해당 시기 기술의 특성은 자원의 이용, 생산성, 생산 및 소비 형태에 미치는 영향을 고려해야 한다. 여기에는 제품의 성격, 조직체계 및 규모, 자본, 노동집약도, 원료 이용도, 노동숙련도 등도 고려해야 한다. 국제 기술시장은 상품시장과 다른 특성이 있다. 그 이유는 기술이 상품에 비해 독점성이 강하고, 기술시장은 상품시장에 비해 매우 불완전하기 때문이다 (임양택, 1989: 7-9). 그래서 선진공업국가의 신기술 소유자들은 후발국을 하나의 판매시장으로 상정해 왔다. 이 점에서 정보통신기술도 예외는 아니었다.

처음으로 한국에 진출한 외국 컴퓨터기업은 IBM이었다.[39] 이것은 1967년 4월 국내 최초로 도입한 컴퓨터가 IBM 1401이라는 사실과 깊은 관련이 있다. 즉 출하된 지 8년이나 지난 구형 2세대 컴퓨터를 경제기획원 조사통계국에 공급하면서 두 가지 조건을 붙였었다. 그 공급조건의 하나는 IBM 1401을 통계국이 원래 도입하기로 했던 S(시스템)/360이 인도될 때까지만 잠정적으로 사용한다는 것이었고, 또 다른 하나는 도입 즉시 컴퓨터 활용에 수반되는 인력교육과 지속적 서비스를 위해 IBM 한국법인을 설립한다는 것이었다.[40] 그러나 당시 한국의 국민소득이나 총생산은 이 거대기업의 연간매출에도 못 미치는 상황이었다(이주용, 1987).

한국은 이러한 대내외적 조건과 상황하에서 IBM의 한국진출로 컴퓨터기술 도입과 이용과정을 통해 세계경제 속으로 더 깊이 편입해 들어갔다.[41] 그 이전인 1961년 3월 이미 경제기획원에 국세조사 간이센서스와 농업센서스 처리 등을 위한 130대의 천공카드시스템(PCS)을 AID차관으로 들여왔다.

---

39) 1967년 4월 25일, 주식회사 아이비엠 코리아(영문명 IBM KOREA, Inc.)가 B호텔 (현재 L호텔 자리)에 사무실을 두고 소규모로 영업을 개시했다.

40) 아시아·태평양 지역국가 중에서 당시까지 IBM 자회사가 설립된 나라를 살펴보면, 오스트레일리아(1932년), 일본(1937년), 필리핀·인도네시아(이상 1938년), 태국·버마·인도(이상 1952년), 싱가포르(1953년), 뉴질랜드·말레이시아(이상 1955년), 대만(1956년), 홍콩(1957년), 스리랑카(1962년), 한국(1967년) 순이었다.

41) IBM사는 한국법인 출범 이전에 이미 1950년대 말부터 주한 미8군 영내에 한국인 직원을 상주시켜 시스템교육 및 유지보수를 담당하도록 영업하고 있었다. 1960년대 중반까지 미8군은 대구컴퓨터센터에 2대(IBM 7010 및 1460), 부평 보급창에 1대(IBM 1460), 용산 미군사령부에 1대(IBM 1130) 등 4대를 보유하고 컴퓨터를 군무에 활용하고 있었다. IBM은 1960년대 초반에 와서야 서울에 연락사무실 겸 영업사무실 역할을 하는 비법인 형태의 사무실을 두었다.

〈표 3-5〉 공급기종별 컴퓨터 도입현황(1967~79년)

공급기종	초대형	대형	중형	미니	합계
IBM	12	22	41		75
UNIVAC(스페리)	6		22		28
CDC	4	5	6	2	17
FACOM(후지쯔)	6	6	28		40
NCR		5	4	11	20
NEC			2		2
WANG				30	30
NOVA(DG)				22	22
Eclips(DG)			2	15	17
Burroghs				12	12
PRIME			12	2	14
PDP(DEC)				58	58
HP			28	3	31
Honeywell				7	7
포페이스				6	6
기타			8	40	48
합계	28	38	153	208	427

자료: 서현진, 1997: 79

그 이후 1971년 말까지 5년 동안 경제기획원과 락희그룹(현 LG그룹) 등 35개 기관 및 기업들이 36대의 컴퓨터를 도입했다고 정부 공식문서는 기록하고 있다. 그 내역을 보면 IBM 13대, 스페리랜드(유니백) 8대, 후지쯔(화콤) 5대, CDC(CDC 및 사이버) 4대, NCR 3대, 버로우스 2대, 디지털(PDP) 1대로, 다양한 공급선으로 확대됐다. 그리하여 세계 유수의 컴퓨터회사들이 대리점 형태로 한국에 진출했다.

1970년대 중반부터 중대형급 도입이 감소하고 미니컴퓨터 도입이 급속히 증가했다. 1960년대 말까지 국내에 도입된 컴퓨터는 10여 종으로 IBM의 S/360, 일본 후지쯔 신기계제작소의 파콤 시리즈, 컨트롤데이터의 CDC 시리즈, 스페리랜드의 유니백 시리즈 등 고가의 중대형 컴퓨터였다. 그러나 1970년대 중반에는 데이터제너럴(DG) 노바(NOVA), 디지털이퀴프먼트(DEC)의

PDP, 왕 래보러토리즈의 왕(WANG), NCR의 센추리(Century), 버로스(Burroughs)의 버로스 등 미국계 기업의 미니컴퓨터 기종의 도입이 증가했다.42)

미니컴퓨터 기종 도입증가 이유는, 첫째, 세계적으로 반도체기술의 진전으로 중대형급에 비해 가격이 최고 10%까지 낮으면서도 성능으로는 큰 차이가 없었기 때문이다. 둘째로는 이들 기업의 광범위한 영업전략이 주효했기 때문이다.43)

미국계 기업들의 미니컴퓨터 국내판매가 이처럼 호황을 보이는 1970년대 중반까지 컴퓨터 관련 국내기업은 10여 개에 불과했다. 한국IBM, 한국유니백, 컨트롤데이터 코리아(CDK) 등 하드웨어 공급업체와 공공기관 형태의 한국전자계산소(현 KCC), KIST 전자계산실(후에 시스템공학연구소로 개편), 서울컴퓨터센터(현 서울정보처리학원) 등 용역서비스 기관 등이었다.

1972년 5월 인터내셔널 데이터 코퍼레이션(IDC) 설립44)을 시작으로 한국뉴콤, 인터내셔널 데이터시스템 코퍼레이션(IDsC),45) 동양시스템산업(OSI),

---

42) 1972년부터 75년까지 노바01 등 미니컴퓨터를 도입한 기관은 KIST 방식기기연구실 외에도 해양개발연구소, 해군본부, 동국제강, 한영공업(현 효성중공업), 강원산업, 목포상고, 동양시멘트, 삼화고무, 국제전기 등 30여 곳에 40대나 됐다. 이런 도입선 다변화는 당시까지 도입된 전체 컴퓨터 93대의 40%가 넘는 비율로 정부부처와 대형 공공기관 및 대기업만의 전유물이 아니라는 사실을 보여주는 것이다.

43) 컴퓨터 가격 대비 성능의 비교사례를 보면 1972년 KIST 방식기기연구실이 도입한 3대의 노바01/1200 기종은 주기억용량이 각각 16, 32, 48KB이었는데 구입비용은 도합 6만 달러에 지나지 않았다. 1968년 육군 경리단에 도입된 스페리랜드의 8KB 용량 유니백 9300이 20만 달러, 1967년에 도입된 IBM 1401은 월 사용료(임대료)만 9,000달러였던 것과 큰 대조를 이룬다.

44) IDC는 1960년대 말 한일은행, 한국전력 등에 NCR의 전자식 회계처리기를 공급한 동아무역 출신의 이명진이 일본 샤프전기의 지원 아래 설립한 기업이다. 그는 동아무역 재직시 일본 NCR을 출입하다 샤프전기와 접촉하게 돼 1971년부터 샤프전기 해외사업부 서울 주재원을 역임했다. 이런 연고로 IDC를 설립해 DG의 노바01/1200을 KIST에 처음이자 마지막으로 납품했다. 1973년 7월에 IDC는 샤프로부터 출자금을 지원받아 한일 합작법인인 샤프데이타 코리아(현 한국샤프)로 재출발하면서 전자수첩 판매회사로 업종을 전환하고 말았다.

MC인터내셔널, 금호실업 전자전기사업부, 동양전산기술(OCE) 등 미니컴퓨터 전문 공업업체가 연이어 출범해 독자적인 산업으로 영역을 확보하게 됐다. 이리하여 컴퓨터시장의 형성과 공급업체들간의 제품경쟁이 본격화되는 계기를 마련하게 됐다.

이 과정에서 가장 크게 경쟁을 의식하게 된 곳은 기존의 중대형 컴퓨터 공급업체들이었다. 미니컴퓨터 기종의 가격대비 성능 우월성이 입증됨으로써 중대형 공급업체들의 대응책 마련이 요구됐다. 그때까지 이들 중대형 컴퓨터 공급업체들은 인원과 자본금의 증가, 기업인수를 통한 별도법인 설립, 본격적인 영업조직 신설 등 선발업체의 지위를 최대한 활용했다.[46]

이런 상황에서 신형 미니컴퓨터 DEC, DG, 및 왕(Wang) 컴퓨터의 출현은 국내 컴퓨터시장을 본격적인 경쟁체제로 재편하게 만들었고 독자적인 산업체계로 전환하는 계기를 만들게 했다. 특히 DG의 노바01 시리즈, 왕 래보러토리즈의 왕 2200B, DEC의 PDP 8/E 등이 미니컴퓨터 3두 마차를 이끌었다. 이 중 노바 01/1200은 1972년 5월, DG의 총판으로 설립된 IDC에 의해 국내에 소개돼 1972년 10월, KIST 방식기기연구실에 도입됐다.[47]

---

45) IDsC는 노바 시리즈의 판매부진으로 IDC가 샤프데이타코리아로 업종 전환하면서 1년여 동안 경영일선에서 물러나 있던 IDC 대표 이명진이 1974년 1월 DG의 판매 에이전트로서 브랜드 이미지를 그대로 가져가기 위해 설립했다.

46) 한국IBM은 창립 초기인 1969년 말 38명의 직원을 75년 말에는 120명으로 늘렸고, 같은 기간 자본금은 1억 9천만 원에서 20억 8천만 원으로 10배 이상 증가시켰다. 스페리랜드는 한미 합작법인이던 한국유니백 조직을 인수해 1971년에 현지법인 스페리랜드코리아(후에 한국유니시스로 전환)를 설립했다. 그리고 일본에서 완제품을 직접 공급해 오던 일본의 후지쯔 신기계제작소는 1974년에 화콤(파콤)코리아(후에 한국후지쯔로 개명)를 설립했고, 중형급 NCR기종을 공급해 오던 동아무역은 영업활동 강화를 위해 1975년에 동아컴퓨터를 새로 설립했다.

47) 나중에 이 KIST 방식기기연구실은 미국 DG의 노바01/1200을 모델로 국내 최초의 국산컴퓨터 '세종 1호'를 개발하는 산실이 됐다.

(2) 국제분업

국제분업 구조하에서 다국적기업의 역할은 한편으로 제품 판매시장에서 기술 판매자의 기능과 다른 한편으로 상품구입을 통한 기술이전과 이를 통한 기술능력 확산이라는 기술 개발자의 기능에 있다. 그 동안 정보기술이 새로운 국제분업을 가져올 것이라고 전망하며 전통적 제조업과 소형 가전제품을 브라질, 멕시코, 한국, 대만, 싱가포르, 알제리, 나이지리아 등이 담당하고, 첨단 전자기술과 과학에 기초한 산업은 선진공업국이 담당하게 될 것이라고 지적돼 왔다(Bell, 1980: 544). 따라서 이런 정보기술의 생산과 활용과정에 선진국의 다국적기업이 주도적인 역할을 행사해 왔다. 1980년대 맹아기의 국내 PC산업은 외국기업들의 기술개발 방향제시와 수요창출 노력으로 본격적인 발전을 시작해 1996년에는 일본에 이어 아시아지역 2위의 시장규모로 성장했다.

세계 최대 소프트웨어업체인 마이크로소프트(MS)의 현지화 시도도 다국적기업의 다양한 사업전개의 일환이었다. 여기에는 MS사가 PC 운영체계(OS)의 한글화, 수백 개 국내 중소 소프트웨어업체들과의 협력관계 유지, 국내실정에 맞는 애플리케이션이나 솔루션 개발에 선도역을 자임하고 나선 것과 함께 IBM, 인텔, 및 휴렛패커드사가 국내투자와 협력업체들로부터 부품구매를 증가시킨 것도 종래와는 다른 사업활동을 통해 기술형성을 자극하게 됐다.

1973년 초부터 국내 컴퓨터업계의 이해관계를 반영한 포항제철 전산화 프로젝트 수주경쟁은 IBM, CDC, 스페리랜드(유니백) 등 미국계 '빅쓰리'(big three)와 후지쯔 사이에서 벌어졌다. 이들간에 벌어진 수주경쟁은 당시 포항제철 사장이던 박태준의 최종 낙점이 후지쯔에 떨어짐으로써 일단락됐다. 객관적인 상황에서 후지쯔가 경쟁에서 상대기업을 앞서 갈 승산은 많지 않았다. 미국의 '빅쓰리'는 모두 1960년대 말부터 한국에 현지법인을 설립하고 본격적인 영업망 및 사후지원 체제를 구비했고, 기종의 성능과 지명도에서도 후지쯔 파콤을 추월하고 있었다.

그런데 설립 초기 포항제철이 후지쯔를 선택한 이유는 무엇일까. 1970년부터 73년 7월까지 계속된 포항제철의 제1기 설비공사는 친일본계 인사로 알려진 박태준에 의해 추진됐는데, 그는 모든 사업모델을 당시 세계 제1의 제철소였던 신일본제철소에서 찾고 있었다. 박태준은 임원 및 담당자들에게 2기, 3기, 4기 설비공사와 밀접한 관계가 있는 일관공정 체계의 전산화모델도 신일본제철소의 사례를 원용하라고 지시했다. 당시 신일본제철소가 도입한 전산시스템은 후지쯔 파콤 기종이었다. 이 때문에 후지쯔는 신일본제철소 전산화경험을 토대로 포항제철의 공장설비 설계과정에 개입함으로써 어느 정도 영향력을 구사할 수 있었던 것으로 보인다.[48]

한국정부가 숙고 끝에 일본 후지쯔의 100% 단독출자 신청을 수용한 것은 당시 외자도입법상 분명한 예외조치였다. 이와 같은 예외조치 수용을 위해 일본 후지쯔 관계자들이 재무부, 상공부, 문교부, 과학기술처 등 관련부처를 직접 방문해 양해를 얻어 조건부 투자인가를 얻어낸 것이다(한국후지쯔, 1994). 당시 경제기획원의 화콤코리아에 대한 투자인가는 파콤용 OS를 개발해 전량 일본 후지쯔로 수출할 것과, 회사 설립 이후 3년 이내에 30%, 5년 이내에 50%의 주식 또는 지분을 한국인에게 양도한다는 조건부였다. 그러나 화콤코리아는 이후 여러 번의 자본금 증자과정이 있었지만 이 약속을 이행하지 않았다.[49]

화콤코리아는 사업부문은 파콤 시리즈의 영업(하드웨어 임대)과 투자인가 서상에 명기했던 OS의 개발 및 수출 등 두 갈래로 분화돼 있었다. 출범 당시 국내 공급실적이 11대였던 것이 출범 2년 만인 1976년에 26대에 이르는 등 상당한 신장추세를 보였다. 이와 같은 영업신장이 1971년 신민당 대통령 후보 김대중 납치사건과 박정희 대통령 부인 육영수 저격사건 등 한일관계가 최악인 상황에서 이루어졌다는 점에서 주목을 요한다.[50]

---

48) 나중에 포항제철 설립과정을 자문한 공로로 1973년 한국의 박정희정부로부터 은탑산업훈장을 받은 일본인 아카자와(赤澤璋一)가 컴퓨터 기종 결정 당시 후지쯔 본사의 전무로 재직중이었다는 사실도 이런 과정을 이해하는 열쇠 구실을 한다.
49) 일본 후지쯔의 지분 50% 한국인 양도 약속은 한국후지쯔로 개명한 현재까지도 이행되지 않고 있다.

화콤코리아의 주력기종은 IBM의 대체기종을 공급하는 것이었다. 이와 함께 화콤코리아는 1975년부터 본격적으로 OS 개발 및 수출을 추진해 흑자수익을 볼 만큼 호조를 보였다. 주요 개발분야는 핵심부분인 작업관리(job management)와 컴파일러, 어셈블러 번역기, 분류/병합(sort/merge) 프로그램과 프로그램 동작상태를 추적하는 대화형 디버거(interactive deburger), 각종 시스템 유틸리티 등 OS를 구성하는 것들로서, 고난도의 기술을 요하는 것이었다. 이렇게 개발된 OS의 전량은 일본 후지쯔에 수출됐다.51)

대표적 다국적기업인 한국IBM은 군부와 제조업체 및 교육기관 판매시장을 점유하면서 그 기술시장에서의 선점을 통한 판매망을 구축해 나갔다. 한국IBM은 1971~75년 사이에 국내 전체 보급대수의 40%에 달하는 41대를 공급했다(과학기술처, 1976). 이 시기는 IBM 본사나 한국IBM에게도 매우 중요한 사업적 사활이 걸린 분기점이었다. 왜냐하면 1960년대 말까지 수개에 불과하던 컴퓨터회사가 1970년대 초반 우후죽순처럼 설립됐고, 컴퓨터기종과 용도도 매우 다양하게 특화되는 시기였기 때문이다. 또한 주된 컴퓨터 고객층인 기업에서는 세계적으로 생산성향상이라는 일종의 기업재구축 운동이 전개되고 있었다. 이 시기는 또한 선진국의 경기침체와 중동전쟁으로 야기된 원유가 폭등이 최고에 이르던 시기였다. 따라서 기업 생력화나 인력 재배치 등과 관련해 컴퓨터 도입에 대한 관심이 그 어느 때보다도 높았다. 1971~75년 기간 동안 한국IBM의 영업실적은 국내시장을 거의 독점한 수준이었다(서현진, 1997: 106-107).

위와 같이 한국IBM과 화콤코리아의 판매신장과 시장확대는 국내 컴퓨터

---

50) 당시 화콤코리아에 재직했던 직원은 "외출시 일본어를 사용하지 말 것, 넥타이 차림의 정장을 하지 말 것 등을 지시받은 기억이 난다"고 회고하고 있을 정도다(한국후지쯔, 1994).

51) 화콤코리아의 소프트웨어 수출은 1974년 14만 달러, 75년 39만 달러, 76년 55만 달러, 77년 76만 달러로 급증했다. 당시 키펀치 용역중심의 국산 소프트웨어 총수출액이 1975년 75만 달러, 76년에 77만 달러인 것과 비교해 보면, 이는 화콤코리아 1개 기업의 수출액과 엇비슷했다.

수요층의 증가와 함께 나중에 하드웨어 의존적인 사용자의 기능습득과 특정기업의 제품이용에 제한요인으로 작용했다.

5) 기술혁신 과정에서 기업의 역할

(1) 기술성격의 변화: 판매상품에서 개발대상으로의 전환

1970년대에 들어서자 컴퓨터 도입은 가속화됐으나 기종 다양화와 함께 공급선도 다변화됐다. 한 예로 노바01의 공급은 IDsC에 의해 재개됐다.[52] 이 회사는 1977년 4월 기업인수에 나선 동양정밀공업(OPC) 그룹에 흡수돼 동양시스템산업(OSI)으로 기업명을 개명했다가 모기업인 OPC의 부도로 1988년에 기업으로서의 역할을 다했다.

1975년 2월 동양전산기술(OCE) 설립 이후 1979년까지 4년 동안 국내에 보급한 PDP 시리즈는 58대였다. 이 영업실적은 1967년 국내에 처음 진출한 한국IBM이 12년 동안 공급한 75대에 이어 업계 전체 2위를 차지했다.[53] 특히 OCE가 기업 창업부터 DEC 국내총판을 표방하고 나선 배경은 당시 세계적으로 가장 대중적이었던 PDP 시리즈의 노하우를 터득해 이를 토대로 국산 컴퓨터를 생산해 보겠다는 개발의지와 출범 당시 두산그룹 정수창 회장으로부터 창업자금을 지원받게 됐기 때문이다.

그러나 OEM 방식의 국산컴퓨터 생산과정은 제품가격 결정에 문제가 많아 결과적으로 OCE의 기업경영에 상당한 부담을 주게 됐다. 그 결과 OCE

---

[52] IDsC는 당시 미국 DG사가 일본에 직접 투자한 니혼 미니컴퓨터(현 일본 DG)와 공급계약을 체결하고 노바01/1200 시리즈의 한국판권을 독점했다. 당시 니혼 미니컴퓨터는 DG와 합작으로 동남아지역에 공급할 노바01/1200 등을 일본 내에서 직접 생산하고 있었다.

[53] 미국 DEC가 1963년 세계 최초로 개발한 PDP 미니컴퓨터 계열인 PDP 8/E는 1972년 4월 전기통신연구소에 국내 최초로 도입됐다. 이 기종은 동년 한국 키보드를 비롯해 1974년 인천제철, 현대양행, 강원산업 등 3년 동안 국내에 판매 에이전트 없이 오퍼상을 통해 공급됐다. PDP 시리즈와 그 후속기종인 VAX 11의 공급을 전담하게 된 것은 OCE가 설립되면서부터다.

는 1977년 두산그룹 계열의 동양맥주에 지분의 50%를 매각했고, 다시 1979년 5월에는 동일 그룹 내 합동통신의 광고기획실 부문과 통합해 오리콤으로 재탄생해 1983년 DEC사업을 전담해 온 전산사업본부를 두산컴퓨터라는 명의로 독립시켰다. 그러나 두산컴퓨터는 1988년 DEC가 직접 투자한 현지법인 한국디지탈에 인력과 고객을 모두 인계하고 없어지고 말았다.

1960년대 초기에 가전을 중심으로 성장한 전자산업은 처음에 상공부의 측면지원 아래 발전의 계기를 마련했다. 그후 컴퓨터를 축으로 한 과학기술 발전을 도모하기 위한 정책지원은 주로 과학기술처(현 과학기술부)가 맡았다. 그러나 1983년 정부는 '정보산업의 해'를 선포하고 정보산업 발전과 기술혁신을 위한 주무부처(senior ministry)로서 체신부의 전면 등장이 이뤄졌다.

기술혁신을 위한 동반자로서 기업 또는 산업계 영역에는 금성과 삼성, 동양전신기술 같은 가전업체와 한국IBM, CDK 같은 해외 현지법인이 있었다. 이들은 기술도입, 관련용품 조달, 부품수출, 연구개발을 통해 기술형성에 기여했다.54) 또한 관련 사업자단체와 연구조합이 구성·창립돼 기술혁신에 이바지하게 됐다. 1967년에는 한국전자공업협회가 민간기업 참여하에 만들어졌다. 여기에는 부품업체 대표들이 두루 참석했다.55) 같은 해인 1967년, 중소기업 단체인 한국전자공업협동조합이 만들어졌다. 이때는 제2차 경제개발 5개년계획의 시발점으로 "전자공업진흥법" 제정이 추진되던 시기였다. 이를 통해 단체수의계약 체결을 통한 중소 전자업계의 공통이익 창출과 대(對)정부 압력단체로서의 위상이 마련됐다.

---

54) 1970~80년대 대표적인 정보산업분야 연구개발 관련인사로는 이헌조, 강진구, 김정식, 이용태, 진대제를 들 수 있다.

55) 한국전자공업협회 창립 행사장에 모습을 나타낸 인물을 보면 다음과 같다. 최초의 전자부품 콘덴서업체 삼화전기 오동선 사장, 트랜지스터 라디오 및 TV부품을 생산한 한국마벨 서봉희 사장, 라디오 및 TV부품 생산 오리온전자공업 김성택 사장, 수동진동자 생산 싸니전기공업 곽명호 사장, 볼륨콘트롤 생산 동아전자공업 최진수 사장, 전자공업 시찰단을 인솔, 일본 방문을 주도했던 우신화학공업 김기억 사장 등.

아울러 기업간 협력과 연계망 구축도 모색됐다. 기업영역에서 이러한 선진적 역할의 부각과 함께 이들 기업의 참여에 의한 민간단체의 역할도 중요한 기능을 수행했다. 이들 민간단체의 측면지원은 정부의 정책수립 및 집행의 동반자로서 업계의 의견을 집약해 정부의 불합리한 정책이나 제도에 대한 비판기능을 수행하고, 필요한 경우 그 시정을 요구하는 압력단체의 역할을 행사하는 것이었다. 또한 산업측면에서는 동종업체간 공동협력을 통해 공통의 이익을 창출하고 기술·시장·사람 등 정보교류 장의 역할도 했다.

정보기술관련 연구조합 설립[( )은 인가일; 1999. 5 현재]
전기·전자분야

한국스피커연구조합(1982. 8. 24), 한국소형모터연구조합(1982. 11. 24), 한국인쇄회로기판연구조합(1984. 1. 31), 한국파워써플아이연구조합(1984. 11. 26), 한국영상기기연구조합(1985. 9. 14), 한국컴퓨터연구조합(1985. 10. 7), 한국반도체연구조합(1986. 5. 24), 한국수정진동자연구조합(1988. 5. 19), 한국계측기연구조합(1988. 9. 19), 한국음향기기연구조합(1988. 10. 27), 한국전자재료연구조합(1989. 4. 1), 정보통신시스템연구조합(1989. 12. 28), 한국디스프레이연구조합(1990. 7. 2), 삼주특수전동기연구조합(1991. 6. 24), 한국센서연구조합(1992. 4. 28), 필름캐패시터연구조합(1994. 4. 15), 한국뉴미디어연구조합(1995. 5. 1), 한국씨씨티브이연구조합(1995. 6. 28), 한국무선통신연구조합(1995. 10. 21), 한국아이씨카드연구조합(1996. 1. 20), 한국전지연구조합(1997. 4. 30), 의료기기기술연구소연구조합(1998. 8. 31). 22개 조합.

소프트웨어분야

한국소프트웨어개발연구조합(1982. 12. 12), 한국정보산업표준화연구조합(1991. 10. 25), 한국어뮤즈먼트소프트웨어연구조합(1991. 12. 10), 한국시스템통합연구조합(1992. 8. 22), 한국첨단영상정보연구조합(1994. 5. 24), 한국네트워크연구조합(1996. 3. 6), 한국여성정보과학연구조합(1999. 3. 17) 7개 조합.

그러나 기술변화의 속도가 워낙 빠르고 시장환경이 자유방임 상태로 접

어들게 됨에 따라 기술혁신을 위한 기업의 내적 요구와 긴장은 날이 갈수록 높아질 수밖에 없었다.56)

대형기업의 개발방식과 달리 영세 중소업체(소규모 영세 전자상가에서 국제수준급의 reverse engineering이 이루어짐)와 컴퓨터 매니아(computer mania)에 의해서도 기술혁신의 속도가 가속화됐다. 여기에는 한국 PC산업기술의 원조라고 불릴 만한 청계천 전자상가의 8비트 컴퓨터 복제기술, 워드프로세서 '흔글' 개발의 주역인 이찬진, 백신프로그램 개발, 특히 바이러스백신 개발에 앞장선 안철수 등이 포함된다. 더 나아가 전술한 바와 같이 관련업계 선발주자와 후발주자의 등장으로 인한 경합과 갈등이 혁신의 방향과 흐름을 전환시키기도 했다.

(2) 기술혁신의 경제과정

1970년대 중반 이후 판매시장의 역할증가와 함께 대기업집단의 컴퓨터업계 진출이라는 새로운 현상이 나타났다. 1976년경부터 대기업들은 국내 컴퓨터산업 분야 진출을 본격적으로 검토하기 시작했다. 국내에 컴퓨터가 도입된 지 10년째 돼 가는 시기였다. 전술한 바와 같이 이 당시 국내 컴퓨터산업을 주도한 3대 기둥은 한국IBM 등 외국계 현지법인, 동양전산기술 등 외국 컴퓨터기종 국내 대리점, 한국전자계산(KCC) 등 자생적인 소프트웨어 용역개발 기업이었다.

---

56) 다음의 입장은 1990년대 기업이 직면하고 있는 그런 분위기를 잘 전해 주고 있다. "기업은 과거와 달리 새로운 상품과 서비스를 경쟁사보다 더욱 단시간 내에 시장에 출시하여야 하며 그렇지 못하면 생존을 보장받지 못한다. 설사 시장에 진입하였다고 하더라도 상품의 제품수명 주기가 점차 단축되고 있는 추세이기 때문에 기업이 필요로 하고 기대하고 있는 수익을 확보하지 못할 경우 존망의 위기에 처하게 된다. 예를 들면 퍼스널컴퓨터에 사용되는 주변기기인 시디롬 드라이브의 경우, 2배속 모델이 약 2년간의 수명을 가졌고, 4배속 모델은 약 1년간의 수명을 가졌으나 6배속 모델은 불과 6개월을 지탱하지 못하여 막대한 개발비를 회수하지 못했음은 물론 상품가격이 급락하여 많은 어려움을 개발자에게 안겨 주었다"(이용태, 1997: 373).

당시 국내 전자산업을 선도하던 삼성전자, 금성사, 대한전선 등 대기업의 사업영역은 흑백TV, 냉장고, 전자레인지 등 정부가 수출을 주도하고 장려하는 가전분야에만 집중돼 있었다. 대기업이 당초 컴퓨터분야에 주목하지 않은 이유는, 첫째, 관련기술이나 노하우 축적이 전무하다고 판단했기 때문이다. 둘째, 사업전망에 대한 확신이 없었기 때문이다. 따라서 정책결정이나 투자에 대한 우선순위에서 컴퓨터분야는 언제나 가전 등 다른 분야에 밀리고 있었다.

그러나 1975년을 전후해 국내 컴퓨터 도입이 급격한 증가추세를 보이고, 동양전산기술(OCE) 같은 중소기업이 미니컴퓨터 단말기 등을 국산화하면서 대기업의 시각에 변화가 생기기 시작했다. 대기업은 전자산업이 고도화돼 가면서 전자제품의 용도가 가정에서 산업현장으로 확대돼 가고 있음을 알게 된 것이다. 산업용 전자제품은 바로 컴퓨터인데, 이때부터 대기업은 이 분야에 대한 시장진출을 검토하고 제품공급선 확보나 직접생산 방법 등을 물색하게 됐다.

1976년을 전후해 이런 변화 움직임을 보인 기업으로는 삼성전자, 금성사, 금성전기, 금호실업, 대우, 금성통신, 동양정밀(OPC), 벽산, 쌍용양회, 두산 등이었다. 이들의 새로운 분야 진출에 대한 검토는 두 가지 형태로 나타났다. 하나는 미국과 일본계 기업과 제휴해 국내에서 합작생산을 추진하는 것이고, 다른 하나는 외국기업의 대리점 사업을 통해 우선 노하우부터 축적해 보자는 전략이었다. 전자의 경우 금성전기와 선경이 일본전기(NEC)의 미니컴퓨터 조립생산을 검토하기 시작했고, 대한전선은 후지쯔의 파콤 시리즈 생산을 추진했다. 금성통신과 동양정밀은 합작회사인 한국시스템산업을 설립하고 외국의 기술 제휴선을 찾아 나섰다. 후자의 입장에서는 외국업체의 국내 총대리점 사업에 나선 삼성전자(휴렛패커드), 금호실업(왕래보로토리즈), 오리콤(디지털이큅먼트), OPC(데이터제너럴), 한국화약(포 페이스), 효성(히다치) 등이었다. 금성사는 1979년에야 마지막으로 하니웰사 제품을 국내에 공급하면서 컴퓨터사업 참여를 천명했다.

이들 가운데 지금까지 컴퓨터사업을 지속하고 있는 기업은 금성사와 삼성전자뿐이다. 다른 기업은 모두 도산하거나 사업담당 부서가 다른 기업으로 인수돼 버린 것이다.

  삼성전자와 금성사의 컴퓨터 사업부문도 그 정통성의 측면에서 매우 다양한 과정을 거쳐 이루어졌다는 점에서 주목할 필요가 있다. 삼성전자의 휴렛패커드(HP) 사업부문은 1984년 삼성휴렛패커드(한국휴렛패커드)로 독립돼 나갔고, 금성사의 하니웰 사업부문 역시 1981년 하니웰 본사와의 공동 기술제휴 계약에 의해 계열사인 금성반도체로 이관되는 과정을 겪었다. 따라서 현재 국내 컴퓨터산업을 선도하는 양대 축으로 성장한 양사의 컴퓨터 사업부문은 적어도 계보상으로는 HP나 하니웰과 무관하다고도 할 수 있다. 그러나 양사의 현재와 같은 위상확보는 HP와 하니웰의 국내 공급 또는 합작 생산 과정에서 축적된 노하우에 기반하고 있다고 보는 것이 합리적인 해석일 것이다.

  여기서 주목할 점은 삼성전자의 컴퓨터사업 진출배경으로 전자산업 전반에서 치열한 주도권 경쟁을 벌인 금성사를 의식한 점이 많았다고 전해진다(서현진, 1997: 128)는 것이다. 이들 주요 가전기업들의 시장진입 과정을 요약해 보면 다음 표와 같다.

〈표 3-6〉 컴퓨터기술 개발과 대표적 기업집단의 시장진입

삼성그룹
1969년 삼성산요(가전제품) —> 1972년 지분인수(삼성전자)
삼성NEC(전자부품) —> 1974년 합작투자관계 청산
1975년 한국반도체 지분 인수 —>
1977년 삼성GTE —>
1979년 삼성반도체, 삼성전자와 합병
1980년 삼성반도체통신
엘지그룹
1959년 금성사(진공관식 라디오)
1979년 금성반도체(대한반도체 인수)
1984년 전자기술연 인수

대우그룹 1976년 대우잔지(가전제품) 1977년 한국전기통신 　　　　　　　　　　(ITT와 제휴, 전자전화교환기 독점생산)
현대그룹 1983년 현대전자 　　　　　　　　　　(반도체, OA, 전자제품)

자료: 김교식, 1984: 3권 96-103; 오효진, 1984: 110-116; 윤정로, 1990: 66-128.

3. 기술혁신의 사회적 선택: 경제적 실패와 성공

1) 하드웨어의 국산화경쟁과 기술형성

(1) 한국 최초의 아날로그컴퓨터 개발

한국산 컴퓨터기술의 사회적 태동을 위한 컴퓨터 하드웨어의 국산화 시도는 1960년대 초반 이만영(한양대 명예교수)의 진공관식 아날로그 계산기 제작과 70년대 영문 라인프린터의 한글화 등으로 개시됐다.57)

당시의 국산화무드에 힘입어 1960년대 초 한양공대 전자공학과 대학원 교수로 재직 중이던 이만영은 컴퓨터를 처음으로 직접 개발했다. "한국 최

---

57) 李晩榮: 1924년생. [학력] 52년 서울대 전기공학과 졸, 56년 미국 콜로라도대 대학원 졸, 58년 공학박사(미국 콜로라도대). [경력] 64년 미국 버지니아주립대 공대 교수, 75년 국방과학연구소 부소장, 77년 한국전자통신 대표이사 사장, 80년 삼성반도체통신 대표이사 사장, 81~90년 한양대 전자통신공학과 교수, 90년 동 명예교수(현), 91~98년 한국통신정보보호학회장, 94년 한양대 부총장, 95년 한국과학기술한림원 원로회원(현), 96~99년 한국정보보호센터 이사장, 97년 한국공학한림원 명예회원(현), 98년 서울대 전기공학부 초빙교수(현), 2000년 학술원 회원(전자공학). [저서] *Error Correcting Coding Theory, Cryptography and Secure Communications, CDMA Cellular Mobile Communications and Network Security*.

초의 전자계산기 완성"으로 보도된 이 '전자관식 아날로그 계산기'는 모두 3종이었다(한양대학보, 1964년 5월 15일). 즉 3년여에 걸쳐 소형인 제1호기(1962년 8월 개발), 대형인 제2호기(1963년 3월)에 이어 개량형인 제3호기(1964년 5월)가 만들어진 것이다.

이 컴퓨터는 정보처리보다는 공정제어나 물리량 계측 등에 사용되는 아날로그 방식으로 "연립대수식, 고계(高階)의 선형 및 비선형 미분방정식, 편미분 방정식의 해답을 자동으로 계산할 수 있어 어떤 물체의 움직이는 진동상태를 재는 것으로부터 자동제어계, 항공역학계, 통신계, 음향계 등 다방면에 걸쳐 그 활용이 기대된다"고 보도됐다. 그 개발과정을 살펴보자.

"컴퓨터를 제작하는 동안 가장 큰 애로사항은 각종 부속품을 입수하는 일이었다. 국내에서 생산할 수 없는 부속품을 구하기 위해 고물상품을 모조리 뒤져야만 했다.…… 이런 고난에도 불구하고 제작에 착수했던 것은 나의 전공인 제어공학 부문을 활용해 보고 대학원생 강의에서 실습하기 위해서였다"(전업건설신문, 1964년 6월 1일).

그러나 이 컴퓨터는 상용화에 이르지 못하고 연구용이나 강의 실습기자재 외에는 거의 사용되지 못했다. 왜 그렇게 됐을까. 첫째, 이 국산컴퓨터 개발 이후 불어닥친 아이비엠과 스페리랜드 등 상업용 디지털컴퓨터의 출현에 자본, 기술력, 시장조건에서 견뎌낼 수 없었다. 이것은 새로운 기술의 안정화가 얼마나 사회경제적 조건과 결부되는지 잘 보여주는 사례다.

둘째, 이 국산컴퓨터를 활용할 수 있는 관련산업이나 사회체제가 정비돼 있지 못했다. 즉 항공기라든지 레이더, 유도탄 등 정밀계산이 요구되는 무기체제를 제작할 수 없는 매우 열악한 기술, 경제상태였다. 만약 그가 국방관련 연구기관의 성원이었다면 다른 조건에서 훨씬 유리한 입지를 확보할 수도 있었을 것이다.

셋째, 정부차원에서 이런 컴퓨터가 힘을 발휘할 수 있도록, 개발노력을 올바르게 평가해 볼 수 있는 제도나 체제를 미처 갖추지 못하고 있었다. 당시 한국은 컴퓨터는 물론이고 과학기술 전반에 관한 한 정부차원의 정책이나 계획이 전무한 상태였다고 할 수 있다. 만약 이 연구가 국방과학연구소

(ADD)에 의해 추진됐더라면 다른 기술발전 경로를 형성했을지도 모른다.

(2) 기술국산화 경쟁

1970년대의 컴퓨터산업 기술개발은 컴퓨터와 부품기기의 한글화 시도에서 시작됐다. 뒤이어 산업체와 연구기관이 합작해 세계 최초의 한글 라인프린터 개발경쟁으로 이어졌다. 1960년대가 컴퓨터의 도입과 사용에 있었다면, 1970년대는 컴퓨터로 한글을 출력할 수 있는 라인프린터의 개발과 대량의 자료처리가 가능한 광학카드판독기(OCR/OMR, Optical Character/Mark Reader)의 도입과 이용에 그 역사적 의의가 있었다.

1970년 말 기술개발 경쟁은 KIST와 한국IBM간에 진행됐다. 한글 라인프린터의 개발은 1968년 한국IBM에서 처음으로 시작됐다. KIST 전산실은 그로부터 1년여 뒤에 개발을 시작했으나 한국IBM보다 4개월 빠른 1970년 11월에 독자적인 한글 라인프린터를 개발했다. KIST 전산실은 1분당 4만 800자(136칼럼 X 300행)를 인쇄할 수 있는 고속제품의 성능을 실현했다. 개발작업은 KIST 전자계산실과 미국 컨트롤데이터사(CDC)에 근무하는 한미 양국 엔지니어들의 공동프로젝트로 추진됐다. CDC 기사들이 참여한 것은 당시 KIST 전산실에 설치된 기종이 CDC 3300(1969년 도입)이었기 때문이다.

컴퓨터 프린터에서 한글의 인쇄는 글자가 연속적으로 식자돼 나오는 영문철자 처리와 달리 컴퓨터상에서 자음과 모음을 초성, 중성, 종성 형태로 구분해 조합해 주어야 하는 복잡한 자료처리 과정을 통과해야 한다.

KIST 전산실장이 직접 수행한 이 작업은 한글의 자모형태를 배열에 따라 11종으로 분할하고, 이를 컴퓨터가 처리하도록 프로그램을 짜는 일이었다. 이 프로그램의 특성은 두벌식 표준자판에서 예를 들어 'ㄱㅗㅏㅎㅏㄱㄱㅣㅅㅜㄹㅎㅏㄱ'처럼 풀어쓰기 형태로 글자를 입력하면 '과학기술학'과 같이 모아쓰기로 형태로 인자(印字)돼 나온다는 점이었다. 따라서 인쇄기에서 별도의 제어장치를 새로 개발할 필요가 없었다. 예전에는 전산기에서 처리된 문서를 영문상태로 출력한 다음 이를 한글로 번역해 인쇄소에서 재편집하는 이중작업을 거쳐야 했다.

한글 라인프린터 개발에 대한 사회적 요구는 1970년대 들어 각 기관이나 기업의 OCR 도입, 즉 데이터의 대량처리 시스템 도입이 예상되면서 필연적으로 제기됐다. KIST 개발팀은 CDC에서 개발한 영문 라인프린터에서 영문 체인을 한글 체인으로 교체하는 것만으로 이 기술적 문제를 해결할 수 있었다. 이 작업에 모두 200만 원의 연구개발 자금이 소요됐다.

KIST의 기술개발 4개월 뒤인 1971년 3월 한국IBM도 서독 및 스웨덴 IBM 등 3개국 현지법인의 공동프로젝트로 IBM 컴퓨터용 한글 라인프린터를 개발했다. 당시 한국IBM 전자계산실장 김성중의 주도로 개발된 이 프린터는 두벌식의 KIST 것과 달리 4벌식이었으며 인쇄속도는 1분당 2만 6,900자로 KIST 것과 일정한 기술격차를 보였다.58)

(3) 기술변화의 정치적 과정

자국 토착기술에 대한 선호와 국산기술 개발 추진은 단지 경제적 이유만은 아니다. 자국기술의 획득은 정치군사적 배경을 가지며 기술이용과 개발의 단속성을 극복하려는 기술적·문화적 이유에서 비롯되기도 한다.

국내 컴퓨터산업계에서 '우리 것'을 만들어야겠다는 개발의지를 표출한

---

58) 이런 기술개발의 '기대하지 않았던 결과'(unintended consequences)는 KIST가 두 개의 주요 프로젝트를 수행하게 되게 되면서 그 연구능력을 확인받게 됐다. 하나는 1971년 체신부의 서울시내 전신전화요금 업무전산화이고, 다른 하나는 문교부의 대학예비고사 채점전산화였다. 체신부의 요금전산화는 1970년 6월, 150만 원의 예산을 들여 체신부 내 EDPS(전자식 데이터처리시스템) 기본계획을 수립하고, 1971년 9월까지 서울시내의 전산요금을 EDPS화했다. 즉 시내 전산요금의 EDPS화는 서울시내에서 매일 수만 매씩 발행되는 시외 및 국제 전신전화 발신증 처리를 전산화하는 것이었다. 체신부는 내외의 많은 반대를 무릅쓰고 전신전화 발신증 처리용 OCR시스템인 CDC OCR 936을 도입했다. 이 요금전산화 프로젝트의 성공은 나중에 전화 대량보급 시대의 견인차 역할을 했고 체신부에게 80년대 컴퓨터산업 정책의 주도권을 마련해 주는 계기가 됐다. 1974년 체신부는 전자계산소를 발족하고 미국 스페리사로부터 대형컴퓨터 유니백 1106을 도입해 가입자 전신전화요금의 전산화를 진행해 나갔다.

것은 1972년 국산컴퓨터 개발에 들어가는 시기부터였다. 1년여의 개발작업 끝에 1973년 2월 완성된 미니컴퓨터 '세종 1호'는 미국 데이터제너럴(DG)사의 미니컴퓨터 '노바01'을 개량해서 만든 국내 최초의 국산 '디지털 컴퓨터'였다. '세종 1호' 개발과정은 1972년의 국내외 정치적 상황과 밀접한 관계가 있다. 즉 '세종 1호' 개발은 처음부터 정치적 목적에서 이뤄졌다. '세종 1호' 개발프로젝트는 대통령 관저인 청와대측 인사에 의해 메모콜(Memo Call)이라는 암호명으로 불린 개발계획이 추진된 1972년 6월부터 시작됐다. 1972년 4월, 청와대 통신기술처장이 KIST측 컴퓨터관련 연구실장에게 다음과 같은 기술검토와 제품개발 가능성을 타진해 왔다고 한다(서현진, 1997).

> 청와대와 정부 주요기관간 전화통화 내용에 대해 미국 등 외국의 정보기관이나 기타 외부로부터의 도청 가능성을 사전에 차단할 수 있는 사설전자교환기(PABX: private automatic branch exchange) 개발이 가능한가? 여기에 주요 요인들과 신속하게 통화할 수 있으며, 통화 도중이라도 언제나 상위권 통화자가 통신상태를 제어할 수 있도록 하는 핫라인 기능은 필수적이다. 1973년 3월까지 개발이 가능하다면 연구개발비 명목으로 6,000만원을 제공하겠다.

청와대측의 PABX 제작 의도는 남북관계 개선을 위한 일련의 상호접촉이라는 정치적 배경을 관련시켜 볼 때 그 정치적 타당성을 획득하게 된다. 1971년 당시 중앙정보부장 이후락과 북한 박성철 부수상의 극비 남북 교환방문이 시작되고 7월 4일 남북공동성명과 8월의 남북적십자 예비회담 개최 등 긴박했던 정치적 상황과 관련된 것이었다. 이 과정에서 청와대와 중앙정보부간 초특급 핫라인을 개설하기 위해서는 PABX가 필요했던 것이다.

청와대가 요구한 PABX가 미국, 소련 등에서도 극히 일부 최고급기관에서만 사용되고 있는 시분할식 특수목적용 교환기라는 사실을 KIST측이 확인한 것은 개발주문이 있은 지 2개월이 경과한 시점이었다. 그 동안의 문헌조사 결과 내린 결론은 이 교환기 제작기술은 최첨단급에 속한다는 것이었다. 그렇지만 KIST측은 당시 컴퓨터업계에 나와 있는 DEC의 PDP-11시리즈나 DG의 노바 01시리즈 등 미니급 컴퓨터를 PABX 스템 제어용으로 활용하면 청와대가 요구한 사양을 맞출 수 있다는 기술적 판단을 내릴 수 있었다.

KIST측은 방식기기연구실(뒤에 전자공학부로 개칭) 실장을 중심으로 연구팀을 구성해 청와대측과 '메모콜' 개발프로젝트 계약을 체결했다.[59]

'메모콜' 개발프로젝트의 실질적인 기술내용은 전화교환기를 자동으로 제어해 주는 컴퓨터시스템 개발이었다. 즉 컴퓨터를 교환기로 사용할 수 있게 하는 제어용 소프트웨어 개발이 기술혁신의 핵심이었다. 그래서 이 소프트웨어를 개발할 수 있는 하드웨어 플랫폼, 즉 미니급 정도의 컴퓨터가 필요했다. 당시 성능이 좋다는 평가를 받았던 미니컴퓨터로는 DCE의 PDP 8/E가 최고수준이었지만 고객의 제품주문에서부터 제품인도까지 드는 시간이 4~5개월이나 걸리는 상태였다. 청와대가 직접 수입할 경우에는 제품도입이 쉽게 가능했으나, 이 프로젝트가 미국의 정보기관이나 다른 국내기관에 노출될 위험이 있어 전면에 나설 수 없었다. 기술개발에 기술 수요자의 정치적 조건이 개발기간 단축에 저해요인으로 작용하고 있었다.

1973년 3월까지라는 개발 시한에 쫓긴 KIST측은 PDP 8/E를 포기하고, 그 대신 당시 미국 DG가 일본에서 현지 생산하고 있는 노바 01을 도입하기로 하고 외무부의 협조를 통해 주문 1주일 만에 3대를 도입, 방식기기연구실에 설치했다. 개발된 제어용 소프트웨어는 노바 01 환경에서 모두 어셈블리어로 짜여졌다. 그 내용은 예컨대 다음과 같은 기능을 수행하기 위한 것이었다.

① 송신자의 번호뿐 아니라 발신자의 번호로도 전화를 걸 수 있는 기능.
② 우선순위 통화권리(우선권)를 갖는 상위권 통화자(상급자 또는 긴급을 요하는 통화자)가 하위권 통화자(하급자 또는 등급이 낮은 통화내용)의 회선을 제어 또는 일방적으로 차단할 수 있는 기능.
③ 우선권을 갖는 상위권자가 하위권에 의해 불필요하게 호출되는 상황

---

[59] 이 PABX 제어시스템 연구는 KIST 방식기기연구실 실장인 안병성을 팀장으로 하여 하드웨어의 디지털부문에 여재홍, 아날로그부문에 이주형, 소프트웨어부문에 천유식을 각 부문 책임자로 하는 전자교환 시스템팀(내부적으로는 '노바팀'으로 불렀다고 한다)으로 구성해 진행했다.

을 차단하기 위한 기능.
④ 최우선권을 갖는 상위권 통화자가 전국 어디서나 최대 50명까지 동시에 호출, 음성회의(컨퍼런스 콜, conference call)를 할 수 있는 기능.
⑤ 컨퍼런스 콜 도중 특정인하고만 통화가 필요할 경우 컨퍼런스 콜을 일시적으로 중단했다 재개할 수 있는 기능.
⑥ 단축다이얼 기능.
⑦ 피호출자가 1대 이상의 전화를 가졌거나 다른 곳에 있을 경우 피호출자가 있을 가능성이 높은 곳부터 차례로 연결시켜 주는 기능.

많은 시행착오 끝에 상기한 주요 7가지 기능을 구현하기 위한 소프트웨어가 KIST 전자교환시스템 자체 연구환경에서 개발됐다. 그러나 소프트웨어 개발에 사용됐던 노바 01은 교환제어를 위한 시분할 처리기능을 지원하지 못했다. 이 때문에 데이터를 생성하는 중앙스위치와 모뎀에 접속된 지역스위치를 시분할방식에 의해 '리얼타임'(real time)으로 제어해 줄 수 있는 기능이 내장된 새로운 사양의 하드웨어가 필요하게 됐다. 그리하여 최초의 국산컴퓨터인 '세종 1호'는 바로 노바 01의 하드웨어적인 한계를 극복하기 위해 개발됐던 것이다.

형식적 측면에서 '세종 1호'는 노바 01의 사양과 기능을 그대로 복제한 일종의 호환 컴퓨터였다. 즉 처리용량도 12KW(킬로워드)로서 표준사양의 노바 01기종과 같았고, 명령코드와 주소로 구성되는 인스트럭션(instruction)구조도 동일했다. 그러나 기능과 구조는 같지만 설계는 독자적인 것이었다. 세종 1호의 기술적 성과는 당시 미국 인텔사가 개발한 1KB DRAM을 사용해 처리속도를 크게 개선시킨 것이었다. 따라서 한국 최초의 디지털컴퓨터 개발은 정치적 선택에 따라 기술혁신의 '내용'과 '속도'가 형성됐던 것이다.

이 국산컴퓨터 '세종 1호'에 240회선을 지원하는 중앙스위치와 지역스위치 제어장치를 탑재한 PABX시스템 KIT-CCSS를 개발한 때는 청와대가 제시한 1973년 3월이었다. 그러나 청와대측은 KIT-CCSS가 신뢰성에 문제가 많다는 이유를 들어 KIST측과의 계약파기를 통지하고 연구개발비 6,000만 원을 지급하지 않았다. 그러나 신개발 시스템은 이미 발주자에게 납품한 상태였다. 그 대신 발주자인 청와대측은 KIST측에 이 신제품을 민간기업을 통해 상품화할 수 있는 허가권을 내주어 연구개발 의뢰와 연구개발비 미지급에 따른 약속위반으로 인한 불만 유발사태를 무마하도록 했다.

당시 국내 정보산업계는 기계식 교환기 생산에는 많은 연구개발 인력과 비용을 투자하는 등 여러 가지 공력을 들였지만, 컴퓨터를 이용한 최첨단 전자식 교환시스템에는 전혀 관심을 기울이지 않던 때였다. 이런 여건에서 KIST의 하드웨어 및 소프트웨어 개발능력을 인정한 미국의 GTE사가 KIT-CCSS의 상품화를 결정했다. GTE는 미화 50만 달러를 제공하면서 KIT-CCSS의 상용화 개발프로젝트를 새로 발주했다.60) 그리하여 1975년 초에 개발된 것이 KIST 500이었다. '세종 1호' 개발사실이 일반에 공개된 것은 KIST와 GTE의 공동프로젝트로 개발된 KIST 500의 발표가 계기가 됐다. GTE는 이 신개발 시스템과 '세종 1호' 등을 대량 생산하기 위해 1977년 2월 삼성그룹과 삼성GTE라는 합작회사를 설립했다. 삼성GTE는 1989년 삼성전자에 흡수합병된 삼성반도체통신의 전신이었다.

삼성반도체통신은 KIST 500을 GTK 500, 센티넬 500 등으로 개량하면서 1986년 ETRI와 이른바 전화교환기 4사(삼성반도체통신, 대우통신, 동양전자통신, 금성통신)가 공동 개발한 국산 전전자교환기 TDX-1 개발의 토대를 제공했다. 그리고 '세종 1호'도 1980년대 중반 삼성반도체통신이 국내 처음으로 독자 모델로 개발한 SSM시리즈 슈퍼마이크로 컴퓨터의 기술적 토대가 됐다.

기술개발의 '기대하지 않았던 결과'의 사례

▷ 전자전화교환기: KIT-CCSS(1973. 3) → KIST 500(1975. 2) → GTK 500, 센티넬 500 → TDX-1 개발의 토대제공(1986)

▷ 디지털컴퓨터: 세종 1호(1973. 3) → SSM 시리즈(1980년대 중반) → SSM 시리즈(1992. 5)

---

60) 이 KIT-CCSS프로젝트에는 고건, 김동규, 한영철 등이 소프트웨어 개발팀으로 참여했다.

'세종 1호' 개발로 고무돼 있던 국내업계에서는 그 3년여 뒤인 1976년 초 동양전산기술(OCE)이 국내 최초로 오리콤이라는 한글 배치터미널을 개발하게 됐다. 그러나 오리콤은 가격경쟁력에서 외국산에 뒤져 성공을 거두지 못했다.

기술국산화와 토착기술에 의한 디지털컴퓨터 개발시도는 연구기관에 의해서도 주도됐다. 1976년 말 설립된 KIET는 실제로 1979년 구미연구단지가 완공될 때까지 서울 사당동과 역삼동 임시사무실을 사용하는 어려움 속에서도 16비트 및 32비트 초소형(마이크로) 컴퓨터용 유닉스 운용체계 이식기술을 완성했고, 8비트 및 16비트 마이크로컴퓨터 개발에도 착수하는 등 양호한 출발을 보였다. 특히 컴퓨터 하드웨어(탁상용 전자계산기 또는 중형 전자계산기) 국산화부문에서 상당한 연구개발 의지를 내보였다.[61]

컴퓨터 하드웨어의 국산화추진 분위기는 바로 가전업계가 이룬 흑백TV 개발의 신화를 재창조하자는 것에서 발원하고 있었다. 당시 KIET에서는 이용태씨가 컴퓨터 국산화 개발작업을 사실상 선도하고 있었다. 그가 이 연구소에서 개발한 것이 국내 최초의 마이크로컴퓨터 HAN-8이다. 당시 KIET 출범배경과 컴퓨터 국산화 상황과 관련된 그의 회고를 들어 보자(이용태, 1981).

우리나라 전자공업은 연간 40~50%씩 성장하고 있었다. 이런 추세라면 1980년대에는 영국을 앞질러 세계 5위에 들어야 한다고 생각하였다.…… 그렇게 하려면 전자공업이 선진화되어야 하고 따라서 컴퓨터와 반도체를 만들어야 하는데 아직 민간기업들에서는 여건이 미성숙한 상태였다.……

그래서 정부차원에서 민간회사에 어떻게 도움을 줄 거냐 하는 것을 생각하게 된 것이다. 예컨대 생산 준비, 실험 준비, 개발시설을 완비하고 필요한 기술인력

---

61) 1970년대 당시 국내 전자산업 성장률은 매년 신장됐다. 예컨대 주력 수출품목이던 흑백TV는 1969년 이래 10년 가까이 연평균 39%라는 경이로운 신장률을 기록했다. 더욱이 흑백TV는 66년 부품 국산화율이 20%에 불과했으나, 69년 브라운관에 이어 1977년에는 브라운관 유리까지 국산화돼 외화가득률이 다른 것에 비해 상당히 높았다.

모두를 준비해 놓으면 민간기업에서 초기투자가 없이 곧바로 컴퓨터산업에 뛰어들 수 있지 않은가.……
　　바로 그 역할을 한국전자기술연구소가 하려는 것이었다.

　　기술개발의 불확실성을 제거하기 위해 정부출연 연구기관의 혁신체제 구축과 안정적인 자원동원 기반은 이와 같은 기술비전을 갖게 만들었다. 이용태는 또 HAN-8의 개발에 대해서도 당시 상공부의 입장이 무엇이었는가를 대변해 주고 있다(이용태, 1984).

　　HAN-8은 16비트인 HAN-16을 위한 준비단계 작품이었다. 미국에서는 이미 1978년경 8비트 마이크로컴퓨터가 시장에 나왔고 1982년에는 16비트, 86년경에는 32비트 제품이 완성될 것으로 보았다. 우리의 당면목표는 16비트 제품을 선진국과 동시에 세계시장에 내놓는 것이었다.

　　상공부가 KIST 컴퓨터 국산화 연구실을 KIET로 개편하려 했던 이유는 당시 컴퓨터 국산화와 생산에 적극적인 산업계의 개발분위기가 있었기 때문이다. 즉 삼성전자, 금성전기, 동양전산기술(두산컴퓨터 전신), 고려시스템산업(1992년 폐업) 등이 이런 요구와 압력의 분위기를 주도한 대표적인 기업이었다. 이들 가운데 삼성전자는 미국 휴렛팩커드와 제휴해 OEM방식의 미니컴퓨터 생산을 추진했고, 금성전기는 일본 NEC의 미니컴퓨터 생산을 계획 중이었다. 또 동양전산기술은 이미 1975년경부터 미국 DEC와 합작생산 체제에 돌입해 있었고, 고려시스템산업, 금호실업, 금성통신, 쌍용양회, 선경 등도 제각기 외국회사와 기술제휴 선을 물색하고 있었다.

(4) 기업수준의 컴퓨터 국산화 방향

　　국산 마이크로컴퓨터 개발과정은 모방과 복제로부터 독자개발로 비약하는 발전단계를 거쳐왔다. 미국의 '알테어'에서 애플 II에 이르는 마이크로컴퓨터 개발열풍은 1976년 국내에도 많은 자극과 영향을 끼쳤다. 한국판 '알테어'를 만들겠다는 프로젝트는 1976년 11월 금성전기 전산실과 KIST 수치제어연구실 공동으로 시작됐다. 금성전기측은 주로 자금을 제공하고 KIST측은 실질적인 연구개발 인력을 투입했다.[62]

1970년대 중반 이후 1980년대 초 국내기업의 컴퓨터 국산화 개발은 1970년대 분야별로 다양하게 진행됐던 것과 달리 대략 세 가지 방향으로 구체화돼 진행되고 있었다. 첫째, 동양전산기술(OCE) 등이 미국 디지털 이퀴프먼트(DEC)의 CPU보드 등 핵심부품을 들여와 미니컴퓨터를 조립·생산하는 방법이었다. 이를테면 DEC에서 공급받는 핵심부품에 국내에서 생산된 부품을 결합해 국산화 비율을 높여 나가는 방식이었다.

둘째는 금성전기 등이 중심이 돼 당시 미국에서 화제가 되고 있던 인텔사의 8080 마이크로프로세서를 들여와 8비트 마이크로컴퓨터 또는 마이크로프로세서 내장 주변기기를 개발·생산하는 일이었다. 마이크로컴퓨터 생산은 1970년대 후반 KIET, 1980년대 초 삼보컴퓨터로 이어지면서 현재 마이크로프로세서를 장착한 PC산업을 발전시키는 기반이 됐다.

셋째는 중대형 컴퓨터용 CRT단말기를 한글화하는 개발작업이었다. 이 셋째 흐름이 1980년대 초반 컴퓨터 국산화 움직임과 여러 가지로 관련을 맺고 있었다. 한글정보가 단말기 화면에 표시될 때 자모 모아쓰기 형태로 단번에 글자가 나타나는 기술이 개발된 시기가 이때였다. 한글 CRT단말기 개발은 한국 컴퓨터 이용률을 폭발적으로 증대시키는 요인이 됐고 컴퓨터 한글 처리기술 발달의 토대가 됐다. 이를 하나씩 살펴보자.

① OCE의 미니컴퓨터 국산화작업은 상당히 벤처자본의 성격을 띨 뿐 아니라 당시로서는 획기적인 것이었다. 당시 동양전산기술은 DEC측과 두 종류의 거래를 하고 있었다. 그 하나는 당시 세계적으로 가장 인기가 있던 미니컴퓨터 PDP 8, PDP 11 등 PDP시리즈를 국내에 공급하는 총대리점 역할이었고, 또 다른 하나는 PDP시리즈를 국내에서 직접 조립·생산해 자기 상표

---

62) 이 마이크로컴퓨터 개발프로젝트에 참여한 인사로는 KIST측에서 구지회, 이만재 등 20~30대 소장 연구자였고, 금성전기측에서는 유황빈 등이 가세했다.

로 공급키로 한 일이었다. 당시 국내 최고의 컴퓨터 기술자들이 집결돼 있던 OCE의 DEC 총판사업 실적은 매우 탁월한 것이었다. 즉 OCE는 1970년 중반에서 70년대 말까지 한국IBM에 이어 국내에서 두번째로 많은 공급실적을 나타내 이를 입증하고 있었다.

OCE가 PDP 11을 조립·생산하기로 결정한 것은 이런 판매실적에서 얻어진 자신감의 발로였다. OCE는 사업 초기에 주요부품을 모두 DEC 등 미국에서 조달해 PDP 11을 조립·생산할 계획이었다. 예컨대 DEC사의 PDP 11용 CPU 보드장치, 메모렉스사의 디스크장치, 컨트롤데이터사의 CRT단말기, 데이터프로덕츠사의 프린터, 도큐멘테이션사의 카드판독기 등을 각각 별도로 구입해 이를 완제품으로 조립해 내는 일종의 OEM방식을 채택하고자 했던 것이다.[63] 1976년 처음 조립·생산된 오리콤 540은 기억용량에 따라 32-292KB까지 모델이 다양했다. 오리콤 540은 동양나이론과 인하대학교 등에 납품됐다.[64]

이들이 OCE에서 추진한 컴퓨터 국산화의 목표는 장기적이고 체계적인 것으로 알려졌다. 이들은 하드웨어와 소프트웨어라는 컴퓨터의 양대 구성요소별로 단계적 접근을 하고 있었다. 예를 들어 하드웨어의 경우 기기 단위 OEM→부품단위 OEM→부품생산을 거쳐 완전 국산화를 달성한다는 것이었다. 소프트웨어 분야에서는 응용프로그램 개발→응용프로그램 패키지화→운용체계 개발을 달성한다는 계획도 수립했다.

OCE의 미니컴퓨터 중장기 국산화 추진계획은 첫 개발품목인 오리콤 540 시리즈가 동급 외국산 기종에 비해 가격경쟁력에서 현저한 열세를 면치 못하면서 1년도 넘기지 못하고 위기를 맞게 됐다. 더욱이 개발자금을 투자했

---

63) 자기 상표는 회사의 영문명칭인 Oriental Computer Engineering에서 딴 오리콤(ORICOM)으로 정했다.

64) 오리콤 540 개발 당시 OCE에는 이윤기(전 엘렉스컴퓨터 대표), 권순덕(한맥소프트웨어 대표), 김천사(두산정보통신 대표), 김병각(한국디지탈 전무), 김주현(삼성전자 전무), 김영한(하이테크리서치 소장), 김영식(엘렉스컴퓨터 대표), 최규대, 이정희(삼보컴퓨터 대표), 김의현 등 20~30대 소장 엔지니어들이 개발에 참여했다.

던 오리콤 540의 판매가 부진하게 되면서 사세가 기울어 회사 경영권이 1980년을 전후해 서서히 두산그룹으로 넘어가 이 '야심에 찬' 도전적 개발 프로젝트 자체가 성취되지 못했다.

그러나 이 OCE의 개발 프로젝트에 대한 시행착오는 다른 기업의 개발에 시금석이 돼 1970년대 후반에 삼성전자와 금성사가 각각 미국의 휴렛팩커드와 하니웰 기종을, 효성그룹의 동양나이론이 일본의 히타치 기종을 각각 국내에 조립·생산키로 하는 결정을 이끌어 내는 데 여러 가지로 영향을 주었다.

② 금성전기가 미니컴퓨터보다 한 단계 아래인 마이크로컴퓨터나 프린터 등 주변장치의 국산화를 시도했던 것도 OCE의 오리콤 540 개발과정에서 일정한 기술적 자극과 영향을 받은 결과라고 할 수 있다. 금성전기(현재는 LG전자와 LG산전 등으로 분산 합병됨)는 1976년 11월부터 77년 7월까지 KIST 수치제어연구실과 공동으로 국내 최초의 마이크로컴퓨터와 잉크젯프린터로 기록되고 있는 GS COM80A와 GS JET1200 개발에 성공했다.

금성전기와 KIST가 공동 개발한 GS COM80A의 중앙처리장치(CPU: central process unit)에는 미국의 인텔사가 1975년에 개발한 8비트용 8080 마이크로프로세서가 탑재됐다.[65] 더 정확하게는 8080 계열로서 인텔사가 1976년에 발표한 8080A를 CPU로 탑재했다.[66] 또한 GS JET1200 프린터 제어에는 모토롤

---

[65] 미국의 벤처기업 Intel이 세계 최초의 마이크로프로세서 4004를 개발한 것은 1971년이었다. 4004는 외부와 데이터를 주고받는 버스 단위가 4비트로서 현재의 64비트 펜티엄 마이크로프로세서와 단순 비교해 보면 그 단위가 16배나 적은 것이다. 4004는 1970년대 후반의 마이크로컴퓨터, 즉 PC혁명의 발단이 된 8088 마이크로프로세서의 조부격이 되는 제품이다. 4004가 8088로 가기 전에 거쳤던 단계가 바로 8088이다. 미국에서 8080 또는 그 계열 마이크로프로세서를 컴퓨터 중앙처리장치로 채택한 마이크로컴퓨터가 출현한 것은 1975년 MITS(Micro Instrumentation and Telemetry Systems)라는 소기업에서였다(Anderson and Sullivan, 1988).

[66] 8080A는 64KB의 메모리를 지원할 수 있었고 8080보다 약간 작은 4,000개의 트랜지스터 집적도를 가지고 있었다. 클록 속도는 2MHz였다. 주기억용량은 8KB였고 사이클 주기는 500ns(나노초)가 되는 램(RAM)이 기억장치로 사용됐다. 8KB의 주

러의 6800마이크로프로세서 기술이 채용됐다. 그리하여 마이크로프로세서가 컴퓨터 CPU나 주변기기 제어에 국내에서는 처음으로 채택된 것이었다.

그리고 GS COM80A는 국내 처음으로 디스크 오퍼레이팅 시스템, 즉 도스(DOS) 운용체계를 채용한 컴퓨터였다. 이때 사용된 도스는 MS-DOS의 원조격인 미국 디지털리서치사(1992년 노벨사에 합병됨)가 1976년에 개발한 CP/M80이었다. GS COM80A는 응용프로그램 개발언어로 포트란이나 코볼이 아닌 알테어용 베이식(BASIC)이 처음 사용됐다.

CP/M-80의 주요명령어는 에디터, 어셈블러, 어사인, 리스트(editor, assembler, assign, list, sysgen, ddt, pip, basic etc.) 등으로 1981년에 발표된 MS-DOS 1.0에 그대로 채용됐거나 많은 영향을 준 것들이었다. 베이식은 당시까지 주력 프로그램언어였던 포트란이나 코볼 등을 능가하는 고급언어로서 과학기술 및 일반사무용 응용프로그램 작성에 탁월한 성능을 발휘할 수 있다는 점이 특징으로 인정됐다.

GS COM80A에 채택된 데이터버스는 미국에서 8080용으로 설계돼 인기가 높았던 S-100버스였다. S-100버스는 100개의 유니버설형 버스와 22개의 슬롯(장치연결구)을 가지고 있었다. GS COM80A가 순수 국내 기술진에 의해 제작됐다는 의미는 바로 이 S-100버스에 마이크로프로세서, 기억장치 등 핵심부품과 각종 입출력장치 등을 논리적으로 배열시켰다는 데 있다. 즉 금성전기와 KIST 공동개발팀은 핵심부품의 배열을 독자적으로 설계해낸 것이다.

1977년 7월 6일 서울역 맞은편 럭키빌딩 종합전시장에서는 GS COM80A 와 GS JET1200 잉크젯프린터 및 한글지원 GSM 2000 도트매트릭스 프린터 등 3종의 국산컴퓨터 발표회가 열렸다. 당시 중앙 일간지들은 금성전기가 발표한 3종의 컴퓨터 신제품에 대해 "일반사무용, 교육 및 과학기술용, 전자통신 및 산업기계 제어용, 중대형 컴퓨터의 지능형 단말기용 등 그 용도가 무한해 국산컴퓨터 개발역사에 획기적인 전환점을 이루게 됐다"고 보도했

기억용량은 당시 DEC나 HP의 미니컴퓨터 기종들이 주로 16~32KB를 채용하고 있었다는 점에서 비교적 많은 용량을 가진 것이었다.

다. 즉 이날 전시에는 용도 및 주변장치의 구성에 따라 일반사무용, 교육 및 과학기술용, 중대형 컴퓨터 단말기용, 계측제어용 등 4종류의 모델로 나눠져 있었다. 일반사무용은 다양한 주변장치를 접속할 수 있어 관공서, 일반 기업체 등에 설치할 수 있도록 한 모델로서 플로피디스크 드라이브와 카세트테이프 리코더를 보조기억 장치로 사용할 수 있었다. 대학생과 대학원생을 주된 사용자층으로 한 과학기술용 모델은 베이식 언어를 얹어 과학기술계산을 쉽게 처리할 수 있도록 한 것이 특징이었다. 모뎀을 내장한 단말기용 모델은 스탠드 얼론 기능을 가지면서 중대형 컴퓨터에 접속되면 배치터미널로도 사용이 가능한 인텔리전트형 컴퓨터였다. 계측제어용 모델은 관련 인터페이스 장치를 부착해 공작기계, 전자통신, 의료기기, 측정기의 컨트롤러로 사용할 수 있었다.

또한 이와 함께 개발된 잉크젯 방식의 GSJET-1200 프린터 역시 8080시리즈는 아니었지만 제어장치로서 별도의 마이크로프로세서를 장착하고 있었다. 마이크로프로세서의 내장은 이 프린터가 어떤 컴퓨터에도 온라인으로 연결될 수 있음을 의미하는 것이었다. 마이크로프로세서를 장착한 마이크로컴퓨터나 주변장치의 개발은 마이크로프로세서의 전성시대를 예고하는 것이었다.

그러나 이 개발품은 국내시장에서 사회적으로 선택되지 못했다. 이 혁신품은 순수 국내기술진에 의해 개발된 최초의 국산 마이크로컴퓨터였고 장차 마이크로프로세서 전성시대를 예고해 국내외의 관심이 집중된 성대한 발표행사까지 개최했지만 경험부족으로 실전배치나 상업화에는 실패했다. 왜 첨단 기술력을 가진 선택된 제품이 시장에서 선택받지 못하게 됐을까?

그 이유는 다른 무엇보다도 대형 컴퓨터 공급회사들의 평가가 매우 부정적이어서 시장형성이나 진입을 차단했기 때문이다. 1970년대 후반 IBM, 스페리랜드, 컨트롤데이터 등 기업 관계자들이나 주변 인사들의 기고문을 검토해 보면 마이크로프로세서나 마이크로컴퓨터를 대형 컴퓨터의 경쟁자로서보다는 새로운 단위부품으로 간주하고 있었다. 그러나 시장상황과 경제여건이라는 현실의 역사는 이와는 정반대의 방향으로 움직이고 있었다.

③ 1978년 당시 컴퓨터 국산화 시도는 단말기에도 적용됐다. 당시 업계에서 가장 활발했던 모아쓰기 한글 CRT단말기 개발경쟁은 1978년부터 삼성전자와 금성사 등이 주도했다. CRT단말기란 음극선관(cathode ray tube)을 이용해 컴퓨터 처리결과를 화면에 출력하는 장치로 최근까지도 중대형 컴퓨터용 단말기로 가장 많이 사용됐다. 이 단말기는 자체에 처리장치를 갖지 않는 대신 키보드를 통해 주컴퓨터에 명령어를 보내고 그 처리결과를 화면으로 출력해 주는 역할을 했다. 중대형 컴퓨터는 보통 수십 대에서 수백 대의 CRT단말기를 접속해 사용자들이 주컴퓨터의 자원을 시분할(time sharing)방식으로 공유할 수 있었다.

CRT단말기의 한글화는 호스트 컴퓨터에서 불러오는 정보를 CRT화면에 한글로 표시하는 것이었다. 첫째, 그 이전에 상품화된 CRT단말기로는 IBM, 컨트롤데이터 등에서 개발된 것들이 있었다. 그러나 이들 단말기에서 출력된 한글정보는 한글자모 한자에 영문 알파벳 한 자를 대응해 처리하는 방식이었다. 따라서 '많'이나 '옳'처럼 복자음 받침이 오는 한글 한 자를 표현할 경우에는 영문 알파벳 네 자를 한꺼번에 묶어 복잡하게 처리할 수밖에 없었다. 이 때문에 글자는 화면상에 자모단위로 출력돼 영문출력에 비해 처리속도가 크게 떨어졌고 인자 품위도 저열했다.

둘째, 이런 한계와 단점을 극복해 삼성전자는 1978년 3월 17일 국내 최초로 한글 모아쓰기 CRT단말기를 개발했다고 발표했다. 삼성전자는 당시 판매에 호조를 보이고 있는 휴렛팩커드의 미니컴퓨터 기종 HP 3000에 접속해 사용할 수 있는 한글 모아쓰기 CRT단말기 ST 101을 동방생명 빌딩(현 삼성생명 빌딩)에서 발표했다.

셋째, 코트로닉스사도 1978년 7월 당시 미국 미주리대학 교수였던 김현영의 도움으로 두번째 모아쓰기 한글 CRT단말기를 개발했다. 코트로닉스사 개발의 특징으로는 모아쓰기용 한글문자 생성기 프로그램을 롬(ROM)에 내장함으로써 시스템 안정성이 탁월하다는 점이었다. 또한 롬 속에는 초성 3벌과 중성 2벌 및 1벌의 종성이 들어 있어 인자의 품위를 제고했다는 평가를 받았다.

넷째, 국내외에서 1978년 10월에는 금성사가 컴퓨터사업부 출범과 함께 모아쓰기 한글 CRT단말기 GDT 9720의 개발에 성공했다. GDT 9720은 최초로 자음과 모음만의 2벌식으로 키보드자판을 지원한 한글 CRT단말기였다.

이와 같은 모아쓰기용 한글 CRT단말기의 개발은 한글처리를 소프트웨어적으로 구현한 결과였다. 한글 모아쓰기 처리프로그램을 개발해 호스트 컴퓨터의 기억장치에 설치하거나 롬 반도체에 구워 본체에 내장함으로써 가능했던 것이다.

다섯째, 이미 한글처리 기술은 1980년대 중반에 등장한 '청계천 한글카드' 등 일반컴퓨터의 한글처리용 확장카드 개발기술로 이어졌다. 이 기술은 나중에 워드프로세서 등 한글 소프트웨어 개발에 큰 영향을 미쳤다. 더욱이 주민등록 조회나 영수증 발행 등 공공기관의 행정전산화 도입시기를 앞당기는 데도 많은 역할을 했다. 이와 같이 한글 CRT단말기 개발은 여러 경로로 진행돼 왔다.

1980년대 초반 컴퓨터와 주변기기 국산화 추진업계는 정부의 강력한 국산화 시책에 힘입어 CRT와 모뎀 등 우선 접근 가능한 분야부터 개발에 착수해 이때부터 '국산 고유모델의 개발'이라는 신조어를 산업계에 유행하게 만들었다. 대표적인 기업으로는 오리콤(동양전산기술의 후신), 삼성전자, 금성반도체, 동양정밀, 삼성전관 등이었다. 이들은 1970년대 말까지의 모방단계에서 벗어나, 정부시책을 토대로 선진 원천기술을 국산화하겠다는 프로젝트 목표를 설정하고 기업의 개발총력을 투입했다.

한국에서 PC라는 말이 처음 사용되기 시작한 것은 81년 말경이었다.[67]

---

[67] PC라는 용어가 국내에 보급·전파된 것은 1981년 가을 미국 라스베가스 컴덱스쇼에서 발표된 IBM PC 관련기사를 *Newsweek*나 *Time* 같은 주간지 또는 *New York Times* 등 유력한 언론매체들이 대서 특필해 소개했기 때문이다. IBM PC는 인텔의 8비트 마이크로프로세서 8080A를 CPU로, 마이크로소프트사의 MS-DOS 1.0을 운용체계로 탑재한 것이다. 오늘날 PC는 대부분 이 IBM PC의 아키텍처를 따르고 있고 실제로 소프트웨어적인 호환기능이 제공된다. 이것과 호환이 가능한 PC를 IBM 호환PC라 부르는 것은 바로 이 때문이다.

1980년대 초반 국내에서 PC라 불리던 컴퓨터는 ① 미국 애플사의 애플 시리즈와 ② 탠디(Tandy)의 TRS 80, ③ 일본의 아스키와 마이크로소프트사가 공동 개발한 MSX 시리즈, ④ 미국 오스본 등의 오스본, 그리고 ⑤ 한국의 삼보전자가 1982년 국내에서 처음으로 개발했다고 발표한 SE 8001 등이었다. 금성전기의 GS COM80A의 상업화 실패 이후 1981년 개발돼 사업화에 성공한 삼보전자엔지니어링(현 삼보컴퓨터)의 SE 8001은 국내에서 본격적으로 생산하게 된 마이크로컴퓨터였다. 이들 마이크로컴퓨터는 인텔의 8080A, 모토롤러의 M6800A, 자일로그의 Z-80, 페어차일드의 F-8과 같은 8비트 마이크로프로세서가 CPU로 장착돼 있었고 주기억장치로는 32~648 정도의 램이 사용됐다.[68]

PC의 국내공급은 유일하게 국산제품을 생산하고 있던 삼보전자를 비롯해 애플의 국내 총대리점인 한국소프트웨어(뒤에 삼보컴퓨터에 흡수됨)와 국내 최초의 바이트숍(byte shop) 방식의 공급체계를 지향했던 엘렉스(뒤에 한국소프트웨어와 함께 삼보컴퓨터에 흡수) 등이 중심적 위치를 점했다. 엘렉스가 도입한 바이트숍은 많은 개발 및 지원인력 체제가 필요한 기존의 메인프레임 공급방식과 달리 가전제품처럼 거리의 상점에서 컴퓨터를 판매하는 마케팅 방식으로 상당한 대중성을 함의하고 있었다.[69]

---

[68] 한국에서 '마이크로컴퓨터'라는 용어는 두 가지 의미로 해석됐다. 하나는 인텔이나 모토롤러의 마이크로프로세서를 CPU로 채용했다는 것이었다. 다른 하나는 컴퓨터 성능이나 용량의 크기를 나타내는 등급의 한 단위를 의미했다. 당시 통용되던 컴퓨터의 등급에는 대형(메인프레임), 중형, 소형, 미니컴퓨터 같은 것이 있었는데, 마이크로컴퓨터는 미니컴퓨터 다음으로 최하위 기종을 뜻했고 우리말로는 초소형으로 옮겨졌다. 1980년 11월 과학기술처의 "전자계산조직 도입 승인기준"을 보면 등급별 기종을 판매가격(FOB)으로 구분했는데 대형은 미화 70만 달러 이상, 중형은 30만 달러 이상, 소형은 10만 달러 이상, 미니컴퓨터는 2만 달러 이상, 마이크로 컴퓨터는 2만 달러 미만의 컴퓨터로 정의했다. 마이크로컴퓨터 또는 PC는 애플 등 외국제품이 300-400만 원을 호가해 1990년대 중반의 펜티엄급 PC보다 훨씬 고가였고, 국산인 삼보전자의 SE 8001도 250만 원을 상회했다. 그래서 일반인보다는 공무원, 교수나 연구원 등 특수계층이 주된 사용자였다.

삼보전자와 엘렉스 외에 PC공급에 참여한 업체들은 초창기 서울시 중구 청계천 컴퓨터상가를 개발·조성해 낸 희망전자, 홍익컴퓨터, 로얄컴퓨터, 에이스컴퓨터, 골든벨, 한국마이컴, 브레인컴퓨터, 석영전자 등 이른바 조립 PC 제1세대들이었다. 이들은 오디오 조립키트가 주류를 이루던 청계천 전자상가 3층에 바이트숍 형태의 소규모 점포를 확보하고 모터롤라사의 M6800A나 자일로그사의 Z-80 기반의 본체만을 조립해 저가로 공급함으로써 새로운 사용자층으로 부상하고 있던 학생층에 상당한 인기를 끌었다.

이들 1세대 조립업체가 공급한 제품은 주로 M6800A 기반의 애플 II 복제품이었다. 이들은 마이크로프로세서, 주기판, 플로피디스크 드라이브, 카세트 리코더, 입출력용 인터페이스, 모니터 등을 대만 등에서 개별적으로 구입해 지적 재산권이 엄연히 적용됨에도 불구하고 그대로 복제·제품화해 공급했다. 이들은 주식회사 형태를 취하기는 했으나 자본금 1천만 원 미만에 종업원도 3~4명 수준인 초미니기업들로 구성돼 사실상 점포단위의 개인 기업 수준이었다. 무엇보다도 이들 기업이 매우 영세한 수준의 규모를 벗어나지 못한 가장 큰 이유는 PC 가격이 워낙 고가여서 시장수준의 수요가 형성되지 못했기 때문이다.

1982년까지 국내에 공급된 PC는 도합 1천여 대 미만이었다. 중대형 컴퓨터를 외국에서 도입해 국내에 공급하던 삼성전자, 금성사, 대한전선 등 대기업이 PC시장에 개입하지 못한 것도 바로 이런 시장규모의 영세성 때문이었다. 또한 이때는 미국시장에서 PC 경쟁모델의 수와 신규 진입자수가 절정에 이룬 시기였다. 미국에서는 1982~83년 사이에 약 18개의 기업이 125개의 신규 PC모델을 출시했다(Modis and Debecker, 1988: 267-278).

⑸ 신흥 벤처기업의 형성

1980년대 초에는 다양한 마이크로컴퓨터 제품이 있었고 10여 개 컴퓨터

---

69) 1975년 미국에서 처음 나타난 바이트숍은 1977년에 출범한 라디오샵이나 컴퓨터랜드와 같은 프랜차이즈(연쇄점) 형태로 발전했고, 1980년대에 들어서는 PC산업의 폭발적 확대에 지대한 보급거점의 역할을 다했다.

회사가 세계 컴퓨터시장을 과점하고 있었다(Campbell-Kelly and Aspray, 1996).[70] 당시 국내에는 ① 수입컴퓨터인 IBM PC, ② Apple II, ③ MSX 시리즈와 ④ 국내기업의 교육용 국산컴퓨터 등 4가지 흐름이 컴퓨터시장을 주도하고 있었다. 이들의 판매경합은 수요자이면서 제품 구매자인 정부에 의해 사실상 결정됐다. 이런 1980년대 초반의 국내외 기술환경에서 수십 개의 기업이 국산컴퓨터 개발과 제조라는 미명하에 컴퓨터사업에 진입하는 상황에서 국내기업의 사업목표는 다음과 같았다. 첫째, 대규모 개발비와 기반기술이 요구되는 독자기종의 선택보다는 호환기 개발과 제조를 선호했다. 둘째, 이들은 호환기종의 생산을 앞두고 제품의 장래성과 채산성을 타산했다. 그 기술적 검토대상은 크게 ① 국산 교육용컴퓨터 계열, ② 애플컴퓨터의 애플 II 계열, ③ IBM의 IBM PC/XT 계열, ④ 미국 마이크로소프트와 일본 아스키사가 규격을 공동 설계한 MSX 계열 등 네 가지로 압축되고 있었다.

① 국산 교육용컴퓨터 계열은 국내 5개 사가 생산·납품하기로 한 기종이었으나, 회사마다 하드웨어 규격이 상이하고 설계사상도 1970년대의 마이크로컴퓨터 개념을 도입한 것이어서 엄밀하게는 호환PC라고 부를 수 없는 것이었다. 그러나 이 계열이 한국 정보산업계의 몫으로 정부의 구매 검토대상에 포함된 이유는 교육용컴퓨터 개발과 생산계획 자체가 컴퓨터산업을 부양하기 위한 국책프로젝트(national project)였기 때문이다.

② 1970년대 말 이후 '애플 신화'를 창조해 낸 애플 컴퓨터 계열은 초창기에 국내에서 삼보컴퓨터 등 전문업체들이 가세했지만, 청계천 세운상가 등지의 50여 개 중소기업에 의해 생산·보급됐다. 특히 애플 II 계열은 패키지화된 DOS 운용체계와 모토롤러 6800 같은 마이크로프로세서를 채택하는 등 세련된 규격을 구현해 설계기술 면에서 국산 교육용컴퓨터보다 2~3년 정도 진일보한 기술격차를 보인다는 평가를 받았다. 중소업체가 부품조립만으로 복제가 가능했던 이유도 세련된 규격감각이 있었기 때문이다.

③ IBM은 애플 II의 기술적 성공에 자극받아 1981년에 IBM PC 5150을 발

---

70) 애플, 탠디, IBM, 오스본, 쿠퍼티노, 코모도어, 아타리, 타이멕스 등.

표했고, 이를 16비트로 업그레이드해 1982년에 IBM PC/XT를 발표했다.[71] 1983년 말을 전후해 IBM PC/XT 호환기 사업에 진입하게 된 업체는 바로 그 해에 창업한 신생기업 현대전자를 비롯해 금성사, 삼보컴퓨터, 삼성전자, 대우전자, 스포트라이트컴퓨터(한국상역의 자회사) 등 10여 개 사에 달했다(삼성전자, 1989). 이런 업체의 사업참여는 미국의 IBM 호환기 업체들과 기술제휴를 통해 가능했다. 그 주요 제휴관계를 보면 현대전자·미시우스, 금성사·OSM, 삼보컴퓨터·PCPI, 스포트라이트·MDS, 삼성전자·컴팩 등이었다. 이 제휴회사 가운데 컴팩을 제외하면 대부분 직원 수십여 명 내외의 무명 벤처기업들이었지만 국내에서는 '상당한 업체'로 알려졌다. 그리고 명목상 기술제휴였지만 실제로는 미국기업이 설계한 제품을 국내에서 조립·생산하는 수준이었다. 국내기업이 생산한 PC는 기술제휴 회사의 상표를 부착해 대부분 미국으로 수출됐다.

〈표 3-7〉 1980년대 초반 한국 컴퓨터개발의 4대 흐름

컴퓨터 기종	관련 기업명	제휴선
국산 교육용 PC(8 bit)	금성, 동양나일론, 삼성전자, 한국상역, 삼보컴퓨터	NEC, 코모도, 샤프, TRS, 애플
IBM PC/XT (16 bit)	현대전자, 금성사, 삼보컴퓨터, 스포트라이트컴퓨터, 삼성전자, 대우전자 등 10개사	미시우스, OSM, PCPI, MDS, 컴팩 등
Apple II(16 bit)	삼보컴퓨터, 청계천 세운상가 중소기업 50개사	애플 제품복제
MSX(16 bit)	금성사, 삼성전자, 대우전자, 큐닉스	MS+ASCII

---

71) IBM PC/XT라는 바로 이 기종 발표 이후 마이크로컴퓨터는 일반인들에게 PC로 광범위하게 수용되기 시작했다. IBM PC/XT는 8비트 애플 II보다 한 차원 상위의 기종으로 마이크로소프트의 PC-DOS(MS-DOS) 운용체계와 인텔의 8086마이크로프로세서를 탑재하고 있었다. 따라서 설계가 정교하고 호환성과 확장성이 탁월하다는 평가를 받게 됐다. 이 IBM PC/XT의 기술적 성공과 기술표준의 개방으로 컴팩, 델, 제니스 등 미국 내에서만 수백여 개의 호환 전산기 제조업체가 등장했다.

실제로 IBM 호환 PC생산은 처음부터 내수시장보다는 수출을 내다보고 시작된 사업이었다. 이에 비해 한국계 미국기업 텔레비디오의 황규빈 회장은 구로공단에 세계적 규모의 컴퓨터 CRT터미널 공장시설을 갖추고 1억 달러 이상의 제품을 수출했다.[72]

④ 중소기업은 애플 II를, 전문업체와 대기업은 IBM 호환기종[73]을 선택해 PC산업이 양분되는 판세에 등장한 것이 MSX 계열이었다. MSX는 1983년 6월 미국 마이크로소프트와 일본 아스키(ASCII)가 공동 주창해 제정한 표준규격에 따라 생산된 일종의 '주인 없는' 공개된 PC였다. 본체, 키보드, 화면, 주변장치 인터페이스 등 주요 네 부분으로 구성된 점에서는 다른 PC와 대동소이한 것으로 표준규격이란 바로 이 네 개 부분의 구성을 정의하는 것이었다. 그러나 MSX는 다른 PC와 다른 두 가지 특성을 가지고 있었다.

첫째, 기존 PC와 달리 소프트웨어 호환성을 전제하고 설계됐다는 점이다. 이것은 생산회사는 상이해도 하드웨어 규격만 지켜진다면 얼마든지 소프트웨어 호환성을 유지할 수 있다는 것을 의미했다. 예를 들어 플로피디스크의 경우 디스크 형식만 표준에 부합한다면 어느 회사의 것을 사용해도 문제가 되지 않는 것이다.

둘째, IBM이나 애플과 달리 마이크로소프트와 아스키가 MSX 규격에 대한 지적 재산권을 행사하지 않고, 이에 맞춰 직접 생산하지도 않으면서 그 사양을 업계에 공개(open architecture)했다는 점이다. 누구든지 원한다면 같은 제품을 생산할 수 있게 한 것이다.[74]

---

72) 1983년 한 해 동안 텔레비디오, 동양나이론, 동양정밀, 한국상역 등 국내기업들이 CRT터미널 분야에서 2억 달러의 수출액을 기록하기도 했다.

73) IBM은 하드웨어 설계공시(open architecture)를 통해 기술의 표준화를 시도했고 이 공개된 IBM의 ROM BIOS를 컴팩사에서 역설계(reverse engineering)해 미국 최대 매출규모의 PC 공급업을 시작했다.

74) 마이크로소프트와 아스키가 MSX규격을 공개한 것은 처음부터 하드웨어에는 경제적 이해관계를 갖지 않겠다는 이유 때문이었다. 그보다는 어떤 MSX기종에서도 실행할 수 있는 소프트웨어를 개발·공급하겠다는 것이 이 두 기업의 기본전략이

미국과 일본에서 MSX 확산열기에 자극받아 한국에서는 1983년 11월 금성사, 삼성전자, 대우전자 등 가전 3사가 컴퓨터업계에 신규로 진입했다. 일본의 MSX 생산업체들이 산요, 마쓰시타(내셔널), 미쓰비시, 소니, 야마하 등 가전업체였던 것처럼 국내 가전 3사의 참여결정은 자연스런 추이의 반영이었다.75) 새로운 개념의 컴퓨터 확산이 주효하게 된 것처럼 보이자 여기에 가전 3사의 관심이 집중됐고, 그 첫번째로 대우전자가 스탠포드대 박사 출신의 안경수를 본부장으로 하여 전격적으로 컴퓨터사업부를 신설했다. 여기에 1983년 초 매출액 5천만 달러의 마이크로소프트와 기술제휴 겸 에이전트 계약을 체결한 큐닉스 사장이던 이범천은 중개역의 기능을 해 주었다.76) 1983년 말 마이크로소프트와의 라이선스계약을 앞두고 가전 3사들이 기업 내·외부에서 '가능하다'는 긍정론과 "자체 기술개발 경험부족으로 실패할 것"이라는 비관론의 대두와 같이 의견이 대립되고 있을 때 이범천은 다음과 같이 주장했다.

국내 PC시장이 그 동안 복제 위주로 형성되어 제자리 걸음마를 해 왔다면 MSX사업은 컴퓨터 대량생산 체제와 소프트웨어 분야의 고도화 등 산업 전반에

었다. 마이크로소프트에서는 이미 IBM PC용으로 개발한 베이직, C언어, 코볼, 멀티플랜, PC-DOS 등 패키지들을 MSX버전으로 수정해 놓았다. 이런 전략은 주효해 표준규격 발표 3개월 만에 미국과 일본에서 50여 개의 하드웨어 업체가 MSX제품을 생산해 시판에 돌입, MSX는 급속도로 확산됐다.

75) 애플 II와 IBM PC/XT가 양분해 버린 컴퓨터시장에 후발기종인 MSX를 조기 진입시키기 위해 마이크로소프트와 아스키는 마케팅전략의 하나로 이른바 '가정용 컴퓨터'라는 개념을 도입했다. MSX는 사무실의 생산성향상 도구가 아니라 가정에서의 취미 오락용이거나 가사 보조용으로 부각시킨다는 것이다. 즉 컴퓨터라는 발명품은 이제 새로운 용도발명(use invention)의 단계에 진입한 것이다. 제품에 대한 명칭도 애플과 IBM이 '개인용 컴퓨터'라고 명명했던 것과 차별화해 '가정용'이라는 '홈퍼스널컴퓨터'라는 별칭을 선호했다.
76) 이범천은 한국과학원 박사 출신의 벤처 사업가로 나중에 한국마이크로소프트 대표, 큐닉스컴퓨터 회장을 역임했다.

엄청난 변화를 가져올 것으로 자신한다. 또 사용자에게는 저렴하고 편리한 컴퓨터 환경이 마련되는 것이다. 일본에서 20여 개 기업이 뛰어들고 있는 것은 유럽과 미국시장을 겨냥하고 있기 때문이다. 우리도 소프트웨어가 충분하고 대량생산 체제만 갖춰진다면 수출을 통해 산업규모를 얼마든지 키울 수 있다고 본다.

이런 이범천과 큐닉스의 주장이 주효해 그 해 11월에 가전 3사는 '가능하다'는 결론을 내렸고 4개월 후부터 완제품이 출하되기 시작했다. MSX의 성공은 IBM 호환 PC시장의 기세를 일시적으로 잠재우는 듯했고, 1988년 체신부의 제2차 교육용 PC기종 선정 때까지 4년 동안 국내 PC시장을 과점할 만큼 큰 인기를 끌었다. 그러나 치열한 경합의 결과, IBM 호환 PC가 교육용 PC기종에 낙점이 되면서 MSX는 급속하게 국내시장에서 퇴장하고 말았다.

(6) 한글 워드프로세서의 개발과 실패

1980년 8월 한국과학기술원은 국내 최초로 워드프로세서용 소프트웨어를 개발해 SAMSUNG/NEC 100에 장착했으며, 같은 해 한국과학기술원은 한글, 한자, 영문의 입출력이 가능한 Word-80이라는 워드프로세서를 개발했다. 이어 민간기업에서는 큐닉스사가 1982년 '글마당'을 개발하고 이어 '으뜸글'까지 내놓았다.

그러나 최초의 상업용 한글 워드프로세서는 '명필'로 알려져 있다. 그래서 충청남도 천안의 독립기념관 유물 진열대 한쪽에는 한국 최초의 상용 워드프로세서로 '명필'(名筆)이 전시돼 있다. 이것은 8비트 마이크로컴퓨터와 CRT터미널 등 하드웨어와 문서편집용 소프트웨어가 일체화된 워드프로세서 전용기다. '명필'은 한화그룹 계열 고려시스템산업이 1983년 개발했다.[77] 그 생산규모는 연 3천 대로 1982년까지 한국 마이크로컴퓨터(PC) 누적 보급

---

[77] 1983년 8월 28일, 김승연 한화그룹 회장, 인천시장, 성기수 한국과학기술원 전산개발센터 소장 등이 참석한 가운데 공장 가동 테이프 커팅행사가 인천시 북구 작전동에 소재한 고려시스템산업 '명필' 전용 생산라인이었던 부평 제2공장에서 열렸다(동아일보, 1983년 8월 29일 참조).

대수가 1천여 대 정도였던 것을 비교해 보면 상당한 생산능력이었다.

명필의 개발자는 KAIST 전산개발센터 제1그룹이었다. 제1그룹은 1983년 과학기술처가 특정 연구과제로 추진한 '보급형 워드프로세서 개발' 프로젝트를 산업체 위탁과제로 수행해 '명필'을 개발했다.[78] 고려시스템산업은 공동개발자로 기록돼 있긴 하지만 실제로는 '명필'을 상품화하고 이를 대량생산해 시장에 판매하는 공급자였다. 과학기술처는 원래 이 프로젝트에 관심을 보이지 않았을 뿐 아니라 1983년 특정 연구과제에도 포함시키지 않았다. 그것을 성기수 KAIST 전산개발센터 소장과 공동개발자인 고려시스템산업이 추진해 특정 연구과제로 추가 지정되면서 그 개발비용의 50%를 정부예산으로부터 조달하게 됐던 것이다.

'명필'의 개발과정에는 1979년, KIST가 '정보산업 토착화를 위한 소프트웨어 이전체제 개발연구'라는 출연 연구과제를 수행하던 때까지 그 연원을 거슬러가 보아야 한다. 이 프로젝트는 자일로그사의 8비트 Z-80 마이크로프로세서 기반의 마이크로컴퓨터에 한글이 지원되는 CRT터미널과 라인프린터를 연결해서 한글 워드프로세싱을 구현할 수 있는 시스템을 개발하는 것이었다. 이 프로젝트의 결과로 상기한 국내 최초의 워드프로세서로 기록되고 있는 '워드Word-80'이 개발됐다.

1980년 10월 미니컴퓨터와 워드프로세서 전용기의 세계적인 공급회사였던 미국의 왕래보러토리즈의 지원 아래 서울 을지로 입구의 미국문화원 강당에서 개발결과가 발표돼 많은 사람들의 관심을 모았다. 그러나 시스템 구성방식이 까다롭고 가격이 너무 고가여서 상용화에는 성공하지 못했다. 그 개발자의 하나였던 박동인의 회고를 들어보자(서현진, 1997).

> 1970년대 말부터 80년 초의 워드프로세서 개발목표는 줄 단위의 편집기(라인 에디터) 수준을 넘어 화면 단위 편집기(스크린 에디터)로 이동해 가는 단계였다. 또 삽입, 삭제, 치환 등이 주된 기능이었고, 한글, 한자, 영문을 함께 처리할 수

---

[78] 1982년 '명필' 개발에 참여한 이들은 당시 전산개발센터 제1그룹장이었던 이기식, 정왕호, 박동인 등이었다.

있는 편집기는 없었다. 따라서 이런 기능을 처리하기 위하여 마이크로 컴퓨터와 CRT터미널을 연결시키는 방법을 사용해야 했는데, 그 구성방법이 복잡하고 어려워서 당시로서는 첨단기법으로 인식되던 것이었다. 더욱이 '워드80'이 발표될 당시 마이크로컴퓨터 한 대가 웬만한 소형 아파트 한 채 값이었으니 사람들이 구입에 난감했던 것은 당연했다.

'워드-80'의 상품화가 한계에 도달하자 1981년 KAIST는 고려시스템산업으로부터 민간지원금을 유치해 이를 개량한 워드프로세서 전용기 '워드-88'을 개발했다. 1982년 고려시스템산업이 상품화한 '워드-88'은 개발자들의 예상 및 기대와 달리 기존 '워드-80'의 문제점 극복에 많은 한계를 보여 시장에서 큰 주목을 받지 못하고 말았다. 이 때문에 고려시스템산업은 한글, 한자, 영문을 자유자재로 처리할 수 있는 새로운 워드프로세서 개발계획을 수립하게 됐다. 고려시스템산업의 정왕호는 우선 자신의 개발계획을 회사 상층(이동훈 사장)에 상신해 회사차원의 동참을 요청했다.79) 나아가 그는 KAIST 전산개발센터 성기수 소장까지 개발에 참여하도록 애를 썼다. 그리하여 그는 1982년 말 이 개발계획을 '보급형 워드프로세서 개발' 프로젝트라는 이름으로 과학기술처의 1983년 특정 연구과제로 추가시키는 데 성공했다. 이 과정에서 각계에 많은 지면을 가지고 있던 성기수 소장이 여러 가지 역할을 했다. 정부의 특정 연구과제에 포함됐다는 것은 작게는 전체 개발비의 50%를 정부출연금으로 충당할 수 있다는 것이고, 크게는 제품판로에 보장을 받아냈다는 것을 의미했다.

이리하여 새로운 개발계획은 KAIST 전산개발센터 제1그룹(책임자 이기식)에 의해 산업체 위탁과제로 채택됐다. 이 과제를 수행한 제1그룹은 이미 '워드-80'과 '워드-88' 개발경험을 가지고 있었다. 그러나 문제는 새로운 워드프로세서 전용기의 개발목표인 보급형이라는 조건을 어떻게 충족시키느냐 하는 것이었다. 보급형이란 값이 저렴한 제품을 말하는 것이다. 그런데

---

79) 1980~81년, KIST에서 '워드-88' 등의 개발에 직·간접으로 참여했던 정왕호는 1982년 7월 고려시스템산업에 스카우트돼 있었다.

1983년 당시 Z-80을 탑재한 국산 마이크로컴퓨터 가격은 포니2 자동차 가격과 비슷한 700만 원이나 됐다. 새로운 국산 워드프로세서도 유망하지만 탑재할 하드웨어 값만 700만원이나 되는 제품은 어떤 입장에서 보더라도 보급형이라고 부를 수 없었다.

"궁리 끝에 일본 후지쯔에서 개발한 일본의 보급형 워드프로세서 '오아시스'를 모델로 삼기로 했다. 가격을 200만 원대로 낮출 수 있다는 계산이 나왔기 때문이었다. 그런데 모델로 삼은 '오아시스' 기종의 국내 반입이 여의치 못해 개발팀이 그 실물을 본 것은 '명필'의 개발이 거의 끝나 갈 무렵이었다."[80]

이처럼 '워드-88' 개발경험을 살려 소프트웨어기능을 향상시키고 전용 하드웨어를 새로 개발해 일체화시킨 것이 '명필'이다. KAIST 제1그룹이 개발에 착수한 지 10개월 만인 1983년 8월에 '명필'은 개발됐다. 생산단가를 최소화하기 위해 수출용 CRT가 사용됐고, 본체는 당시 생산이 중단된 금전등록기의 금형(고려시스템산업은 당시 이 분야에도 참여하고 있었다)을 변형해 둘러씌운 것이었다. '명필'은 기술적 측면에서 국내 처음으로 화면(메뉴) 중심의 기능선택과 편집이 가능한 워드프로세서를 개발했다는 의미를 지닌 것이었다.[81] '명필'의 성능을 보면 입력방식은 키인(key in)방식이고, 사용가능 문자는 모든 한글과 영문과 기본한자 1,692자, 옵션 5천 자에 3만 단어를 내장하고 있었다. 보조기억장치로는 390KB 플로피디스크 드라이브를 장착했고 14인치 디스플레이에다 명조체와 고딕체를 프린터로 출력할 수 있었다.

이렇게 개발된 '명필'의 1호 고객은 '보급형 워드프로세서 개발'프로젝트가 특정 연구과제로 추가되는 데 큰 역할을 한 청와대 비서실이었던 것으로 전해진다. '명필'은 개발자들에 의해 1984년 한자 처리기능을 추가한 '명필 II'로 업그레이드됐고, 86년에는 '명필 IV'까지 개발됐다. 개발자들은 1987

---

80) KAIST 전산개발센터 제1그룹장 이기식의 회고담.
81) 1983년 10월에 발간한 『경영과 컴퓨터』에 게재됐던 명필의 첫 광고를 보면 권장 소비자가격은 프린터를 제외하고 261만 원이었다.

년 '명필'의 하드웨어를 인텔 80286 기반의 IBM 호환 PC용으로 이식했고, 이를 계기로 스프레드시트와 그래픽기능을 함께 구현할 수 있는 '슈퍼명필'의 개발까지 수임했으나 끝내 완성하지는 못했다.

1983년 당시 국내에는 영문 워드프로세서의 대명사인 미국의 '워드스타'가 소수 전문가 사이에 보급돼 있었고, 국산으로는 큐닉스가 개발한 '으뜸글'이 있었다. 1인용과 2인용 등 2개 기종으로 된 '으뜸글'은 '워드스타'처럼 문장 중간에 명령어를 입력하는 방식의 제품이었는데, 메뉴 선택방식이 '명필'과 달리 상당기간 교육받은 사람이 아니면 쉽게 사용할 수 없는 전문가용이었다. 사용자층이 상이함에도 불구하고 이 두 종류의 워드프로세서는 국내시장이 협소해 여러 곳의 입찰경쟁에서 경합을 벌여야 했다.[82]

1990년대 초반까지 삼보컴퓨터나 대우통신 등 PC회사들도 방식은 달랐지만 '젬워드'나 '르모' 시리즈 같은 워드프로세서 전용기를 만들어 시판했다.

2) 소프트웨어기술의 사회적 선택

(1) 기술의 표준화와 기술선택의 실패

한국에서 정보처리기술의 출발은 부품공급과 함께 카드키 펀치용역에서 시작됐다. 1967년 이후 컴퓨터기종 공급이 증가하고 다양해지면서 전산 소모품과 액세서리를 공급하는 기업도 생겨났다.[83] 이들은 컴퓨터산업이 1970년대 중반 이후 독자적인 산업분야로 자리를 잡는 데 중요한 기여를 했다.

1970년대는 하드웨어 보급과 도입, 정부주도에 의한 컴퓨터 산업발전이 목적 지향적으로 진행돼 온 시기였다. 그러나 1980년대는 컴퓨터 보급이 급속하게 확대되면서 정부와 기업계는 앞뒤뿐만 아니라 좌우도 함께 살펴야

---

82) 개발자의 하나였던 정왕호는 "명필의 발전에 가장 큰 역할을 한 것은 큐닉스의 으뜸글이었다"고 회고했다.

83) 대표적인 기업으로는 조우니비즈니스, 삼양비지네스폼, 광명돗판무어(이상 연속기록 전산용지), 한일카드, 데이타미디어(이상 천공카드), 유일기업, 삼애기업(이상 프린터리본), 바스콤(마그네틱테이프) 등이다.

할 여러 가지 정황이 가시권에 들어오기 시작했고 그럴 의무를 절감하지 않을 수 없었다.

정부가 수행해야 할 그 의무사항 가운데 하나가 수십여 종이 난립해 있던 한글코드나 키보드 자판배열의 통일 등 컴퓨터분야의 표준화문제였다. 도량형의 제정 같은 기술표준과 달리 컴퓨터분야의 표준화를 정부주도로 추진할 수밖에 없는 사정은 한국적 상황의 일정한 반영이었다. 즉 기업이나 시민사회가 기술표준을 주도할 지위를 확보하지 못했기 때문이었다. 이것은 한국인이 사용하는 언어인 한글과 한자를 컴퓨터에 제대로 입력하고 출력하려는 시도 그 자체였다. 특히 한글코드의 통일은 기본적으로 컴퓨터 키보드에서 한글을 입력해 모니터나 프린터에 그대로 출력돼 나오도록 하는 컴퓨터부호처리 체계를 국가차원에서 표준화해야 한다는 뜻이었다. 그러나 한글코드의 통일은 기대나 요구처럼 단순한 작업으로 가능한 것이 아니었다. 더 나아가 워드프로세서 등 응용프로그램에서 한글로 된 데이터를 작성하거나 인식할 수 있어야 하고, 데이터베이스의 검색이나 정렬(sorting)시 한글 가나다순으로 처리할 수 있어야 했다.

이런 기본원칙과 사용자들의 요구사항을 바탕으로 정부표준 한글코드가 1974년 9월 처음 마련됐다. 과학기술처가 KIST를 통해 작성한 이 코드는 자소(초, 중, 종성의 단위)의 값을 7비트로 규정하는 7비트 N바이트 방식으로, 글자 하나의 값을 통틀어 2바이트(16비트)로 규정하고 있는 지금의 KSC 5601 표준코드와 근본적으로 상이했다.

이 7비트 N바이트 한글코드는 컴퓨터 보급이 활성화되지 못한 상태에서, 즉 공급회사도 10여 개에 불과한 매우 적은 조건에서 정부가 일방적으로 제정한 것이었다. 그 제정과정에서 정부는 업계나 사용자의 의견을 청취하지 못했다. 한자코드에 대한 규정도 없고 많은 문제점을 안고 있었다. 그 결과 컴퓨터 공급회사들이 편의적으로 만든 수십여 종의 코드가 사용되게 됐다. 이런 코드들은 기종간 호환성도 없고 한글의 과학적 특성이 무시돼 그 처리효율이 저하될 수밖에 없었다.

키보드 배열도 자판에 기본적으로 수용할 수 있는 한글 자모의 개수나 배열 순서가 공급 업체마다 모두 상이하여 혼란이 계속됐다. 한자코드는 1979년에 KSC 5714로 나왔으나 한글코드와 병행되지 못하는 부분적 용도의 코드였다. 이것은 기술표준화의 취지를 살펴 볼 때 실패작이었다.

이에 과학기술처는 1980년 10월 정부기관, 단체, 업계를 대상으로 '표준화 활용에 관한 의견조사'를 실시했다. 그러나 이런 사전조사는 하나의 형식적인 요식행위에 지나지 않았다. 왜냐하면 이는 컴퓨터분야 표준화사업을 범국가적인 사업으로 공식화한다는 것이었기 때문이다. 당시 과학기술처 실무 책임자였던 한 기술자의 회고를 들어보자(서현진, 1997).

> 미국과 일본은 물론이고 대만 등은 컴퓨터산업을 미래 전략산업으로 설정하고 있었다. 그런데 한국은 그 기본환경인 표준화문제조차 해결하지 못해 놓고 있었다. 정부정책의 효율성은 물론이고 산업활성화나 컴퓨터마인드 확산이 매우 불투명한 상황이었다. 그런데 이 표준화문제는 누가 혼자 떠든다고 해서 해결되는 간단한 작업이 아니었다. 범부처 또는 민과 관을 통틀어 어떤 분위기조성이 필요하다고 본 것이다.

이와 같은 분위기조성과 확산을 통해 1980년 12월 29일, 과학기술처, 상공부, 문교부, 내무부, 총무처 등 6개 부처를 비롯해 업계, 학계, 연구소 관계자와 사용자 등이 과학기술처에 모여 회합을 가졌다. 이날 회의의 성과를 바탕으로 컴퓨터 표준화사업 추진위원회를 구성하고 표준화시안 마련을 위한 특별연구반 설치가 합의됐다.[84] 이에 따라 구성된 특별연구반은 컴퓨터

---

84) 1980년 이 컴퓨터표준화사업추진위원회에는 당시 과학기술처 정보산업국장 최영환을 위원장으로 하고 관련부처 등에서 책임자급 23명이 위촉됐다. 이 위원회는 표준화사업에 대한 계획수립과 연구반 구성, 표준시행에 관한 사항 등 관련정책을 결정하는 최고 실무기구였다. 崔永煥 1936년생. [학력] 55년 경북고 졸, 62년 경북대 법정대 졸, 63년 동 대학원 수료, 67년 서울대 행정대학원 졸, 87년 미국 MIT Sloan경영대학원 특별과정 수료, 95년 행정학박사(영남대). [경력] 57년 육군대 교관, 66년 명지대 강사, 67년 총무처 행정관리국 사무관, 70~74년 과학기술처 서기관, 74년 사우디아라비아정부 중앙기획성 인력계획 고문, 76년 경제기획원 외국인

표준화사업추진위원회 측과 KIST간에 있었던 연구 용역계약에 의해 만들어진 일종의 과제 수행조였다.[85] 이 연구작업의 중대성을 감안해 각 관련분야의 전문인사들이 연구자문위원에 위촉되기도 했다.

이 특별연구반의 활동기간은 1981년 5월 말부터 1982년 1월 말까지 8개월이었다. 이 기간에 연구반이 새로운 시안을 마련할 때마다 자문회의가 이를 검토했고, 추진위원회는 자문회의의 검토결과를 추인하는 일을 반복했다. 구성원 대부분이 1974년판 한글코드 제정에 참여한 경험을 가지고 있어 연구활동은 비교적 신중하게 진행됐다. 이들 연구반의 첫 과제는 40여 개에 달하는 컴퓨터회사와 국산화업체에 대한 기초자료 조사였다. 이 기초자료 조사결과 한글코드와 키보드 배열종류가 조사대상 업체수와 같은 40여 종이나 되는 것으로 밝혀졌다. 연구반의 과제는 이 40여 종의 체계를 어떻게 하나로 표준화(단일화)하느냐는 것이었다. 그래서 추진위원회는 특별연구반의 자율성을 높이고 운신의 폭을 넓히기 위해 다음과 같은 세 가지 기본원칙을 마련했다.

① 컴퓨터산업의 국제화에 대비하고 국제표준규격과 관례를 존중한다.
② 현행 다수 기종의 사례를 참작하되 표준화단계에서 적용범위를 구체화한다.
③ 표준화가 미래 기술발전에 저해요소가 되지 않도록 배려한다.

투자 담당관, 77년 과학기술처 관리과장, 79년 동 총괄과장, 80년 동 정보산업국장, 81년 동 진흥국장, 85년 동 기술정책실장, 88년 동 기획관리실장, 88~90년 동 차관, 91년 KAIST 상임고문, 91년 과학기술정책연구소장, 92년 KAIST 정책기획본부 소장, 92년 동 정책기획본부 연구위원, 93년 미국 하버드대 객원교수, 94년 영남대 객원교수, 95~99년 한국철도대 학장, 99년 세종대 연구담당 부총장(현), 99년 동 세종과학기술원장 겸임, 99~2001년 동 정보통신대학원장 겸임. [저서] *Kores at the Turning Point-Innovation-Based Strategies for Development*(共).

85) 컴퓨터 표준화사업 특별연구반에는 KIST 전산개발센터의 성기수 소장과 그룹 책임자였던 이기식을 공동반장으로 정왕호, 박동인, 정진욱, 변옥환, 박명호 등 KIST의 소장 연구원들이 많이 참여했다.

이와 같은 원칙에 따라 한글코드와 한자코드 및 키보드배열 표준시안이 마련됐다. 이 표준시안은 1981년 12월 공청회를 거쳐 1982년 1월 과학기술처에 제출됐고, 같은 해 5월 KS표준으로 확정됐다. 이 표준은 키보드배열 표준에서는 사용하는 데 큰 문제가 없었으나 많은 관심을 모은 한글코드와 한자코드는 1974년판보다 더 많은 문제를 담은 실패작으로 판명됐다. 즉 새로 제정한 코드에 대해 어떤 공급업체도 관심을 갖지 않았다. 오히려 업체에 의해 기존의 자체 코드를 더욱 강화할 움직임을 보임으로써 한글코드 체계는 이전보다 더 극심한 혼란에 빠졌다. 이런 혼란은 시안마련 과정에서부터 예상된 것이었다.

한글코드는 기본코드로 기존의 1974년판 7비트 N바이트 코드를 그대로 유지한 채 새롭게 2바이트 조합형과 8비트 N바이트 코드를 보조코드로 추가한 것이다. 2바이트 조합형이란 초·중·종성을 갖춘 글자(또는 종성이 없는 글자) 하나 값을 무조건 16비트로 한 것이고, 8비트 N바이트는 초·중·종성을 구성하는 자소 하나 값을 8비트로 규정한 것이다. 따라서 8비트 N바이트는 7비트 N바이트처럼 종성이 '홑자음인가, 겹자음인가'에 따라 글자 하나의 값이 2바이트에서 4바이트까지 변경 가능할 수 있는 코드체계였다.

새 표준의 기술적 핵심은 3개 방식의 코드를 표준규격으로 병행하자는 것이었다. 여기에 업계가 아무런 호응을 보이지 않고 자사 표준을 유지하는 것으로 나타났다. 그것은 기업의 시장력과 비례관계를 보여주는 것이었다. 보조코드로 추가된 2바이트 조합형은 당시 가장 큰 컴퓨터회사였던 한국 IBM과 삼보전자(삼보컴퓨터), 큐닉스 등이 사용하던 것을 토대로 만들어진 것이었다. 예컨대 그것은 각 기업의 코드체계를 혼성한 것이었다.

8비트 N바이트 코드도 컨트롤데이터와 스페리랜드 등 대형 컴퓨터 공급사와 애플 등에서 사용하던 것을 모은 것이었다. 이들 기업과 기관이 조금씩 조정하면 표준코드 체계 안에서 한글과 한자코드를 소화할 수 있었지만 실제로 각 업체는 여러 가지 이유로 독자 코드체계를 고수했다. 이런 상황에서 7비트 2바이트 완성형이나 3바이트 등 표준체계에 속하지 못한 코드를 사용하던 업체는 정부의 표준안을 수용할 수 없는 입장이었다.

컴퓨터 하드웨어 공급사 역시 정부가 마련한 표준을 수용할 필요성을 절실하게 느끼지 않았다.[86] 한자코드의 상황도 유사했다. 과학기술처는 3년 뒤인 1985년 다시 KIST로 하여금 한글코드와 한자코드를 통합하는 새로운 한글코드 제정을 요청했다(박세영, 오길록: 1985: 49-53). 이것은 정부의 컴퓨터 분야 표준화사업이 또다시 실패했음을 인정하는 것이었다.

1982년의 표준화사업은 실패했다. 그러나 나름대로 일정한 의미를 지니고 있었다. 첫째, 사상 처음 국가적 사업이라는 인식 아래 컴퓨터 표준화사업이 추진됐다는 점이다. 둘째, 한글처리의 중요성이 이 사업을 계기로 확산되기 시작했다는 점이다. 셋째, 권위주의적 정치체제하의 기술표준도 경제적 벽을 넘는 데는 한계를 보였다는 점이다.

그러므로 기술혁신은 두 가지 상반된 경향에 의존하고 있었음을 알게 된다. 한편으로 행위자들은 경험을 조정하고 불확실성과 기존 모델의 비용을 감소시킴으로써 기술을 안정화시키는 방향으로 나아가게 하는 원인을 확인하게 된다. 다른 한편으로 새로운 기술적 가능성과 사용자의 요구가 있다. 여기서 요구란 사회적 변화에 의해 발생한 문제와 이것을 기술적 가능성으로 전환시키는 새로운 방법을 구체화하려는 것이다.

이 양 측면을 발전시키려는 동력학은 새로운 응용 가능성을 열어 놓을 것이고, 현재의 해결책을 강화할 것이며, 동시에 안정화로의 경향을 역전시킬 것이다. 여기에서 특수한 생산시장과 관련이 있는 한 가지 중요한 영향이 존재한다. 경제적 압력은 과거의 투자와 규모의 경제에서 비롯되는 긍정적인 이익의 맥락에서 기존의 접근방식을 선호할 것이다. 바로 이 시점에서 기술의 표준화는 중요한 역할을 한다. 그것은 다양한 행위자들에게 실질적인 경제적 이익을 산출하는 것이다. 공급자들에게는 더 큰 시장과 증대된 이익을 가져다주고, 고도의 기술과 전문적 지식을 요하는 상품일수록 높아지는 개발비용을 부담하는 소비자들에게는 실질적인 가격이익을 수반하게

---

[86] 이를테면 1987년 개정된 KSC 5001의 2바이트 완성형에서 정부기관 납품용은 무조건 표준을 따라야 한다는 강제조항이 전혀 없는 상황에서 공급업체가 추가비용 지불을 감수하면서까지 코드변경에 나설 필요는 없었던 것이다.

해 준다. 이런 방식으로 몇몇 기술적 인공물은 안정화되고 표준화될 것이다. 그것은 '암흑상자'식의 해결책처럼, 기능이 잘 정비된 '가정용 제품'처럼 시장을 통해 사용자들에게 이용될 것이다. 그럼에도 불구하고 경쟁적 여건이 이것을 방해할 수도 있다. 새로운 시장이 이미 마련돼 있다면, 이것은 기존의 공급자들과 경쟁하려는 새로운 공급자들의 유입을 유도할 것이며, 그들은 자신들의 제공물을 차별화하고 기술적 우위를 통해 현재의 소비기반을 유지하려 할 것이다. 그리고 사용자들은 이들 새로운 제공물을 차용함으로써 '경쟁이익'을 얻으려 할 것이다. 그러므로 여기서 다시 한번 우리는 표준화와 상품화 사이의 복잡한 상호작용을 발견하게 된다. 그것은 기술의 공고화를 되풀이해서 강화하고 확립하려는 것으로 나타난다.

표준화와 상품화의 범위는 시장구조에 부분적으로 반영된다. 그러나 그러한 종류의 지식이 갖는 기능은 기술과 사용자영역 양자에 그리고 공급자들과 사용하는 기업 사이에 있어 그 분배와 이러한 지식이 지엽적이고 우연적으로 유지되거나 사용되거나 집중될 수 있는 범위에서 분산된다. 예를 들어 '암흑상자'식의 기술적 해결책은 그것을 만들고 사용하는 데 요구되는 실질적인 지식이 차용되고 혼합됨으로써 다양한 환경하에서 판매되고 사용될 수 있는 일반화된 해결책을 낳을 수 있음을 함축하고 있다. 이때 주변적 사용자가 기술을 사용하고 응용하는 데 필요한 지식을 감소시키는 것은 중요한 사항이다(Robin Williams, 1997: 310-312).

(2) 사용자에 의한 기술의 형성: 훈글

1980년대 후반기 당시 대표적인 한글워드프로세서(WP)는 삼보컴퓨터의 '보석글'이었다. 이것은 미국 T-Maker의 영문 WP T-Master를 한글화한 것인데, 한글기능이 내장된 허큘리스 흑백 비디오카드를 드라이브에 삽입해 CHP.COM 프로그램을 실행해야 한다. 이 CHP카드는 이후 THP.COM 또는 NKP.COM 같은 한글SW가 나온 다음에 한글카드를 대체하게 된 것이다.

또한 1987년 금성소프트웨어(현 LG소프트)는 행정전산망 PC용 소프트웨어인 '하나'를 개발했고 '하나워드'가 있었다. 이것은 행정전산망 추진을 위해 정부가 공식 WP로 지정해 관공서에 보급하게 된 것이다. 이외에도 '달란티어' WP 등 20여 종이 있었다. 이들 기존 WP의 문제점으로는, 첫째, 이들 프로그램은 한글 구현상 여러 문제가 있었다. 둘째, 특정 회사의 파일은 특정 시스템과 프린터상에서만 사용됐다. 이 문제를 무명 벤처 기술자들이 해결했다.

1988년 여름 강태진이 캐나다 이민생활을 청산하고 귀국해 '한글 2000' 프로그램을 출시했다. 이것은 WYSIWYG(What You See It What You Get) 완성한 것이다. 그러나 이것도 사용상의 문제가 있었다. 그러나 이 프로그램은 3천 개나 판매됐다. 강태진은 서울시 종로구 와룡동에 소재한 한컴퓨터 연구소를 운영했다. 여기서 서울대 재학중이던 이찬진은 3주 동안 아르바이트를 했다. 1989년 1월 3인이 회동한 첫번째 만남 이전에 이찬진은 대학시절 엘렉스컴퓨터에서 매킨토시(애플사 제품) 리소스 메시지 번역 일을 했다. 김형집과 우원식도 전산사식용 입력기와 관련된 아르바이트를 경험했다. 이들의 다양한 아르바이트 경험은 나중에 기술형성의 자원이 됐다.

이들은 한글WP 개발에 착수하면서 역할분담을 통해 ① 전체적인 설계와 기획, 자료확보, 전문가 조언 등 대외업무, ② 프로그램의 구조분석과 설계, 입력·출력 부분과 한자사전 작성, ③ 메인프로그램 구축 등의 작업을 진행했다. 즉 각자 집에서 맡은 부분을 진행하고 세 사람의 집을 상호 방문해 점검하는 과정을 반복했다. 이들은 개발의 주안점을 사용자가 쓰기 편한 프로그램을 만들어야 한다는 데 두었다. 작업이 일정한 성과에 이르자 이찬진은 『마이크로소프트웨어』라는 컴퓨터 전문잡지에 "'한글 2000 워드'를 모델로 한 새로운 것이 나온다. 버그와 미비점을 보완한 것으로 '보석글'의 다양한 기능을 접목한 것이 3월 10일경 출시된다"는 요지의 글을 기고했다.

결국 이 예고기사의 출시 일자는 못 지켰으나 마침내 데모버전을 완성해 셰어웨어(shareware)로 대학 내외에 퍼져 나가게 됐다. 컴퓨터 매니아였던 사용자에 의해 한글워드프로세서 소프트웨어인 '아래한글'이 만들어진 것이다. 이찬진은 이것을 본격적으로 생산하기 시작해 개당 가격 4만 7천 원으로 판매했다. 이를 위해 판매와 유통업무를 섭외한 결과 글방컴퓨터('한글

2000 워드' 판매대행사)는 로열티문제로 성사가 이뤄지지 못했다. 그래서 당시 조립판매상에서 소프트웨어 유통으로 전환중이던 러브리컴퓨터와 거래가 성사됐다. 즉 구두계약을 통해 경비를 제외한 이익을 배분(50: 50)하기로 했는데 이후 거래관계가 계속 유지됐다. 이찬진은 18개월 군 방위복무의 기회가 있었으나 30개월 동안 현역 군복무를 했다.

그 이후 한글타자기를 개발한 공병우 박사의 지원으로 서울시 종로구 와룡동 소재 한글문화원에 방 한 칸을 제공받아 연구실 겸 사무실을 얻을 수 있었다. 이런 획기적인 한글워드프로세서 개발소식이 알려진 다음 한글 기계화에 관심이 많았던 이어령 이화여대 교수가 행한 일본에서의 국제 격려 전화와 한대희(방송작가, MBC TV 드라마 '수사반장' 대본 집필), 윤정경(경찰청 정보시스템 구축과정에서 행정전산망 S/W인 '하나워드', '큐워드' 일색의 분위기를 바꿔 놓음)씨의 성원과 격려가 잇따랐다. 이들은 이후 기술개량 단계에서 유용한 사용자로 여러 가지 필요한 기능을 제안하고, 다양한 아이디어를 제시해 주었다. 1990년 10월 9일, (주)한글과컴퓨터가 창립됐다. 동일 이찬진은 이어령 당시 초대 문화부장관의 추천으로 한글 기계화운동 유공자로 국무총리 상을 수상했다. 이 회사는 자본금 5천만 원으로 4평의 사무실에서 시작했다. 당시 국내에는 PC 150만대가 보급돼 있었는데, 약 90% 이상이 '아래아한글'을 사용하게 된 것으로 추정됐다.

연구혁신 체제 진용구축을 위해 박흥호 이사가 영입됐다. 그는 애플리케이션 소프트웨어 전문가로 고교 국어교사 출신이었는데, 개발소식을 듣자마자 출시되기도 전에 연락해 '다섯 카피'를 즉석에서 구매해 사용해 본 후 서슴없이 장·단점을 지적했다. 그는 공병우의 추천을 받았다. 또 정내권도 가세했는데, 그는 프로그래머로서 독학을 하면서 컴퓨터잡지에 기고해 당시 '특A급 컴퓨터논객'으로 자타가 인정하는 인물이었다.

(주)한글과컴퓨터는 1991년 10억 원, 92년 20억 원, 93년 103억 원, 94년 150억 원의 매출실적을 보였고, 90년 사무공간 4평에서 95년 1,500평(영등포 본사) + 500평(신대방동 연구소)의 확장세를 보였다. 그 동안 홍보스크랩만 400쪽에 달하며 한글 1.5판의 개발과 포장의 개선(제품박스, 디스켓 재킷 디자

인을 한메소프트에 근무하던 하관수 디자이너에게 외주)을 시도했다. 더욱이 20개 이상의 기능개선을 시도했는데, 이 중에는 한 후배의 제안으로 필기체를 추가한 것도 있다.[87] 또한 1990년에는 강형석(대학 1년생)에 의해 서체가 개발(지금은 시스템SW 프로그래머로 활동중)됐다. 더욱이 6년 후에는 전술한 나라소프트(강태진)와 한글과컴퓨터(이찬진)가 통합했다.

'단군 이래의 최대 패키지 한글', 'X세대 기업'으로 불리던 (주)한글과컴퓨터는 '모델 컴퍼니'로 ① 옴니테크, ② 큐닉스 컴퓨터, ③ 저스트시스템사(일본의 대표적인 워드프로세서 一日本郞 제작사), ④ 워드퍼펙사(미국의 대표적인 워드프로세서 Word Perpect 제작사), ⑤ 미국의 마이크로소프트사를 들었다(이찬진, 1993: 177). (주)한글과컴퓨터는 사내통신(LAN근거리통신망 활용)과 고객지원센터의 협력을 활용해 조직 내외의 의사소통을 긴밀하게 유지하고자 했다. 그 예로 출시일정의 단축을 들었다. 그러나 출시 예상기간의 3배나 걸리게 됐는데, 그 이유는 ① 윈도우즈 3.0 발표 이후 외부조건에 따른 상황변화, ② 32비트 코드로 만들어진 세계 최초의 워드프로세서 구성시도, ③ WIN 32s 32비트 프로그래밍, 3차례의 업그레이드, ④ WIN 32s 환경에서 OLE 2.0을 지원하는 문제(엔진 등) 등이 그 이유였다(이찬진, 1993: 216).

(주)한글과컴퓨터는 이찬진의 정계진출과 경영난으로 마이크로소프트사에 인수될 위기를 겪었으나, 세계에서 유일하게 마이크로소프트와 경합할 수 있는 국산소프트웨어에 대한 이용자들의 요구와 국내 벤처업계의 참여에 의해 경영진 교체와 사용자 참여로 위기를 극복할 수 있었다. 이 사례로부터 정보통신기술의 발전과정에서 혁신적 사용자의 가치와 중요성은 명백하다고 지적하지 않을 수 없다(Antonelli, 1999: 136).

이 밖에도 정보처리산업의 기술혁신과 관련해서 주목할 만한 사례로는 국산 K-DOS 개발사례 등이 있다. 그리고 다양한 형태로 여러 가지 국산 소프트웨어가 개발됐다.[88] 또한 전자학습기 등에서도 많은 국내업체들의 기

---

87) 흔글 필기체의 주인공은 뜻밖에도 바이올린을 전공한 전성신 양으로 일명 '성신체'로 불렸다.

술개량이 이어지고 있었다.

또한 두 번의 국제체육행사(1986아시안게임과 1988올림픽)와 정권교체(1980, 1987, 1992년), 경기순환, 전자통신망 구축 등도 정보통신기술의 사회적 형성의 외적 변수로 중요한 영향을 미쳤다.

(3) 국민적 관심사와 소프트웨어 기술의 형성

1986아시안게임과 1988올림픽 개최는 컴퓨터업계의 입장에서 볼 때 이를 위한 전산프로젝트 수행을 통해 '단일 프로젝트로는 최대규모'라고 할 수 있고, 체육계에서는 양대 전산프로젝트의 성공을 '스포츠과학의 새로운 장'이 열린 계기로 여기고 있다.

KAIST의 88올림픽 전산시스템 개발과 이들 양대 스포츠게임 전산프로젝트에 대한 논의가 시작된 것은 서울이 올림픽 개최지로 결정됐다는 독일 바덴바덴 회의소식이 국내에 전달된 1981년 후반기부터였다. 서울올림픽조직위원회(SLOOC: Seoul Olympic Organization Committee) 사무총장 이원경(전 외무부장관)이 KAIST 부설 전산개발센터 소장 성기수를 1981년 10월 회동해 76년 몬트리올올림픽이나 당시 개최 준비중인 LA올림픽에 비견할 만한 88올림픽 전산시스템 개발 가능성을 타진했다. 이에 성기수는 개발 가능성과 그

---

88) 대표적인 국산 소프트웨어
한글2000워드(1988), 쪽박사(1990), 사임당(1991): 업무용 워드프로세서, 개발자 강태진, V3(1992): 컴퓨터바이러스 백신프로그램, 개발자 안철수, KAPT/SWEEP(1988), 오메가(1991): 공장 자동화용 캠소프트웨어, 개발자 김종삼, 바둑 통신대국(1990): 바둑 통신대국 프로그램, 개발자 박찬정, 델타(1989): 자료관리 프로그램, 개발자 주준호, 문방사우(1990): 탁상출판용 프로그램, 개발자 최상호, X툴즈(1992): 국산 유틸리티, 개발자 박종천, 자료왕국(1992): 데이터베이스 프로그램, 개발자 주병진, 진한글(1988): 오토캐드 한글지원 프로그램, 개발자 고일두, 창 1.0(1993): 그래픽 방식 프로그램언어, 개발자 민성욱, 오피스메이트(1993): 매킨토시 데이터베이스 소프트웨어, 개발자 김재열, 하이네 1.0(1992): 음악카드 소리시집, 개발자 박경범, 자료관리(1990): 국산 디베에스 III, 개발자 김성득(노봉남·장옥배 편저, 1993: 118-135).

산업적 영향력이 중대함을 인식하고 즉시 기초조사부터 착수했다. 회동 이후 성기수는 즉시 선임연구원 이단형을 팀장으로 하는 올림픽 전산시스템 개발 기초조사팀을 만들고 1982년부터 활동에 들어갔다. 그러나 이 당시 전산개발센터에는 조사팀이 사용할 경비도 마련돼 있지 않았다.

SLOOC는 다른 업무에 비해 전산시스템 개발계획이 시급한 것도 아니었다. 만약 필요한 경우에는 1976년 몬트리올올림픽조직위원회가 개발한 경기결과 처리시스템(SIJO)을 도입해 그것을 약간 수정한 다음 LA올림픽 전산시스템으로 사용할 것이 알려지면서, 나중에 그것을 도입하면 모든 문제가 저절로 해결될 것이라는 복안을 가지고 있었다.

이에 반해 과학기술처나 KAIST 전산개발센터측 입장은 달랐다. 첫째, 이 전산프로그램 개발로 KAIST의 기술개발 능력을 국내외에서 평가받을 수 있고, 둘째, 1988년 이후 차기 올림픽 전산시스템 수주 가능성 등 세계시장 진출 가능성을 평가받을 수 있는 기회일 수 있었다. 셋째, KAIST를 출연연구소로 가지고 있는 과학기술처로서는 프로젝트의 성공적 추진이 성사될 경우 국내 정보산업에 미칠 수 있는 산업연관효과가 중대하다고 판단했다. 그래서 자체예산을 사용하더라도 서울올림픽조직위원회가 의뢰한 기초조사를 수행할 필요가 있었다.

1983년에 접어들자 SLOOC는 전산시스템의 중요성을 새삼 인식하고 자체 연구조사에 착수했고, 준비작업이 종반에 들어 선 시점에서 연구팀은 LA올림픽조직위원회에 SIJO에 대한 정보제공을 요청하기에 이르렀다. 그러나 LAOOC는 SIJO에 대한 견학이나 정보제공을 조건부로만 허용한다는 반응을 보였다. 그 조건부는 다름 아닌 SLOOC도 SIJO를 그대로 인수해 사용해 달라는 것이었다. LAOOC는 흑자올림픽을 위한 다각적인 접근을 모색중이어서 자신들이 사용한 SIJO를 차기 올림픽조직위원회에 판매한다는 계획을 했던 것이다.

당시 88올림픽에 대한 국내외의 관측과 반응이 올림픽게임의 성공적 개최 가능성에 비판적 기류가 형성돼 있었고, 올림픽 유치과정에서 미국의 직·간접적인 지원을 받았기 때문에 SLOOC는 LAOOC의 이런 조건제시를 당장 거부할 수 없는 상황에 있었다. 무엇보다 조직위원회 관계자 대부분이 SIJO의 도입을 찬성하는 쪽이었고 고위층에서도 전산시스템 때문에 대사를 그르칠 여지를 두고 싶지 않았다. 그래서 전산시스템을 국내에서 자체 개발한다는 데 대해 매우 불확실한 태도를 보였던 것이다.

이런 상황에서 KAIST측은 1982년부터 착수한 기초 연구조사 분석을 통해 SIJO가 1970년대 식의 진부한 컴퓨터사고에 의해 설계됐다는 사실을 확인하고 기술 자체가 낙후됐다고 평가했다. 이 점에서 SLOOC에 SIJO 구입 자체가 부당하고 예산낭비만 초래할 것이라는 분석결과를 제출했다. 덧붙여 KAIST가 확보하고 있는 기술이 이보다 선진적인 것임을 부각시켰다.

그러나 1983년부터 본격화된 88올림픽 방송중계권 협상을 통해 LAOOC측은 홍행권을 쥔 미국 방송사들과의 거래를 통해 SIJO 구입조건을 중계권 형상과 연계시키는 방식으로 SLOOC에 압력을 가했다. 이 낡은 전산시스템의 도입과 자체개발을 놓고 SLOOC와 KAIST가 대립과 긴장을 보이는 가운데 한 신문이 역대 올림픽 전산시스템 개발과 운영사례를 모아 분석한 기사를 통해 사실상 조직위원회측 입장을 대변해 독자개발 논리를 비판했다. 즉 전산시스템의 잦은 고장과 운영미숙으로 기록이 자주 번복되는 등 운영에 큰 결함을 보인 1968년 멕시코시티, 76년 몬트리올, 80년 모스크바대회의 실패 이유를 주최국의 과학기술적 역량부족에 원인이 있다고 지적했던 것이다.

이런 어려운 조건에서 KAIST 전산개발센터는 접근방식을 전환해 올림픽 게임 전산시스템을 자체 개발할 수 있는 기술과 노하우를 실증해 보임으로써 조직위를 설득해 나가기로 했다. 그래서 문외한이나 비전문가도 쉽고 가깝게 접할 수 있는 구체적 사례에서 기술개발 능력과 노하우를 실증해 보이기로 했다. 이에 앞서 개발팀은 다양한 경로를 통해 몬트리올올림픽, LA 프레올림픽, 뉴델리 아시안게임, 에드먼턴 유니버시아드대회 등 이미 개최됐던 국제 체육행사의 전산시스템을 수집·분석했다. 개발팀은 그 해 10월 인천에서 제64회 전국체육대회가 개최된다는 사실을 확인했다. 개발팀은 종목수나 운영 면에서 전국체전이 올림픽보다 더 큰 규모의 행사라는 점에 착안해 전국체전 전산시스템을 개발해서 운영해 보는 과정을 통해 올림픽

전산시스템의 실체와 KAIST의 기술수준을 입증해 보이기로 작정했다. KIST 전산개발센터는 인천체전 개막을 3개월 앞둔 1983년 7월부터 프로그램 개발에 착수했다. 주최도시인 인천시 당국의 원래 계획은 각종 전자운영 시스템 총괄사업자인 한국전자기술연구소(KIET)를 통해 각종 하드웨어 기반의 전자시스템을 도입하려던 수준이었다. 예를 들어 광섬유 선로를 이용한 폐쇄회로 TV, 팩시밀리 네트워크, 사설교환기(PABX) 등을 설치 운영하는 것이었다. KAIST 전산개발센터는 KIET의 위탁 연구기관으로서 체전 전산시스템과 28개 종목의 경기결과 처리 및 관련정보 제공용 소프트웨어 개발에 나서 42개 경기장에 설치된 단말기를 통해 집계된 경기결과를 서울 소재 KAIST 전산개발센터의 대형 컴퓨터 IBM 3032로 전송해서 처리하고, 그 처리결과를 다시 각 경기장의 단말기, 전광판, 프린터 등에 내보내는 방식의 체전 전산시스템을 개발하는 데 성공했다.

　인천체전이 종료된 직후 1983년 10월 성기수 소장은 광화문에서 SLOOC 노태우 조직위원장과 회동해 담판을 벌였다. 그래서 SLOOC는 올림픽 전산프로그램의 국내개발 추진을 결정했다. 이리하여 1983년 KAIST가 착안한 전산시스템 GIONS가 1988년에 개발됐다.

제4장 한국 컴퓨터통신기술의 사회적 선택과 협상

1. 컴퓨터 과학기술의 제도적 응용

1) 국가사무의 전산화

새로운 정보통신기술은 근본적 혁신의 복잡한 군집으로 간주될 수 있다 (Antonell, 1999: 237). 따라서 신기술은 도입동기와 사용 중간단계, 안정화단계에서 부단한 개량과 혁신을 반복한다. 한국사회에서 국가사무의 전산화는 정보통신기술의 발전과 함께 제반 응용기술이 진전됨에 따라 사무의 효율성제고를 위해 1960년대 이후 지속적으로 추진돼 왔다. 한국에서는 산업분야에서의 사무자동화에 앞서 국가 행정부문에 전산시스템이 도입·적용된 것을 말한다(Pavit, 1997).

행정전산화는 행정조직의 기계화 또는 컴퓨터시스템 설치부터 시작된다. 여기에는 전산자료시스템(EDPS), 경영정보시스템(MIS: management information system), 공공관리정보시스템(PMIS: public management information system), 분산자료처리시스템(DDPS: distributed data processing system) 등이 포함된다. 사무자동화는 "종래의 자료처리 기술로는 다루기 어렵거나 양이 많으면서도 그 구조가 불명확한 사무업무에 대해 컴퓨터기술·통신기술·시스템과학, 그리고 행동까지를 적용하는 것," 또는 "사무기능의 실질적 향상을 위한 기술의 활용," "사무실의 기능을 자동화하기 위하여 컴퓨터를 이용한 관련장비를 이용하여 사무의 생산성향상을 목적으로 화이트컬러의 역할에 대한 인식 재정립과 사무의 효율화를 달성하려는 노력," "사무실업무를 전산화하거나 사무개선 등의 방법에 의하여 업무능력을 확충·강화하는 것" 등으로 정의할 수 있다(민영신, 1989: 43; 최성, 1989; 미래시대, 1989: 98).

이에 따라 사무자동화의 대상이 되는 사무실은 장소나 조직 내의 어느 부문이 아니라 "인간이 지적 활동을 실천하고, 정보를 취급하며, 정보를 활용하여 더욱더 가치가 높은 정보를 만들어 내고, 이러한 정보를 전달하는 곳"으로 그 의미가 변한다. 다시 말해 사무자동화가 "컴퓨터를 모체로 한 새로운 기능과 시스템으로 복잡한 사무의 간략화와 효율화를 적극 추진하는 방식"이라면 그 정보기반구조는 다음과 같이 도시할 수 있다. 사무실의 기능이 수동단계에서 기계화를 거쳐 자동화하는 것이다.

〈그림 4-1〉 사무자동화의 기반구조

| 타자기 |
| 팩시밀리 |
| 복사기 |
| 컴퓨터 |
| 워드프로세서 |
| 전자전화교환기 |

→

| 반도체기술 |
| 컴퓨터기술 |
| 정보처리기술 |
| 통신기술 |

→ 국가 사무자동화(전산화)

〈표 4-1〉 사무자동화의 추진단계

단계	단계명	단계별 추진 내용
1	예비	1. 본격적으로 추진되는 단계는 아님. 검토 수준
2	업무분석 및 기기도입	1. 사무자동화의 분위기조성, 업무분석 및 문서서식 양식 등의 표준화
3	단일기기의 단일업무 이용	1. 업무관리제도 개선과 함께 업무방법 및 절차의 체계화 2. 업무에 단순기계를 병행하여 이용하면서 기계가 업무에서 갖는 각 기능을 습득하고 기계이용에 따른 기술적 사고와 응용력 배양
4	범용 컴퓨터의 도입(부분적 실시)	1. 부서업무가 통괄적으로 진행될 수 있도록 체계적인 시스템화를 구축 2. 여러 가지 단말기의 이용, 사무실 배치에 의한 시스템화를 실시

단계	단계명	단계별 추진 내용
5	근거리 종합정보통신망: LAN 시스템으로의 통합 운영	1. 국가 전체적인 통합화를 통한 전체 업무의 체계화 2. 전체적인 표준화 및 재정비, 근거리 종합정보통신망 (LAN) 등을 통한 통합정보 시스템화

출처: 설동훈, 1990: 277 참조

〈그림 4-2〉 사무·관리직 업무의 분류

단순반복성의 정도
(높음)

검사 경리 자료 입력 복사업무	민원 창구
기획 총무·인사 연구·개발	상담 전문 업무

(낮음)

(적음)　　　　대민접촉의 정도　　　(많음)

　상기 그림에 도식한 바와 같이 사무자동화는 단순·반복성의 정도가 높은 부문에서 사무 자동화 기기의 도입이 실현되는 것이고, 나머지 부문은 사무 자동화에 따른 직접·간접의 효과를 이용하는 분야로 확대된 것이다. 행정전산화의 직접 효과는 생산성 향상과 서비스의 질적 수준 향상이라고 요약할 수 있고 간접효과는 대(對)국민 이미지 향상효과, 공무원의 의식에 미치는 효과 등이 포함된다고 한다(안문석, 1998: 596-598). 여기서 사무 자동화에 의한 '효율'(efficiency)과 '효과'(effectiveness)의 개념을 구별하여 보자. '효율'은 사무직 노동자의 단순 작업을 사무 자동화 설비로 대치함으로써 나타나는 결과를 의미하는데 예를 들면 사무 처리기간의 단축, 사무 처리 공간의 축소, 사무 처리 시간의 단축, 사무 처리비용의 절감과 같은 효율 향상을 말한다. 이에 비해 '효과'는 필요한 정보를 정확하고 신속하게 제공하는 등

사무 노동자의 고도의 정신 활동을 지원하는 측면을 지칭한다(민영신, 1989). 따라서 행정업무의 전산화는 행정사무의 '효율'을 제고하고 그 '효과'를 극대화하는 데 시행목적이 있다. 따라서 행정전산화는 "전자계산조직을 행정에 도입하여 행정정보를 관리, 가공전달, 보존하고 행정처리의 주요 수단으로 이용하여 행정의 합리화, 능률화, 과학화, 현대화를 이룩하며 이의 원활한 추진을 위한 제도와 절차의 개선 등 제반 여건을 조성하는 일련의 과정"이라고 총무처는 정의했다(안문석, 1998: 595)

더 나아가 행정전산망 사업은 컴퓨터와 통신이 결합된 컴퓨터통신망을 구축해 행정업무에 필요한 각종 자료와 정보를 축적하고 이를 효율적으로 이용해 해당 업무의 능률을 극대화하고, 국가 전체의 효율을 증대시킨다는 데 있다. 이는 정보화단계에서 전산화와 네트워크화를 동시에 달성한다는 의미다(김문조, 1996; 1999). 즉 그 동안 각 부처별·지역별로 산재돼 있던 행정업무를 종합 전산화하고, 전국을 하나의 통신망으로 연결해 고도 정보사회에 부응하는 행정정보 체계를 구축해 단일 행정권을 형성한다는 기본개념에 따른 것이다(염재호, 1990: 36-52; 1991: 37-79). 그리하여 신기술도입을 통한 행정전산화는 기술과정의 결과로 행정경비를 절감하고, 정책결정의 합리성을 제고하며, 대민봉사의 신속함과 정확성을 달성해 작고 효율적인 정부를 구현함으로써 국가경쟁력을 확보하면서 동시에 국내 정보산업 육성을 지원하겠다는 정책의지의 소산이었다(Rothwell, 1984; 고상호, 1986: 40-56; 강창언, 1991: 28-30; Rushkoff, 1996). 그렇지만 이것은 전형적인 기술관료적 시각으로 기술결정론에 입각한 것이라는 평가를 내릴 수 있다. 기술관료적 시각과 기술결정론에 의한 평가는 자원의 투입과 산출, 신기술도입과 이용의 결과를 단선적으로 이해하고 있기 때문이다. 이 당시에는 신기술의 적용과 이에 따른 부작용과 역기능에 대해 아무런 평가와 고려를 하지 못했다(Powell, 1987: 185-197; Robins and Webster, 1989: 323-325; Peck, 1990; OTA, 1995; NTIA, 1997).

2) 제1차 행정전산화 사업의 정치적 형성

기술진보는 시간과 공간에 따라 매우 다양하다. 자신의 경제적 필요에 부합하는 기술혁신을 창조할 수 있는 능력은 각 사회마다 많은 차이를 나타낸다. 더욱이 한 사회가 다른 곳에서 개발된 기술혁신을 기꺼이, 그리고 손쉽게 채택하고 활용하는 데도 극도의 다양성이 존재한다. 이런 차이의 원인에는 기술보다 더 큰 사회체제, 제도, 가치, 유인구조의 기능과 복잡하고 미묘한 수많은 방식과 결부돼 있다. 이제 국가사무의 전산화와, 이를 통하는 네트워크화를 위한 행정전산망 사업의 형성요인을 하나씩 차례로 살펴보자 (경영과컴퓨터, 1999). 여기서 우리는 신기술도입과 이용을 둘러싼 기술형성 과정을 들여다보면 정치·사회적 요인이 개재하고 있음을 볼 수 있다. 이를 통해 우리는 신기술개발과 적용을 통한 대형 국책사업 형성과정에 정치·경제·사회·문화적 요인이 작용하고 있음을 확인할 수 있다. 먼저 시작된 행정전산화 사업의 최초 제안과 그 기술비전부터 검토해 볼 필요가 있다. 전술한 바와 같이 1967년 처음 도입된 컴퓨터가 언제부터 어떤 과정을 거쳐 행정전산화 사업이 시작되고 '전자정부'의 구상으로 이어지게 됐을까?

1970년 3월 당시 KIST 전산실장이던 성기수 박사는 문화방송에 특별 출연해 컴퓨터 도입의 필요성을 설명하면서 국가전산화를 역설했고, 이 주장에 대해 최고권력자인 박정희 대통령이 관심을 끌게 됐다. 곧이어 최고권력이 전산화사업에 정신적·실질적 후원이 있게 되면서부터 행정전산화로의 기원이 형성됐다고 할 수 있다. 이로부터 정부 각 부처가 경쟁적으로 컴퓨터를 도입·운영해 왔다. 그러나 한국사회의 컴퓨터기술 발전의 역사에서 보면 이미 본격적 측면에서는 1970년대 후반에 행정전산화 사업이 추진되기 시작했다. 1975년 2월 정부 각 부처를 초도 순시하던 박정희 대통령은 처음으로 행정전산화 추진에 대한 지시를 내렸다. 그래서 이 해 6월에 총무처는 행정전산화 추진 총괄기구를 설치하기 위해 행정전산계획관실을 설치하고, 8월에는 행정전산화추진위원회를 구성했다.

따라서 이 개시시점을 기준으로 따져 볼 때 1987년경에 본격적으로 추진한 제5공화국의 '작고 효율적인 전자정부' 실현구상과 행정전산망 사업은 그 실제 집행시기를 최소한 5년 정도 지체시키고 있었음을 알 수 있다. 왜 이런 기술 외적인 사회과정이 전개된 것일까? 거기에는 몇 가지 조직적·경제적·정치적인 요인이 개재되고 있음을 확인할 수 있다.

(1) 행정전산화 사업의 조직적 요인

첫째, 조직적 요인을 살펴보자. 정부차원에서 '작고 효율적인 전자정부' 구현 같은 개념이행의 입장에서 행정전산화 사업추진에 나선 것은 4공화국 말기인 1978년부터다. 행정전산망 사업이 본격적으로 추진된 것은 1977년 11월에 발생한 전북 이리역사 폭발사고로부터 그 정치적 계기를 찾을 수 있다. 당시 박정희 대통령은 수천 명의 사상자가 발생한 사건 그 자체와 함께 통신기능 및 사고수습을 위한 행정력 동원능력이 전면 마비된 데 대해 상당한 불만을 나타낸 것으로 알려져 있다. 즉 폭발사고 하나 때문에 지역의 행정기능이 마비되고 상황보고조차 제때 이뤄지지 못했던 것이다. 원인분석 이후 문제해결에 나선 정부는 '꿈의 기계'로 알려진 '만능'컴퓨터에 주목해 전산망사업을 착안하게 됐다. 컴퓨터는 자료를 무한대로 입력시킬 수 있고, 이 자료와 정보를 간단한 통신선로를 이용해 원거리 전송할 수도 있는 기술적 이점을 가진다는 점에 주목한 것이다. 따라서 자료보관소가 폭발사고 당시 발생한 화재로 소실됨으로써 행정기능이 마비되는 최악의 위험상황에서 벗어날 수 있다고 판단했던 것이다(최수묵, 1989).

1978년 2월에는 행정전산화 기본계획을 수립해 관련 행정제도를 정비하고 공무원의 인식을 제고하며 이를 위한 전산요원의 유치양성이 필요하다고 판단하고 제1차 행정전산화 기본계획(1978~82)을 발표했다. 이듬해 5월 정부는 행정업무 전산화추진을 개시했으나 총무처는 행정전산계획관실을 전산계획담당관실로 축소 개편하고 말았다. 행정조직의 기구증감과 인원배치 변화는 이 기술변화와 적용과정을 이해하는 조직적 배경을 이룬다.

지방행정에 전산조직의 채택 또는 도입(adoption of computing)은 적어도 1개 이상의 지방정부기능에 대해 전산처리체계를 적용하는 것을 뜻한다. 이때 지방정부가 전산시설을 별도로 소유하거나 공유해야 하는 것은 아니고 어떤 경우든 전산시설을 이용할 수 있으면 그 지방정부는 사용자(user)로서 분류할 수 있다(King and Kramer, 1985: 38).

한국에서 이런 지방행정 전산사업을 시작한 것은 서울특별시에서 1971년 4월에 재산세 부과업무를 컴퓨터로 처리한 것이 최초라고 한다(총무처, 1978: 12-40). 이후 1976년에 부산, 77년에 인천, 광주, 대구, 전주, 군산, 78년에는 청주, 충주, 마산 등 세무업무를 중심으로 하는 지방행정 전산화가 전국으로 확산됐다. 이런 지방행정 전산화는 1978년 발표된 총무처의 지방행정전산화기본계획에 의해 시작돼 내무부의 전산화정책과 밀접한 연계를 맺고 추진됐으며, 1979년에 지방행정전산화추진계획을 마련해 본격적인 지방행정기관의 전산화작업을 가속화하기 시작했다(김길조, 1979: 150-151).

그리하여 이미 1978년 7월부터 정부는 경제기획원과 KIST 공동으로 충청북도와 산하 시·군을 행정전산화 시범도 및 시범 시·군으로 선정하고 본격적인 통합 기간전산망 구축에 나섰던 것이다. 이와 같은 시범사업의 착수는 78년 2월, 총무처가 확정·발표한 제1차 행정전산화 기본계획에 따른 것이었다.

제1차 행정전산화 기본계획은 정부가 1978년부터 87년까지 10년에 걸쳐 5년 단위로 전국을 단일 정보권역으로 하는 행정정보 시스템을 구축하겠다는 전략의 하나였다. 이 당시 확정된 1차 계획에는 78년부터 82년까지 5년 동안 32개 정부기관의 99종에 이르는 중요업무를 전산화한다는 내용이 골간을 이루고 있었다. 그 주요골자를 보면 시와 도 단위로 컴퓨터 공동이용을 위한 부분 전산통신망을 구성하며, 지방행정업무 전산화를 위해서는 특히 각 시와 도에 전산센터를 설치한다는 것 등이었다. 더욱이 공용 행정자료 데이터베이스 구축을 위한 광범위한 수요조사 계획도 포함돼 있었다.[89]

---

89) 99개 중요업무는 경제발전, 국방 및 안전보장, 치안, 행정능률화 및 대민봉사 향상 등과 관련된 것이었다. 여기에는 예산관리, 세금징수, 주민등록 관리, 공안정보 관리, 취업알선 업무 등이 우선순위로 분류돼 있었다.

1983년부터 87년까지 진행될 2차 5개년계획은 1차계획에서 기간단위로 개발된 업무의 계열별 통합, 군단위까지 연결되는 전국적인 전산통신망 구축, 분야별 행정자료의 단계적 데이터베이스 구축 등이 근간을 이루고 있었다. 2차계획은 1차계획의 성과에 따라 변경될 수 있도록 예외규정을 두고 있었다. 그렇지만 2차계획의 궁극적인 목표 역시 전국을 단일 정보권으로 묶는 대단위 행정정보시스템 구축이었다는 점에 주목할 필요가 있다.

(2) 행정전산화 사업의 경제적 요인

행정전산화 사업추진의 경제적 요인을 살펴보면 그 기본발상은 경비절감을 위한 것이었다. 총무처의 제1차 행정전산화 기본계획 발표에 앞서 이와 같은 행정정보시스템 구축계획을 주도한 기관은 예산업무를 담당한 경제기획원이었다. 당시 기획원 예산국은 행정정보시스템 구축사업이 장기적으로 정부예산 절감효과를 가져다줄 수 있다고 확신하고 있었다.

상기한 바와 같이 70년대 초반까지 정부 주요기관의 전산화는 KIST, 금융단 전자계산본부(KBCC), 중앙전자계산소(NCC) 등 연구소나 공공 전산센터를 활용하는 형태를 취하고 있었다. 이 중 67년 설립된 KIST 전자계산실은 당시 주요 정부기관, 교육기관, 민간기업의 전산업무를 대부분 전담하고 있었고, 2년 후 1969년 출범한 KBCC는 대부분의 시중은행 전산업무를 담당했다. 1970년 발족된 NCC는 정부부처의 행정업무 전산처리를 일괄하고 있었.

그러나 1970년대 중반부터 저가 고성능의 미니컴퓨터 기종이 등장하고 민간기업의 전산시스템 도입이 급증하자, 정부기관에서도 독자기종 도입을 선택했다. 경제기획원 예산국은 이 때문에 예산편성 때마다 부처 전산시스템 도입예산 배정에 많은 고려를 해야 했다. 즉 기술 제공자(제품 판매자)의 입장에서는 기술수준의 고도화, 인공물의 다양화, 신제품 수명주기로 볼 때 기술적용 성숙기 또는 기술 성숙기에 도달해 있어 여러 종류를 제공할 수 있었으나, 수요자(기술 사용자)의 입장은 전혀 다른 것이었다. 이 곤란을 해결하기 위해 경제기획원이 안출해 낸 생각은 과학기술처 소속이던 NCC를 총무처로 이관시켜 정부전자계산소(GCC)로 개편하는 것이었다. 이 계획은 집행됐으나, GCC의 전산시스템 용량이 부족했고 정부기관들의 독자기종 도입선호로 유명무실해지고 말았다.

예산감축 방안의 하나로 기획원이 입안한 두번째 방법은 '정부행정의 효율화'를 위해 기간전산망을 새로 구축하고 통합 전산업무를 개발해 부처간 공동이용을 추진하는 것이었다. 이 두번째 아이디어를 공문서화한 것이 바로 총무처의 행정전산화 기본계획이다. 주목할 점은 기획원의 첫번째 구상이 전산예산 그 자체에 중점을 둔 것이라면, 두번째 착안은 전산예산은 그대로 집행하되 전산화의 결과로 나타나게 될 행정비용 절감, 즉 장기적 안목의 예산절감 효과를 노렸다는 것이다. 그러나 정부부처의 통합 전산화계획은 분명히 막대한 예산이 소요되는 국가적 대사였다.

이 단계에서 정부는 상기한 목적을 위해 '선(先)정책 입안, 후(後)기술개발'이라는 과정을 거치고 있음을 알 수 있다. 총무처의 1차 5개년계획이 발표되자, 기획원은 행정정보시스템의 본격구축에 앞서, 1978년 7월 시행착오와 예산낭비를 줄이기 위해 먼저 시범사업에 착수했다. 이 시범사업은 경험이 전무한 행정정보시스템 구축과정에서 무슨 기술이 요구되는가, 어떤 제도적 지원이 뒤따라야 하는가를 구체적으로 연구·검토하기 위해 반드시 거쳐야 하는 과정이었다.

(3) 행정전산화사업의 정치적 요인

국내 최고수준의 전산시스템과 개발기술이 있던 KIST 전산개발센터가 행정정보화 시범사업 수행자로 선정됐다. 그러면 왜 시범사업 대상지역은 충청북도로 정해졌는가. 다음과 같은 배경과 이유가 있다고 전해진다(안문석, 1998. 12 인터뷰). 즉 미미한 수준이지만 행정전산화 사업 추진과정에 정치적 요인이 작용했다.

"당시 고급 내무관료 가운데 행정전산화에 가장 열성을 보인 이가 충북지사인 정종택이었고, 그와 가장 절친한 친분관계를 유지했던 이가 바로 기획원 예산국장 강경식이었다. 따라서 시범사업 성패에 자신의 진로가 걸려 있다고 판단한 강경식이 정종택이라는 강력한 후원자를 끌어들인 셈이다."

그리하여 기획원 예산국과 시범사업자인 KIST 전산개발센터측은 연구책임자(안문석), 실무책임자(신동필) 등을 비롯해서 연구원 8명, 위촉연구원 9명, 자문그룹 8명 등 30명에 이르는 대규모 프로젝트 추진팀을 구성해 78년 7월 청주로 출장을 보냈다(안문석, 1998. 12 인터뷰).

"사업 초기에는 팀장 지휘하에 청주 시내에 아파트 두 채를 전세내 1년 이상 합숙을 했다. 주된 작업장소는 충북도청이었는데 그곳의 방 한 칸을 마련해서 전산실을 만들고 산하 시와 군에 원격 단말기를 직접 설치했다. 특히 음성군의 경우는 면 단위까지 단말기를 설치하여 시범사업에 완벽을 기하려고 나름대로 최선을 다했다."

충청북도의 경우 1978년부터 KIST에서 개발한 시스템을 중심으로 11월 충북도청에 KIST와 연결된 일괄처리 터미널(batch terminal)을 설치하게 됐고, 79년 8월에는 음성군에 터미널을 설치해 80년부터 주민등록 등·초본 발급업무와 토지대장 등·초본 발급업무를 시범 실시하게 됐다.

충청북도 도청과 산하 시와 군을 접속하는 행정정보시스템 시범사업은 1980년 초까지 계속됐다. 1979년 10월 26일 대통령 시해사건과 동년 12월 12일 군사반란이라는 정치격변의 와중에서도 사업은 지속됐고, 1980년 봄까지 최규하 대통령이 주재한 월례 경제동향 보고회의에서 그 추진과정이 정기적으로 보고됐다. 이 해에 충북 전체 약 160만 필지의 토지·임야대장과 가옥대장을 KIST 주전산기에 입력시킴으로써 재산세 부과 및 고지서 발급업무를 전산 처리할 수 있게 됐다. 이를 위해 충청북도는 전산업무 담당 및 추진기구로 1979년 7월 10일자로 기획관리실 통계담당관 밑에 전산처리계(정원 9명)를 설치했다(충청북도 전산담당관실, 1991. 9: 충청북도 전산업무 기본현황). 전산업무를 전담하는 직제를 마련하자 1980년 6월에는 주전산기(PRIME 750)를 도입·설치하고 1981년부터 도와 시, 군간에 토지대장 발급업무를 온라인으로 처리할 준비를 했다.

그러나 1980년 9월 전두환 정부가 들어서면서 기획원 예산국장과 충북지사가 교체되자, 정부당국의 행정정보시스템 구축사업에 대한 추진의지는 급속하게 냉각됐다.[90] 그러다가 81년부터는 실무부처인 내무부의 사업기피로 시범사업은 끝내 좌절하고 말았다. 1981년 3월에 KIST 연구단이 철수하자 독자 운영체제로 전환했다.91) 그 동안 분산돼 있던 행정정보를 수집·처리·가공할 수 있는 기술체계의 성립으로 국내 최초로 시도됐던 행정전산망 구축은 정치적 요인에 의해 기술선택의 경로에서 배제된 것이다.

결국 시범사업의 중단은 제1차 행정전산화 기본계획의 종료를 의미했다. 문서상으로는 82년 말 제2차 행정전산화 기본계획이 마련돼 발표되기는 했지만 연속사업의 의미는 크게 변질돼 있었다. 무엇보다도 사업계획을 추진할 당시의 정권이 붕괴된 상황이었고 추진 행위주체도 모두 달라져 있었다. 당연히 그 목표나 추진방법도 변형될 수밖에 없었다. 그렇다고 81년 이후 정부의 행정전산화 추진사업이 완전히 중단된 것은 아니지만, 확실한 전망을 가진 추진 행위주체가 있었던 것이 아니어서 뚜렷한 진전을 보이지 않게 됐다.

여기서 전산체계의 도입과 확산정책이 갖는 의미를 따져 보자. 행정전산

---

90) 全斗煥: 1931년생. [학력] 51년 대구공고 졸, 55년 육군사관학교 졸(11기), 59년 부관학교 졸, 60년 미국 보병학교 수료, 65년 육군대졸, 84년 명예정치학박사(미국 페퍼다인대). [경력] 55년 육군소위 임관, 61년 육군본부 특전감실 기획과장대리, 최고회의 의장실 민원비서관, 63년 중앙정보부 인사과장, 육군본부 인사참모부 근무, 66년 제1공수특전단 부단장, 67년 수도경비사령부 30대대장, 69년 육군참모총장실 수석부관, 70년 9사단 29연대장(주 베트남 백마부대), 71년 제1공수특전단장, 73년 육군 준장, 76년 대통령경호실 차장보, 77년 육군소장, 78년 1사단장, 79년 국군보안사령관, 80년 육군중장, 80년 4~7월 중앙정보부장 서리, 80년 6월 국가보위비상대책위원회 상임위원장, 80년 8월 예편(육군대장), 80년 8월 11대 대통령 당선, 80년 9월 대통령 취임, 81년 1월~87년7월 민정당 총재, 81년 2월~88년2월 12대 대통령, 87년 8월~88년 4월 민정당 명예총재, 88년 2~4월 국가원로자문회의 의장.

91) 충청북도는 행정전산화를 위해 1983년에 과장급 사무관인 전산담당관실을 신설했다. 이 시기부터 전산업무를 본격 추진하게 됐고 1989년에 지역전산본부를 설치했다. 이때부터 상당히 급속하게 확산추세를 보인 행정전산업무를 조정하고 기기도입, 전산계획 등을 심의하기 위한 전산추진위원회가 구성돼 운영됐다. 충북의 전산추진위원회의 위원장은 부지사(당연직)이며 실·국장과 관련분야 교수로 구성돼 운영됐다(임태균, 1991: 100-102).

〈표 4-2〉 충청북도 전산화사업 연혁

1975. 2.		대통령, 행정전산화 추진 지시(총무처 초도 순시).
1976. 6.		총무처, 행정전산계획관실 설치.
1978. 2.		총무처 제 1차 행정전산화 기본계획(1978-1982) 발표
1978. 7.		충북, 행정전산화 시범도로 선정됨.
1978. 8.		KIST 행정전산화 연구단과 공동개발 착수(충북도청).
1978. 11.		KIST4--> 충북간 전산단말기 설치.
1979. 5.		총무처, 행정전산계획관실을 담당관실로 축소 개편.
1979. 10.		충북도청, 통계담당관실에 전산처리계 신설(정원 9명).
1980. 6.		주전산기(PRIME 750, 6MB) 도입 설치(충북도청).
1981. 1.		충청북도4--> 시, 군간 토지 온-라인 사무 개시.
1981. 3.		충북도청에서 KIST 연구단 철수.
1981. 4.		독자운영체제로 전환(충북도청).
1982. 1.		행정업무 전산화 추진규정 제정.
1982. 12.		제 2차 행정전산화기본계획(1983-86) 수립.
1983. 3.		대통령, 정보산업 육성방안 보고받음.
1983. 10.		충북도청 전산담당관실 신설(전산 1, 2계 정원 31명).
1989. 5.		직제 개칭(충북도청 전산지도계, 전산개발계, 전산관리계, 정원 49명).
1983. 5.		충북 지역전산본부 설치.
1990. 12.		주전산기(PRIME 4150, 16MB) 교체 설치(충북도청).

화를 위한 국가의 정책은, 첫째, 이 당시 컴퓨터의 개발이나 도입 그 자체를 지향하기보다는 컴퓨터 응용업무(computer application)의 개발과 기술이전에 중점을 둔 것이었다. 후기단계에 들어가 1980년대 후반에 행정전산망용 주전산기(타이컴)와 하드웨어 개발에 많은 시간과 경비를 들였고, 이것은 하드웨어 생산업체의 존재와 상당히 관련이 있는 것이었다.

둘째, 컴퓨터 응용프로그램의 이전(transfer of application)은 시범적 응용프로그램의 개발과 선도시행(research and demonstration)이라는 정책을 통해 이뤄졌다. 이때에는 표준화된 전산시스템을 통한 전산도입 확산정책이나 응용프로그램 개발에 대한 보조금 지급정책 같은 확산정책을 채택하지 않았다.

셋째, 전산화를 위한 추진주체에 따른다면 지방행정 단위보다는 국가주도에 의한 중앙집권적 정책을 추진했다. 행정전산화 사업은 지방정부나 자치단체에 의한 분권적 목적이 아니었다. 그후 지방의 행정목적보다는 국가목적에 기여하는 전산업무 위주로 개발될 가능성이 높고 전 국가적인 표준화된 시스템을 개발하게 됐다. 미국이나 유럽국가들과 비교해 볼 때 행정전산화의 확산속도가 빠르게 추진됐다. 하드웨어 측면에서 볼 때 지방단위로 독자적인 컴퓨터시설을 소유하기보다는 지역 공동시설 또는 지역 전산본부를 보다 많이 이용하게 된 것이다.

넷째, 행정전산화의 목적은 업무개선과 비용절감, 수입확대였다는 점이다. 최초로 전산화된 지방행정 업무는 공통적으로 재산세 부과업무였다. 이것은 첫째, 재산세 업무가 전산화하기 쉬운 반복적이고 관례적이며 정형화된 업무(programmed task)라는 점에서 처음 전산화된 것이다. 둘째, 전산화의 기본목적에 가장 잘 부합되는 성격의 업무로 비용절감과 수입확대에 이바지한다는 점이다. 구미 선진국의 전산화를 위한 배경으로 전통적인 정치문화의 반영을 들고 있다고 볼 때 이와 같은 재정효율성에 대한 강조는 당연한 것이다. 따라서 정보기술의 이용유형은 정치적 요구와 조직상황을 반영하는 것이라고 규정할 수 있다(King and Kramer, 1985: 55).

다섯째, 행정전산화의 확산은 도시규모와 관련이 있다고 할 수 있다. 각종 규모의 지방도시 중에서 전산화를 도입하는 시기에 서울시가 가장 빨랐고, 그 다음 부산시, 그 다음 다른 대규모 도시로 확산돼 가는 과정을 거쳤

〈표 4-3〉 지방행정 전산화정책의 비교

	한 국	미 국	OECD 가입 유럽국가
도입	국가 주도	지방정부 주도, 연방정부 지원	국가 주도
최초의 응용프로그램	비용절감 및 수입확대 분야	수입확대 및 비용절감 분야	수입 확대 및 비용절감 분야
전산조직	지역공동시설 위주	자체 보유 위주	지역공동시설 위주
모든 지방정부에 대한 전산 확산기간	중기	장기(20년)	중기

자료: 임태균, 1991: 106.

다. 즉 전산도입 요인에서 도시규모가 도입시기의 선후관계를 구분짓는 요인으로 작용했다. 이것은 대규모 도시가 중소도시보다 빨리 전산화를 추진하고 도입하는 것으로 세계적으로 공통된 현상이라고 할 수 있다.

제2차 행정전산화사업(1982~88)은 1982년 1월 "행정업무 전산화 추진규정"을 제정해 행정전산화추진위원회를 운영했고, 5년 단위의 행정전산화 기본계획을 수립했다. 여기서 그 동안 진행된 부처별 연간 세부 실천계획의 조정과 통보 및 추진결과를 평가하고, 이를 위해 전자계산조직의 도입과 설치에 대한 사전합의와 부처별 전산예산의 사전심의를 시도했다.

1982년 7월에는 행정업무 전산화 추진규정 시행규칙을 제정했고, 동년 12월에는 제2차 행정전산화기본계획(1983~86)을 수립했다. 여기에는 행정기관별로 이미 개발된 업무의 업무계열별 체계화·종합화의 추진, 행정정보체제(NAIS, National Administration Information System) 구성계획의 수립, 행정기관별로 구성된 통신망을 종합해 모든 중앙행정기관에 상호 연결, 지방의 군 단위까지 연결되는 전국적 행정정보망의 구성, 제1차 기간중의 정보수요 조사 및 기술연구 결과에 기초한 행정 데이터베이스의 단계적 구성과 활용 등이 계획됐다. 그리고 여기에는 전산화 여건조성의 중점사항으로 정보산업 육성을 고려한 국산 컴퓨터시스템의 적극활용과 별정직 공무원의 일반직화 등 우수요원의 적극적인 확보를 계획했으나 사실상 백지화됐다. 그러나 그 기본구상과 사업계획은 1980년대 초반부터 국가의 최고권력 내부에서부터 재론돼 시도되고 있었다.

3) 행정전산망사업 추진기구의 형성

그렇다면 1980년대와 같은 정치적 중세시대에 기술적 진보를 가속화시킨 것은 무엇일까? 이제 정보기술의 사회적 형성을 살피는 가장 극적인 사례로 조직간 네트워크(inter-organizational network)를 기술의 산업적·제도적 응용이라는 측면에서 고찰해 볼 필요가 있다.

행정전산망, 금융전산망, 교육연구전산망, 국방망, 공안망 등 5대 국가기간전산망의 틀은 1987년을 전후해 마련된 것으로 알려져 있다. 왜냐하면 이해에 "전산망보급확장과이용촉진에관한법률"이 제정돼 이를 근거로 국가수준의 정보화사업이 본격화됐기 때문이다. 이 법령에 따라 86년 5월 한국통신진흥(자금지원), 87년 1월 한국전산원(전산망 감리 및 표준의 설정) 등 추진체제가 구축됐다. 또한 한국데이타통신(행정전산망), 금융결제원(금융전산망), 시스템공학센터(교육연구전산망) 등 전담 사업자도 지정됐다.

5대 기간전산망 가운데 정부가 가장 중점을 둔 부문은 가장 규모가 컸던 행정전산망이었다. 1986년 총무처가 발표한 행정전산망의 목표 및 추진전략은 '작은 정부 구현'과 '선진 경제사회 실현'이었다. 이 중 특히 '작은 정부 구현'은 공공기관에 전산시스템을 구축하려는 목적과 방법을 그대로 표현한 것이었다. 정치적 긴장과 사회불안으로 체제관리에 골몰하던 5공화국 정부는 정권차원의 치적사업으로 행정전산망 추진에 적극성을 보였다. 그리하여 한강 치수사업 추진 등과 함께 행정전산망 기틀 마련은 5공화국의 3대 치적으로 꼽힐 정도였다.

혁신네트워크의 형성

행정전산망 사업추진 전체 과정을 살펴볼 때 국가기관의 기술 파워엘리트와 기술관료, 슘페터적 의미에서 기업가(entrepreneur)의 역할을 행사한 행위자가 부상하게 된다. 이것은 최고권력, 기술권력(top level technological power)과 행정권력(administrative power) 등으로 나눌 수 있다. 이들은 최악의 조건에서 최선의 노력을 기울여 최상의 효과를 얻기 위한 다각적인 접근을 시도했고 상당한 성공을 거두었다. 지금까지 행정전산망사업을 제안한 사람은 모두 5명이나 된다. 첫째는 전술한 KIST의 성기수였다. 그는 기술논리로 행정전산화사업 및 전산망사업이 갖는 효과를 잘 인지하고 있었다. 둘째는 박정희 대통령이었다. 그는 국가 유사시를 대비해 물샐틈없는 경계와 주의가 요망되는데, 이에 행정전산망 같은 사업의 필요를 절감하고 있었다. 셋째는 1979년 무렵에 청와대 경제 2수석비서관으로 있던 오원철에 의한 사업구상이었다. 이 구상은 국방과학연구소장 이만영을 통해 오명 책임연구원의 사업검토로 이어졌으나 구체적으로 추진되지는 못했다.92) 넷째와 다섯째는 이제 소개하는 오명과 홍성원과 이를 지원해 준 전두환 대통령과 김재익 경제수석비서관이었다.93)

---

92) 吳明: 1940년생. [학력] 58년 경기고 졸, 62년 육군사관학교 졸, 66년 서울대 전자공학과 졸, 72년 공학박사(미국 뉴욕주립대), 97년 명예인문학박사(미국 뉴욕주립대), 99년 명예경영학박사(원광대). [경력] 66~78년 육군사관학교 전임강사·조교수·부교수, 79년 국방과학연구소 책임연구원, 80년 국가보위비상대책위원회 상공자원분과 위원, 80년 예편(대령), 80년 대통령 경제비서관, 81년 체신부차관, 87년 동 장관, 89~93년 대전세계박람회 조직위원장, 89년 미국 뉴욕주립대 석학교수, 89년 대통령 과학기술·교육정책자문위원, 92년 원자력안전기술원 이사장, 93년 한국야구위원회 총재, 93년 교통부장관, 94~95년 건설교통부장관, 96년 (주)데이콤 이사장, 96~2001년 동아일보 사장, 96년 그린패밀리연합 총재(현), 96년 고려중앙학원 이사(현), 96년 IPI 한국위원회 이사(현), 99~2001년 동아일보 발행인·편집인·인쇄인, 99년 한국신문협회 부회장, 2000년 정보문화운동협의회장(현), 2000년 국립암센터 초대 이사장(현), 2001년 동아일보 대표이사 회장, 2001년 한국엔지니어클럽 회장(현), 2001년 인천공항 명예홍보대사(현). [저서] 『전기전자공학』, 『레이저응용』, 『정보화사회 그 천의 얼굴』, 『엑스포와 미래이야기』 등. 그는 세칭 일류 명문고와 군사학교, 국립대, 미국 박사라는 한국사회의 대표적인 엘리트코스를 거친 데다가 국방과학연구소 책임연구원, 동년 5월 국가보위비상대책위원회 상공자원분과 위원, 동년 10월 대령 예편 후 대통령 경제비서관, 1981년 5월 이후 8년간 체신부장·차관으로 재임하면서 정보화사회 기반구축에 앞장섰다. 특히 그는 1981년 10월 차관 재직시절 체신부 전기통신조직 부문을 한국전기통신공사(KTA, 현 한국통신)라는 법인체로 공사화시키고, 1982년 3월 한국데이타통신(현 데이콤)을 출범시킨 산파역을 자임했다. 또한 만성적 전화 적체를 해소하기 위해, TDX 개발사업 지원과 각종 정보통신 관련법을 제정하는 데 중심역할을 맡았다(김정수, 2000). 그가 군인 출신으로 국방과학연구소(ADD) 인맥이라는 점도 유의할 필요가 있다.

93) 김재익은 1938년생으로 오명의 경기고 1년 선배였으며, 고교 2년 재학중에 서울대 외교학과에 입학, 졸업 후 한국은행에 수석 입행했으나 동 은행 근무중 도미 유학해 스탠포드대학에서 경제학 박사학위를 취득했다. 그는 1973년 귀국해 청와대 김용환 경제수석비서관의 자문역으로 있다가 남덕우 경제기획원 부총리 시절 경제기획국장을 지냈다. 그는 대표적인 자유시장 개방론자로 성장위주의 관주도형 경제체제의 한계를 비판하고 안정, 자율, 개방을 주장했다. 그는 공무원 생활을 그

1980년 9월 대통령 경제수석비서관 김재익과 오명 국가보위비상대책위원회 상공자원분과 위원의 회동, 곧이은 10월 오명의 대통령 경제비서관 근무에서부터 한국사회의 정보화와 전자산업 발전을 위한 밑그림이 그려지기 시작했다고 해도 지나친 말이 아니다. 8개월 동안 청와대에 근무하면서 오명은 그 주변에 '정보통신혁명'을 이끌 혁신 네트워크를 형성했다.94) 이들은 최고권력의 비호 아래 5공화국 체제하에서 컬러TV 방영, 전자산업 육성, 전기통신사업의 공사화, 데이터통신 전담회사 설립, 행정전산화 사업 등 획기적인 사업을 추진·성공시켰다(김정수, 2000). 특히 이들 정보정책 추진의 인적 구성원은 비교적 이질적이고 혼합적이었다. 그럼에도 불구하고 이들

만두고 연구활동을 하려고 사표를 제출한 날 80년 국보위 위원으로 위촉·차출돼 대통령 경제수석비서관으로 임명돼 대통령의 '경제 과외교사'역을 했으며, 대통령의 신임이 두터웠던 것으로 알려져 있다. 1981년 대통령 해외순방을 수행하던 중 버마 아웅산국립묘지 폭발사고로 사망했다.

94) 오명 경제과학비서관 아래 연구관 홍성원, 서기관 정홍식, 과장 송욱환이 있었다. 이들은 1989년 봄까지 청와대에 남아 있으면서 오명의 작업을 지원했다.
　洪性源: 1945년생. [학력] 63년 동성고 졸, 67년 육군사관학교 졸, 71년 미국 유타대 전기학과 졸, 75년 공학박사(미국 콜로라도대). [경력] 67년 보병 소대장, 71년 육군사관학교 전임강사, 72~75년 미국 콜로라도대 생체공학연구소 연구원, 75~80년 육군사관학교 조교수, 76~81년 KIST 연구원, 76~80년 국방과학연구소 연구원, 77년 KAIST 대우교수, 80년 중앙정보부 비서실 의전과장, 국가보위비상대책위 위원장 비서실 의전과장, 대통령 비서실 연구관, 81년 대통령 경제비서관, 89년 한국전자통신연구원 책임연구원, 90년 대전세계박람회조직위원회 총괄자문위원, 91년 동 사무2차장, 93년 KAIST 교수, 서울분원장, 95년 현대전자 부사장, 96년 시스코시스템즈코리아 사장, 2001년 동 회장(현). [저서] 『전기전자공학』, 『전기전자공학실험독본』. [번역] 『넷레디』, 『시스코커넥션』, 『넷만이 살길이다』.
　鄭弘植: 1945년생. [학력] 64년 제물포고 졸, 72년 연세대 경제학과 졸, 86년 동 경영대학원 졸. [경력] 71년 행정고시 합격, 71~79년 국무총리 기획조정실 근무, 79~87년 대통령 비서실(경제) 근무, 87년 동 경제비서관, 89년 국가전산망조정위원회 사무국장, 91년 체신부 정보통신국장, 94년 동 전산관리소장, 95년 정보통신부 정보통신정책실장, 98년 동 차관, 2000년 텔슨전자 대표이사 회장(현), 2000년 텔슨EBILL 대표이사 회장(현).

사이에 정책 공감대 및 정보정책의 골조 유지가 가능했던 이유는 한마디로 직업주의(professionalism)에 바탕을 둔 연대 또는 유대감이 강하게 작용했기 때문이다(한세억, 1998).

이들은 1981년 3월 "전자공업 육성을 위한 장기정책"의 마련을 통해 반도체·컴퓨터·전자전화교환기를 3대 전략 산업화하고, 5년 이내에 전자부문의 생산 및 수출을 2.5배 증가시킴으로써 전자산업을 기계공업에 필적하는 주력산업으로 육성한다는 기본구상을 도출했다.[95] 당시 전자산업 비율을 보면 가전산업이 44%, 부품산업이 44%, 산업전자 부문은 12%였다. 이 가운데 가장 기술집약적인 하이테크(high tech)분야인 산업전자분야를 1986년까지 20% 수준으로 끌어올린다는 것이었다. 이를 위해 각종 행정규제를 완화하고 금융·세제상의 혜택부여와 지원을 하며 집중적인 기술개발을 촉진하기 위해 신기술로 개발된 제품에 대해서는 처음 2년 동안 세금을 10분의 1로 낮춰 주고 이후 5년 동안 각종 혜택을 주도록 했다.

곧 이어 동년 12월에는 "컴퓨터 및 반도체산업 육성계획"을 마련하고, 경제비서실의 홍성원 과학기술비서관을 위원장으로 하는 관·민·연 합동의 협의기구인 '반도체공업육성추진위원회'를 청와대 내부기구로 설립, 반도체 개발계획을 주도해 나가는 한편 국가기간전산망 사업에 대한 구상을 해 나가게 됐다.[96] 홍성원은 확고한 기술비전을 가지고 김재익 수석과 함병춘 비서실장을 설득했고, 마지막으로 대통령을 이해시키는 캠페인을 전개했다. 확고한 기술비전을 갖는 기술권력에 의한 캠페인이 전개된 것이다. 대통령

---

95) 상공부, 경제기획원, 재무부, 체신부, 과학기술처 등 관련부처의 실무책임자와 산업계 및 연구소 인력까지 포함해 28명이 '전자산업 육성대책반'이라는 팀을 구성, 3개월 동안 작업해 제시한 것이다.

96) 육사교관 재직중 1980년 4월 전두환 국군보안사령관의 의전보좌관으로 발탁돼 중앙정보부장 의전보좌관을 거쳐 10월부터 청와대 경제비서실에서 근무하던 홍성원은 1981년 5월 비서관이 됐을 때 38세였다. 홍성원은 유타대학에서 석사, 콜로라도대학에서 박사학위를 받았는데, 전공은 자동제어와 기계설계였다. 귀국 후 육사교관을 하면서 KAIST와 서울대에서 국내 최초로 컴퓨터설계와 컴퓨터그래픽을 강의했다.

은 공고 출신에다 군사정보통이었으며 '새로운 것에 대한 선호'로 인해 이 사업이 갖는 정치·사회·기술적 중요성을 인지할 수 있었다. 홍성원은 더 나아가 차관회의와 국무회의에 참석해 각료들에게 설명하고 국무총리의 의견을 구하기도 했다. 또한 2백여 공공기관 및 전문가들의 의견도 수렴했다.

1982년 정부는 지난 20년 동안의 수출드라이브 정책에 필적하는 '기술드라이브 정책'의 전개를 국가목표로 설정하고, ① 대통령 주재하에 정부, 산업계, 학계, 연구소, 언론계, 금융계 대표 다수가 참여해 기술혁신의 기본방향을 정립하고 제안할 기술진흥확대회의, ② 이를 실무적으로 지원하면서 기술혁신 시책을 조정하는 실무적 정책협의체인 기술진흥심의회, ③ 기술개발과 관련된 시책 및 제도를 산업현장에서 적극 활용해 기술진흥정책을 효율적으로 추진·보급할 기술진흥협의회를 설치·운영하기로 의결했다(김문조, 1999: 56).

1983년 1월 28일 정부는 83년도 제1차 기술진흥확대회의를 열고 83년을 '정보산업의 해'로 선포했다. '정보산업의 해' 선포는 정보화 실현을 위해 정부차원에서 각종 시책을 전개하고 수천억 원의 예산을 투입하겠다는 것과 함께 정보산업을 투자할 만한 가치가 있는 산업분야로 인정했다는 것을 의미했다. 즉 과학기술의 획기적인 발전 없이는 선진국 진입이 어렵다는 전제 아래 거국적 기술개발정책을 추진하는데, 그 기본전략으로 고졸 기술인력의 증원, 생산적 연구개발 활동의 지원 및 핵심적 전략기술의 토착화를 제안한 것이다(김문조, 1999: 56).

민간기업의 입장에서 '정보산업의 해' 선포는 신제품개발에 대한 투자, 표준화 수용 등 불확실성 때문에 결론을 내리기 어려운 의사결정과정에 확신을 갖게 하는 계기를 제공했다. 정부의 배후지원 아래 개발과 생산에 몰입할 수 있는 토대가 마련된 것이다.

정부 측면에서 볼 때 이 시기는 1970년대 후반부터 급증하기 시작한 기업의 새로운 기술체계 도입이나 전산화 도입을 추진하는 기업의 난립과 돌출행동을 수습할 정책적 필요성이 제기되던 시점이었다. 1982년까지만 해도 조령모개(朝令暮改)식의 정부정책, 예컨대 컴퓨터 국산화와 교육용컴퓨터의 보급 같은 특정과제를 놓고 관련부처끼리 경합을 벌이는 상황이 나타나기도 했다. 그래서 일부 업체는 정부정책에 불신을 드러내면서 전산화나 국산화를 포기하는 경우가 발생하기도 했다.97)

1982년 7월 "전자계산조직(컴퓨터)의 도입 및 이용에 관한 규정"이 제정되면서 정보산업정책의 핵심이던 컴퓨터 도입(수입) 심사업무가 과학기술처에서 상공부로 이관되었다. 대신 과학기술처는 '복마전'으로 표현되던 컴퓨터 국산화정책을 맡게 됐는데 만족스러울 리가 없었다. 어느 날 갑자기 과학기술처는 당시 국산화가 추진되고 있는 컴퓨터 품목에 대한 수입금지 조치를 취하게 됐다. 이른바 '국산화 지원조치'라는 것이었는데, 국산화 업체들은 두 팔을 들고 환영했지만 전산화계획을 진행하던 금융기관, 정부기관, 대기업 등 컴퓨터 수요자측은 엄청나게 반발했다. 그런 식의 행정이 시행됐다.98)

1983년 1차 기술진흥확대회의는 대통령을 의장으로 하고 주관부처는 과학기술처로 각 부처, 기업계, 연구기관 및 학계 대표 등으로 구성돼 1970년대부터 지속돼 온 과거 박정희정부의 무역진흥확대회의를 모방해 만든 정책 상설기구로 경제과학기술 정책의 전환을 의미하는 것이었다. 이 회의는 5공화국 정부가 기술개발이 국가발전의 원동력이 된다는 판단 아래 '기술드라이브 정책'을 추진하기 위해 구성한 것이다. 이 회의는 전 국무위원과 한국과학기술원(KAIST), 전자기술연구소(KIET), 한국데이타통신 등 정부출연기관과 공사, 한국전자공업진흥회 등 단체, 기업, 대학, 연구소 등 각계 대표 270여 명이 참석한 가운데 개최됐다. 1982년 11월 첫 회의 이후 분기별로 한 번씩 개최됐는데, 주요기능은 기술개발 제도마련과 개선, 기술 성공사례 발표, 공로자에 대한 훈·포장 등을 통해 산·학·연 기술개발 의욕을 고취하

---

97) 이에 비해 일본은 우정성과 통산성의 정책경쟁을 통해 전자통신 기술개발의 효율성을 극대화해 냈다(염재호, 1994). 또한 일본은 중형컴퓨터의 자국화를 위해 히다치 등 3개 사에 국한해 기술개발 지원정책을 실시했다.

98) 1982년 당시 과학기술처 정보계획국장이었던 C씨의 회고.

는 것이었다.

1983년 1차회의에서는 '정보산업의 해' 선포의 건이 골자였다. 전두환 대통령이 주재한 이 회의에서 정부는 1982년 11월 첫 회의에서 한국데이터통신 이용태 사장(삼보컴퓨터 회장)이 정보산업계를 대표해 보고한 '정보산업의 해' 선포건의를 정식으로 채택했다. 또 이 회의에서 이정오 과학기술처 장관은 '정보산업의 해'를 실현하기 위한 각종 시책을 전개하며, 앞으로 5년 동안 2,000억 원의 예산을 관련 기술개발에 투자하기로 하는 등의 정책방향을 제시했다.99) 이 회의 이후 정보산업정책 관련부처였던 과학기술처, 상공부, 체신부와 유관부처인 문교부(컴퓨터 교육), 총무처(전산행정) 등 5개 부처 관계자들은 '정보산업의 해'를 '정보산업 육성 원년'으로 삼는다는 기술진흥확대회의 결의에 따라 2개월 안에 그 육성방안을 마련해 대통령에 보고해야 했다.

이를 계기로 국가정보화사업과 관련한 주요 프로젝트가 시작되거나 완료됐다.100) 그리하여 1983년 3월 14일 "정보산업 육성방안"이 대통령에게 보

---

99) 李正五: 1932년생. [학력] 57년 육군사관학교 13기 졸, 61년 서울대 문리대 졸, 67년 공학박사(미국 터프스대). [경력] 61년 육군사관학교 전임강사, 67년 미국 MIT 연구원, 67~71년 육군사관학교 부교수, 69년 동 도서관장, 71년 중앙대 기계과 부교수, 73년 과학원 기계과 부교수, 74년 동 교무처장, 75~80년 동 교수, 80년 한국과학기술연구원 소장 겸 한국과학원장, 80~86년 한국과학재단 이사장, 80~85년 과학기술처 장관, 85년 한국과학기술원 교수, 85년 한국과학기술단체총연합회 고문(현), 86~88년 한국과학기술원장, 87년 태국 아시아공대(AIT) 이사, 87년 과학기술대 학장, 88년 한국과학기술원 생산공학과 교수, 91~97년 동 정밀공학과 교수 97년 동 명예교수(현).

100) 1983년 한 해 동안의 주요 작업내용을 월별로 보면 다음과 같다.
　　 1983. 3　과학기술처, 최초 국내 컴퓨터 실태조사.
　　 1983. 4　KBS 2TV, 국내방송 최초로 컴퓨터 공개강좌 프로그램 신설.
　　　　　　 정보산업육성법(안) 마련.
　　 1983. 5　상공부, 정보산업담당 정보기기과 신설, 행정전산화 계획 확정.
　　 1983. 7　청와대에 정보산업육성위원회 설치, 국가기간전산망 구상(안) 대통령에게 보고.

고됐는데, 이는 정부가 체계적으로 정보산업 육성에 나서겠다는 것을 밝힌 최초의 정책문건이라는 의미를 갖는다. 이 "정보산업 육성방안"에 따라 추진주체들은 정보통신산업의 터전을 다지는 계기를 제공한 행정전산망, 금융전산망, 교육연구전산망, 국방망, 공안망 등 5대 국가기간전산망 계획수립에 관한 직접적인 근거를 마련할 수 있었다. 이 문건 말미에는 "정보산업 육성을 위한 건의"가 첨부됐는데, 이것이 지금의 전산망조정위원회의 모태가 되는 '정보산업육성위원회' 구성과 운영에 대한 것이었다.

4) 연구혁신 체제의 재정비

1970년대 말기부터 제기된 상공부의 연구소 통합안은 1980년 11월 국가보위비상대책위원회(위원장 전두환)에 의해 수용돼 KTRI와 한국전기기기시험연구소를 통합시켜 KETRI가 창립됐다. 이때 KIET가 제외된 것은 국보위로서 개입할 수 없는 사정이 있었기 때문이다. KIET는 정부예산이 부족해 국제부흥개발은행(IBRD)의 차관을 도입해 구미공단에 설립한 것인데 IBRD 측이 연구소 통폐합을 반대했던 것이다. 그러나 국보위는 이에 굴하지 않고 KETRI와 KIET의 소장 및 감사를 겸임시킴으로써 행정적 차원의 통합을 시도했다. 더 나아가 국보위는 "출연연구소 운영개선방안"을 작성해 컴퓨터, 반도체, 통신, 전기부문 출연연구소의 소속을 전부 과학기술처로 단일화하는 조치를 감행했다.

두 연구소의 행정 통합체제는 겸임소장이던 최순달이 1982년 사임하게 되면서 일단락됐다. 그러나 KETRI와 KIET가 각각 백영학과 김정덕 두 공학박사를 각각 소장으로 임명되면서 향배가 달라지기 시작했다.

두 연구소 통합논의는 KIET가 1984년 초 정기이사회에서 구미공단 내 6만 평의 연구시설과 부지를 매각하고 다른 지역에 안정된 연구시설을 확보

1983. 11 미국의 마이크로소프트사 국내 진출(큐닉스와 기술 제휴).
1983. 12 국가기간전산망 기본방침 마련.

할 것을 결의하면서 재개됐다. 원래 KIET가 구미공단에 입지하게 된 배경은 박정희 대통령이 그의 고향인 구미에 대규모 전자공업 단지를 조성하겠다는 의지에 따른 것이었다. 그러나 구미지역은 인근 대구시 등 대도시에서 격리돼 있어 고급 연구원과 그 가족들을 유치하기에는 문화적·교육적 환경이 너무나 열악했다. KIET 내부 역시 신기술개발과 연구에 소요될 재원 확보가 벽에 부딪히면서 연구소 운영난에 봉착해 있었다.

그래서 KIET는 1984년 4월 구미단지 시설과 부지를 금성반도체에 매각하고 KETRI 인근 부지 5만여 평을 구입해 대덕연구단지로 이전했다. KETRI 인근부지로의 이전은 양대 연구소의 통합을 의식한 것이라고 지적할 수 있다. 이런 움직임에 힘입어 1984년 8월부터 과학기술처에 의해 두 연구기관의 통합이 검토됐고, 결국 1984년 12월 29일 개최된 제48차 경제장관회의에서 의결됐다. ETRI(Electronics and Telecommunications Research Institute)는 1985년 3월 26일 대전지방법원에 전두환 대통령을 설립자로 설립등기를 마치고 그 해 5월 정식 발족됐다.[101]

한편 한국전자기술연구소의 설립과 동시에 또 하나의 연구소가 설립됐는데 바로 과학기술처 산하의 KIST 부설 한국전자통신연구소였다. 이 연구소는 1977년에 한국통신기술연구소로, 다시 1981년에 한국전기통신연구소로 두 번에 걸쳐 명칭을 변경하며 한국통신기술 개발 지원을 담당해 왔다.

이제 연구소 통폐합의 정치적 과정을 살펴봄으로써 연구혁신 체제의 형성과정을 확인할 수 있다. 1980년 말 전두환을 중심으로 하는 신군부의 국가보위비상대책위원회(국보위)는 사회 전반의 개혁이라는 명분으로 1979년 말 기준 16개의 연구소를 9개로 통폐합하는 조치를 단행했다.[102] 1980년 11

---

101) 초대 소장에는 한국전기통신공사 제2부사장을 역임하고 KETRI 소장을 하던 경상현이, 이사에는 한국전기통신공사 사장 이우재, 한국데이타통신 사장 이용태 등이 각각 취임했다.
102) 1980년 말의 신군부 권력집단 주도의 연구소 통폐합조치 이후 존치된 9개 연구소는 KIST, 한국에너지연구소, 한국동력자원연구소, 한국표준연구소, 한국기계연구소, 한국화학연구소, 한국인삼연초연구소, 한국전기통신연구소(KETRI), 한국전자기

월 13일 과학기술처는 연구효율을 극대화하기 위해 각 부처에서 관리하던 기존의 16개 연구소를 유사기관끼리 통폐합해 8개의 연구소로 축소하고 이를 과학기술처에서 관리한다는 내용의 "연구개발체계 정비와 운영개선 방안"을 공표했다.

KETRI는 한국통신기술연구소(KTRI)가 한국전기기기시험연구소와 통합한 것이었다. KTRI와 한국전기기기시험연구소는 KIET와 함께 1976년 말 발족한 전자산업 전문 3대 출연연구소로서 3공화국이 컴퓨터(KIET), 전자통신(KTRI), 반도체(KETRI) 등 세 분야를 전자산업의 간성으로 육성하겠다는 방침 아래 출범시킨 연구소였다(한국과학문화재단, 1998: 47-75).

그후 1985년에는 KETRI가 잔존하던 KIET를 흡수 통합한 다음 한국전기기기시험연구소 부문을 분리시키고 탄생한 것이 한국전자통신연구원(ETRI)이다. 그후 ETRI는 더 이상 통폐합 과정을 되풀이하지 않았다. 그러나 1992년까지 출연기관이 과학기술처에서 체신부로 전환됐고, 1995년에는 다시 정보통신부로 옮겨가게 됐다. 이에 반해 5공화국 때 통폐합됐던 다른 연구소들은 제6공화국 이후 '원상회복'을 주장하게 되면서 1990년대 들어 거의 제 이름을 찾아가게 됐다.

1985년의 ETRI 출범에 대해 정부 쪽이나 출연연구소 관계자들의 후일담은 "1976년 이후 거듭되어 온 출연연구소 개편바람이 마무리되고 비로소 첨단 전자통신기술 연구체제가 정착됐다"고 적극적으로 평가한다고 한다. 그 이유는 다른 연구소들이 특성과 자율적 역량이 무시된 채 통폐합을 거듭해 소모적 과정을 경과했으나, ETRI라는 연구기관의 독자적 존립은 전자통신부문 발전을 진일보하게 만든 중요한 사태의 진전이라는 점 때문이다. 그 당시까지 제 각각 모색을 하던 전자(컴퓨터와 반도체)와 통신부문이 상호연계 필요성을 절감해 이루어진 결과이기도 하고, 전자와 통신을 통합한 제3의 기술, 즉 정보통신기술의 형성 가능성을 시사하는 분기점을 이루었기 때

술연구소(KIET) 등이었다. 이 중 통합규모가 거대했던 기관은 한국전기통신연구소였고 전혀 통폐합의 조치가 적용되지 않은 데는 KIET가 유일했다.

문이기도 하다.

이런 연구혁신 체제의 변화는 연구개발 환경의 변화에서 비롯된 것이었다. 국내외 컴퓨터, 통신, 반도체 연구분야는 1980년대 큰 환경변화를 겪고 있었다. 미국, 일본, 영국 등 기술선진국은 1980년대 초부터 제5세대 컴퓨터 개발 연구에 들어가 있었다. 이런 노력의 결과 1980년대 중반부터 그 성과가 나타나 일부 선진국 사이에서는 하이테크(high tech)혁명의 조류가 밀려들고 있었다. 즉 지금까지의 하드웨어 중심의 산업구조가 소프트웨어 중심으로 변할 것이라는 것이었다. 이런 혁명적 변화를 선도할 촉발요인으로 고집적 반도체와 통신기술이 지목됐다.103)

국내적으로는 KETRI가 1982년에 세계에서 9번째로 전자전화교환기 TDX-1 개발에 성공했고, 삼성반도체통신은 1983년에 KIET의 특정 연구과제 수행 결과를 기반으로 세계에서 3번째로 반도체 64KD램 개발에 성공했다고 발표했다. 또한 한국전기통신공사와 한국데이타통신주식회사(현 데이콤)가 발족해 통신서비스가 시작됐고, 정부가 1983년을 '정보산업의 해'로 선포하자 한국사회가 곧 정보사회로 진입하는 듯한 분위기가 조성됐다.104)

이 밖에 한국전자기술연구소와 한국전기통신연구소 외에 KIST 전산개발센터가 있었다. 과거 KIST 전자계산소가 확대 개편된 전산개발센터는 비록 KIST의 부설 용역기관이었지만 연구개발 성격도 강해 당시 황무지와 같았던 한국 소프트웨어 개발지원 부문을 사실상 담당하고 있었다.

이를 도식화해 보면 KIST 전산실(1967. 6)→전자계산부(1973. 8)→전산개발센터(1976 .6)→KAIST 전산개발센터(1982. 1)→시스템공학센터(1984. 11)→시스템공학연구소(1990. 12)→ETRI에 흡수됨(1998. 6)의 과정을 거쳐 왔음을 알 수 있다.

---

103) 앨빈 토플러 같은 미래학자들은 "컴퓨터, 반도체, 통신기술의 결합은 음성, 데이터, 화상 등의 정보를 동시에 송수신하는 종합 정보통신사회를 가능하게 하며, 소비패턴도 '정보의 소비'형태가 될 것"이라고 주장했다(Toffler, 1980).

104) 이 시기 주목할 만한 정부 인사에는 육군사관학교 출신의 이정오 과학기술처 장관과 청와대 경제비서관 출신의 정보통신부 정홍식 차관도 거론할 수 있다.

〈그림 4-3〉 기술 연구혁신체제의 변화

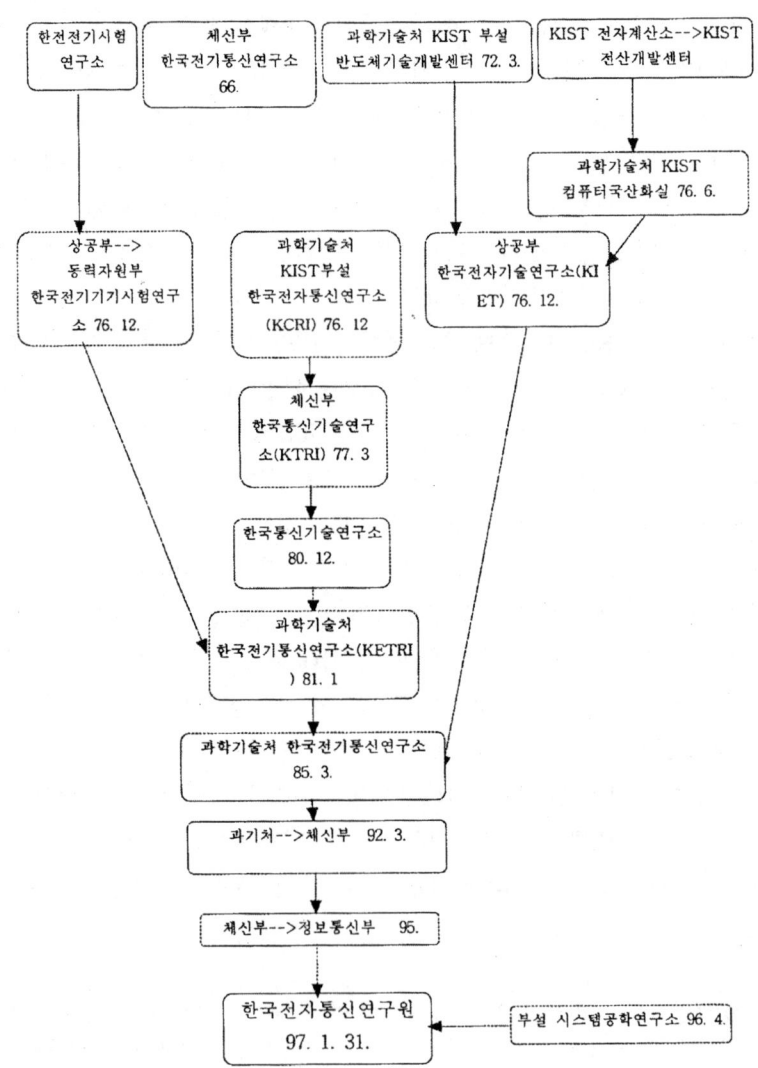

〈표 4-4〉 1960~90년대 SERI 주요연보

1966년 2월   구 KIST 창립
1967년 6월   구 KIST전산실 발족, 초대 실장에 성기수 박사
1969년 9월   컴퓨터 1호기 CDC 3300 도입
1970년 6월   국내 최초의 데이터통신 개통(KIST-경제기획원)
1970년 11월   한글 라인프린터 개발
1971년 10월   대입예비고사 채점 전산처리, 전화요금 업무 전산처리
1973년 8월   전자계산부로 조직 확장
1976년 6월   전산개발센터로 조직 확장
1977년 2월   시분할교환기(EPBX) 개발
1977년 9월   한글터미널 개발
1979년 1월   IBM 3032 도입
1979년 12월   행정전산화 시범사업 완료
1980년 10월   의료보험 전산화 완료
1982년 1월   KAIST 부설 전산개발센터로 개편, 초대 소장에 성기수 박사 취임
1983년 10월   제64회 인천체전 전산화
1984년 4월   제1회 전국퍼스널컴퓨터경진대회 개최
1984년 11월   IBM과 소프트웨어공학센터(SEC) 협력사업 개시, KAIST부설 시스템공학센터(SERI)로 개편
1985년 11월   동사무소 전산처리시스템 개발
1986년 9월   아시안게임 전산화
1988년 10월   88서울올림픽 전산화
1988년 12월   슈퍼컴퓨터 1호기 크레이 2S 도입 가동
1990년 5월   대덕단지로 이전
1990년 12월   시스템공학연구소로 개칭
1991년 6월   과학기술유통정보시범서비스 개시
1992년 1월   성기수 소장 이임, 신동필 소장 취임
1996년 7월   오길록 소장 취임[105]

---

105) 吳吉祿 1945년생. [학력] 63년 광주제일고 졸, 68년 서울대 천문기상학과 졸, 75년 한국과학기술원 졸, 81년 공학박사(프랑스 국립응용과학원). [경력] 69~78년 한국과학기술연구원 선임연구원, 78년 한국전자기술연구소 책임연구원, 82년 동 정

1998년 6월 ETRI에 흡수됨

그리하여 1970년대 중반 이후 한국 정보산업기술 영역은 컴퓨터 하드웨어, 소프트웨어, 통신 등 3대 분야로 편제하게 됐고 각 분야 마다 개발 지원을 담당하는 연구소가 하나씩 있었던 것이다. 결국 이 시기에 해당 부처의 역할을 정리해 보면 과학기술처는 상공부에 일정 부분 역할을 인계한 셈이고, 상공부는 전자공업 입국 또는 수출 지상주의에 정보산업을 포함시켜 보려는 강력한 정책의지를 내보인 것이었다.

결국 한국 컴퓨터, 통신, 반도체 분야 연구 활동의 흐름은 1976년부터 80년까지 KIET, KTRI, 한국전기시험연구소 등 3대 연구소에 의한 제 1세대, 81년부터 85년 초까지 KETRI와 KIET에 의한 제2세대, 85년 중반이후부터 현재까지 ETRI가 중심이 된 제 3 세대로 구분하여 살펴볼 수 있을 것이다.

현재 한국전자통신연구원(ETRI)은 한국과학기술연구소 부설로 1976년 12월 설립됐고, 1985년 3월 기존의 한국전기통신연구소와 한국전자기술연구소가 통합하여 특정연구기관육성법에 의한 정부출연연구기관으로 발족했다. 1992년 3월에는 정부의 출연연구기관 기능재정립 방침에 따라 과학기술처에서 체신부(현 정보통신부)로 이관됐고, 1995년 1월에는 전기통신기본법 제

보시스템연구실장, 84년 동 컴퓨터연구부장, 85년 한국전자통신연구원 컴퓨터개발부장, 87년 동 행정전산망 주전산기개발본부장, 88년 동 컴퓨터기술연구단장, 90년 동 정보기술개발단장, 90~99년 충남대 컴퓨터공학과 겸임교수, 92~96년 한국전자통신연구원 컴퓨터연구단장, 96년 동 시스템공학연구소장, 98년 동 컴퓨터·소프트웨어기술연구소장, 98년 한국컴퓨터그래픽스학회장, 2000년 한국정보처리학회장, 2000년 한국소프트웨어컨소시엄 초대회장, 2000년 한국전자통신연구원 책임연구원, 2001년 동 원장(현). [저서]『첨단컴퓨터기술 연구』,『지능형컴퓨터』,『행정전산망 주전산기 개발체계』,『퍼지이론 및 응용』,『M68000 어셈블리어』,『시스템프로그래밍』,「노벨상을 가슴에 꿈꾸고」,『한글공학』,『와 헛바퀴를 돕네까』. [작품] '교육용 소형컴퓨터', '사무자동화시스템', 'IBM370/VM 호환기', '16/32비트 UNIX 컴퓨터', '행정전산망용 주전산기', '지능형 멀티미디어 워크스테이션', '분산시스템 소프트웨어', '데이타서비스시스템' 개발과 '초고속정보통신망' 기술개발.

15조에 의하여 민법상 재단법인에서 법정법인으로 바뀌게 됐으며, 1997년 1월에는 한국전자통신연구원으로 명칭이 변경됐다. 그리고 1998년 6월 부설기관으로 있던 시스템공학연구소를 흡수하여 한국전자통신연구원 산하 4개의 연구소로 조직을 개편했으며, 1999년 1월에 「정부출연연구기관등의 설립·운영 및 육성에 관한 법률」에 의거 국무총리실 산하 산업기술연구회 소관기관으로 이관됐다.

5) 기술정책과 법률의 정비

정부는 1960년대 이래 관련법령의 제정을 통해 기술개발을 위한 법적·제도적 토대를 마련했다. 이를 통해 산업정책 입안과 집행에 주력했다. 정부는 1983년부터 계획을 수립해 행정, 금융, 교육·연구, 국방, 공안 등 국가

〈표 4-5〉 정치과정에 의한 연구혁신조직의 개편

시 기	주요 내용
1976. 12	한국과학기술연구소 부설 한국전자통신연구소 설립(과기처)
	KIST 컴퓨터국산화연구실을 확대 개편하여 한국전자기술연구소 설립(상공부)
1977. 12	한국통신기술연구소 설립(체신부)
1980. 12	한국통신기술연구소(KTRI) 설립(체신부)
1981. 01	한국전기통신연구소(KETRI)설립
	(한국통신기술연구소와 한국전기기기시험연구소를 통합, 과기처)
1985. 03	한국전자통신연구소(과기처)설립
	(한국통신기술연구소와 한국전기기기시험연구소를 통합)
1992. 03	소관부처 변경(과기처에서 체신부로)
1992. 6	부설 정보통신연구관리단 설치
1995. 4	연구소 법정법인화(전기통신기본법)
1996. 4	부설 시스템공학연구소 이관 설치
1997. 1. 31	한국전자통신연구원으로 명칭변경
1998. 4	4개 전문연구소, 3본부 체제로 조직개편
1999. 1	부설 '정보통신연구관리단'이 '정보통신연구진흥원'으로 분리, "정부출연연구기관 등의 설립·운영 및 육성에 관한 법률"에 의거, 설립 법적 근거 이관

〈표 4-6〉 ETRI의 주요기술 이전실적

	이전 기술명	업체명
1981	서울시 전자교통 관제시스템	동양정밀공업
1982	8bit 교육용 소형컴퓨터	삼보컴퓨터, 한국컴퓨터, LG전자, 삼성전자, 효성
1983	LSI-II Series를 이용한 병원관리 실시계약 대중보급형 자동문서작성기 개발 know-how 실시	대한전선㈜ 고려시스템산업㈜
1984	16bit Unix 컴퓨터 시스템 local modem 및 port selector 제작기술 실시 mighty를 이용한 Bong-Medios 기술실시 고등학교 성적관리용 전산처리 program 제공 및 기술지원 Spot Light Model-II를 이용한 S/W package 운영	삼성전자㈜ ㈜화인컴 ㈜금성사 영화전선㈜ Spot Light컴퓨터㈜
1985	FEMIS 실시 Megaframe을 이용한 Medios 기술실시 건설공사 관리를 위한 보급형 PROMATE 실시 건축구조물 해석설계시스템 S/W know-how 실시 Trigem 88을 이용한 SAP 88 know-how 실시 WICAT Series를 이용한 ASADAL 실시	삼성반도체통신㈜ 경한시스템㈜ 일진전자㈜ 럭키엔지니어링㈜ 삼보컴퓨터㈜ 제전산㈜
1986	PC용 표준 CAI System 및 관련 Courseware know-how 실시 Dial Up Modem 및 Inverse Mux 제작에 관한 know-how 실시	삼보컴퓨터㈜ ㈜데이타콤
1987	LAN을 활용한 한글정보처리 시스템 개발에 관한 연구의 know-how 실시 S/Series를 이용한 Medios know-how 실시 마이크로컴퓨터 영상처리 S/W 및 시스템 Interface S/W 공급계약	㈜유니온시스템 경한시스템㈜ ㈜어플라이드엔지니어링
1988	32bit Unix 컴퓨터 시스템 personal computer를 이용한 data entry software package 공급계약 personal computer를 이용한 도서관리시스템 기술공급 계약 공정제어 그래픽 시스템	삼성전자㈜ 삼성전자㈜ 한세시스템기술㈜ 우진계기공업
1989	personal computer를 이용한 최적배합 program 공급계약 micro computer를 이용한 data entry software package 공급계약 Biometric Security System know-how 실시계약	소프텍하우스 삼성전자㈜ ㈜크로스엔지니어링

	이전 기술명	업체명
1990	행정전산망용 주전산기 (주전산기 I) self-tuning advanced controller 개발 선불방식 자기카드 및 카드리더 기술 영한 전자사전 package 판매	LG전자㈜ 대우전자㈜ 삼성전자㈜ 현대전자산업㈜ 대정전자㈜ 전화기산업기술조합, KDC 정보통신㈜, 금성사 SERI(판매수입계정)
1991	행정전산망용 주전산기 (주전산기 II) 마이크로 컴퓨터 영상처리 소프트웨어(ERIMS) 공급계약	LG전자㈜ 대우전자㈜ 삼성전자㈜ 현대전자산업㈜ ㈜어플라이드엔지니어링
1993	한글 UNIX 명령어 인식기술에 관한 know-how 실시	펜타소프트㈜
1994	고속중형컴퓨터(주전산기III) 실시간 DB 검색시스템(FLASH)	LG전자㈜, 대우전자㈜, 삼성전자㈜, 현대전자산업㈜ KT운용연구단
1998	행정전산망용 주전산기 IV 외 다수	엘지전자㈜, 삼성전자㈜, 현대정보통신(주), 대우통신(주) 외 다수

 관리상의 중요한 5대 자원을 전산화하는 데 역점을 두어 1단계 국가기간전산망 사업(1987~91년)을 거쳐 1단계 사업의 미비점을 보완해 발전·심화시키는 2단계 사업(1992~996년)을 추진했다.

 이를 위해 1986년 5월 "전산망보급확장과이용촉진에관한법률"(이하 전산망법, 3차 개정 92. 3. 8)을 제정했고 1995년 8월 4일에는 "정보화촉진기본법"을 공포해 익년 1월 1일부터 시행했다. 관련법의 제정, 공포, 시행과정을 보면 <표 4-7>과 같다.

 이와 같은 법과 제도의 신설은 헌법 127조 "국가는 과학기술의 혁신과, 정보 및 인력의 개발을 통하여 국민경제발전에 노력하여야 한다"는 명문규정에 기초한 것이다(전정구, 1997: 524-525).[106] 정부가 전개한 경제개발계획과 과학기술정책의 변천과정을 보면 <표 4-8>과 같다.

---

106) 문제는 이런 법률의 제정이 곧바로 정보화나 정보통신기술의 혁신을 보장해 주지는 못한다는 데 있다.

〈표 4-7〉 기술혁신을 위한 법령의 제정과 정비

제정시기	법률명	개정	비 고
1968. 12. 28	전자공업진흥법	1991. 12. 14	
1981. 3. 14	한국전기통신공사법	1987. 12. 27	사채 발행
1983. 12. 30	전기통신기본법	1991. 8. 10	통신위원회
	전기통신사업법		사업자 지정
1986. 5	전산망보급확장과 이용촉진에 관한 법률*	1992. 3 제3차 개정	
1986	컴퓨터프로그램 보호법	3차 개정 1994. 1. 5	
1986	저작권법	6차 개정 1994. 3. 24	
1987	소프트웨어 개발촉진법	2차 개정	
1987	통신개발연구원법	1차 개정 1991. 8. 10	연구기금
1991. 12. 14	정보통신연구·개발에 관한 법률		진흥기금
1991	종합유선방송법	1차 개정 1994. 1. 7	
1991	과학기술진흥법		
1991	무역업무 자동화 촉진에 관한 법률	1차 개정 1993. 3. 6 '전자문서' 개념 도입	
1991	산업기술정보원법	2차 개정 1993. 3. 6	
1991	전기통신기본법	2차 개정 1994. 12. 31	
1993. 1. 27	통신비밀보호법	1994. 6. 28 시행	
1994. 1. 7 공포	공공기관의 개인정보 보호에 관한 법률	1995. 1. 7 시행	
1995. 1. 5 공포	신용정보의 이용 및 보호에 관한 법률	1996. 7. 5 시행	
1995. 8. 4	정보화촉진 기본법	1996. 1. 1 시행	
1996. 12	공공기관의 정보공개에 관한 법률	1997. 12 시행	

* "정보통신망 이용촉진 및 정보보호 등에 관한 법률"로 명칭 변경(1999. 2. 8).

정보기술산업 발전의 전제로서 전자산업 육성정책은 제1, 2차 경제개발계획(1962~71년)아래 수입대체 가능품목의 국산화부터 시작됐다. 제1차 경제개발계획(1962~66년) 수립 이전에는 5·16군사정부가 국산 라디오를 장려하기 위해 특정 외래품 판매금지법을 제정(1961년)한 것 외에는 뚜렷한 산업정책이 없었다. 전자산업에 대한 산업적 관심은 라디오를 수출 제품화하겠다는 상공부 방침이 처음이라고 할 수 있다.

〈표 4-8〉 경제개발계획과 과학기술정책의 변천과정

	1960년대	1970년대	1980년대
경제개발 전략	· 사회간접자본 확충 · 수입대체산업 육성	· 중화학공업 육성	· 안정성장 추구 · 산업체질 강화
공업화 방향	· 공업화기반 확립 · 수출지향적 경공업의 확장 · 전력, 비료 등 기간산업 육성	· 중화학공업의 내실화 · 대기업중심의 수출주도형 공업육성(철강·조선·건설·기계 등)	· 특화산업 및 중소기업 활성화 · 기계 및 부품·정밀기기·소형컴퓨터 · 첨단산업 육성
기술개발 활동	· 과학기술교육 내실화와 기능인력 양성 · 과학기술진흥의 기반구축 · 기술도입 촉진	· 기술 및 기능훈련 강화 · 단기 연구개발 사업 착수 · 국내 기술개발 촉진 지원제도 정비	· 고급두뇌의 양성활동 확대 · 국가 중장기 대형 연구개발사업 착수
기술개발 추진체제	· 과학기술처 발족 · 종합산업기술연구소 설립	· 분야별 전문연구기관 설립 · 민간기업 연구소 설립	· 기술진흥심의회·기술진흥확대회의 설치·운영 · 산업기술연구조합 육성
기대효과	· 정부주도형 전략수립	· 기업주도형 기술개발 체제 권장	· 산·학·관·연의 공동연구

자료: 임양택, 1988: 47.

    1965년 초 금성사는 TV수상기 국산화계획 및 전기제품 수출대책과 관련한 건의서를 정부에 제출했고, 정부가 이를 수용해 이듬해 1966년 흑백TV 조립생산이 허용됐다. 그리하여 한국정부가 전자공업 육성의지를 국내외에 천명한 것을 계기로 외국의 자본과 기술을 유치할 수 있게 됐다. 그후 페어차일드, 모토롤러, IBM 등이 국내 직접투자에 경쟁적으로 진출하게 됐다.
    1966년 12월 2차 경제개발계획(1967~71년)이 시행되기 직전 상공부는 전자공업을 수출전략 산업화하겠다고 발표했다. 1967년 1월 17일 박정희 대통령은 연두교서를 통해 전자공업 개발을 공식 천명했다. 상공부는 1967년 9월 미국 컬럼비아대 전자공학과 주임교수 김완희 박사를 초청, 김박사로 하여금 "전자공업 진흥을 위한 건의서"를 작성·제출해 구체적 방안을 대통령에게 보고토록 했다. 이 보고서의 제안은 전자산업 육성을 위한 방향모색에 일조했고 이를 기초로 1968년 12월 28일 "전자공업진흥법"이 제정됐다.

정부는 제3, 4차 경제개발계획(1972~87년)을 통해 기술입국 실현, 기술자립 및 고부가가치 산업화, 산업고도화에 주안점을 두게 됐다. 제3차 경제개발계획(1972~76년)에서는 전자산업을 그 동안의 노동집약적 산업에서 고부가가치산업으로 전환하기 위한 변신이 시도됐다. 1973년 11월 1차 석유파동, 인플레이션과 국제 원자재가격 급등으로 대외경쟁력이 급속히 저하하게 되자 각 기업들은 임금비중을 낮추고 제품품질을 균일화하기 위해 자동화에 주목하게 됐다. 경제위기에 대한 대책의 하나로 각국에서는 보호무역주의가 등장하게 됐다. 이에 따른 첨단기술의 국책개발, 기술보호 장벽의 대두 등으로 국내 전자산업은 경쟁력확보를 위한 노력을 기울이게 됐다.

전자산업의 기술집약화를 위한 자주적인 연구개발 체제 확립과 국내업계의 성장 유망품목에 대한 기술개발 요구가 대두되자 연구기관의 신설을 통한 일련의 연구지원 체제가 확립됐다. 상공부는 1960년대 이래 수출전략산업으로 전자공업 육성을 주도해 가전 위주의 수출상품 개발과 내수기반 확충을 위한 다각적인 정책지원을 행사해 왔다. 상공부가 한국 컴퓨터산업 육성에 관심을 갖게 된 시기는 1969년 1월 "전자공업진흥법"이 공포되면서부터라고 할 수 있다. 상공부는 1967년에 개원한 과학기술처가 컴퓨터를 포함한 정보산업 정책을 일괄해 왔기 때문에 그 동안 컴퓨터산업 정책을 입안·집행할 여력이 없었다.107) "전자공업진흥법"은 1970년대 중반 이후 국내 전자공업계에 컴퓨터 하드웨어 국산화라는 기술개발에 대한 실질적 계기와 분위기조성에 중요한 역할을 했다. 이런 역할은 1981년 이 법 개정시 "전자공업의 발전은 앞으로 컴퓨터 등을 중심으로 이루어져야 한다"는 여론을 조성했고, 곧이어 "전자계산조직(컴퓨터 일반)을 전자공업의 범위 안에 포함한다"는 것을 법조문에 명확하게 하는 성과로 이어졌다. 상공부가 국내 정보산업 정책 주도권경쟁의 전면에 나설 수 있게 만들어진 셈이었다.

---

107) 그러나 상공부가 컴퓨터산업 정책에 본격 개입하기 시작한 것은 "전자공업진흥법"이 시대와 상황논리에 맞게 개정되고 처음으로 정보기기과라는 독립기구가 증편된 1981년부터라고 할 수 있다.

"전자공업진흥법"은 전자산업을 통해 경제부흥을 꾀하자는 정부의 의지가 강하게 배어 있었다. 정부는 당시 1959년 금성사가 진공관 라디오를 국내 최초로 조립·생산한 이후 싹이 보이기 시작한 한국 전자공업에 획기적인 전환기를 마련하기 위해 이 법을 제정한다고 그 배경을 발표했다. "전자공업진흥법"에 의해 동년 입안된 것이 "전자공업진흥 8개년계획"이라는 중장기 전자제품 개발계획이다. 상공부가 직접 마련한 이 계획은 1969~971년까지 1단계, 1972~76년까지 2단계로 나뉘어져 있다.108)

8개년계획 가운데 1단계에서 확정된 7개 분야 62개 품목의 개발과제는 엄밀히 보아 당시에는 컴퓨터산업과 무관한 것들이어서 상기 계획으로 인해 상공부의 입지가 강화되리라고 보기 어려웠다. 여기에 포함된 것은 기본 전자부품(콘덴서 등 17개 품목), 반도체(집적회로 등 10개 품목), 민생용 전자기기(TV 등 9개 품목), 산업용 전자기기(특수전화기 등 10개 품목), 전기측정기기(오실로스코프 등 9개 품목), 전자자료(세라믹 소재 등 7개 품목) 등이었다.

2단계에는 1단계 7개 분야에서 제외된 전자복사기 등 27개 품목과 신규로 전자계산기와 군사용 전자기기 등 2개 분야 6개 품목이 새로 추가됐다. 여기서 주목할 것은 바로 전자계산기 분야인데, 여기에는 탁상용 전자계산기, 중형 전자계산기, 카드천공기(PCS), 자동프로그램 공작기(수치제어공작기), 세밀절단기 등이 포함돼 있었다.

상공부는 "전자공업진흥 8개년계획"의 2단계에 전자산업 개발체제 확립을 위한 기본목표를 제조기술의 연구개발, 양산체제의 확립, 생산의 합리화 등 세 가지로 정했다. 이 중 상공부는 특히 제조기술의 연구개발 부문을 산·학·연(産·學·硏)의 연결고리로 삼는다는 방침 아래 8개년계획이 종료되는 시점인 1976년 12월 30일 국내 최초의 컴퓨터와 반도체 전문 정부출연 연구소를 출범시켰다.109) 이것이 바로 오늘날 한국전자통신연구원(ETRI)의

---

108) 이 계획이 상공부로 하여금 1980년에서 90년 초반까지 국내 정보산업을 주도할 수 있는 단초가 되게 했다. 계획입안 당시에는 아무도 전자공업이 정보 산업화될 것이라고 예상하지 못했을 것이다.

109) KIET 설립과 동시에 연구소 초대 이사장에는 한국전자공업진흥회장이던 박승

전신인 한국전자기술연구소(KIET)이다.

2. 산업정책 주도권을 둘러 싼 주무부처의 이해관계

정보산업 정책주도권을 둘러싼 주무부처인 상공부, 체신부, 내무부의 정부부처간 이해관계는 '교육용 국산컴퓨터의 개발이냐', '외제 컴퓨터의 도입과 사용이냐'는 논란으로 가시화됐다. 산업정책 주도권을 둘러싼 주무부처간 이해관계의 갈등은 기술적 요인과 함께 정부 내의 분파주의(sectionalism)의 발로였던 것이다. 그 시작은 전자계산조직 승인기준의 변화에서 비롯됐다. 제5공화국에서 정보산업은 정치경제위기 속에서 출구를 암중 모색하거나 발전이 지체되던 시기(1980~83년)를 거쳐 도약기로 나아갔다. 그 첫 작업은 컴퓨터수입 승인기준의 마련을 통해 이뤄졌다.

1) 컴퓨터 도입심의

이제 자본의 요구와 산업정책의 변화 및 발전과정을 살펴보자. 자본가단체인 전국경제인연합회(전경련)는 정보산업 육성을 공개적으로 촉구하면서 산업정책의 변화를 요구함으로써 논의가 본격화됐다. 1970년대 후반은 전경련이 국내 최대의 경제단체로 부상한 시기였다고 할 수 있다. 당시 제4공화국 박정희정부는 수출확대에 치중한 경제정책을 추진하고 있었다. 그 결과 1975년부터 79년까지 연평균 수출증가율은 28.8%에 달했고, 수입증가율도 22.9%나 됐다. 목표보다 3년 앞선 1977년에 수출과 수입이 모두 100억 달러를 넘어서고 1인당 GNP도 1,000달러를 돌파하자, 4공화국의 수출입국과 고

찬(당시 금성사 대표이사, 작고)이 임명됐다. 이것은 한국전자공업진흥회장이 당연직으로 한국전자기술연구소 이사장을 겸한다는 규정에 따른 것이었다. 초대 연구소장은 KIST 소장을 역임한 바 있는 한상준이 내정됐다.

도성장정책의 홍보는 더 강화됐다. 수출과 수입의 최전방에 서 있는 150여 개 기업을 회원사로 두고 있던 전경련의 입지가 급상승한 것은 자연스런 일이었다.

1970년대 한국경제 전반에 막강한 배후실세로 부상한 전경련은 이제 도약기로 들어선 컴퓨터분야에 직접적인 관심을 나타냈다. 1978년 9월 전경련은 "기업경영과 정보산업"이라는 자체 연구보고서를 통해 정부측에 장기적인 정보산업 육성과 발전방안 마련을 촉구하고 나섰다. 그 구체적인 대안으로 "정보산업육성법" 제정을 주장했고, 과학기술처와 상공부로 이원화될 조짐을 보이던 정부의 정보산업분야 정책수립 과정을 일원화하라고 주장했다.

이런 보고서 내용이 보도되자 과학기술처와 상공부 관료들 사이에 전경련이 이런 연구보고서를 작성한 저의가 무엇이냐는 논란이 제기됐다. 일부의 해석에 따라서는 전경련이 성장 일로에 있는 한국 정보산업을 막강한 경제력으로 주도하겠다는 발상으로 비칠 수도 있었다. 더욱이 보고서의 각론에는 관료뿐만 아니라 업계 관계자들 사이에서도 파문을 일으킨 문제의 내용이 포함돼 있었다.

> 선진국일수록 컴퓨터산업이 고도로 발달돼 있고 컴퓨터 기종도 중, 대형에서 초대형이나 미니, 마이크로컴퓨터 급으로 바뀌어 가고 있다.…… 컴퓨터의 국산화는 부품의 생산단계에서 실시하도록 하는 것이 바람직하다.…… 그러나 기술 동향이 자주 바뀌는 상용 컴퓨터를 국산화한다는 것은 비생산적이다. 국산화 제품을 기다리는 것보다는 기존의 컴퓨터를 외국에서 수입해 오는 것이 더 효율적이고 바람직하다"(전경련, 1978).

이런 내용의 보고서가 발표되자 컴퓨터 국산화에 모든 역량을 집중하고 시행착오를 거듭하며 기술혁신에 도전하던 많은 기업과 연구소 관계자들의 상당한 반발이 야기됐다. 또한 이것은 '국산품애용'이나 '기술자립'을 선호하는 국민 다수의 정서에도 부합되지 않는 내용이었다. 뜻밖의 반응에 직면한 전경련측은 "컴퓨터를 도입하려는 기업 입장에서 보면 생산활동에 당장 투입되어 생산성향상을 꾀할 수 있는 컴퓨터가 필요한 것이다"는 식으로 해명해 사태는 더 확대되지 않았다.

그러나 이 보고서 내용은 과학기술처와 상공부 관료들 사이에서는 재론의 여지를 남기는 것이었다. 정보산업의 주도권을 놓고 입장차이를 보이던 두 부처는 이 보고서 내용의 해석에도 근본적인 차이를 보였기 때문이다. 전경련 보고서 내용은 두 부처의 입장 사이를 오가는 내용으로 채워져 있었다. 이를테면 어떤 대목에서는 과학기술처의 입장을 대변하다가 다른 대목에서는 상공부의 정책과정을 지지하는 식으로 돼 있었다. 앞서 인용한 대목에서 "부품 국산화……" 운운하는 부분은 상공부의 정책을 대변하는 것이라면, "수입해 오는 것이 바람직……" 운운은 당시 컴퓨터 도입(수입)심사를 총괄하던 과학기술처의 입지를 강화시켜 주는 부분이었다.

상기한 바와 같이 과학기술처는 1967년 설립 이후 차관을 위원장으로 하는 전자계산조직개발조정위원회를 설치, 국내에 수입되는 모든 컴퓨터의 도입(수입)심의를 전담하고 있었다. 과학기술처는 바로 이러한 도입심의를 통해 국내 정보산업정책에 막강한 제도적 영향력을 행사하고 있었다.

> 수출입 주역이던 회원사들의 당면목표는 당연히 생산성향상에 의한 국제경쟁력 제고였다. 컴퓨터도입이 절실했던 것이다. 그런데 컴퓨터도입을 권장하는 과학기술처와 달리 상공부는 수입억제와 국산화에 주된 관심을 보였다. 연구보고서 작성은 이와 같은 극단을 돌파함으로써 회사들의 권익을 보호한다는 취지로 시작된 것이다(서현진, 1997).

당시 상용컴퓨터의 99%가 IBM, 후지쯔, 스페리 등 미국과 일본계 제품이었다는 점에서 기업의 컴퓨터도입은 곧 수입을 뜻하는 것이었다. 따라서 무역수지를 관리하는 수출입 주무부처인 상공부의 입장에서 볼 때 과학기술처의 컴퓨터도입 확대정책은 많은 고려를 요하는 일이었다. 수출 100억 달러를 달성한 1977년에 5억 달러 미만이던 적자가 1978년 상반기에는 15억 달러가 수입초과인 무역역조 상황에서 해당부처의 처지는 곤란한 것이 아닐 수 없었다.110) 이런 배경 때문에 상공부는 무역수지 균형관리 차원에서 국산화에 대한 다양한 계획을 발표했고, 한국전자공업진흥회와 KIET 같은 단체 및 연구소에 대한 지원을 강화했다.

이들 두 부처의 당시 정보산업 관련조직을 보면 과학기술처의 경우 이미 국 단위인 정보산업국을 설치·운영하고 있었다. 정보산업국은 컴퓨터도입 승인업무 등을 위해 1971년에 설치된 정보관리실이 확대 개편된 조직이었다. 반면 상공부는 1983년 5월 직제개편에 따라 정보기기과가 설치될 때까지 독립된 조직 없이 전자기기과에서 복사기나 계측기 등 다른 산업전자품목과 함께 컴퓨터 관련정책을 일괄하고 있었다. 그러나 상공부는 1969년 시작된 전자공업진흥 8개년 계획의 성공적 수행에 이어 76년부터 KIET 등에 출연하게 되면서 컴퓨터 하드웨어 국산화에 강한 관심을 갖게 됐다. 전경련 사무국 소속이었던 인사의 회고담을 들어 보자.

> 사실 전경련으로서는 일거획득, 일석이조의 효과를 기대하고 있었다. 정보산업이 미래산업으로 부상하고 있는 만큼 회원사들 역시 언젠가는 컴퓨터 생산자로 변신해야 된다는 것을 직감하고 있었다. 장차 전경련의 입지도 다질 필요가 있겠다는 측면에서 보고서 말미에 첨부한 대목이 바로 하드웨어는 수입하되 소프트웨어는 국산화해야 한다는 주장이었다. 정부조직 내에 개발 전담기구를 두고 여기서 개발된 소프트웨어를 상품화할 민간회사 설립이 시급하다는 내용이 그것이었다(서현진, 1997).

전경련의 이러한 두 목표는 의외로 쉽게 얻어지게 됐다. 보고서가 나온 지 100여 일 만인 1979년 1월 과학기술처는 전경련 보고서의 주장과 대부분 일치하는 내용의 정보산업 육성책을 발표한 것이다. 그 내용을 보면 먼저 정보산업의 지속적인 발전을 위해 조세, 자금, 행정지원을 강화하기 위한 "정보산업육성법"(가칭)을 제정하는데, 그 골자는 기존의 각종 법규를 단일화한다는 것이었다. 또한 부품단위부터 단계적으로 컴퓨터를 국산화하며 소

---

110) 1978년 한국의 수출액은 127억 달러, 수입은 149억 달러였다.

프트웨어 개발을 촉진해 수출산업으로 육성하겠다는 것도 포함돼 있었다.

이 내용 중 부품단위부터 국산화하겠다는 것은 당분간 컴퓨터수입을 지속하겠다는 의미에서 많은 관계자들의 높은 관심을 유발했다. 이러한 과학기술처의 컴퓨터도입 지속정책은 그후 8개월 뒤인 1979년 9월에 "전자계산조직 도입 심의기준"이 마련돼 더 강화되고 구체화됐다. 이 "심의기준"의 기본지침은 외국영화 수입쿼터제와 유사한 측면을 확인할 수 있는데, 다음의 구절은 그런 사례의 하나다.

> 중형급 이상 컴퓨터도입은 과학기술처장관이 인정하는 컴퓨터 국산화 또는 국내 전자산업 발전에 기술 기여도가 높은 업체에 공급우선권을 부여한다. 단 국방, 안보, 방위산업용이나 기타 과학기술처장관이 필요하다고 인정하는 경우는 예외로 한다(과학기술처, 1979).

이런 규정에도 불구하고 과학기술처는 상공부보다 한 발 앞서 정보산업 육성정책을 발표해 정보산업 주도권경쟁에서 상대방의 기선을 제압할 수 있었고, 이 과정에서 전경련은 과학기술처에 그 이론적·정책적 근거와 계기를 제공한 결과가 됐다.

과학기술처의 정보산업 육성정책이 발표된 지 1개월 만인 1979년 2월 12일 전경련은 산하 회원사 협의체인 정보산업협의회 창립 발기인대회를 개최하고 회장 등 협의회 임원을 선출했다.[111] 여기에는 정보산업 육성이 시급하다는 "기업경영과 정보산업" 보고서 내용을 실천에 옮긴다는 명분과 함께 기업경영의 과학화가 이 협의회의 운영목적이었다. 또한 정보산업협의회는 세부추진 우선목표로 정보산업의 기반조성 사업을 제시해 전경련의 정보산업 진출의지를 분명하게 표출했다.[112]

---

111) 정보산업협의회 임원은 회장에 원영섭(혜인중기 회장), 부회장에 강진구(삼성전자 사장), 강신호(동아제약 사장), 구두회(금성통신 사장), 한상준(KIST 소장), 우용해(쌍용양회 사장), 정주영(현대건설 회장) 등이 추대됐다. 한상준을 제외하면 모두 전경련 회장단 소속이었다.

1967년 최초로 컴퓨터가 도입된 이래 80년대 말까지 국내에 설치된 모든 컴퓨터는 정부의 승인이 있어야 도입(수입)이 가능했다. 정보산업을 총괄하던 과학기술처는 1980년 11월 시대에 잘 들어맞는 새로운 컴퓨터 도입기준을 마련했는데, 바로 "전자계산조직 도입 승인기준"이었다. 이 기준을 토대로 정부는 과학기술처 차관을 위원장으로 하는 전자계산조직도입심의위원회를 정기적으로 열어 기업(또는 기관)이 신청한 컴퓨터도입 신청서를 심의해 도입 여부를 결정했다. 이 도입기준은 국내 컴퓨터산업 발전과 정보화 촉진과정에 상당한 관계와 의미를 가지고 있었다. 왜냐하면 국내에서 필요한 컴퓨터 거의 전량을 외국기업으로부터 수입하던 시기였기 때문이다.

한국 컴퓨터산업의 발전이나 정보화정책의 시작은 이 도입기준 마련과 적용으로부터 비롯됐다. 즉 공급자(수입판매자)와 수요자(사용자)간의 의무와 역할까지 규정하고 있다는 점에서 이 도입기준은 한국 정보산업의 발전방향을 제시한 최초의 모법이라고 평가할 정도의 지적을 받아 왔다. 이 도입승인기준은 다른 정보산업 관련법규가 부재했던 상황에서 기업에게는 생산성향상을 위한 전산화촉진의 기능과 역할을 했다.[113] 이 점에서 신기술의 도입은 산업계에 하나의 유행을 만들게 됐다. 즉 기술도입의 제한적 합리성이 드러나게 됐다. 또한 정부차원에서 이런 기준의 마련과 시행은 급변하는 컴퓨터 산업환경에 적극 대처하겠다는 정책의지의 반영과 그 집행이었다.

[112] 1979년에 출범한 정보산업협의회를 4년 후 계승한 단체가 바로 지금의 한국정보산업연합회다. 1983년 5월 전경련에서 독립해 정주영을 초대 회장으로 하고 과학기술처 산하단체로 출범한 이 단체(당시는 한국정보산업협회)는 지금도 기업경영 과학화 등 정보산업협의회가 추구했던 명분과 목적을 그대로 이어 가고 있다.

[113] 1980년대 과학기술처 공보실이 수행한 업무 가운데 하나는 도입기준에 따라 컴퓨터 도입승인을 얻은 기업(수요자)과 도입기종 명부(list)를 언론에 발표하는 것이었다. 발표주기는 처음에 반기별로 시작해 분기별로 이어졌고, 나중에는 매달 그 횟수를 증가시켜 나갔다. 이렇게 발표된 컴퓨터 도입승인 기업명부는 산업계에서 큰 화젯거리가 됐다. 왜냐하면 경쟁기업들은 도입컴퓨터 기종의 규모나 사양으로 미루어 상대기업의 경영전략을 추측할 수 있었고, 해당기업측에서는 컴퓨터도입 그 자체만으로 기업의 위상과 이미지를 내외에 홍보할 수 있었기 때문이다.

정부의 컴퓨터도입 심의는 1967년 과학기술처 발족과 함께 마련된 "전자계산기 사용개발 5개년계획"에 따라 동년 9월 전자계산조직개발조정위원회를 설치하면서 시작됐다. 그러나 당시의 심의는 한국의 컴퓨터 총 도입대수가 연간 2~3대에 불과했고, 소프트웨어 용역 등 컴퓨터 기본 운영환경을 지원해 주는 분야가 전무했다는 점에서 수요자의 무분별한 컴퓨터도입을 통제하려는 정책의도가 있었다. 왜냐하면 철저하게 외환관리를 중앙정부가 장악하고 있을 경제적 필요가 있었기 때문이다. 초기에 과학기술처 진흥국은 전자계산조직개발조정위원회의 결정에 따른 실무작업이나 조정역할을 담당했다. 컴퓨터관련 정책업무가 점차 증가하고 그 대상이 확대되기 시작한 1971년부터는 컴퓨터산업을 제도적으로 뒷받침하기 위해 조직된 정보관리실이 이를 주관했다. 정보관리실은 1975년에 정보산업국으로 확대 개편돼 1979년 9월에 "전자계산조직 도입 심의기준"을 마련했다. 이 기준은 컴퓨터도입 심의를 최초로 문건화(documentation)한 것이었다. 그 이전까지의 도입심의는 어떤 분명한 기준 없이 이루어졌던 것이다.

1979년의 기준은 76년 이후 급증하기 시작한 컴퓨터 수요에 효율적으로 대처하기 위한 정책목표에서 마련됐다. 한 해에 도입된 컴퓨터 대수가 1973년에 12대에서 75년 1,922대, 77년 50대, 79년 172대 등으로 급증했다. 이처럼 사기업과 정부기관의 컴퓨터 도입신청이 급증하자 전자계산조직개발조정위원회는 1979년에 들어서면서 이틀에 한 대 꼴로 도입심의를 해야 할 단계에 이르렀다. 그래서 과학기술처는 도입심의에 대한 '일종의 가이드라인'의 필요성을 절감했고, 결국 전자계산조직 도입 심의기준이 마련된 것이다.

1979년의 기준은 크게 세 가지 항목으로 구성돼 있었다. ① 컴퓨터를 판매하려는 공급자(수입자)에 대한 자격요건을 규정하고, ② 이 기본지침을 통해 컴퓨터를 도입해 사용하려는 수요자측의 수용태세와, ③ 도입 후 공급자가 수요자에게 기술공여 등을 권장하는 경과조치 등이 포함돼 있었다.

그러나 이 기준은 도입심의 가이드라인의 기능은 있었지만 컴퓨터기술의 급변과 시장여건 변화라는 시대상황에 부적합했다. 왜냐하면 심의규정이나 내용이 과도하게 형식적이고 포괄적이었기 때문이다. 1967년의 경우에는 신기술의 하나로 컴퓨터도입을 적극 권장하는 분위기가 조성됐기 때문에 특별한 제한규정이 없었지만, 1979년의 기준은 도입통제의 성격이 비교적 강하게 반영돼 있었다. 그 결과 산업적 측면에서 악법의 소지가 다분했다는 점과 각각의 규정이나 조항의 의미도 애매했다는 점 등이 지적됐다.[114]

그리하여 1979년 기준에서 나타난 문제점을 해결하고 보완하기 위한 성격이 명백한 새로운 승인기준이 1980년 11월에 마련됐다. 이 기준은 다음 세 가지 특징을 갖고 있었다. ① 문건규모가 표준문서 용지로 5장을 넘었을 만큼 매우 구체적인 규정과 내용으로 구성돼 있었다. ② 그 내용은 공급자의 요건구비, 도입금지 대상, 공급자와 사용자간 계약규정, 사용자의 요건구비 등 크게 네 부분으로 돼 있었다. ③ 모든 규정내용은 1979년 기준과 달리 객관적인 수치로 구체화돼 있었다.

이상의 내용을 부연해 보면, 첫째, 공급자의 요건구비에는 공급기종 유형별로 일정한 숫자의 엔지니어를 보유해야 하고 일정한 양의 유지보수용 부품을 구비하고 있어야 했다. 둘째, 고장 등 비상시를 대비한 백업용 기종과 유지보수 체제를 반드시 갖추도록 의무화했다. 셋째, 도입금지 기종으로는 발표시기를 기준으로 임대차의 경우는 5년 이상, 직접 구입할 때는 3년 이상이 된 기종을 대상으로 했다. 이미 업그레이드됐거나 대체기종이 발표된 제품도 금지대상에 포함시켰다. 정부의 표준화방침에 부합하지 못하는 기종도 금지대상이었다. 넷째, 공급자와 사용자간 계약규정에서는 공급가격 및 유지보수 비용 규정원칙과 예외조항이 명시돼 있고, 사용자의 요건구비 항목에도 도입 사전준비, 개발요원 확보, 전산실 설치 등 전담 조직기구 마련 요건이 객관적인 수치로 규정돼 실시됐다.

이것은 도입기준을 구체적으로 적시해 놓음으로써 공급자나 수용자가 객

---

114) 예를 들면 1979년의 도입기준에서 "중형급 이상 컴퓨터도입은 과학기술처장관이 인정하는 컴퓨터 국산화 또는 전자산업 발전에 기술기여도가 높은 업체에 공급우선권을 부여한다"라든가 "업무의 내용, 성격 및 기타 사항으로 보아 전산화가 절실히 요구되고 있는지의 여부를 따진다"는 조항은 기술 도입자의 입장에서 볼 때 비현실적인 것이라는 지적이 그 단적인 사례였다.

관적 조건과 자격만 구비하고 있으면 언제든지 컴퓨터도입을 승인하겠다는 정책의 의미를 띠는 것이었다. 그것은 일종의 자동승인 체제였다. 당시 이 기준안 마련에 참여한 인사는 다음과 같이 회고하고 있다.

> 1979년 기준은 지나치게 형식적이었던 데다 심의과정에서도 주관적 심의의 소지가 다분했다. 1980년 기준은 신청한 사용자 기관에 관계없이 조건만 갖추면 도입이 가능토록 하는 일종의 자동승인 체제를 기반으로 작성됐다. 심의위원회의 심의기능을 대폭 축소했다고 할 수 있다. 한마디로 국내외적으로 대세가 되어 버린 컴퓨터도입을 정부가 일일이 통제할 수는 없다고 본 것이다. 또 심의에 몇 달씩 소요되어 전산화 일정에 차질을 빚기가 다반사였던 도입기업과 기관들이 크게 환영하였던 것으로 기억된다(서현진, 1997).

1980년 도입심의 기준안 마련에 앞서 과학기술처는 향후 국내 컴퓨터 설치 예상치를 조사했는데, 그 결과에 따르면 1980년 6월말 현재 총 누적대수가 475대이던 것이 1983년에는 420대, 86년에는 607대가 도입될 것으로 추계됐다. 또한 판매가격(FOB) 기준 10만 달러 미만인 미니컴퓨터와 마이크로컴퓨터도 1983년 1,770대, 86년 5,700대가 각각 도입될 것으로 예상됐다.

과학기술처로서는 1979년 기준안 마련 당시와 크게 달라진 산업환경과 도입추세를 직시하지 않을 수 없었다. 여기서 주목할 점은 과학기술처의 1980년 기준안 마련에는 산업환경 변화요인과 함께 부처간 경쟁이라는 더 복잡한 배경이 자리하고 있었다는 것이다. 당시의 회고담을 들어 보자.

> 1980년 기준안 마련은 상공부의 전자공업진흥법 개정방침과 무관하지 않았다. 당시 상공부는 향후 전자공업의 발전이 컴퓨터 등을 중심으로 이루어져야 한다는 여론을 등에 업고 "전자계산조직을 전자공업의 범위 안에 포함한다"라는 조문을 1981년 개정 예정인 "전자공업진흥법"에 추가시킨다는 방침을 정해 놓고 있었다. 과학기술처로서는 정보산업 영역 관할권의 고수를 놓고 상공부와 정면대결이 불가피한 상황이었다. 이에 앞서 1979년에는 전경련이 경제발전을 위해

서는 컴퓨터 수입제한을 완화해 줄 것을 정부측에 요청하던 터여서 과학기술처로서는 사면초가의 압력에 직면해 있었다(서현진, 1997).

이 회고대로라면 1980년에 이루어진 과학기술처의 도입 승인기준 마련은 컴퓨터산업이나 정보기술과 유관한 주무부처 사이의 경쟁의식이나 여론의 압력을 피해 가며 정보산업 관할권을 지키려는 하나의 '고육책'이었다는 평가를 면하기 어렵다.

컴퓨터 국산화 개발·보호정책의 동요는 수입 완화조치에서 강화조치로 선회하면서 더욱 명백해졌다. 1980년대 초반 5공화국 초기 정부의 컴퓨터 국산화에 대한 열의와 신기술 토착화에 대한 맹신은 3~4공화국 때와 유사했다고 할 수 있다.

당시 과학기술처에는 '전자계산조직 도입 승인기준" 외에도 이 기준의 시행세칙에 버금가는 문서격인 "전자계산조직 도입 업무처리 규정"이 있었다. 이는 컴퓨터 도입승인 신청서 제출요령이나 양식업무 또는 수입 추천업무 등의 규정을 골자로 하는 것으로, 1977년 제정 이래 81년 6월 8일까지 모두 3회의 개정이 이뤄졌다. 그런데 이 규정은 3차 개정이 있은 후 정확하게 16일 만인 6월 24일 4차 개정이 이루어졌다.[115]

정부가 행한 4차 개정의 진의는 그 10일 후 밝혀졌다. 같은 해 7월 3일 정부는 1986년까지 135억 원의 연구개발 자금을 민간업체에 지원하는 등 "컴퓨터 국산화를 국책사업으로 설정하였다"고 발표했다. 정부는 그 두 달 뒤인 9월 4일 컴퓨터 국산화 지원에 대한 첫 조치를 내렸다. 즉 전자계산조직개발조정위원회를 개최한 5차 도입승인 심의회의에서 한국은행, 한국전력 등 공공기관이 신청한 87대의 CRT터미널과 64대의 데이터모뎀 도입을 갑자기 중단시켜 버린 것이다.[116] 도입중단 결정이유는 이들 품목이 국산화

---

115) 이를테면 관련자료(잡지기사나 관계자의 회고)에 따르면 한번 정해진 정부의 업무처리 규정이나 시행령도 정부의 컴퓨터 국산화 의지실현에 필요하다면 개정 보름여 만에 다시 개정해 버리는 경우도 있었다고 한다.
116) 이들 기관이 도입하려던 제품은 모두 IBM, NCR, 후지쯔 등 외국계 기업으로부

를 추진하는 기업에 의해 국산화됐거나 국산화 진행중이어서 이를 보호하겠다는 것이었다. 그래서 상기한 바와 같이 자동승인 체제로 알고 신청했던 사업자나 이를 통해 이익을 얻으려던 공급업자, 국산화 추진업체 등 3자가 일희일비하는 상황이 연속됐다. 당시 이 두 품목은 동양나이론(효성컴퓨터), 대한전선, 동양정밀, 삼성전자 등에 의해 국산화가 진행되고 있었다.

3차 개정된 "전자계산조직 도입 업무처리 규정"의 골자는 도입심의 기준에서 국산화 여부와 관련해 3개 조항을 추가 보완하는 것이었다. 도입기종이 표준화와 공동활용 목적에 부합하지 않거나 국산 대체가 가능한 것은 심의를 보다 엄격하게 적용하겠다는 내용이었다. 4차 개정에서는 여기에 공공기관과 민간업체에 대한 심의기준을 달리 적용한다는 내용이 추가됐다. 다시 말해 공공·민간 구분 없이 30만 달러 이상 컴퓨터에 대해서만 일률적으로 심의기준을 적용했는데, 4차 개정에서는 공공기관에 한해 심의기준 대상을 10만 달러 이상 기종으로 하향 조정해 버린 것이다. 이처럼 엄격한 심의기준 대상을 적용한다는 것은 그 대상에 국산화품목이 있을 경우에는 외국기종의 도입을 사실상 금지한다는 의미였다.

이와 관련해 당시 한국 정보산업정책을 실무 총괄하던 과학기술처 정보산업국장 최영환은 "국산화의 진전 정도에 따라 공공기관에 대해서는 국산제품을 활용토록 조치할 것이며 민간부문에 대해서도 이 조치를 확대해 나갈 것"이라고 언급했다. 이것은 국산화품목을 성능이나 안전성에 관계없이 우선 통제 가능한 공공기관부터 공급함으로써 정부의 컴퓨터 국산화시책을 강력하게 추진하겠다는 것을 시사한 것이다.117)

이에 대해 외국 컴퓨터 공급업계, 국산화업계, 사용자 등은 서로 다른 입장을 대변하는 내용을 언론 등을 통해 표출했다.

터 공급받을 예정이었다.

117) 당시 언론은 "전자계산조직 도입 업무처리 규정"의 3~4차 개정에 대해서는 직접적인 관심을 보이지 않았지만, 한국은행 등이 신청한 CRT터미널과 데이터모뎀이 전자계산조직개발조정위원회의 결정에 의해 도입 중단됐다는 소식에 대해서는 대서 특필하는 반응을 보였다.

외국컴퓨터 공급업체의 입장
(비록 외국제품을 수입해 오긴 하지만) 우리도 CRT분야에 국산 시제품을 가지고 있다. 국산화시책은 찬성하지만, 이번 조치에 앞서 어떤 경과조치 같은 것이 필요했다고 본다. 권고사항이었던 것이 갑자기 의무사항으로 바뀌면 사용자 입장에서도 크게 당황할 것이라고 본다(동아컴퓨터<미 NCR 공급선> 전무).

이 시점에서 완전히 국산으로 대체한다는 것은 기술과 노하우 측면에서 무리다. 앞으로 1~2년 후 정식제품이 나온다고 하는데, 그때까지는 기다려야 하는 게 마땅하다. 국산화조치는 찬성하지만 컴퓨터를 국산화한다는 명목으로 국산화업체만 보호하는 결과만을 낳을까 우려된다(스페리<현 한국유니시스> 상무).

이번 조치는 국가에서 여러 면을 고려한 조치로 생각되기 때문에 (성급하다느니, 너무 늦었다느니) 가타부타 얘기할 수는 없다. 하지만 정책은 사용자들이 전산화를 성공적으로 이끌 수 있는 방향으로 정해져야 한다는 것이 내 개인적 소견이다(한국 IBM 상무).

사용자의 입장
다른 은행과 달리 우리는 이번 도입금지 결정에 묶인 품목이 CRT 3대밖에 안 돼 큰 지장이 없을 것으로 보여 일단 다행스럽다. 그러나 이번 조치는 1년 정도의 유예기간을 두었으면 하는 생각이다. 업계나 사용자들이 준비할 수 있도록 정책에 대한 사전홍보가 필요하다는 것이다(한국외환은행 부장).

국산화업체의 입장
터미널이나 마이크로컴퓨터 수입을 전면 금지하라고는 할 수 없다. 그러나 컴퓨터산업을 육성한다는 입장에서 보면 이번 조치는 당연하다는 생각이다. 국산이 기술적으로 문제가 있고 미국 등에 비해 크게 뒤졌다고 하나, 한번 만든다고 결심하면 어떤 것이든 해낼 자신이 있다(대한전선 부사장).

우리 회사 제품은 지금 당장 적용 가능하다. 따라서 이제는 사용자의 인식제고와 이에 대한 정부의 홍보 등 후속조치만 남아 있다. 선진국의 기술개발 사이클 때문에 우리가 전면적으로 도전하는 것은 불가능하다. 하지만 이번처럼 가능한 범위부터 설정, 추진하면 해결할 수 있다(동양나이론 상무).

국산에 대한 선입관은 무서운 것인데 누구를 탓할 수만은 없다. 문제가 있다면 IBM 등 외국회사들이 본체에 자사가 개발한 터미널만 부착할 수 있도록 하는 정책을 펴 왔다는 것이다. 이번 조치를 계기로 국산 사용자에 대한 세제혜택 등 현실적인 정책지원이 필요하다고 본다(동양정밀 전무).

이에 따라 1981년 3월 제5공화국이 전두환 대통령 취임으로 정식 출범한 이후 정부 내 일각에서 전자공업 육성책의 하나로 PC산업 활성화대책이 관계부처별로 제기되기 시작했다. 여기에는 정보산업분야 주도권을 놓고 정책경쟁을 전개해 온 과학기술처와 상공부가 포함돼 있었다. 따라서 컴퓨터 도입심의와 그 변화과정을 통해 과학기술처는 기득권을 유지하려 노력했고, 상공부는 "전자공업진흥법" 제정을 통해 정보산업분야를 자신들의 업무영역으로 삼고자 했다.

2) 교육용컴퓨터 국산화 개발계획

1982년 2월 과학기술처는 정부예산 10억 원을 투자해 82년 말까지 실업계 고등학교 등에 5천여 대의 PC를 공급하겠다는 내용을 기본골자로 하는 "교육용컴퓨터 보급계획"을 전격 발표했다. 이 발표는 관련 산업계에 엄청난 관심유발과 파급력으로 작용했다. 연간 국내 컴퓨터 시장규모가 5백 대 미만이던 상황에서 5천 대의 수요가 발생한다는 것은 하드웨어 공급업자가 보기에는 엄청난 사태변화이며 발전의 계기라고 판단할 만한 사건이었다.

문제의 "교육용컴퓨터 보급계획"은 1982년 2월 18일에 있었던 부처별 업무보고에서 이정오 과학기술처장관이 전두환 대통령에서 보고한 내용 그대로였다. 이 계획은 과학기술처 정보계획국장 신만교가 주도해 작성한 것이다. 새 정부 들어서 처음으로 이루어진 업무보고에서 무엇이든 국민의 관심을 끌 만한 과시적인 내용이 들어갈 정치적 필요가 있었다. 도전적 성격의 신임 대통령에게 '한 건'을 올려야 했는데, 바로 이 5천 대나 되는 교육용컴퓨터 보급계획은 적확하게 이에 부합하는 것이었다. 당시 이 계획에 참여했던 인사의 회고를 들어 보자(서현진, 1997).

> 이 계획은 준비기간이 너무 짧았던 데다 작성에 필요한 사전조사는 물론이거니와 문교부, 상공부 등 관계부처간에도 충분한 협조가 이루어지지 못한 채 발표되고 말았다. 보급 완료시기를 그 해 연말로 잡아 놓고도 대상기종 규격이나 조달방법 등에 대해서는 구체적인 언급이 없었던 것이 그 단적인 사례이다. 이를테면 계획발표를 대통령 연두보고 시기에 맞추느라 대상기종을 컴퓨터 개발 전문 국책연구소인 KIET를 통해 새로이 개발할 것인가, 아니면 기존 민간업체들이 생산하는 모델을 사들일 것인가 여부조차도 고려하지 못했던 것이다.

이 계획의 성패는 이 엄청난 물량의 PC를 어떤 경로로 확보하느냐에 달려 있었다. 과학기술처는 대통령에게 보고한 지 3개월 후인 1982년 5월 상공부의 협조를 얻어 산하 KIET를 통해 교육용컴퓨터를 새로 개발할 민간업체 선정에 나서게 됐다. 아울러 각급 학교에 대한 공급시기도 1년이나 늦춘 1983년 말로 수정했고, 이에 앞서 정부 조달가격 결정을 놓고 한 차례의 논란을 겪게 됐다.

한편 과학기술처가 KIET를 통해 교육용컴퓨터 공급업체 선정에 나설 때인 1982년 5월 상공부는 "전자계산기산업 육성을 위한 전문업체 선정요강"을 발표했다. 여기에는 컴퓨터 생산업체를 유형별·부품별로 전문화한다는 것과 이 요강에 따라 선정된 업체는 시설, 운전, 기술개발 등 각종 자금을 우선적으로 지원한다는 내용이 있었다.

상공부의 복안은 마이크로컴퓨터, 마이크로프로세서, 플로피디스크 드라이브 등 PC관련 분야와 32비트급 미니컴퓨터 등을 개발할 업체를 분야별로

2~3개 선정, 제한경쟁을 통해 국내 컴퓨터산업을 고도화하겠다는 것이었다. 이것은 내용 면에서 과학기술처의 "교육용컴퓨터 보급계획"보다 더 기업의 경제적 관심과 기술적 흥미를 자극하고 유발하는 것이었다. 업체선정 요강 발표 후 한 달 만인 6월 10일 마감까지 전문업체 선정 신청업체수와 신청부문은 87개사, 194개 분야에 달했다. 그러나 이런 전문업체 선정요강에 따른 분야별 업체선정은 5공화국이 끝나는 1987년까지 전혀 실현되지 않았다.

그러나 과학기술처와 상공부의 발표문은 많은 시행상의 문제에도 불구하고 국내업체들로 하여금 PC산업에 주목하게 하고 직접적인 사업참여 계기가 됐다는 점에서 높은 평가를 받았다. 예를 들어 과학기술처의 교육용컴퓨터 보급계획은 삼성전자, 대우전자(대한전선의 후신), 금성사, 동양나이론 등 거대기업의 사업참여를 이끌어 냈다. 상공부의 전문업체 선정요강도 고려시스템, 큐닉스, 한국상역, 한독, 금성반도체, 동양정밀, 금성통신 등 대기업 계열 또는 중견업체들의 PC본체 관련부품 개발에 즉각 나서게 하는 정책적 효과를 거두었다.

그러면 교육용 PC 5천 대 보급계획과 정보산업 정책주도권은 무슨 관련이 있는가? 1983년 '정보산업의 해' 선포를 계기로 정부가 정보화시책 구현을 위해 정책의 중점을 두었던 것의 하나는 국민에 대한 컴퓨터교육 강화와 이를 위한 홍보활동 전개였다. 이것은 정보화시책이나 정보산업 육성을 위해 가장 먼저 해결해야 할 정책과제였다. 컴퓨터교육의 경우는 전문인력 양성이라는 차원에서 각급 교육기관이 그 대상이었고, 홍보는 정보화 마인드 확산이라는 목표 아래 학생을 포함해 전국민을 대상으로 하는 것이었다.

정보화시책을 입안한 주무부처인 과학기술처는 각급 학교교육과 일반인 정보화 마인드 확산을 위해 두 가지 방책을 구상했다. 그 첫째는 예산지원을 통해 각 교육기관에 교육용컴퓨터를 보급하는 것이었고, 둘째는 각종 정부시책을 전달할 수 있는 범국민적 행사를 개최하는 것이었다. 첫째 아이디어가 구체화돼 계획된 것이 10억 원의 예산을 투입해 '교육용컴퓨터 5천 대 보급계획'을 추진하는 것이었고, 둘째 아이디어는 '제1회 전국 퍼스널컴퓨터 경진대회'를 개최하는 것이었다.

과학기술처는 교육용컴퓨터 5천 대 보급계획에 따라 1982년 5월부터 보급기종을 생산할 업체선정과 기종 규격작업을 벌였다. 그러나 여러 가지 이해관계 때문에 그 추진이 지체되고 있었다. 이런 계제에 1983년 초 '정보산업의 해' 선포를 계기로 과학기술처는 사업추진에 박차를 가해 1983년 8월 해당 교육기관에 대한 보급을 완료했다.

그러나 이 보급계획의 전후 과정과 결과를 살펴보면 과학기술처는 이것을 통해 한편으로는 정보산업을 육성하고, 다른 한편으로는 컴퓨터교육을 주관하고자 하는 '일거양득'을 추구하고 있었다는 점을 확인할 수 있다. 그러나 사업추진 결과, 과학기술처는 정책입안과 추진과정에서 기대했던 만큼의 소득을 얻지 못했다는 비판에 직면했다.

> 1981년 새 정부가 들어선 직후 뭔가 참신하면서 파급효과가 큰 것을 찾고 있던 때였다. 마침 컴퓨터 국산화에 대한 열기가 한창이었다.…… 하지만 컴퓨터만 국산화하더라도 '규모의 경제'를 이룰 만한 시장수요가 생기질 않았는데 아무런 소용이 없는 상황이었다. 그래서 생각해 낸 것이 교육용컴퓨터 5천 대 보급계획이었다. 컴퓨터 국산화업체들에 큰 힘이 될 수 있는 것은 물론이고, 컴퓨터교육 확산에 기여하여 일거양득의 효과를 얻을 것 같았다. 청와대측과 의사를 타진해 보니 매우 좋은 아이디어라는 것이었다. 그래서 예산당국에 대한 조정문제는 거뜬하게 해결할 수 있었던 것이다.118)

이 프로젝트는 과학기술처의 발주에 의해 KIET가 대행했는데, 기종 생산업체 선정작업부터 결론을 내기가 어려웠다. 상공부 출연기관이던 KIET는 규격작업만 하기로 하고 생산업체 선정은 상공부에 일임하는 일이 벌어지기도 했다. 교육용컴퓨터를 생산하겠다고 신청한 업체는 컴퓨터 국산화를 추진하던 삼성전자, 삼보컴퓨터, 금성사, 한국상역(현 한국컴퓨터), 동양나이론(효성컴퓨터), 고려시스템산업, 대한전선, 동양시스템산업, 삼성전관 등 13개사에 이르렀다. 그러나 기술개발 능력을 가진 업체는 대우전자, 대한마이

---

118) 1982년 당시 과장 직책으로 이 계획에 참여했던 과학기술처 K씨의 증언.

크로, 동양정밀, 석영컴퓨터, 쎈텔이행전기공업, 제일정밀, 한국마이컴, 한국전자계산, 홍익전자 등이 더 있었다(KAIST 전산센터, 1984: 121). 이들 업체는 하드웨어의 구성, 소프트웨어의 내용, 응용프로그램 계획, 주변기기 등 4개 분야에 걸쳐 작성한 "교육용컴퓨터 개발계획서"를 상공부에 제출했다. 그러나 제출된 계획서 대부분은 프로젝트 수행을 계획한 내용이라기보다 그때까지 각사가 개발중이던 상업용 시제품 규격을 나열해 놓은 수준이었다.

상공부는 이것을 토대로 적격심사를 벌여 삼성전자, 동양나이론, 삼보컴퓨터, 금성사, 한국상역 등 5개사를 교육용컴퓨터 생산업체로 선정, KIET측에 통보했다. 생산업체를 5개사로 제한한 것은 업체당 공평하게 1천 대씩 생산하게 하자는 뜻이었다.

그러자 즉각 심사결과에 대해 관련업계의 불만이 제기됐다. 즉 "KIET가 새로운 규격을 제정하게 될 텐데 계획서에 적힌 시제품규격이 무슨 소용이 있느냐"는 게 주된 문제제기 내용 중 하나였다. KIET는 5개사가 교육용컴퓨터 개발 생산업체로 선정된 1982년 7월에 가서야 기종의 기본규격을 제시하고 연내에 설계도면과 운영지침서를 제출하라는 일정을 통보했다. KIET가 제시한 기본 규격은 다음과 같이 매우 간단한 것이었다.

① 데이터처리 성능: 8비트
② 중앙처리장치(CPU)의 속도: 1MHz 이상일 것.
③ 기본메모리: 16KB이상일 것.
④ 기본 소프트웨어: 모니터 프로그램(롬 바이오스)과 베이식언어 번역기 각각 8KB롬에 내장돼야 함.

KIET의 계획으로는 1983년 신학기 이전에 5천 대분의 컴퓨터를 5개사를 통해 각급 학교에 보급한다는 것이었다. 그러나 5개월이 넘도록 이 계획은 완료되지 못했다. 즉 5개사는 기존에 이미 독자 개발해 오던 것을 어떻게 하면 추가 비용부담 없이 KIET 규격에 뜯어 맞출까 하는 구상만 하다가 개발시간을 다 허비해 버린 셈이었다.

제품개발이 종료될 시점인 1983년 초 5개사의 입장은 다시 한번 변했다. KIET가 원래 제시한 규격은 베이식언어 정도만 사용할 수 있는 가장 단순한 형태의 성능만 구현할 수 있는 수준이었다. 그러나 1983년 3월 KIET는 대량생산에 앞서 최종 테스트를 실시했는데, 그 결과는 5개사 제품 모두 기본규격을 훨씬 상회하는 고급기종으로 업그레이드돼 있었다. 5개사가 이런 주문과 기대 이상의 개발을 하게 된 이유는 이 기종을 과학기술처 납품 이외에도 추가로 대량 생산해 독자 시판할 계획을 수립하고 있었기 때문이다. 즉 KIET규격은 컴퓨터기능을 수행할 만한 최소규격이어서 일반 사용자들이 요구하는 성능에 비해 많은 차이가 있었다. KIET가 이러한 최소한의 기능 수행을 위한 규격을 요구한 것은 예산범위 내에서 구매해야 했던 경제적 사정 때문이었다. 다시 말하면 KIET는 5개사로부터의 1대당 납품가격을 24만 원에 미리 정해 놓고 그 값에 맞는 규격 지정작업을 했던 것이다. 컴퓨터 1대당 납품가격 24만 원이란 과학기술처 예산 10억 원과 나중에 특별 추가된 2억 원 등을 합친 12억 원을 5천 대로 나눈 값이었다.

그러나 24만 원의 납품가격에 맞출 수 있는 쓸만한 컴퓨터는 당시 한국 사회에 존재하지 않았다. 그래서 5개사는 KIET규격 준수가 현실성이 없다고 판단하고 이 규격을 상당히 넘어서는 기종 개발계획을 마련했던 것이다.

삼성의 입장:

삼성은 과학기술처의 계획이 교육용컴퓨터 보급차원 그 자체보다는 민간업체 수요창출에 더 많은 기대를 걸고 있다는 사실을 직시하고 있었다. 나중에 들은 얘기지만 다른 4개사들도 과학기술처 납품가격은 대당 24만 원에 맞추되 실제 개발품은 50~60만 원대의 시판용 규격을 염두에 두고 있었다는 것이다. 그러고 보면 5개사는 제각기 나름대로 경제성이나 시장상황 등 앞뒤를 재고 있었는데 정부 관계자들만 몰랐다는 얘기이다.[119]

금성의 입장:

최종 테스트 후 시판가격을 계산해 보니 본체 50만 원, 모니터 6만 원, 카세트테이프 드라이브(보조기억장치) 4만 원 등을 합쳐 60만원 정도였다. 실제 시

---

119) 삼성전자 컴퓨터사업부 과장이었던 K씨의 증언.

장사정은 납품가보다 높았으므로 5개사 모두 과학기술처 납품분만 생산할 이유가 없었다. 나름대로 관납에 따른 적자매출 손실보전 계획을 세웠던 것이다.[120]

5개사가 생산한 기종은 SPC-1000(삼성전자), 트라이젬-300(삼보컴퓨터), 스폿라이트 1(한국상역), 하이콤-8(동양나이론), 금성패미콤(금성사) 등이었다. 이들 컴퓨터기종은 1983년 신년 대통령 보고와 '정보산업의 해' 선포를 계기로 관련부처들이 참여업체들에게 약속된 일정의 준수를 독려한 결과 1983년 8월에 보급을 완료할 수 있게 됐다.[121] 그리하여 5개사가 각각 1천 대씩 납품한 컴퓨터가 전국 90개 상업고등학교, 10개 직업훈련원, 17개 각급 공무원 교육에 배분됐다. 그러나 보급된 교육용컴퓨터는 교육현장에서 정책의도와 무관하게 실제적인 정책효과를 달성하지 못했다. 왜 그렇게 됐을까?

전문가가 아닌 누가 보더라도 사용이 불가능한 장난감 컴퓨터였다. 더욱이 당시 컴퓨터환경에서는 프린터나 플로피디스크 드라이브 등 다른 보조기억장치 등을 추가하는 것이 일반적이었는데 그 비용이 120~150만 원이나 됐다. 재정이 빈약한 상업학교나 직업훈련원에서 사용할 엄두를 낼 수 없었다.[122]

〈표 4-9〉 교육용 국산 슈퍼마이크로컴퓨터(8 bit)의 개발(1983)

개발기업명	모델명	모델 기술	CPU
금성	FAMICOM FC-100	일본 NEC의 PC-6001 시스템	Z-80A(4MHz)
동양나일론	HYCOM-800	미국 코모도사의 VIC-1001	Z-80A
삼성전자	SPC-1100	일본 사프사의 MZ-80과 미 애플사의 Apple-II	Z-80A
한국상역	SpotLight-I	미 TRS사의 TRS-80	Z-80A
삼보컴퓨터	TriGem-30	미 애플사의 Apple-II	6502(1MHz)

자료: KAIST 전산개발센터, 1984: 121-132.

---

120) 금성사 OA개발부문 책임자였던 K씨의 증언.
121) 이들 5개 업체에서 생산된 퍼스널컴퓨터는 한국전자기술연구소의 성능시험과 한국기계연구소에서 실시하는 UL, FCC 인준검사를 거쳐 규격이나 안전에 대해 국가의 공인을 받도록 했다(KAIST 전산개발센터, 1984: 121).
122) 컴퓨터 전문지 기자였던 C씨의 증언.

비합리적인 졸속행정의 결과로 인한 예산낭비와 주도권경쟁을 둘러싼 비생산적 논쟁의 답습이라는 지적과 비판에도 불구하고 이 교육용컴퓨터 보급계획이 마무리된 1983년 8월 이후 단 한 차례도 과학기술처는 이에 대한 보완책이나 추가 지원책을 전혀 발표하지도 않았고 추진하지도 않았다. 과학기술처 입장에서는 이미 마무리돼 보고된 사업을 재검토하거나 보완할 아무런 행정적 필요성을 인정할 수 없었던 것이다. 피드백 없는 기술의 정치적 형성은 기술의 불안정화를 초래했다. 그 다음 과학기술처는 10월부터 시작된 '제1회 전국 퍼스널컴퓨터 경진대회' 예선을 준비하는 등 새로운 계획의 시행에 착수했다.

3) 국가의 산업보호정책과 시장의 갈등

상기한 바와 같이 국산컴퓨터 보호조치와 수입자유화 원칙이라는 정책대결과 정부의 산업보호정책은 시장과 국가의 갈등을 표면화하도록 만들었다. 1984년 3월 국산 마이크로컴퓨터를 생산하던 양대 국내 전자기업은 1972년 제정된 "기술촉진법"을 근거로 전자산업사상 최초로 컴퓨터에 대한 "국산신기술제품 보호요청서"를 제출했다. 즉 양 회사가 자체 개발한 16비트 마이크로컴퓨터인 신기술제품인 삼성 슈퍼마이크로-16(SSM-16)과 금성 마이티컴퓨터-5010(GMC-5010)의 보호를 정부에 요구했다. 당사자들의 주장에 따르면 "마이크로컴퓨터 개발기술이 세계적으로 보편화되긴 했으나 국내 처음으로 국산화가 이루어진 것으로 기술개발 자체를 정부가 보호해 주어야 한다"는 것이 보호요청서를 제출하게 된 동기였다. "보호대상으로 지정되면 해당 신기술제품은 정부기관 등에서 컴퓨터를 구매할 경우 우선 구매되는 특권을 얻을 수 있다는 판단이었다"는 것이다.

이 두 신제품은 엄격하게 말하면 민관합작에 의해 개발된 것이다. 보호대상 제품 중 SSM-16은 1982년 과학기술처의 기업주도 특정 연구개발 과제로 선정돼 삼성반도체통신(1989년 삼성전자로 합병됨)과 정부출연연구소인 한국전자기술연구소(KIET)의 방승양 박사팀이 2년 동안 공동 개발한 것으로 정부예산을 포함해 모두 22억 원의 총 연구개발비가 투입됐다.123) 이 제품에는 모토롤러 M68000 기반의 주기판과 입출력 보드로 구성된 하드웨어에 미국 AT&T의 유닉스 운용체계 시스템버전 릴리스(SVR7)를 이식한 것이었다.

금성사의 GMC-5010도 1982년 과학기술처 기업주도 특정 연구사업의 하나로 금성사 중앙연구소와 KIET의 방승양 박사팀이 2년여에 걸쳐 공동 개발한 것으로 투자된 총 연구개발비는 10억 원이었다. 이 제품은 삼성의 SSM-16과 달리 인텔 8086 기반의 주기판에 PC 운용체계인 CP/M과 PC-DOS(MS-DOS의 IBM 버전)를 심은 것이다.

이 두 연구프로젝트 진행에 투입된 정부예산 비율은 SSM-16은 30%(6억여 원), GMC-5010은 70%(7억여 원)나 됐다. 비슷한 시기에 과학기술처와 문교부가 추진한 "교육용컴퓨터 5천대 보급계획" 집행에 10억 원이 투입된 것과 비교해 보면 이 연구개발비 규모는 단일 프로젝트로는 상당한 것이었다.

두 기업은 보호요청서에서 자사 제품에 대해 각각 두 가지 신기술 보호를 신청하고 있었으나, 연구주체가 동일한 때문이었는지 두 가지 신기술의 내용이 대동소이한 것이었다. 그러나 이들의 주장에 따르면 하나는 하드웨어 설계에서 시험까지를 국산화했다는 것이었고, 다른 하나는 외국 운용체계를 자체 설계한 하드웨어에 이식했다는 것이다. 이런 기술내용을 보호해 달라는 신청서가 과학기술처에 접수되자 표면상으로 당국자는 긴장한 모습을 보였다고 한다. 그러나 내심은 관청과 사전협의에 의해 추진된 것이었다고 알려져 있다. 즉 10억 원이 상회하는 연구개발비를 제공한 과학기술처로서는 국산 마이크로컴퓨터가 반드시 성공해야 했고, 이를 위해서는 성능과 지명도에서 외국제품과 경쟁할 수 없는 시제품 수준의 제품을 정부기관에서 구매해 줌으로써 최소한 연구개발비 정도는 개발기업이 회수할 수 있는

---

123) 方勝楊 1942년생 [학력] 66년 일본 교토대 전기공학과 졸, 69년 서울대 대학원 전기공학과 졸, 74년 전산학박사(미국 텍사스대 전산학과). [경력] 74~76년 미국 Wayne주립대 조교수, 76~79년 NCR 기술자, 79~81년 AT & T Bell Laboratories 연구원, 81~84년 한국전자기술연구소 실장, 부장, 84~86년 유니온시스템(주) 연구소장, 86년 포항공대 컴퓨터공학과 교수(현).

판로를 확보해 줄 수 있다고 판단했던 것이다.[124]

과학기술처의 관심은 접수된 요청서에 대해 주무장관(경제기획원과 상공부)의 찬성의견을 확보할 수 있는가에 모아졌다.[125] 과학기술처는 1984년 4월 한 달 동안 두 회사의 보호요청서를 KAIST와 KIET 등 연구소와 대학 등에 보내 기술적 자문을 구한 다음, 5월 말 경제기획원과 상공부 등 관계부처와 가전회사를 회원사로 둔 한국전자공업진흥회 등 단체 관계자 및 KAIST와 KIET 연구원과 대학교수 등 전문가의 의견을 검수하고 통합하는 자리를 과학기술처 회의실에 마련했다.

개발에 참여한 이도 포함돼 있던 전문가그룹은 신기술 보호요청을 수용하는 것이 타당하다는 주장을 폈다. 이에 비해 컴퓨터 도입(수입)심의를 관장해 온 상공부는 일관되게 국내 컴퓨터산업의 다양화와 성장을 도모하기 위해서는 제품수입과 기술도입을 자유화해야 한다는 원칙론을 전개하며 수입규제와 기술도입 금지에 대해 반대의견을 피력했다. 30만 달러 이하의 컴퓨터에 대한 도입(수입) 심의업무를 대행하던 상공부 산하단체인 한국전자공업진흥회는 한편으로는 상공부 의견을, 다른 한편으로는 회원사의 입장을 거스를 수 없다는 자세를 드러냈다.

예산배정과 공정거래 등의 정책과 관련된 주무부처인 경제기획원은 두 제품이 신기술 보호조치가 됐을 경우 국내외 시장에 미치는 영향에 관심을 보이면서 완곡하게 반대의견을 제시했다. 그러나 이런 의견수렴은 형식에

---

124) 금성과 삼성측이 제출한 보호요청서에는 다양한 보호방법을 제시했다. 이를테면 정부가 일정기간(2~5년) 자사 제품과 유사한 외국기종의 수입 및 중복제조를 규제해 줄 것과 유사기술의 도입을 금지해 줄 것 등이었다. 이것은 정부가 두 기업을 제외한 다른 민간 컴퓨터기업에 대해 일정기간 관련사업을 중지시켜 달라는 것과 같은 의미였다. 그 이유는 정부가 국산 신기술을 장려하고 외화를 절약해야 하기 때문이라는 것이었다. 더 나아가 엄청난 규모의 투자비를 회수하고 판매기간 동안 적정이윤을 보장해야 한다는 것이었다.

125) "기술개발촉진법 시행령"(당시 1981년 2차 개정) 제10조 에 따르면 국산 신기술 제품의 기술적·경제적 타당성 여부는 주무장관의 의견을 사전에 청취하게 규정돼 있었다.

그치고 말았다. 1984년 7월 3일 과학기술처는 정보산업정책 역사상 최초로 두 민간기업이 신청한 컴퓨터 신기술제품 보호요청에 대해 정부가 "보호하기로 결정했음"이라는 결정을 내렸다. 후속 보호조치로는 SSM-16과 GMC-5010에 대해 "정부 및 투자기관 등에서 우선 구매토록 조달청장에게 요청"하는 것으로, 그 기간은 '조치일로부터 1년'으로 정했다.

삼성의 SSM-16과 금성의 GMC-5010 신기술제품 보호조치는 5공화국 후반에서 6공화국 초반에 본격화된 국가기간전산망 시스템 구매과정이나 중형컴퓨터(타이컴) 개발정책 등에 직접적인 영향을 미쳤다. SSM-16은 그후 삼성그룹이 중형컴퓨터 개발을 전략분야로 채택한 데 힘입어 SSM-32로 업그레이드되는 등 제품수명이 연장됐다. 그러나 GMC-5010은 판매실적이 저조해 곧 바로 단종돼 시장에서 퇴출됐다. 하나는 기술의 혁신과 확산에 성공했고, 또 다른 하나는 실패함으로써 기술개발의 피드백과정이나 상업적 성공을 위한 개량을 포기해야만 했다.

3. 국가의 기술형성

1) 조직간 네트워크

상기한 바와 같이 1983년 3월 14일 전두환 대통령에게 보고된 "정보산업육성방안"에 따라 정보산업육성위원회가 구성됐다. 이 정보산업육성위원회는 정보산업과 반도체 관련업무를 관련기관별로 분담하고 협조체계를 구축하기 위한 정부 내 기구였다. 이 기구의 위원장에는 대통령 비서실장, 위원에는 과학기술처, 상공부, 체신부, 문교부, 총무처 등 5개 부처 차관과 비서실의 정무2, 경제, 교육문화 수석 등 10여 명이 임명됐다. 위원회의 주요기능은 반도체공업과 정보산업 육성의 기본계획을 수립하고 중요 정책사항에 대해 심의하고 조정하는 일이었다. 부처간 업무분장, 필요한 지원대책, 전문인력 양성, 통신망과 컴퓨터의 이용기술 개발사업, 관련제품의 생산 등 구체적인 역할에 관한 것도 포함돼 있었다.

정보산업육성위원회는 "정보산업 육성방안"이라는 문건에서 육성위원회 구성이 건의될 당시만 해도 이미 청와대 내부기구로 활동중이던 반도체공업육성추진위원회에 관련기능을 보강해 반도체 및 정보산업육성위원회라는 이름으로 한시적으로 활동할 예정이었다. 1981년에 발족된 반도체공업육성추진위원회는 1983년 64K DRAM의 개발완료를 눈앞에 두고 있었고, 동시에 256K DRAM 개발에 착수하는 등 상당한 진전을 보이고 있었다. 따라서 별도의 독립기구를 새로 구성하는 것보다는 반도체부문의 성공사례와 운영방식을 원용하는 것이 바람직하다는 건의내용이었다.

이런 내부방침에 따라 정보산업육성위원회의 위원장도 원안에는 청와대 과학기술비서관이 내정돼 있었고 위원도 KAIST 전산개발센터(뒤에 시스템공학연구소로 개편) 소장, 한국데이타통신 사장, 총무처 행정관리국장, 과학기술처 정보계획국장 등 차관급보다 아래의 인사로 구성될 예정이었다. 그러나 전자산업과 정보산업 육성에 강한 의지를 보인 것으로 전해지는 대통령의 지시에 의해 위원장은 비서실장으로, 위원은 전원 차관급으로 격상됐다.

> 대통령은 "정보산업 육성방안"을 보고받는 자리에서 위원장을 비서실장으로 격상시키고 위원회의 기능과 목적도 반도체와 정보산업을 동등하게 배분하라는 지시를 내렸다고 전해 들었다. 국장급들이 나설 일은 따로 있다는 말도 했다는 것이다. 결국 비서실장은 5월 14일 "정보산업육성위원회 구성과 운영에 관한 대통령의 지시"를 각 부처에 하달함으로써 강력한 힘과 기능을 가진 위원회가 발족될 수 있었던 것이다.[126]

최고권력에 의한 위원회의 위상격상은, 첫째, 정보산업 육성을 위한 정책 추진 의지를 과시하고, 둘째, 예상되는 정부조직간의 관할권 분쟁과 이해관계를 상층에서 사전 조정하기 위한 것이었다. 정보산업육성위원회는 "국가

---

[126] 1983년 당시 정보산업육성위원회 실무위원회에서 연구·조사활동을 벌였던 인사의 회고

기간전산망 계획 관련사항 보고"(7월), "국가기간전산망 구성, 운영에 대한 각계 의견청취 보고서"(9월), "국가기간전산망 구성, 운영을 위한 제안"(10월) 등 주요 정책문건을 작성해 대통령과 위원장에게 보고했다. 이를 토대로 7개월여의 작업 끝에 지금의 5대 국가기간전산망 사업의 시초가 되는 역사적인 문건 "국가기간전산망 계획(안)"이 마련됐다. 각계 200여 기관 및 전문가의 의견을 토대로 작성된 이 계획안은 5대 국가기간전산망을 구성해 운영하는 목적에 대해 "국가 전체의 투자 대비 효과를 최대화하고 국내 정보산업을 육성하기 위한 것"이라고 표현했다. 이 거대한 기술체계의 도입과 이용, 전산기 개발계획은 전형적인 방식의 비용편익모델(cost and benefit model)에 근거한 것이었다. 또한 여기에는 5대 전산망에 대한 망별 구성과 포괄적인 운영계획을 처음으로 제시했다. 이 계획은 나중에 수차의 보완을 거치면서 그 원형을 상실했다. 왜 그렇게 됐을까? 그 이유는 이 중대한 국가프로젝트가 갖는 복잡성과 다양한 이해관계의 존재 등을 행정권력 관계자들이 간과했기 때문이다. 그러나 이 계획안은 5대 국가기간전산망 사업의 필요성을 처음으로 국내외에 공식화했다는 역사적 의미가 있다.[127]

'국가기간전산망'이라는 용어가 처음 등장한 것도 이 문건 가운데 하나인 "국가기간전산망 계획 관련사항 보고"에서였다. 이 문건 제1항에는 "국내 전체 전산화체계는 종국적으로 국방망, 정보망, 행정전산망(일반행정, 금융, 교육, 기술정보 등)이 포함된 국가기간전산망을 중심으로 하여 구성·연결하는 것이 바람직함"이라는 문구가 등장하는데, 이것이 바로 '국가기간전산망'

---

[127] 이 계획수립의 초기단계는 몇몇 자료와 소관부처의 생각을 모아 만든 페이퍼워크(paper work) 차원이었다. 나중에 이 문건은 구체적인 계획안 작성 때 많은 영향을 미쳤다. 조직적 측면에서 이 계획안은 전산망사업 추진원칙과 기관별 역할을 제시했다는 것이 가장 큰 성과였다고 한다. 왜냐하면 그런 사업을 추진하기 위한 기관별 역할분장을 명시함으로써 혼선을 방지하고 불필요한 갈등발생 소지를 원천부터 제거했기 때문이다. 예를 들면 전산망 이용자 입장에서 정부부처나 기관은 소관업무 개선에 중점을 두고 전산망 설치나 운영 등 기술사항은 별도의 전문기관이 책임지도록 하는 조항이었다.

이라는 단어의 첫 사용이었다. 그 이전에는 '정부전산화'라는 단어가 사용됐다. 그리고 이 위원회는 정보산업분야에서는 사상 처음으로 대통령 직속으로 발족한 기구였다는 점에서 역사적 의미를 갖는다.

이 "국가기간전산망 계획(안)"에 대한 최초의 보완은 6개월 뒤인 1984년 6월 대통령 비서실 중심으로 작성한 "국가기간전산망 계획 추진보고"를 통해 이뤄졌다. 여기서 5대 전산망사업 추진에 대한 포괄적이고 핵심적인 지침이 마련됐다. 첫째, 이 보고서에서 5대 전산망의 대상이 행정전산망, 금융전산망, 교육연구망, 국방망, 공안망으로 최종 압축됐다. 둘째, 여기에서 5대 전산망의 범위도 정했는데, 행정전산망에는 정부 각 원, 부, 처, 청과 지방행정기관 및 기타 공공기관이 포함돼 있었다. 국방망은 국방부와 육·해·공군 및 병무청을, 처음에 정보망으로 불렸던 공안망은 국가안전기획부와 치안본부 및 검찰을 대상으로 했다. 새로 추가된 금융망에는 은행과 농협 및 우체국을, 교육연구망은 대학과 연구소 등을 대상범주에 포함시켰다.

그러나 이 보고서에서 적시한 대로 청와대가 5대 전산망사업 추진을 직접 관장하겠다는 대목에서 정부부처나 산하 관련기관은 추진조직간 관할권 문제를 야기했다. 청와대는 사업 초기에 행정전산망과 금융망에 많은 관심을 가졌다. 행정전산망의 경우 각 부처, 산하 지방행정기관, 공공기관 등 관련기관이 다종다양하고 많을 뿐 아니라 업무 자체도 이질적 요소가 많아 업무조정에 어려움이 적지 않았다. 금융망 역시 20여 개가 넘는 은행 등 금융기관의 상호 이해관계가 대립하고 있었다. 청와대는 이런 부문에 대한 조정과 지원을 직접 행사하겠다는 의지를 갖고 있었다. 그래서 5공 시작부터 5대 전산망이 구상돼 온 것으로 미루어 보아 정권안보나 정통성확보 차원에서 이 사업이 추진된다는 가설이 확산되고 있었다. 청와대의 행정전산망과 금융망에 대한 직접조정 의지는 강압적인 최고권력의 이미지와 청와대의 업무스타일 때문에 관계업자와 당사자들에게 큰 이해관계가 걸린 문제로 전화되고 대규모 조직개편이나 인사이동 같은 변화가 예상되는 것이었다. 결국 이런 문제를 해결하기 위해 위상이 격상된 대통령 비서실장이 위원장이 되는 국가기간전산망조정위원회가 구성됐던 것이다.

이 정보산업육성위원회라는 기구는 1984년 4월 기술진흥심의회가 발족되면서 기술개발 정책업무를 이관하고 행정조정 지원업무만 수행하다가 1984년 8월 국가기간전산망조정위원회로 개편됐다. 국가기간전산망조정위원회는 1984년 이후 국가 정보통신산업 정책을 의결하고 심의하는 최고기구로 남게 됐다. 즉 '정보산업의 해'의 선포는 1984년의 국가기간전산망조정위원회의 발족을 가능케 한 시금석이었다.

〈표 4-10〉 국가전산망사업의 추진경로

1960년대
과기처, 전자계산조직개발조정위원회 설치(1967. 9).

1970년대
총무처, 행정전산계획관실 설치(75. 6)→담당관실로 축소(79. 5).
총무처, 행정전산추진위원회 구성(75. 8).

1980년대
전자계산조직의 도입 및 이용에 관한 규정 제정(82. 7).
(과학기술처로 소관 변경--->
과기처, 컴퓨터 국산화정책 추진(컴퓨터 수입금지 및 국산화 지원조치)

대통령 비서실장, 반도체산업육성추진위원 구성(81. 12)→
대통령 비서실장, 정보산업육성위원회 구성(83. 5)→
기술진흥심의회에 일부업무 이관→
대통령 비서실장, 국가기간전산망조정위원회 구성(1984. 8).

1985년 12월 청와대 경제수석비서실이 보고한 "국가기간전산망 사업 관련사항 보고"라는 문서에는 행정전산망의 추진목표, 전산화 대상업무, 소요예산, 장비, 인력규모, 추진일정, 부처별 책임자와 전담기관 등이 구체적으로 담겨 있었다. 추진목표는 ① 작고 효율적인 정부의 구현, ② 전국 어디서나 공평한 정보전달로 주민편의 증대, ③ 정보산업의 육성 등 세 가지였고, 전산화 대상은 주민관리, 부동산관리 등 각 부처에서 걸러낸 42개 업무로 압축됐다. 예상 소요자금은 일부사업이 시작되는 1986년부터 종료되는 95년까지 10년간 모두 7,607억 원이었고, 장비는 주전산기 283대와 다기능 사무기기(워크스테이션) 2만 7,924대가 필요하며, 전문인력도 2,830명이 필요하다고 분석됐다.128) 부처별 책임자는 각 부처 차관으로 정해졌고 총괄부처는 총무처, 전체설계와 기술지원 전담기관은 한국데이타통신(현 데이콤)이 각각 맡도록 했다. 여기에는 한편으로 국가기간전산망조정위원회의 강력한 역할과 기능이, 다른 한편으로 사업추진 자금의 조달방안이 구체적으로 명기돼 있었다. 전자는 행정전산망사업에 참여하는 관련부처가 많고 업무내용이 다양해 종합적인 조정과 통제기능이 필요하다는 것을 역설했다. 결국 당분간 이 조정 통제기능을 대통령 직속의 국가기간전산망조정위원회가 맡게 된다는 것이었다. 후자는 사업추진 자금의 지원을 전담할 회사를 별도로 설립한다는 것이 주된 내용이었다.

'엔지니어링 워크(engineering work)에 대한 감각'을 가진 당시 최고권력은 집권 초기부터 정보산업 관련행사에 나타나거나 주요회의에서 깊은 관심을 표명하고 많은 지시를 내림으로써 추진의지를 유감없이 발휘해 왔다. 그 의지는 기술 파워엘리트의 혁신네트워크에 의해 형성·지지되고 있었다.

상기한 바와 같이 과학기술처와 상공부가 정보산업 주도권경쟁을 벌이던 1970년대 말까지 체신부는 이렇다 할 활동을 보이지 않았다. 체신업무나 전화고지서 업무전산화 등의 프로젝트를 추진했으나, 그것은 부처 내 고유업무일 뿐이었다. 그러나 이런 움직임이 결과적으로 체신부가 국가기간전산망의 주도권을 장악하게 되는 준비작업이 되고 말았다. 왜 그렇게 됐을까?

체신부는 1981년 10월 전기통신 조직부문을 한국전기통신공사(KTA, 현 한국통신)라는 법인체로 공사화시키면서 본격적인 활동을 개시했다. 체신부는 KTA의 발족을 1970년대 초반부터 계획해 왔다(김정수, 2000: 91 이하). 이런

---

128) 데이콤이 1986년 4월에 작성한 종합계획안에는 86년 6월부터 88년 12월까지의 행정전산망 제1단계 사업기간에 소요되는 컴퓨터는 주전산기 86대와 다기능사무기기인 워크스테이션 1만여 대로 소요예산은 1,513억 원이었다(이기열, 1995).

KTA를 통해 정보산업 정책의 전면에 나선다는 것이 체신부의 기본구상이었다. 과학기술처가 기술개발과 보급 측면에서, 상공부가 컴퓨터의 국산화 측면에서 각각 한국 정보산업 정책을 주도하고 있었다면, 체신부는 전기통신과 정보산업을 접목하는 또 다른 접근방식을 통해 정책의 기선(initiatives)을 확보하고 장악해 보겠다는 준비를 하고 '전략적 행위'를 구사했던 것이다. 그리하여 체신부는 정부부처 기구 조직형태를 본받아 2국 4실 체제의 KTA를 통해 정보산업 정책의 전면에 나설 준비를 했다. 체신부의 이런 행보는 육사 11기 출신의 김성진 장관과 청와대 비서관 출신인 오명 차관의 주도하에 추진됐다(김성진, 1991).

KTA를 발족시킨 다음 체신부는 전기통신과 정보산업을 결합시키려는 시도로 1981년을 전후해 잇따라 중요한 체제정비를 했는데, 여기에는 한국데이타통신(데이콤의 전신)의 창립, 서울지역 114 전화번호 안내시스템의 개통, 전자식 공중전화기의 개발 등이 포함돼 있었다.

1982년 3월의 한국데이타통신 창립은 과학기술처의 "교육용컴퓨터 5천대 보급계획"과 상공부의 "전자계산기산업 육성을 위한 전문업체 선정요강" 발표에 뒤이은 체신부의 역점사업이었다. 그리하여 체신부는 KTA와 민간합작기업인 한국데이타통신을 통해 정보산업 육성정책의 전면에 나설 수 있는 교두보를 확보했다.

114 전화번호 안내시스템 개통이나 전자식 공중전화기 개발은 체신부의 기술적 잠재력을 국민에게 부각시키고 기술 국산화의 필요성을 부각시키는 의미를 갖는 대표적인 사례였다. 그 이전까지 114 전화번호 안내는 교환원이 전화번호부를 하나씩 찾아가며 가입자의 요구에 응답해야 했는데, 이 시스템의 도입으로 그럴 필요가 없어지게 됨으로써 언론의 집중적 조명(spotlight)을 받았다. 특히 이 114 전화번호 안내시스템의 개통은 한국의 전화보급을 가속화시킬 수 있는 기술기반이 됐으며, 이것이 컴퓨터를 통해서만 가능하다는 사실을 실증해 준 사건이었다. 또한 전자식 공중전화기의 개발도 잇따랐다. 그 이전까지 공중전화기(주황색 다이얼식 전화기)는 기구부품을 사용해 주화의 판별력이나 시외전화 통화시 신뢰성과 확장성에 큰 한계가 있

었다. 그러나 초소형 마이크로컴퓨터를 채택하고 전자회로를 내장한 전자식 공중전화기의 개발로 신뢰성과 확장성 확보라는 기술적 문제를 크게 해결할 수 있게 됐다. 한국데이타통신의 출범과 114 안내시스템 및 전자식 공중전화기 개발 이후 과학기술처, 상공부, 체신부 등 세 부처가 벌인 정보산업 정책의 주도권경쟁은 컴퓨터 국산화를 놓고 벌인 주도권경합과 정책시행의 착오를 반복하는 것으로 비화하게 됐다. 이것은 행정조직의 관료화가 빚어낸 학습역량의 한계와 부처간 이해관계의 직접적인 반영이었다.129)

그러면 정책경쟁으로 집약할 수 있는 다른 기관의 동향은 어떠했을까? 무엇보다도 최고 권력에 의한 정치 환경 변화는 기술변화의 속도를 조절하게 만들었다. 1985년 2월 18일의 전면개각으로 22개 부처 중 12개 부처 장관이 경질됐다.130) 이 시점은 대통령 비서실장을 위원장으로 하는 국가기간전

---

129) 역사적 맥락에서 관료들의 행태가 얼마나 큰 의미를 갖는지 한 과학사가의 지적을 들어 보자. "학자-관료들(scholar-bureaucrats)은 종국의 가치, 법률, 제도를 지배해 이에 따라 신기술의 개발에 필요한 이념에 따라 사회를 변화시킬 능력을 가졌지만 자본가계급의 출현을 자극하는 아무런 동기도 부여하지 않았고, 행동의 자유도 제공하지 못했다"(Needhamn, 1954).

130) 2·18개각은 국가안전기획부장을 총리로 기용하는 정치적 성격을 띤 것이었으나, 정보산업 측면에서 보면 과학기술처, 상공부, 체신부, 총무처 등 당시 한국 정보산업 정책경쟁을 벌이던 4개 부처 중 3개 부처의 장관이 새로 기용되고 금진호 상공부장관만 유임됐다. 신임 과학기술처장관에는 육사 11기 출신의 김성진 체신부장관, 체신부장관에는 이자헌 민주정의당 의원, 총무처장관에는 박세직 국가안전기획부 차장이 각각 기용됐다. 이들 면면을 보면 정보산업 주도권을 놓고 벌이는 정책경쟁이 새로운 국면으로 진입하게 됨을 예고하는 대목이라고 할 수 있다. 이 개각에 체신부장관에서 과학기술처장관으로 옮긴 김성진은 정통 테크노크라트로 분류됐다. 예비역 육군준장 출신이었지만 이학박사와 공학박사로서 국방과학연구소(ADD) 소장을 역임했다. 후술하겠지만 그는 국가전산망조정위원회 위원장으로 활동하게 된다. 金聖鎭 1931년생. [학력] 55년 육사 졸(11기), 59년 서울대 문리대 수료(사학), 64년 미국 일리노이대 졸(물리학), 69년 미국 플로리다대 대학원 졸, 70년 공학박사(미국 플로리다대). [경력] 59~70년 육사 교수, 70년 국방과학연구소 책임연구원, 73년 주 미국대사관 국방무관, 76년 국방과학연구소 책임연구원, 79년

산망조정위원회에 의해 5개 국가기간전산망 사업추진 계획이 범부처 차원에서 수립되는 단계였다. 5대 기간전산망계획은 1984년 12월 처음으로 행정전산망계획이 마련된 후 사안이 있을 때마다 수시로 핫라인을 통해 청와대에 보고됐다. 이 때문에 이 사업은 관련부처 공무원 사이에서도 많은 관심을 가질 수밖에 없는 사안이었다. 더욱이 국가기간전산망사업의 추진주체에 따라 부처의 존망, 사업규모와 예산배정 등 업무영역과 폭이 크게 변할 수 있는 상황이었다. 즉 한국 같은 권위주의국가에서는 정치환경이나 권력구조 내의 기관간 위상에 따라 기술내용의 변화가 일어날 수 있는 것이다.

개각 직후인 2월 19일 상공부는 "1985년도 컴퓨터산업 육성계획"을 제시했다. 여기에는 주요 기기 및 부품의 국산화, 국산컴퓨터 개발여건 조성, 컴퓨터산업의 수출산업화, 컴퓨터 이용기술의 확대, 전문인력 양성 등 5대 시책을 열거했다. 이미 상공부는 1984년에 전자산업 부문 생산규모를 전년도의 2.5배인 75억 달러로 신장시키고, 26억 달러였던 수출액을 45억 달러로 증액했다. 당시 대통령의 경제적 관심이 전자산업의 확대와 발전이었는데 금진호 장관의 유임도 이런 경제적 성과와 그에 따른 신임의 결과였다. 84년을 '전자산업 기반구축의 해', 85년을 '그 내실을 기하는 해'로 정한 상공부는 컴퓨터 국산화와 수출을 촉진시키겠다는 방침 아래 전자산업 부문에서 풍부하고 원활한 민관 매개역할의 경험을 가지고 있는 한국전자공업진흥회를 전면에 내세우고 기업에 대한 관세감면, 전자공업진흥기금 지원, 인력양성 등의 업무를 이 기관을 통해 성사시켰다.

1주일 후인 2월 26일에는 '실세'장관으로 바뀐 과학기술처가 "정보산업 집중육성 10개년 계획"을 발표했다. 이 계획은 1984년부터 준비한 정보산업에 대한 중장기 마스터플랜이었으나 "기술주도의 경제사회 발전계획을 적극 전개"하겠다는 김성진 장관의 취임사를 반영한 것이었다. 여기에는 1985

국방관리연구소장, 80년 예편(준장), 80년 국가안전기획부 차장, 82년 국방과학연구소장, 83년 체신부장관, 85년 과학기술처장관, 86년 한국과학재단 이사장, 87년 한국전산원장, 87년 스웨덴공학아카데미 회원(현), 88년 행정개혁위원회 경제과학분과위원장, 91년 국가과학기술자문회의 위원장, 92~93년 한국전산원 이사장.

년부터 94년까지 10년 동안 한국 정보산업 생산규모를 각각 국민총생산의 25%, 수출액의 20%까지 증가시키고, 전국규모의 네트워크를 구축하는 것을 전제로 전국민의 30% 이상이 가정용 컴퓨터 단말기(홈 터미널)를 사용할 수 있도록 하겠다는 내용이었다. 즉 상공부나 체신부의 견제나 경쟁에 대해 더 포괄적이고 거시적인 지표를 제시하는 계획을 구상한 것이다. 즉 산업표준 제정과 저작권보호에서부터 한글처리 인터페이스 등 기반기술에 이르기까지 산업 파급효과가 높은 분야에 대한 중장기계획을 정리한 것이다.

그러나 이들 두 부처의 정보산업 육성계획은 그 내용의 표현방식이나 각론 측면에서는 차이가 있지만, 각 정책이 지향하는 방향과 목적은 대동소이한 것이었다. 예를 들면 상공부가 민간기업과 공동으로 32비트 유닉스용 마이크로컴퓨터를 단계적으로 개발하겠다는 것이나 과학기술처가 1990년도까지 32비트 마이크로컴퓨터 시스템개발을 완료한다는 계획은 내용적으로 유사할 뿐 아니라 정부예산 집행 측면에서도 이중투자에 해당하는 것이었다. 이 점에서 보면 체신부의 업무보고 역시 유사한 길을 가고 있었다.

체신부는 1985년 업무보고에서 국가기간전산망 구성추진을 비롯해 초고밀도 집적회로(VLSI)와 32비트 컴퓨터의 개발과 전문 기술인력 양성 등 다양한 분야의 정보산업 육성계획을 제시했다. 체신부는 이 계획을 1985년 3월에 발족한 한국전자통신연구소(ETRI)를 통해 추진함으로써 국가기간전산망 사업 추진주체로서 가장 유리한 입지를 확보한다는 방침이었다. 그러나 이런 계획안에 대한 비관적 평가에 따르면 전산망 계획안의 진부함, 정책수립 과정의 행정 편의주의적 발상, 단선적인 기술혁신관 등의 문제를 지적할 수 있다.

정보산업 육성을 둘러싼 3개 부처의 경쟁과 각축 속에 1985년경부터 국가기간전산망조정위원회가 구성돼 5대 국가기간전산망 계획이 수립·추진돼 1990년대 초반까지 왕성한 추진활동을 전개했다(홍성원, 1987: 7-25). 그러나 이 5대 국가기간전산망 계획은 1978년 경제기획원이 예산절감을 위해 국가기간전산망을 구축하고 통합업무를 개발, 부처간 공동이용을 실현하겠다는 행정정보시스템 구축계획을 확대하고 보완한 것에 불과했다. 그러나 이

계획안에는 충북도청 시범사업 추진과정에서 확보된 기술적·행정적 경험이 그대로 반영돼 있었다. 특히 대통령 비서실장을 위원장으로 국가기간전산망조정위원회가 구성된 조직적 계기는 충북도청 시범사업에서 얻은 귀중한 행정적 경험이었다. 즉 충북도청 행정정보시스템 시범사업 추진과정에서 관련부처 사이의 행정적 조정문제로 인해 실무책임자였던 신동필이 막판에 교체되는 등의 우여곡절 그 자체가 소중한 조직적 경험이 됐던 것이다(한국생산성본부, 1987; 총무처 정부전산소, 1988).

5대 전산망을 정부차원에서 추진하겠다는 계획은 5공화국 초기인 1982년부터 추진돼 1986년 12월 31일 "전산망보급확장과이용촉진에관한법률 시행령"이 통과되는 동안 4년여의 준비기간을 거쳐 1987년부터 본격적으로 시행됐다. 이 사업은 컴퓨터수요의 창출, 체계적인 정보산업 육성정책의 필요성, 경제적이고 효율적인 정부구현이라는 시대적 요구와 부합된 유사 이래 최대규모의 국가 전산프로젝트(national project)였다. 그러나 이 계획은 최고권력 주변의 기술권력 등 소수 관계자들만이 성공을 확신하고 있었다. 그래서 사업 추진과정에 산적한 많은 장애물을 넘어야 했다. 우리가 주목해야 할 점은 이 사업이 당시 기준으로는 현실성이 부족했음에도 추진될 수 있었던 것은 5공화국 같은 특수한 정치적 상황에 기반하고 있었음이 분명해 보인다는 것이다. 그것은 이 계획의 입안이나 추진과정에 많은 의혹이 제기돼 왔다는 점 때문이다. 그러나 결과를 놓고 볼 때 이 5대 전산망사업 추진을 계기로 한국 정보산업기술은 비로소 독립적인 분야로 면모를 일신하며 정착할 수 있었다(이상덕, 1988: 53-76; 이윤식, 1992: 39-110).

거대기술체계의 도입 같은 기술혁신은 그 제도적 전제로 법과 제도의 정비가 필요하다. 1985년 9월 정기국회에는 정보산업과 관련된 3건의 입법안, 즉 국무회의가 의결한 정부 입법안으로 "과학기술혁신기본법(안)"과 "공업발전법(안),"[131] 그리고 집권여당인 민주정의당 안으로 제출된 "전산망보급

---

[131] "공업발전법(안)"은 기계, 전자, 철강, 조선, 화학분야를 포함해 7개나 되던 기존 육성법을 통합해 공업의 균형발전, 업종합리화, 공업발전기금 설치 등을 내용으로 하는 것이었다. 이 법안에서도 상공부는 그들의 정책의도를 반영해 정보산업정책

확장과이용촉진에관한법률(안)"이 상정됐다. 앞의 두 법은 상공부와 관련된 법안이었으나 "전산망보급확장과이용촉진에관한법률"안은 원래 체신부가 마련한 "정보화사회 기반조성법(안)"에 기초한 것이었다. 체신부의 입법노력은 관련부처에서 '체신부의 정보산업 독점관리화'라는 의도로 해석돼 강력한 반대에 직면했다. 그래서 법안내용을 그대로 받아들여 명칭만 바꾸고 집권여당인 민정당 안으로 확정된 것이다.

이미 민주정의당은 1985년 2월에 실시된 12대 국회의원 총선거에서 선거 공약의 하나로 전산망보급에 관한 입법을 발표한 적이 있다. 위 3개 법안 중 "과학기술혁신법(안)"은 기존의 "과학기술진흥법"과 "기술개발촉진법"을 폐지하는 대체입법 안이었다. 다른 점은 구법들이 산업발전에 역점을 두고 있었다면 새로운 법안은 소프트웨어 같은 기초기술 진흥에 초점을 맞추고 있었다는 것이다. 원안에는 '정보산업 육성' 같은 문구가 일부 조항에 규정돼 있었으나 관계부처간 협의과정에서 삭제됐다. 이 법안의 내용을 정사(精査)해 보면 과학기술처가 산업발전의 전면에 나설 수 있는 근거가 상당히 축소돼 있다는 것이다.

민주정의당이 제출한 "전산망 이용 촉진과 보급 확장에 관한 법률(안)"에는 조항마다 '정보산업'이나 '전산망'이라는 문구가 나열돼 있고 전산망(통신망)과 하드웨어 및 소프트웨어의 균형발전을 통해 정보산업을 육성하고 정보사회를 실현한다고 그 입법목적을 제시했다. 구체적으로 이 법안에는 전기통신 사업자의 전산망사업 참여, 전산망 소요기기와 기술의 국산화, 호환성 확보를 위한 표준화사업과 전문인력 양성 등 사실상 국가차원의 정보산업 육성 등이 명시돼 있었다. 전술한 바와 같이 폐기 직전에 있던 체신부

관련조항을 여러 가지로 명시했다가 다른 법과 지나치게 중복되고 있다는 지적에 따라 여러 번의 자구수정을 거쳐야 했다. 86년 정기국회에 통과돼 87년 7월부터 시행됨으로써 기술개발 추진체제가 상공부와 과학기술처로 이원화됐다. 상공부는 국공립 연구기관 및 특정 연구기관, 기업부설 연구소 등을 통해 공업기반기술 개발사업을 추진할 수 있게 돼 그 동안 과학기술처가 주도해 온 민간주도 특정 연구개발사업과 중복돼 산업기술개발 추진주체의 실제적인 2원화를 초래하게 됐다.

의 "정보화사회 기반조성법(안)"을 20여 일 만에 명칭만 바꾸고 민정당 안으로 제출한 것이 분명했다. 이 안을 여당 안으로 확정하기 위한 공청회가 개최되기 전후(1985. 10. 7)에는 민정당과 체신부의 유착설이 제기되기도 했다. 이에 상공부의 반발은 당연했다. 상공부는 하드웨어 개발과 생산, 보급을 정책수단으로 하여 정보산업 전반에 영향력을 행사하겠다는 것이었는데 그 주도권을 체신부가 장악하게 된 것이다.

이 사이에서 과기처는 체신부장관 시절, "컴퓨터와 통신의 결합추세에 따라 정보산업 육성은 체신부가 주도해야 한다"는 견해를 제시한 신임 김성진 장관의 주장 때문에 체신부 쪽을 밀어 주는 선에서 입장을 정리했다. 민정당 주최의 법안 공청회에서 제시됐던 당시의 다양한 입장을 요약해 보자.

경제정책이 정부에서 민간주도로 옮겨가는 이때에 특정산업을 정부가 나서 육성하겠다는 것은 어불성설이다. 그뿐만 아니라 적지 않은 조항들이 미국의 통상법 301조에 적용될 소지가 다분하다(상공부 전자전기공업국 국장).

정보사회란 모든 사회가 다 같이 흘러가야 되는 것인데 어느 한 부처가 모든 것을 주도해서는 안 된다. 부처마다 기능별로 맡아야 할 역할이 따로 있다고 본다. 첨단기술 개발까지를 전산망 보급확장 법안이 규정한다면 어떻게 되겠는가(과학기술처 기술정책실 실장).

제도나 법규가 부처마다 서로 상치되는 것이 많아 사업자들이 큰 불편을 겪어 왔다. 전산망사업에서 부처 이기주의 때문에 표준이나 호환성 같은 분야에 혼선이 초래된다면 국가경쟁력 차원에서 얼마나 큰 손실이겠는가(체신부 통신정책국 국장).

관련 육성법이 없어 정보산업이 어려움에 처한 것이 아니다. 새로운 법 제정에 신경쓰기 이전에 기존의 법을 충분히 활용하는 것이 중요하지 않은가. 시급한 것은 누가 주도하는가에 따라 정부와 민간기업간에 역할분담과 질서체계가 잡혀 있어야 한다는 것이다(한국소프트웨어연구조합 이사장).

마침내 본문 33조 부칙 2조로 된 "전산망보급확장과이용촉진에관한법률"은 1986년 4월 8일에 국회를 통과했다. 그리하여 체신부의 지위격상과 함께 5대 국가기간전산망 사업추진이 본격화됐다. 이 법안의 추진은 당시 체신부 장관이던 오명이 주도했다. 그는 "이 법이 통과됐으므로 이제 하나의 줄거리가 잡힌 셈이다"고 술회했다(동아일보, 1986년 4월 9일).

이 법이 제정되기 전에 이미 5대 국가기간전산망 사업추진에 대한 세부지침이 처음 마련된 것은 국가기간전산망조정위원회가 1985년 5월, 청와대에서 대통령에게 보고한 "국가기간전산망 중간보고 및 행정전산망추진계획(안)"에서였다. 여기에는 각 전산망에 대한 망별 사업목표와 중점 추진사항, 추진 전담기관 등이 구체적으로 적시돼 있었다. 행정전산망의 경우는 소프트웨어, 하드웨어, 통신, 운영 등 부문별로 소요되는 예산 추정액수가 산정이 되어 있었고, 전산화에 따른 예산절감 효과도 분석돼 있었다. 즉 부처별 추진방식을 취한 경우보다 통합 추진할 경우 1,461억 원의 예산절감 효과가 있는 것으로 추정됐다.

또한 이 보고내용에는 행정전산망에 대한 비중과 위상제고를 분명하게 적시했다. 5대 전산망에 대한 각각의 비중을 비교적 동등하게 취급했던 이전 문건과는 판이하게 다른 것이었다. 그 이유는 행정전산망이 다른 4개 망에 대해 규모 면이나 전산화에 대한 상징효과 면에서 큰 비중을 차지했기 때문이다.

다른 무엇보다도 행정전산망사업이 갖는 중요성은 이 망을 구축하는 데 소요되는 하드웨어와 소프트웨어 및 통신망에 대한 표준규격과 기술 국산화에 미치는 파급효과 때문이었다. 다시 말하면 행정전산망사업에는 대규모 장비와 소프트웨어 개발이 요구되기 때문에 한국 정보산업기술 발전에 사활이 걸려 있었던 것이다. 즉 행정전산망에서 정해진 각종 표준은 나머지 4개 전산망사업에도 그대로 적용하게 될 것이었다. 그래서 가장 먼저 1987년부터 행정전산망사업이 추진되기 시작했다. 나머지 4개 전산망은 1988년과 89년 2년 동안의 준비기간을 거쳐 90년부터 본격적으로 착수됐다.

〈표 4-11〉 전산망 구축시 예산절감액 추정(단위: 억원)

구 분	부처별 추진방식	종합 추진방식	예산절감액
'85~'88 소요	3,454	2,713	741
- 6개 사업	2,254	1,513	
- 기존사업	1,200	1,200	
'89~'92 소요	4,900	4,180	720
- 6개 사업	2,800	2,430	
- 기존사업	2,100	1,750	
총 계	8,354	6,893	1,461

행정전산망사업의 시작은 "전산망보급확장과이용촉진에관한법률"이 발효된 1987년 1월부터지만 실제로는 전산망조정위원회가 "다기능 사무기기(work station) 보급계획(안)"을 제시한 1986년 1월부터였다고 할 수 있다. 다기능 사무기기란 일선업무에 사용되는 개인용 컴퓨터로 전산망조정위원회는 이 계획안에서 1986년 3월부터 88년 3월까지 2년간 5,185대를 각급 기관에 보급하겠다는 의견을 제시했다. 대당 210만 원으로 책정된 다기능 사무기기의 관납을 놓고 정보산업계는 다시 한번 대형시장을 형성할 수 있게 됐다.

그러나 전산망조정위원회는 이 계획안에서 당장 소요될 다기능 사무기기 구입 등 행정전산망 사업추진에 소요되는 자금지원에 대한 부문을 명확하게 제시하지 않았다. 그래서 5대 기간전산망사업 추진계획은 처음부터 졸속으로 만들어지게 됐다.

2) 기술형성을 위한 자금조달 방안

신기술의 도입과 이용, 연구개발에는 많은 비용과 자원이 소요된다. 신기술의 형성은 자금조달 방식에 따라 내용과 속도에 큰 영향을 미친다. 1982년부터 85년 말까지 정부는 행정전산화사업을 위해 모두 1,241억 원의 예산을 투입했으며 그 중 50.6%인 627억 원이 기자재 비용으로 소요됐다.

1985년 12월 청와대 경제수석비서실이 작성·보고한 "국가기간전산망사업 관련사항 보고"에서 짜여진 내용이 대부분 그대로 수용돼 1987년 2월 최종판 행정전산망 종합계획이 완성됐다. 이 보고 문건에 나와 있는 '행정전산망사업 추진을 위한 자금조달 방안'은 다음과 같다.
  ① 소요자금은 행정전산망 전담 관리기관(한국데이타통신)을 통해 선(先)투자하고 행정전산망 완성 후 사용료로 정부예산에서 연차적으로 상환함.
  ② 행정전산망 소요 컴퓨터시스템의 개발비, 구입비, 운영비의 종합지원이 가능하도록 행정전산망 소요자금 지원 전담회사를 한국전기통신공사 자회사로 설립해서 운영.
  상기 ①항은 이전 보고서에서도 언급된 것이었으나 ②항은 처음 제시된 자금조달 방안이었다. 즉 사업 소요자금 지원 전담회사를 신설·운영한다는 것이었다.
  그 동안 행정전산망사업 추진에 대해 청와대와 국가기간전산망 조정위원회는 각종 문서에서 자금 소요 내역은 적시해 놓으면서도 자금 조달방안은 제시하지 않아 민간업계의 의혹과 언론 및 야당의 비판에 직면했다. "단 한 푼의 예산 확보도 없이 무슨 심산으로 행정전산망 사업을 추진할 것인가?"라는 것이었다.
  이들 기관의 예산확보에 대한 이런 불분명한 태도는 1985년 정기국회 예산심의에서도 나타났다. 1985년 5월 국가기간전산망조정위원회의 "국가기간전산망 중간보고 및 행정전산망 추진계획(안)"과 1985년 12월의 "국가기간전산망사업 관련사항 보고"에서 1986년부터 5천 대의 워크스테이션을 일선기관에 보급하기로 일정을 잡아 놓고 그 예산이 집행되도록 예산 심의안에 반영해야 하는데, 그 구입비용을 아예 상정조차 하지 않았던 것이다.[132]
  더욱이 1984년 행정전산망용 시스템설계와 소프트웨어 개발기관으로 지정된 한국데이타통신은 예산을 확보하지 못해 2년여가 지나도록 행정전산망사업 추진과 관련된 실질적인 업무는 단 한 건도 처리하지 못했다. 경제

---

132) 국가기간전산망용 워크스테이션 보급이 집행되기 시작한 것은 1987년부터였다.

기획원 예산담당 부처가 행정전산망사업에 예산을 배정하지 않은 이유는 소프트웨어 개발 같은 용역사업 분야에는 예산을 지출할 수 없다는 규정 때문이었다. 더욱이 예산회계법상 모든 예산은 사전심의를 거친 곳에만 집행한다는 규정에도 맞지 않는 것이었다. 개발결과를 보아야 상품의 가치를 판단할 수 있는 소프트웨어 개발 분야는 당시의 사회여건으로는 어떤 방법과 수단을 동원해도 예산집행이 불가능한 상황이었다.

이런 계제에 청와대 경제수석비서실이 행정전산망용 컴퓨터의 개발, 구입, 운영 등 소요자금을 지원할 전담회사를 한국전기통신공사 자회사 형태로 설립하겠다는 '기발한' 계획을 구상한 것이다. 이 자회사를 통해 모든 자금을 조달하겠다는 것이 청와대나 국가기간전산망조정위원회의 기본방침이었다. 그런데 이번에는 한국전기통신공사가 직접 한국데이타통신에 투자할 수 없다고 했다. 왜냐하면 나중에 상환을 받는 방식의 금융사업을 한국전기통신공사 정관이 금지하고 있었기 때문이다. 정관개정 후 1986년 11월 한국전기통신공사는 100% 출자한 한국통신진흥주식회사를 출범시켰다. 한국통신진흥은 즉시 1986년 76억 원, 87년 683억 원, 88년 754억 원 등 모두 1,513억 원의 자금을 한국데이타통신에 지원한다고 발표했다.

행정전산망 추진 실무위원회의 확인을 거쳐 데이콤이 제시한 행정전산망 종합설계(안)이 마련됐다(1986. 5. 17).[133] 이 계획은 1988년까지 주전산기 구입비 439억 원, 워크스테이션 구입비 201억 원, 행정전산망 장비 및 시설비로 786억 원을 투자하고 이외에 소프트웨어 개발비를 포함해 1,513억 원 규모의 대형 프로젝트였다(송관호, 1987).

행정전산망은 크게 통신망, 하드웨어, 소프트웨어, 데이터베이스라는 기술적 요소와 유지·보수 등 제반 조건이 조합돼 제 기능을 다할 수 있다. 그런 계획 수립을 위해서는 사용자의 요구사항이 맞아떨어져야 하고 이를

---

133) 행정전산망 추진 실무위원회는 총무처 행정관리국장 등이 위원장이 돼 연인원 44명이 참여했다: 총무처 7명, 경제기획원 6명, 과기처, 한국통신진흥(주) 각 4명, 보건사회부, 내무부, 노동부 각 3명, 교통부, 체신부, 서울시, GCC, 한국전산원, 관세청 각 2명, 상공부, 통계청, (주)데이콤 각 1명 등이다.

위한 개발대상 업무의 분석이 선행돼야 한다(박방주, 1986). 이 분석에 따른 대상업무의 상태에 따라 수(手)작업체계와 전산체계로 대별되고 이들을 분석·정리해 전산 체계화하는 데는 관련법령 및 행정제도의 재정비가 수반돼야 한다. 여기서 개발대상 업무는 기본적으로 행정부에서 수행하는 모든 업무가 고려돼야 하지만 이것들을 동시에 개발하는 데서 오는 가용 전산자원의 한계, 비용부담 등 제반 여건을 감안해 1단계에서는 경제통계, 주민관리, 부동산관리, 통관관리, 고용관리, 자동차관리의 6개 업무를 우선 추진할 방침을 수립했다. 2단계는 1단계의 추진결과를 고려해 여권관리, 병무관리 업무를 확대 운영하는 동시에 1단계 6개 사업을 통합해 명실상부한 행정전산망을 구축한다는 계획을 수립했다(신충우 외, 1986: 35-43).

이 설계안은 하향식 계획수립과 상향식 개발원칙 아래 전산화방법을 정의했다. 그 접근방법으로 영국 사이콘(Scicon)사가 제안한 DAISS(defining an information systems strategy)를 토대로 국내에서 일반적으로 활용하고 있는 BSP(business systems planning)기법이 갖는 한계(지역적 분산을 요하는 시스템개발 계획수립에는 불충분함)를 보완해 전략적인 정보자원 설계기법을 참고로 소요자원을 판단하도록 했다. 당시에는 통신망이나 하드웨어 같은 소요기기 등의 양을 판단하는 데 지침이 될 만한 이론정립이 안 된 상태에서 경영조직의 컴퓨터 도입시 통용되는 용량계획(capacity planning)상의 주요소와 이 사업이 갖는 지역적 분산상의 고려요소를 조합한 것이었다. 즉 해외의 산업전산화 경험이 원용된 것이다. 소프트웨어같이 실체가 없는 부분에 대한 판단은 공학개념을 도입해 COCOMO(COnstructive COst MOdel)기법을 근간으로 국내 실정에 맞추었다.

이런 계획의 추진과정에서 제기되는 문제점으로는, 첫째, 시기상조론이 대두했다. 둘째로는 각 기관에서 독자적으로 운영하고 있는 기존 시스템의 통합이 용이하지 못한 것도 지적됐다. 셋째로는 추진주체의 문제가 거론됐다. 행정전산화는 행정과 컴퓨터시스템이 결합된 새로운 과학적 관리기법으로 이를 원활하게 추진·보급하기 위해 강력한 추진체제가 요구됐다. 즉 국내 정보산업의 육성을 추진하고 각 기관의 전산화사업을 조정·통제함으로

〈표 4-12〉 정부기관별 업무개발 현황(1986. 3.)

기관명	개발업무수	주요업무명
경제기획원	37	광공업통계조사, 인구이동특별조사, 자료검색, 예산편성
관세청	16	무역통계, 부과징수, 수출입업체관리
노동부	25	고용전망조사, 산재보험료징수관리, 해외취업희망자등록 풀제
교통부(수로국)	7	단기조류조화분석, 역학적 해류계산
내무부(지방)	23	재산세부과, 주민세부과, 자동차세부과
조달청	20	물품수급관리계획, 저장품재고관리
총무처	12	인사기록관리, 급여관리, 청사수급관리
과학기술처	24	지상기상통계, 종관 기상연구, 정보산업분야자료관리
법제처	1	법령이력카드검색
국가보훈처	13	보훈대상자 원부관리, 취업자관리, 군인보험가입자관리
외무부	19	여권작성업무, 재외공관관리, 도서관리, 예산관리
치안본부	19	주민기록관리, 행정 제재자 관리, 운전면허증발급
산림청	25	산림실태조사, 임목 도서분류, 산사태발생원인조사
재무부	9	결산서 및 재정통계, 국유 재산 결산, 외채관리
전매청	16	예산관리, 판매실적관리, 운송관리
국세청	37	소득합산, 등기신청서부본업무, 법인세적관리, 사업자M-F관리
법무부	5	출입국자사열, 체류외국인관리
검찰청	7	사건사무, 집행사무
문교부	12	문교시설현황관리, 한국문헌자동화목록관리
농수산부	29	농업기본통계, 어업기본통계, 농산물유통조사, 양곡재고관리
농촌진흥청	26	농가실태조사, 토양조사자료관리, 식품영양자료관리
수산청	15	어선조업현황, 어황 예보, 인근 해자원 조사
상공부	7	주요품목수급동향, 산업 및 무역동향정보
공업진흥청	2	KS품목관리
특허청	5	특허등록업무, 상표 서지적 사항 및 명칭 검색
건설부	20	홍수예보업무, 도로교통량조사, 장비운영관리
보건사회부	18	국민영양조사, 병원회계, 의약품안전성평가
환경청	13	대기오염측정자료관리, 환경영향평가
철도청	20	수송원가, 승차권발매, 재고자산관리
해운항만청	4	승하선 공인관리, 해기 사면장 관리
체신부	20	체신예금, 체신보험, 자동보고체제
서울시	22	재산세징수, 자동차등록, 인사관리
계	528	

자료: 총무처, 1987.

써 일관성 있는 행정전산화를 유도할 수 있는 총괄 조정기구가 필요하며 기술적인 분야를 보완해 줄 수 있는 자문기구의 구성도 필요했다. 그러나 아직 공무원사회나 행정조직 차원에서는 권한을 가진 추진주체가 일을 감당하기에는 많은 한계와 문제를 안고 있었다.

행정전산화 추진에 중요한 역할을 담당하고 있는 총무처는 행정전산화 기본계획의 수립, 조정, 기관별 연간세부계획 운용, 연간 세부실천계획 추진결과 평가 등을 총괄했다. 경제기획원은 행정전산화 소요예산의 편성을, 상공부는 전자계산조직의 국산화 및 수입계획에 관한 사항 심의, 과학기술처는 정보산업 육성 등을 맡게 했다. 체신부는 데이터통신 정책수립과 조정을, 내무부는 지방자치단체 행정전산화의 종합추진, 문교부는 교육위원회 및 교육청의 행정전산화 종합추진을 각각 맡아 효율적인 추진을 위한 기반을 닦아 나가기로 했다.

<표 4-12>에서 보는 바와 같이 당시 정부 각 기관에서 개발·운영하고 있는 업무는 528개로 대다수 부처가 행정전산화를 추진하고 있으나 업무유형별로 분류해 보면 단순한 정형관리 및 단순집계 업무가 각각 53%, 25%를 점하고 있었고, 보다 전문적인 정보검색 또는 분석예측을 위한 업무개발은 미진한 상태였다. 개발방법을 보면 자체개발이 전체의 78%로 나타나 외부 전문기관을 이용한 용역개발 및 부처간 협조에 의한 공동개발, 활용은 미흡한 수준이었다. 우선 추진 6개 업무를 분석해 보면 세부적으로 업무내용과 문제점이 도출될 수밖에 없다.[134]

---

134) ① 경제통계는 지역경제, 수입경제, 주요 외국인사 인적사항 등에 관한 정보, 자원정보를 비롯한 국제 경제동향 정보에 대한 자료수집, 대사명부를 발행하는 업무를 취급한다. 매일 폭주하는 정보량과 이를 관리할 수 있는 체계, 일부 부서에서의 자료폐기 문제, 외국어로 된 각국 자료, 자료를 해외에 의존해야 하는 시간과 공간의 제약 등이 존재했다. 해결책으로 정보에 대한 법적 효력인정, 전산정보 활용에 대한 정확한 한계설정, 행정문서의 코드체계화 작업과 관련기관과의 공동작업팀 구성, 가능한 한 한영한(韓英漢) 혼용정보의 축적, 제공이 가능하고 관련부처 및 대외경제 연관 기관간 정보의 공동 활용이 가능한 전산통신망 구상이 제시됐다.
② 주민관리업무는 주민등록, 향토예비군 편성, 인력동원 등 65개 입력항목을 관

이를 처리하기 위한 전산통신망은 크게 컴퓨터, 통신망, 데이터베이스 및

리할 수 있는 시스템을 갖출 계획이었으나 당시 연평균 변동률이 51.8%로 인구동태 파악에 장애가 많고 그에 따른 정책결정을 위한 정보제공 및 예측판단이 잘 안 되고 있었다. 주민등록표상 여러 분야별 기재내용에 대한 사실조사가 용이하지 않고 행정부처별 관리원부에 근거해 필요한 정보를 발췌·이기(移記)하는 데 많은 시간과 경비가 소요되고 있었다. 전출입시 서류처리 기간인 13일 동안 당해인(當該人)의 각종 증명발급이 중단되기도 했다. 이를 위해 공무원의 전문교육과 거주지에 무관하게 주민등·초본을 발급할 수 있고 이를 위한 업무의 표준화가 이뤄져야 한다. 또한 국가 인력정보자원 등 관련기관에서 필요한 정보를 다목적으로 활용할 수 있는 출력이 가능해야 한다. 이런 기능확보를 위해 89년 이후 25개 항목을 추가로 개발하고 영상처리 설비까지 겸비하는 체계를 설치한다는 것이다.

③ 부동산 관리업무는 전 국토를 관리하는 것으로 토지이동, 지적정리, 세원관리로 처리되고 있는데, 당시에는 변동자료 처리를 시, 도와 시, 군, 구간에 2중 처리해 업무량의 과중과 정보의 현재성 결여 등의 문제가 있었다. 특히 13개 시도에 상이한 기종(IBM 10대, PRIME 1대, UNIVAC 2대)의 도입과 사용으로 종합재산세 관리가 어렵고 소프트웨어가 표준화돼 있지 않아 개발비가 증가하는 폐단이 있었다. 또한 각종 자료를 독자적으로 운영하고 있어 부동산 관련자료의 일관성이 결여돼 있고 중복입력에 따라 자료의 증가와 이를 관리하고 유지하는 비용부담이 있었다. 이를 해결하기 위해 제도적으로는 전국 어디서나 대장의 열람과 발급이 가능하도록 법령 수정과 보완이 전제돼야 하고 부동산거래나 이동시 즉시 신고하는 것으로 의무화하는 조치가 수반돼야 한다.

④ 통관관리 업무는 수입보세화물 관리, 수입통관수속 관리, 수출보세 관리, 수출통관 관리로 대별되는데, 통관 보류대상에 대한 신속한 정보파악 곤란, 화물대기장의 적체현상 초래, 관련서류 처리 등에 따르는 문제가 있었다. 그래서 세관수속의 자동화, 정보자원 시스템의 지향, 보세화물의 효율적 관리기능을 갖추어야 할 것이다.

⑤ 정확한 인력수급 예측을 위한 고용관리 업무는 구직자에게 세밀한 사업장정보를 제공할 수 있는 자료를 정리해야 하고 사업장 동향카드를 기본으로 사업장 감독을 활성화해 정확한 상황자료의 유지 필요성이 있고 노동시장 정보, 자격취득자 등록관리 등을 전산화해 과학적이고 체계적인 고용관리를 해야 한다는 계획을 수립했다. 또한 자료의 실시간 처리, 각종 적성검사 결과의 보관, 누적을 통해 필요한 보고서 및 통계치를 적시에 제공할 수 있어야 할 것이라는 것이다.

⑥ 자동차의 등록, 검사, 정비, 과징, 종합정보 제공 등의 업무를 포괄하고 있는

응용소프트웨어로 구성된다. 이것은 행정전산망을 운용하는 기관(기술수요자)의 요구를 최대한 반영해 데이터베이스 및 응용소프트웨어를 구축·이용할 수 있도록 통신망을 연결해 컴퓨터파워를 제공하는 컴퓨터와 통신망을 결합시킨 시스템이다. 전산통신망의 구성방향을 개념적 측면에서 살펴보면, 첫째, 대민서비스는 지역 내에서 발생하는 것과 지역간을 통하는 형태로 나타나는 대민서비스로 나눠지는데 지역 내 서비스 사이트는 그 지역 서비스를 위한 지역전산 시스템과 사용자 데이터베이스를 가지고 지역 내의 컴퓨터와 정보교환 기능이 있어야 한다. 지역간 서비스는 사이트간에 정보교환을 위한 교환기능이 있어야 한다. 둘째, 이런 행정업무의 효율극대화를 위해서는 양식의 표준화와 행정업무의 자동화가 필요하다. 셋째, 자료의 중복을 배제한 효율적인 데이터베이스 관리가 돼야 한다. 넷째, 특별업무 처리를 위한 기능적 사이트인 특별사이트를 구성해 정책결정 시스템구축, 전자사서함, 특별 일괄처리시스템을 운용할 필요가 있다. 이런 범국가적인 전산망은 주전산기의 국산화와 정보통신산업의 발전을 병행·추진함으로써 더 많은 효율을 기대할 수 있다고 상정했다(윤규영, 1988: 59-69).

이 전산통신망을 구성하는 데 가장 기본적이고도 중요한 요소인 다기능 사무기기와 주전산기, 통신망을 살펴보면, 다기능 사무기기는 행정전산화를 위한 구성요소 중 수량에서 가장 많은 부분을 차지한다. 온라인(on line)시에는 전산기의 단말기로서 정보자료의 입출력 및 사무처리 기능을 수행하며 오프라인(off line)시에는 사무자동화 기기로서 문서작성 및 편집기능, 계산기능, 도형작성 기능, 문서보관 및 관리기능을 수행해야 한다. 이것은 개인용 컴퓨터 수준의 인텔리전스(intelligence)기능을 가지며 본체, 모니터, 키보드, 프린터로 구성된다. 1단계 추진 대상업무(경제통계, 주민관리, 부동산관리, 통관관리, 고용관리, 자동차관리)를 중심으로 각 업무별로 요구되는 기능을 분석해 보면 행정전산망용 다기능사무기는 기본적으로 탁상용으로서 워드프로세서

자동차 관리업무는 주무부처인 교통부가 전국적인 정보의 수집 및 관리기능이 미흡하고 대장정리 및 통계작성 등 단순반복 업무로 인해 본연의 업무수행이 곤란했다. 당시 연 25%라는 자동차 증가추세에 맞춰 업무전산화가 시급했다.

를 이용한 문서작성, 공공문서처리 및 간단한 계산처리 같은 기능과 RAM/ ROM, 플로피디스크 드라이버, 하드디스크 드라이버, 단순하고 편리한 자판 장치, 화상처리가 가능한 모니터 등을 갖추어야 하며 통관 관리업무같이 24 시간 가동해야 하는 업무나 주민관리업무와 같이 즉시성 대민서비스를 주로 하는 업무에서는 무정전, 고신뢰성 시스템을 설치할 필요성이 있다. 또한 경제통계 관리를 제외한 5개의 대민 서비스 업무는 낱장 인쇄 장치가 필요하다(엄의석, 1989: 14-42). 이러한 기술적 조건과 함께 신기술 수요자의 전산마인드 제고와 정보화사회에 대한 기술적 비전이 요구됐다.

3) 국가기간전산망의 형성

국가기간전산망은 하나의 정보통신시스템이다. 이 시스템 구축을 위한 기본구상은 현행업무와 이의 제반절차를 하드웨어가 인식하고 수행할 수 있는 현행업무 프로그램, 업무의 대상이 되는 모든 자료를 전산화한 데이터베이스, 하드웨어, 네트워크로 구분해 상호보완적 관계로 설명될 수 있도록 했다.

〈그림 4-4〉 정보통신시스템 구축을 위한 기본구상

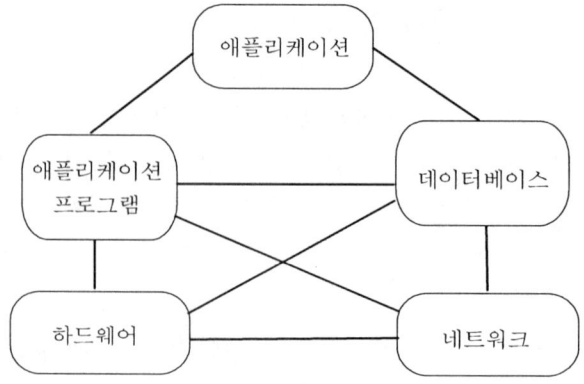

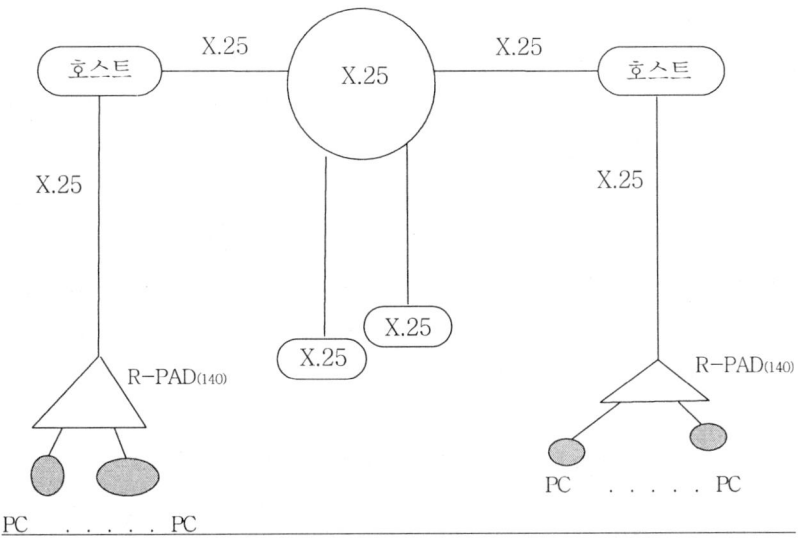

〈그림 4-5〉 행정전산망의 기본개념 구조

자료: 한국전산원, 1995: 69

<그림 4-4>의 행정전산망 기본개념 구조를 보면 망 측면에서 가입자와 망 접속은 저속의 X.25 또는 회선집선장치(X.3 PAD) 형태를 이용한 구조로 하고 망간은 X.75 형태로 연동 사용하며 전용회선이나 X.25 인터페이스 형태로 호스트에 접속한다.135) 이 전산망은 온라인 데이터전송 또는 데이터베이스 검색을 위한 1Mbps 이하의 텍스트데이터 서비스를 위주로 운영한

---

135) R-PAD(remote packet assembly disassembly)는 PAD의 일종이다. X.25 프로토콜의 데이터통신망에서 사용하는 사용자설비의 하나로 비패킷형 단말기를 사용해 통신을 할 수 있도록 데이터를 패킷으로 묶어 보내주거나 패킷으로 신호를 읽을 수 있게 풀어 주는 장치가 PAD다. 패킷스위칭 네트워크는 CCITT(Consultative Committee on International Telephone and Telegraph: 국제전신전화자문위원회)의 권고사항 중 X.25에 따라 구현돼 있는데, 문자형 단말기는 직접 패킷네트워크에 접속시킬 수 없으므로 CCITT에서는 이들 문자형 단말기를 이러한 패킷네트워크에서 사용할 수 있도록 하는 PAD의 특성을 X.3으로 권고하고 있다. 원거리 사용자사이트(site)에서 문자형 단말기를 패킷네트워크에 접속시킬 수 있도록 하는 PAD를 R-PAD라 한다.

다.[136] 그 속도는 가입자 최대속도 56Kbps, 트렁크 속도 T1이다. 가입자 측면에서 보면 망은 불특정 다수 가입자 중심의 X.25 가입자 형태의 서비스이고, 지역(local)에서 서버(Server)와 가입자는 클라이언트/서버모델이다. 여기서 LAN to LAN간 서비스는 분산처리 형태이고, PAD 형태의 X.25를 통한 LAN상 서버억세스는 프로토콜(protocol) 변환기능에 의존하고 있다.

정부는 1986년 4월부터 전국 8개 지역에 시범 운용해 온 주민관리전산화 작업에 9개사의 기종을 투입해 실무 담당자의 실제사용 정도, 하드웨어의 작동상태, 다른 기종과의 호환성, 주전산기와 다기능 사무기기, 다기능 사무기기와 프린터 사이의 호환성 등을 중점 평가하도록 했다. 8월 말까지 3회의 평가에 참여한 기종과 지역은 다음과 같다.

〈표 4-13〉 행정전산망 시범지역(1986. 4-8.)

	업체명(9개)	제품모델명	시범 행정지역
1	텔레비디오코리아	TS-2505	인천시 중구 신산동
2	삼성전자	SPC-3000	전북 김제군 광할면
3	삼보컴퓨터	TQ-88	충남 서산군 안면읍
4	동양정밀	OP-COM	충북 괴산군 송면출장소
5	동양나이론	PC-16000	강원도 양주군 해안읍
6	대우통신	PRO-2000	대구시 동구 공산 1동
7	금성사	GMC-6020	경기도 광주군 동부읍
	고려시스템	AT244	
8	금성반도체	PC-24	전남 신안군 흑산면

이어 1986년 12월에는 이와 같은 정부예산(한국전기통신공사는 정부기관이다)을 집행해 주기 위한 사전감리(심의) 기관으로 한국전산원이 설립됐다. 이리하여 행정전산망 사업추진의 물꼬가 터졌다. 이때부터 국가기간전산망조

---

[136] X.25는 1970년대 주류를 이루었던 전송기법의 하나로 오류율($10^{**}(-4)$)과 저속(56Kbps)상에서 구축된 프로토콜로서, 서비스를 제공받을 사용자가 불특정 다수인 경우 적합하다. 오류검색과 회복기능을 네트워크 노드가 담당함으로써 저장과 발송, 처리능력이 낮다는 단점을 갖는다.

정위원회의 위원장은 한국전산원장이 맡게 됐다. 초대 원장에는 김성진이 취임했고 관계부처 차관과 대통령 수석비서관들이 위원으로 참석했다. 이들은 '애국심' 또는 국가주의로 정신 무장하고, 한국사회의 정보화를 위해 진력했다(김성진, 1991; 이용태, 1992).

4) 하드웨어 선택의 정치과정: 타이컴

행정전산망용 주전산기 개발사업은 슈퍼미니급 컴퓨터를 국내에서 독자 개발해 행정전산망용 주전산기로 활용하고, 컴퓨터기술 자립을 위한 지식기반을 확보해 국산컴퓨터를 개발함으로써 국내 정보산업 및 컴퓨터산업을 활성화시키기 위해 기획됐다. 전체 개발기간은 1987년 6월부터 91년 7월까지 추진됐다. 당시 국산 컴퓨터산업의 기술은 확실한 수준이 되지 못하고 있었다. 따라서 기술선진국 도약을 목표로 정부는 국가기간전산망과 종합정보통신망의 기반 위에 다양한 정보를 값싸고 편리한 방법으로 검색하고 처리·송수신할 정보망을 구축함으로써 고도 정보화사회를 실현하는 한편, 이를 위해 컴퓨터 하드웨어 및 소프트웨어 관련기술을 한국 여건에 맞도록 선택적으로 집중 개발하고자 했다. 따라서 행정전산망용 주전산기는 전산통신망 구축상 대상업무 등을 처리하는 주된 자원이다. 여기에는 주전산기의 소요기능 및 시방을 결정하는 데 여러 요소를 고려할 수 있으나 각 업무에 대한 상세분석 및 설계단계에서 정확한 정보자료의 추출을 바탕으로 해야 한다. 주전산기 형태가 멀티프로세서라 하더라도 사전에 정확한 성능 및 시방을 제시할 수 없어 각 지역의 소요량을 제주지역 기준으로 대비해 설정했다. 당시 제주지역 업무처리 형태별 소요량은 데이터베이스가 1.41GB, 포트수는 103, 거래처리 건수는 6.3건/초로 판단됐다.

그래서 주전산기 하드웨어는 32비트 시스템인 멀티프로세서 형태로 데이터베이스는 최소 1GB에서 23.7GB, 포트수는 최소 60에서 최대 768로, 거래처리 건수는 최소 3건/초에서 최대 12건/초의 성능을 발휘하는 것으로 기준 성능을 2GB, 포트 120, 거래건수 6건/초로 하여 일반적인 슈퍼미니급 시스템 1대분에 해당하는 것으로 정했다.

한국형 국산전산기 타이컴은 행정전산망 구축을 위해 개발됐다. 즉 1986년 5월, 행정전산망 사업이 부문별로 구분되고 주전산기의 구비조건과 확보방안이 본격적으로 마련되기 시작했다. 이 국책사업 추진을 위한 행정전산망 전담기관인 한국데이타통신은 ETRI의 주전산기 개발방침에 이의를 제기했다.137) 한국데이타통신은 국산개발보다는 기성품인 외국산을 수입해 사용하는 것이 더 경제적이라고 판단하고 있었다. 즉 한국데이타통신은 1988년까지 행정전산망 1단계 사업을 실시하기 위해 외국기술을 도입·사용하고, 그 다음 단계에 국내기업에 기술이전을 통해 자립하는 개발방식에 더 우위를 두고 있었다.138) 반면에 ETRI는 시행착오와 시간이 소요되더라도 국내에서 독자 개발하는 것이 바람직하다는 의견을 제시했다.

그러나 이들 기관의 상급부처인 전산망조정위원회는 관련 당사자들간의 협상을 통해 1단계 외국기종 도입, 2단계 독자적인 시스템개발로 진행시키기로 함으로써 주전산기 개발형태가 결정됐다. 즉 ETRI는 행정전산망 주전산기 개발을 담당하고, 데이콤은 소프트웨어부문 개발을 전담하는 것으로 업무구분이 이뤄졌다. 행정전산망 계획에 따라 필요한 총 38대의 시스템 주전산기 중 외국에서 5대를 도입하고 나머지는 금성 등 4개 참여업체와 ETRI가 공동 개발하고 보급한다는 방침을 수립했다. 그 컴퓨터의 이름은 타이컴(TICOM: Tiger Computer)으로 붙여졌다. 원래 의미는 고밀결합 다중처리

---

137) 당시 데이콤 사장은 이용태 박사였다.

138) 역사적으로 열위의 문화권이 선진문화 수용을 통해 개량과 혁신을 이룬 대표적인 사례로 유럽문명을 들 수 있을 것이다: "아마도 유럽문명은 이슬람, 중국, 인도 등 다른 지역의 문명에 동화할 수 있는 괄목할 만한 재능을 가지고 있지 않았다면 그렇게 급속도로 발전하지 못했을 것이다. 어떤 다른 문명도 유럽처럼 그 뿌리가 광범위하고 다른 요소를 치우치지 않게 차용하고 기꺼이 외래적 요소를 포용한 경우는 없다. 대부분의 문명은 (중국문명처럼) 외래의 것을 강하게 혐오하고, 기술을 비롯한 여러 측면에서 열등함을 인정하지 않으려는 경향을 가졌다. 유럽은 걸출한 종교도 낳지 못했고 걸출한 철학도 거의 없었지만, 생산공정과 자연과학에서는 유용하고 편리한 것이라면 무엇이든지 재빨리 받아들였다"(Hall, 1957: 716-717).

시스템 컴퓨터(Tightly Coupled Multiprocessor)였다

이에 따라 데이콤 내부에서는 1986년 12월 주전산기 기종을 톨러런트사 이터니티(Eternity, Tolerant Co.)로 결정했다. 이리하여 행정전산망 사업은 1978년에 이어 본격적으로 재차 시도하게 됐다. 그러나 데이콤의 이런 기종선택에 대해 전문가들은, 첫째, 벤처기업인 톨러런트의 OS기능을 확신할 수 없고, 둘째, 국내에서 필요한 전산기는 최신 기술보다는 국내 행정업무에 적합한 시스템이어야 한다는 점을 들어 반대했다. 특히 이 사업 추진은 톨러런트사로부터의 단순한 시스템 도입에 국한되지 않았다. 주전산기는 국내 기간전산망을 운영하는 핵심 하드웨어이며 이후 기술도입을 통해 중대형 시스템의 국산화라는 거시적 목표달성과 연관된 것이었다. 그래서 행정전산망 주전산기 기종선택과 관련해서 정보산업계 인사들의 관심과 기대는 매우 높은 사안이 됐다. 그래서 톨러런트사에 대한 불신과 도입중지 주장까지 표면화되기도 했다. 그러나 데이콤사는 톨러런트 시스템의 안정성보다는 이후 국산화를 위한 기술이전에 큰 비중을 두고 있었다. 이미 안정된 시스템의 컴퓨터는 상당수 존재하고 있으나 최신 시스템의 경우는 기술이전이 용이하지 않기 때문에 기술이전에 우호적인 벤처기업을 선택하고자 했던 것이다.[139]

1986년 초반까지만 하더라도 주전산기 기종은 대체로 엔마세(Enmasse)로 거론되고 있었고, 기타 제3의 기종에 대해서는 신중한 검토에 들어가 있었다. 이 와중에 데이콤 관계자들이 유니포럼 회의에 참석하게 됐고, 여기에서 톨러런트사와의 관계가 시작됐다. 당시 톨러런트사는 수년간의 개발투자로 심각한 자금압박에 놓여 있었다. 그래서 톨러런트사의 데이콤에 대한 활발한 로비와 이 유니포럼회의 이후 양자는 급격하게 밀접한 관계가 됐다. 이 상황에서 1986년 8월 KAIST의 전길남 박사가 이 톨러런트의 시스템문제를 공식 제기했다.[140] 그러나 데이콤은 86년 12월 이 시스템을 결정했다.[141]

---

139) 기술사가의 논의에 따르면 기술선택에 작용하는 변수는 다양하다: "① 기존 대안의 범위에서 최적의 기술을 선택하는 것, ② 특정한 (생산)요소 절약적 경향을 갖는 혁신을 유도하는 경제적 메커니즘의 존재, ③ 발명활동의 속도와 방향의 상호 연관성 여부 등"(Habakkuk, 1962).

〈표 4-14〉 행정전산망용 주전산기 기종 선택의 기술대상

기술수준	대상 기업	기술이전의사	비 고
I 등급	IBM, DEC, Unisys...	비우호적	
II 등급	Prime, Tandem...	중립적	공개, 구형기술, 고가
III 등급	Elxsi, Enmasse, Encore, Sequoia, Tolerant, Balance, Auragen...	우호적	'뉴 웨이브' 계열

당시 16비트 컴퓨터는 병렬처리와 분산처리 두 가지 기능을 수행할 수 있었다. 톨러런트 기종은 분산처리 기능과 함께 OLTP(on-line transaction processing) 기능을 수행할 수 있었다. 전자는 연구소측에 유의미한 것이고, 후자는 데이콤측에서 요구하는 사양이었다. 왜 이런 기술선택 과정이 중요한가? 로젠버그에 따르면 상대적인 요소가격은 기술 사이의 선택에 영향을 미치며, 또한 그러한 선택은 그후 기술변화 경로에 강력한 영향을 미치게 된다.142)

---

140) 全吉男: 1943년생. [학력] 일본 오사카대 전자공학과 졸, 전산과학박사(미국 캘리포니아대). [경력] 82년 한국과학기술원(KAIST) 전산학과 교수(현), 95년 '96정보엑스포 한국조직위원회 운영위원장, 97년 한국인터넷협회 부회장, 98년 아시아태평양초고속인터넷망협의회 의장, 2000년 (주)네트워킹닷넷 대표이사(현). 그후 그는 한국 '인터넷의 대부'로 알려져 있다.

141) 데이콤의 톨러런트사 시스템에 대한 결정과 계약내용은 여러 가지 해석의 여지가 남아 있다. 계약내용에 따르면 기술도입과 관련해서 톨러런트사의 요구조건을 대부분 수용하고 있었다. 즉 한국 내에서만 영업이 가능하고, 개량기종은 생산 후 3년이 지나 북미지역을 제외한 세계 전역에 판매할 수 있다고 돼 있어 이 내용대로라면 수출은 거의 불가능한 것이었다.

142) 데이비드는 이것을 국지적 행위에 의한 학습(localized learning by doing)논리에 의해 설명하고 있다. 기술에 관한 의사결정은 이후의 학습과정에 영향을 미친다. 따라서 기술선택에 대한 의사결정은 요소가격, 기술의 선택, 기술변화의 방향을 연결하는 장기적인 진화과정을 작동시키기 때문에 일반적으로 인식되고 있는 것보다 훨씬 더 큰 영향을 미친다(Rosenberg, 1982: 16). "기술적 학습은 실제적인 생산경험의 축적에 의존하기 때문에, 무엇을 생산하고, 특히 현재 알려진 방법을 이용해 어떻게 생산할 것인가에 관한 단기적인 선택은 사실상 차후에 학습되는 내용

1987년 4월 실시된 한국전산원의 행정전산망 1차 감리결과가 제시된 이후 기종선정에 대한 논의가 시작됐다. 한국전산원의 감리결과에는 "유닉스는 소스프로그램 공개라는 점에서는 국산화 차원으로 볼 때 바람직하나 행정전산망 사업을 위해서는 자료 보안기능의 추가강화가 요망되는 것으로 사료된다.[143] 본건은 공식적인 기종제안 요청절차를 중요시하지 않음으로써 각 기종의 가격과 성능에 대한 공신력이 부족하다고 사료된다. 또한 기종 선택과정과 평가비중에 대한 근거 등의 합리성이 부족하다고 사료된다"고 지적해 데이콤의 사업방향에 문제가 있을 수 있음을 지적했다.[144]

　1987년 10월에는 데이콤이 미국 톨러런트사와 대형컴퓨터 합작사 추진을 내용으로 "오로라 계획"을 수립했다는 소식이 알려졌다. 행정전산망 전담사업자로 돼 있는 데이콤이 이와 별도로 또 다른 컴퓨터 개발사업에 참여한다는 내용이었다. 관계자들과 산업계의 여론이 악화되자 데이콤은 공식해명 없이 문서책임자에 대한 감봉조치를 실시해 정보소통을 차단하고 관련업계에 대해서는 검토중이라는 변명을 했다. 당시 데이콤의 검토내용은 대형컴퓨터를 국산화해 그 컴퓨터의 수출 및 영업을 위해 톨러런트사와 합작기업을 설립한다는 것이었다. 그러나 계획을 검토하고 있는 합작회사 설립 당사

을 좌우한다. 기술의 선택은 주요한 경제적 조건이 향후 기술지식의 여러 차원에 영향을 미치는 과정에서 중요한 연결고리로 작용한다. 이것은 생각할 수 있는 유일한 연결고리는 아니지만, 최적을 추구하는 발명가와 혁신가의 합리적이고 미래지향적인 반응—경제학자들은 그것을 시장 혹은 수요에 유인돼 기술변화가 발생하는 현상으로 묘사하는 경향을 갖고 있다—보다 역사적으로 훨씬 중요할 수 있다"(David, 1975: 4).

143) UNIX는 미국의 벨연구소에서 개발한 미니컴퓨터용 운영체제로 당시부터 마이크로컴퓨터에서 주컴퓨터에 이르기까지 여러 종류의 컴퓨터 운영체제로 이용됐다. 원래 유닉스는 어셈블리 언어를 이용해 PDP-7에 적용돼 사용됐고 C언어 개발로 인해 지금은 대부분의 컴퓨터에 이식이 가능하게 됐다.

144) 이 감리작업에 참여한 소속기관별 분포를 보면 다음과 같다. 한국전산원 15명, 시스템공학연구소, 고려대, 서강대, 중앙대, 서울대, 한국통신, 안진회계법인, 안암회계법인, 한국종합전산 각 1명, 계 26명.

자가 행정전산망용 주전산기 공급업체인 미국의 톨러런트사이고 이것을 입안하고 있는 또 다른 당사자가 데이콤이라는 점에서 업계의 의구심과 충격은 적지 않은 것이었다.145)

그래서 기술선택과 관련해서 논란은 계속됐다. 일부 전문가들은 톨러런트시스템이 지닌 유닉스라는 오픈시스템(open system)과 제품 자체에 문제를 제기했다. 당시까지 유닉스를 운용체계(OS)로 하는 컴퓨터는 PC수준이었고 비즈니스용으로는 정착되지 않은 상태였다. 이미 일부 진행된 행정전산화사업에는 IBM이나 DEC 또는 후지쯔사 제품의 메인프레임 컴퓨터가 사용되고 있었을 뿐이고 유닉스기종은 채택되지 않은 상태였다. 따라서 기존 제품에 익숙한 전문가나 기술자들에게는 유닉스기종을 선택하는 것이 '위험한 일'로 받아들여졌다.

더 나아가 국가기간전산망조정위원회에서도 SERI 소장인 성기수의 문제제기가 있었다. 그는 주전산기 개발 대신 기존 슈퍼컴퓨터의 활용을 주장했다. IBM 등 대형컴퓨터 사용자로서 행정기관 전산화를 위해 소프트웨어를 개발하고 있던 그는 중앙집중식 슈퍼컴퓨터를 중심으로 한 기존 시스템을 이용해 국가기간전산망 사업을 충실히 수행하는 것이 중요하다고 지적했다. 그는 그 시점에서 정부가 연구개발비를 들여 주전산기를 개발하는 것보다 슈퍼컴퓨터를 도입해 그것을 제대로 활용하는 것이 보다 효율적이라고 판단했던 것이다. 그는 국가기간전산망 구축이라는 막중한 국가사업에 주전산기 개발 등 여러 가지 조건을 매달면 사업의 성취가 어렵다고 보았던 것이다. 이에 대해 이용태는 컴퓨터의 발전추세가 유닉스 채택에 있을 것이라고 보고 사업추진을 강행했다.

또 하나의 논란은 톨러런트라는 무명기업을 선정한 데 따른 것이었다. 톨

---

145) 아직까지도 톨러런트 주전산기 선정과정은 분명하게 드러나지 않았다고 할 수도 있다. 기술도입 기종선정으로 인해 사태가 악화되자 전임 사장 이용태는 한국정보문화센터로 이동하고, 행정전산망 개발사업본부장이던 이동욱은 미국유학을 가고, 데이콤 고문이던 전길남은 안식년 휴가를 맞아 예정돼 있던 계획에 따라 영국 캠브리지대 교환교수로 가 버렸다(전길남과의 인터뷰, 2000. 6).

러런트사는 창업한 지 몇 년 되지 않았을 뿐 아니라 모험기업(venture)으로 언제 도산할지 모른다는 것이었다. 톨러런트사의 컴퓨터시스템은 제품수명 주기로 보아 1세대가 뒤질 뿐 아니라 생산가동 경험이 부족해 기술도입시 시행착오의 위험이 높다는 것이었다. 이런 지적대로 톨러런트사 제품은 도입 후 여러 가지 고장을 일으켜 시스템 안정화에 문제를 야기했고 한국에 컴퓨터시스템을 수출한 지 3년 만에 하드웨어사업을 포기하고 회사명을 바꾼 후 소프트웨어사업으로 전환하고 말았다. 그렇다면 왜 그런 기술적 선택을 했는가?

선정을 주도한 데이콤 정보기술연구소의 백인섭은 "모험기업은 망하는 것이고 도산 전에 기술전수를 받게 되면 기술사용료를 낼 필요도 없이 우리 기술이 된다"고 주장했다. 더 나아가 이용태는 이 기술 공급선을 발판으로 "미국시장에서 차세대 컴퓨터에 대한 시장조사와 개발계획을 수립하게 만들고 나중에는 중형컴퓨터의 수출기지로 활용"할 것까지 생각했다고 한다(이기열, 1995: 243-247). 상기한 바와 같이 행정전산망 주전산기 도입기종 기술선택 과정은 적어도 6개사의 기술시스템에 대해 9차례의 검토기회가 3년여에 걸쳐 진행됐음을 보여주고 있다.

〈표 4-15〉 행정전산망 주전산기 도입기종 선택과정

회차	검토시점	검토 대상 기술 시스템의 소유 기업명	비고
1차	1984. 10	Auragen, Sequoia, Elxsi	
2차	85. 2	Enmasse	유리한 조건제시
3차	85. 4	Enmasse(DB 성능 우세), Elxsi	
4차	85. 6	Encore, Enmasse	
5차	86. 2	Tolerant	처음 추가됨
6차	86. 8	Encore, Enmasse, Tolerant	
7차	86. 12	데이콤측: ①Enmasse, ②Tolerant, ③Encore, ETRI측: ①Encore, ②Tolerant, ③Enmasse,	우선 순위
8차	86. 12	Tolerant	기종 선택
9차	87. 3, 4, 6 3회 심사	6개사 대상. Tolerant의 Eternity(340점)와 Enmasse의 ECS(330점) 시스템 최종 경합	400점 만점

1988년 중반에 한국전산원은 서정욱에게 의뢰해 3개월 동안 사업평가를 실시했다.146) 서정욱은 톨러런트 도입경위와 관련된 논란을 두 입장의 대립으로 파악했다. 하나는 톨러런트를 사전에 계산된 위험부담을 안고 있는 미완성 연구개발 패키지로서 도입해 개량하는 작업으로 보는 견해이고, 다른 하나는 신뢰성 입증이 안 된 컴퓨터의 생산면허를 잘못 도입한 것으로 보는 견해가 서로 맞서고 있다는 것이었다(서정욱, 1996: 121).

1987년 7월부터 91년 7월까지 4년의 개발기간을 두고 ETRI와 함께 주전산기 개발에 참여할 업체가 선정됨으로써 주전산기 개발이 본격적으로 개시됐다. 계획에 의하면 주전산기 I의 경우, 1차년도에 톨러런트로부터 기술을 도입해 소화하고 2차년도에 도입기종을 생산하며, 3차년도에 개량제품을 생산한다는 것이었다. 주전산기 II의 경우 1차년도에 설계를 완성하고, 2차년도부터 하드웨어와 소프트웨어를 개발하기 시작해 3차년도 하반기부터 하드웨어 시제품을 제작하고, 4차년도에 개발을 완료한다는 것이었다. 1987년 6월 데이콤과 톨러런트간에 기술이전 계약이 체결됐다. 데이콤은 기술을 전수받는 대가로 기술료 200만 달러를 지급하고 최소한 900만 달러 어치의 완제품 또는 부분품을 구입하며 그 대가로 톨러런트는 한국측의 기술요원을 훈련시키고, 관련된 기술자료를 제공한다는 것이었다. 그래서 200만 달러 지급과 슈퍼미니급 컴퓨터 28대 구입의 대가로 87년 8월부터 89년 3월까지 6회에 걸쳐 기술요원 78명의 기술훈련과 관련 기술자료를 제공받았다.

계약체결과 동시에 정부는 행정전산망용 주전산기 개발에 참여할 5개 업체를 선정했다. 처음 주전산기 개발에 참여하겠다는 업체수는 6개였다. 그러나 고려시스템과 킹스(한국상역)컴퓨터가 중도에 탈락함으로써 금성사, 대우통신, 삼성반도체통신(삼성전자), 현대전자 등 4개사로 줄었다.147) 주전산

---

146) 당시 서정욱은 한국전기통신공사 품질보증단장 겸 사업개발단장이었다. 그는 1989년 말부터 전산망조정위원회의 주전산기 개발단장을 맡았다.

147) 한국상역은 전문 컴퓨터업체로 톨러런트와의 협상 때도 구매조건과 기술료 등 중요한 계약조건을 한국측에 유리하게 협상하는 데 기여하는 등 개발사업에 많은 관심을 기울였으나 사업참여를 갑자기 포기하고 말았다.

기 개발비는 과학기술처의 특정연구과제 18%(60억 원), 한국전기통신공사 출연금 12%(40억 원), 참여기업 부담금 70%(235억 원)로 총 335억 원이 투입됐다. 주전산기 개발은 1차년도(87년 6월~88년 5월)에 총 107억 원을 책정하면서 시작됐다. 그리하여 1983년 7월 국가기간전산망 개발 안이 수립된 후 만 5년 만에야 자금 확정과 업체선정을 할 수 있게 됐다. 이들 5개 기업이 개발하는 슈퍼미니 컴퓨터는 크게 두 가지 측면에서 추진됐다. ① 도입모델을 생산해 88년 5월 국내에 공급하고, ② SBB(system building system: 기본 processing units를 포함)를 포함한 국산화를 달성해 완전한 국산모델을 생산한다는 것이었다. 1차 조립기종이 미국 톨러런트사 시스템의 국산화를 뜻한다면 이것은 완전히 국산화된 주전산기 개발에 집중된 것이었다.

주전산기 국산화 개발을 위해 250명의 연구인력이 소요됐는데 ETRI에서 150명, 참여기업 4개사에서 25명씩 100명을 투입하기로 했다. 기업에서 파견한 인원 중 60명은 ETRI에서 4년 동안 소속의 구분이 없이 개발업무를 분담했다. 연구개발의책임자는 연구소의 오길록 본부장이었고, 참여기업 4개사는 컴퓨터연구조합 내에 11분과위원회를 구성하고 조합형태로 개발사업에 참여했는데, 금성사의 사업 책임자인 강인구 전무가 11분과위원장직을 맡았다. 실제로 개발기간에 주전산기 I 개발에 참여한 연구개발 인력은 연인원 264명이었다. 이들은 주전산기 개발, 주전산기 개발관련 영업 및 업무조정을 위해 참여했다. 이를 소속기관별로 보면 <표 4-16>과 같다.

그러나 이들은 2년이라는 개발기간을 연구소나 업체가 시행착오로 소비해 버렸고 연구소와 업체간의 역할분담이 제대로 이루어지지 않았다는 평가를 받았다(서정욱, 1996: 122). 연구소는 사기업체의 조직이 아니기 때문에 범용, 경쟁 전단계(generic, pre competitive)의 기술개발에 주력하고, 상품화는 이 기술기반 위에서 업체들이 경쟁적으로 추진했어야 했다.[148]

---

148) 하나의 혁신에 있어 태아기에 발생하는 기술적 개량은 그것이 매우 큰 것이라 하더라도 아무런 영향력을 행사하지 못할 수 있다. 역으로 그 혁신이 임계수준에 도달한 이후에 이루어지는 추가적인 기술적 개량은 그것이 매우 작은 것이라 할지라도 대규모의 생산성향상을 유발할 수 있다(Rosenberg, 1982).

〈표 4-16〉 주전산기 개발관련 소속기관별 참여자 (단위: 명)

소속기관	참여자 수	소속기관	참여자수
금성사	60	삼성반도체	11
대우통신	60	KIPS	2
삼성전자	53	한국컴퓨터연구조합	2
현대전자	48	금성반도체	1
ETRI	27	계	264

그러나 연구소는 상품화단계까지 관여하려는 생각을 버리지 못했고, 기업은 상품화단계의 생산기술자료 묶음(TDP: technical data package)까지 완성해 주기를 기대하는 자세를 보였다는 것이다.

기술도입 이후 국민연금 업무에 투입된 주전산기 시스템다운 사고 때문에 개발중단이 고려됐던 톨러런트의 이터니티시스템은 국산화 성능개선 작업이 마무리된 1989년 말부터 정상가동에 들어갔다. 이미 1988년부터 톨러런트의 시스템은 59대가 공급됐고 1989년에 33대, 1990년 72대 등 계속해서 정부수요를 감당했다. 행정전산망용 주전산기 국산화 기종은 개발 2차년도인 1989년 5월까지 진행하고, 2단계로 국산 중형컴퓨터 독자기종 개발을 추진했다. 이것은 선진국 수준의 고속 중형컴퓨터 개발을 목표로 하는 국책사업으로 1987년 6월부터 91년 7월까지 ETRI 주관하에 금성, 대우, 현대, 삼성 등 4대 기업이 공동 개발하게 된 것으로 4년 동안의 기간, 연인원 218명, 총 연구비 107억 원이 소요됐다(서정욱, 1994). 행정전산망용 주전산기 I 하드웨어의 사양을 보면 <표 4-17>과 같다.

주전산기 II는 1987년 6월부터 개발이 시작돼 1991년 7월에 완료됐다(방석현 외, 1991). 주전산기 II 연구개발에 참여한 연구인력은 연인원 714명에, 주전산기 II의 성능은 80밉스(MIPS)를 개발목표로 했다. 1초에 8천만 개의 명령어를 수행할 수 있는 컴퓨터인 셈이다. 이 처리능력은 당시 슈퍼미니급 컴퓨터로 우수하다는 DEC 제품인 VAX 780의 성능이 1밉스에 지나지 않았다는 점에서 주목할 만한 것이었다(주현정, 1991: 22-27; 천유식, 1991a: 50-59; 1991b: 47-53; 1992: 31-36). 그래서 미국 전자산업 컨설팅회사인 IDC에 1988년 7월부

〈표 4-17〉 행정전산망용 주전산기 I 하드웨어의 사양

구분	구성 요소	내 역	비 고
CPU	모델명	NS32532	32Bit Microprocessor
	CACHE	64KBYTE	
	Memory처리속도	6-192 MIPS	
메인 메모리	(MIN/MAX)	16MB/192 MB	
주변기기	Disk 용량	780MB, 1.6GB (32개/SBB*)	
	M/T 밀도 M/T 용량	1,600/6,250 BPI 1120 MB	
	LAN Adapter	4 Channel/SBB	
	접속가능 W/S 수	144	

자료: 한국전산원, 데이콤, 1996: 87 참조.

터 3개월간 성능평가를 의뢰, 경제성과 기술성을 인정받았다(오길록, 1987). 1992년 5월에는 삼성전자가 'SSM 7000'이라는 제품명의 컴퓨터를 상용화함으로써 국산 주전산기 타이컴은 개발을 완료했다(오길록, 1989a: 56-60).

주전산기 II 개발사업이 갖는 특성은 다음과 같다. 첫째, 상공부, 체신부, 과학기술처가 공동 참여해 개발을 추진했다. 관·산·학·연(官産學研)의 합동 연구사업은 있었지만 부처 공동의 연구사업이 가능했던 것은 부처 나름의 개발프로젝트가 있었기 때문이다.

〈표 4-18〉 행정전산망 주전산기 국산화 개발(1992. 5.)

기업체명	제품모델명	제 원
삼성전자	SSM 7000	CPU: MC68040 탑재, 주기억용량: 512MB, 하드디스크 60GB까지 확장가능, 유닉스시스템 V버전 탑재, 시스템 레벨에서 한글처리 가능.
금성	미라클 2000	CPU: MC68040, 분산처리 환경에 적합하도록 온라인 트랜잭션 처리 전용시스템으로 제작.
대우통신	DTC 9000	CPU 속도: 33MHz, SCSI 인터페이스 기능지원, S/W: OS 버전 SVR 3.2로 개선, TCP/IP와 X.25를 통해 5백 명이 사용 가능한 컴퓨터통신 기능강화.
현대전자	하이서버 6000	CPU: 최대 20개 탑재, 512MB까지 메모리증설 가능, 온라인 트랜잭션 및 DB 응용업무를 지원하는 다중프로세서 구조.

둘째, 지금까지는 연구개발사업의 자금을 정부가 부담했는데 이 사업에서는 기업이 자금과 인력을 투입했다. 총 연구개발비 335억 원 중 70%에 해당하는 235억 원을 4개 참여기업이 부담했다(오길록, 1989b: 30-33).

주전산기 Ⅲ 개발을 위해 1991년 7월부터 94년 1월까지 300억 원을 투입했고, 주전산기 Ⅳ 개발에는 1994년부터 97년까지 총 700억 원의 연구비를 투입해 마침내 고속 병렬컴퓨터를 개발하게 됐다.

단계별로 추진된 주전산기 개발사업은 1차년도에 목표시스템의 사용자 요구사항을 바탕으로 개략설계를 완료하고, 2차년도에는 목표시스템의 상세설계와 하드웨어 구현, 소프트웨어의 상세설계를 완료했다. 3차년도에는 목표시스템의 하드웨어 1차 실험모델을 제작해 운영체제를 이식했다. 4차년도에는 하드웨어 2차 실험모델과 운영체제를 통합해 실현한 후 통신 소프트웨어, DBMS 및 운용관리 소프트웨어 등 모든 소프트웨어를 종합 구현하고, 목표시스템 시험을 완료, 개발을 마무리했다. 즉 컴퓨터시스템 연구, 컴퓨터구조 및 하드웨어 연구, 시스템 소프트웨어 분야 및 컴퓨터통신 기술개발, 관계 데이터베이스 관리체계 개발, 운용관리 소프트웨어 개발, OLTP 기능 개발, 시스템 시험기술 개발, 특허 및 소프트웨어 등록 등의 연구개발 내용 및 결과를 부문별로 살펴볼 수 있다.

이처럼 독자적인 기술개발로 인해 얻게 되는 의의와 성과는 기술선진국 대열에 진입하는 데서 오는 국가위신의 증대와 부당한 시장개방 압력에 대한 견제능력 확보와 가격 협상능력 보유, 향후 외국산 기술을 도입하더라도 선별적으로 필요한 부분만을 도입·이용할 수 있는 능력을 갖게 되는 데 있다. 경제적 성과로는 원가절감, 관련산업에의 파급, 수입대체 및 외화획득 효과가 있다. 원가절감 측면에서 컴퓨터를 국내에서 개발해 기존 생산시설에서 생산·공급함으로써 외국기종 도입시 기술료, 기술도입선의 기술지원비, 기술훈련비, 기술자료묶음(TDP) 사용료, 소프트웨어 사용료, 도입기술의 현지적응을 위한 소프트웨어 개발비, 생산공장 및 신규설비 투자비용을 절감할 수 있다.

정보통신산업은 자원 및 에너지 절약산업으로 부가가치가 높은 기술집약산업이고 첨단 고급기술을 요구하는 미래지향 산업이다. 특히 전산망기술은 통신, 컴퓨터 및 반도체기술이 융합된 전자통신산업의 핵심기술 중 하나로 관련 산업에 미치는 파급효과가 크다. 그래서 전자산업, 정보통신산업의 육성과 안정된 수요창출로 고용증대 효과를 기대할 수 있다.

기술개발은 교육훈련의 자립을 가져와 관련업계에 생산기술을 전수하고 운용요원의 훈련과 교육도 자체능력으로 실시할 수 있게 된다. 따라서 외국에서 도입된 기술시스템처럼 피교육자의 심리적 부담이나 언어장벽이 없어 교육훈련의 자립효과는 배가된다. 예를 들면 우리말 사용으로 기술시스템에 대한 이해력 증진, 피교육자의 정신적 부담 감소, 기술자료묶음 및 교재의 자체 제작, 소프트웨어 버전변경에 따르는 보수교육의 용이함 등이 그런 효과의 사례다. 무엇보다 기술축적 효과가 가장 주목할 만한 것으로 전산망 구축을 위한 기술기반의 자력구축이 가능해졌고, 관련 설계기술의 확립과 개량기술 개발을 위한 기반도 마련됐다고 할 수 있다(김정수, 2000: 145-149).

5) 정보처리 기술의 한글화

한국에서 최초의 운영체제 기술개발 관련 프로젝트가 발주된 것은 1980년대 초 KIET(현재의 한국전자통신연구소로 통합됨)에서 그 당시 8비트 마이크로컴퓨터에서 이용되던 운영체제인 CP/M을 국내 최초로 개발된 미니컴퓨터 시스템인 HAN-8 플랫폼에 이식시키면서부터다. 그후 미국 벨연구소(Bell Lab.)에서 개발돼 대학과 연구소를 중심으로 광범위하게 보급·사용된 UNIX 운영체제가 도입돼 1982년부터 2년에 걸쳐 KIET와 삼성전자(당시 삼성반도체통신)가 공동으로 수행한 16비트 UNIX 컴퓨터 개발 프로젝트에 이식·탑재됐다. 1987년에는 32비트 UNIX 컴퓨터 개발 프로젝트에 한글 처리기능이 추가된 UNIX 시스템 V2.2를 이식·탑재해 운영체제의 이식기술과 한글처리 기술을 확보했고 이를 계기로 국산 마이크로컴퓨터가 보급되기 시작했다.

1987년 본격적으로 시작된 행정전산망용 주전산기 개발사업에서 자체 개발한 슈퍼미니컴퓨터급의 고밀결합 다중처리시스템(tightly-coupled multiprocessor system)에 단일처리기 시스템에서 동작하는 UNIX 시스템 V 3.1을 도입, 이를 다중처리 환경에서 동작하는 다중처리시스템(MOS: multiprocessing operating system)을 국내에서 개발한 컴퓨터플랫폼에 탑재했다. 또한 다중처리시스템에서 응용프로그램의 처리속도를 개선시키는 병렬처리 지원 소프트웨어를 개발해 행정전산망의 주전산기 I로 사용되던 톨러런트사의 이터니티 시스템에 탑재할 수 있었다. 그리고 트랜잭션(transaction) 처리 면에서 호환성을 제공하기 위해 기존 운영체제에 트랜잭션 처리기능을 추가해 트랜잭션 처리 운영체제 등을 개발하게 됨으로써 한국은 종전의 단순이식과 한글화기술에서 더 나아간 운영체제 기능을 확장하는 기술축적 단계를 맞이했다.

개인용 컴퓨터 분야에서는 한국컴퓨터연구조합을 중심으로 한국형 PC OS인 K-DOS를 개발, 각 학교의 교육용 컴퓨터에 탑재해 보급했다.

1990년 11월 최상현 박사는 개인용 컴퓨터 운영체제를 국산화하는 데 성공했다고 발표했다. 즉 그는 영문 명령어를 모두 한글화하는 데 가장 중요한 한국형 개인용컴퓨터 운영체제인 K-DOS를 개발했던 것이다. 연구동기를 들어보면 "1990년 한국이 생산한 개인용컴퓨터는 약 150만 대나 됐지만 그 핵심 소프트웨어인 운용체제는 미국에서 전량 수입한 마이크로소프트사의 MS-DOS로 200억 원이나 되는 막대한 기술료를 지불하고 있었다. 더욱이 MS-DOS는 명령어가 모두 영어로 돼 있어 처음 배우는 학생이나 영어 문맹자에게 큰 혼란을 주고 있다"는 것이었다. 1988년 컴퓨터연구조합은 한국형 운영체제를 개발하기로 하고 이 개발사업에 참여할 업체를 모집해 12개 업체로부터 참여의사를 받아냈으나 중도에 대부분 이탈하고 금성소프트웨어와 한국정보시스템 등 2개 업체만 끝까지 참여해 개발을 완성시켰다. 최박사 팀은 1988년에 K-DOS 개발책임을 맡은 금성소프트웨어연구소의 소장이었다. 금성소프트웨어에서도 막바지에는 막대한 경비를 들이는 만큼 시장성이 있겠느냐는 회의론이 대두해 경영 상층에서 연구 중단요구가 있었지만 최박사를 포함한 연구원들은 일단 시작한 일을 중단할 수 없었다고 술회했다. 최박사 팀이 개발해 낸 K-DOS는 복사(copy), 목록(dir)처럼 모든 명령어가 한글화돼 컴퓨터를 사용할 때 큰 장애가 됐던 언어소통 문제를 해결하고 사용의 편리성과 성능이 MS-DOS보다 월등해 한국소프트웨어 공모전에서 대상을 수상했다.

그러나 국내 컴퓨터 제조업체에 MS-DOS를 공급해 온 미국의 마이크로소프트사가 시장에서의 독점적 지위를 이용해 국내업체에 불리한 계약방식을 강요함으로써 국산 운영체계의 보급과 확산은 사실상 차단돼 있었다. 이에 대해 정부는 1992년 4월 마이크로소프트사에 대해 시정명령을 내렸으나 사실상 시장에서는 아무런 효과를 보지 못했다. 즉 컴퓨터연구조합은 K-DOS를 단 한 개도 팔지 못한 것이다.149) 이후 K-DOS ver 5.0까지 개발됐으나 사회적으로 선택되지 못했다.

데이터베이스 관리시스템(DBMS: data base management system)분야에서는 1980년대 중반까지도 전량 도입된 기술을 이용했으나 후반부터 대학이나 연구소에서 단순한 한글처리 기능 추가에서 벗어나 관계형 시스템(RDBMS: relational DBMS) 개발을 추진했다(서태설, 최경규, 1992).

행정전산망용 주전산기 개발사업에서는 금성사에서 바다 DBMS를 개발, 주전산기 II(일명 타이컴)에 탑재했다(양해술, 1991: 62-71). 개인용컴퓨터 분야에서는 1987년 상공부의 공업기반기술 자금지원으로 큐닉스(주)가 PC용 소규모 DBMS를 개발해 행정전산망용 DBMS로 공급했다(조윤애 외, 1997: 77-90). 정보처리기술은 하드웨어의 운영과 입·출력을 명령하는 것으로 사용자의 문화적 특성에 의해, 특히 명령 언어의 자국어 여부에 의해 크게 좌우된다고 할 수 있다.

이처럼 다종다양한 정보처리기술의 토착화, 즉 기술의 문화적 형성으로 한글화(Koreanization)가 실현됐다. 이것은 기술사용과 확산의 문화적 형성을 의미하는 것으로 하드웨어의 국산화(domestication)와는 그 성격을 달리하는 것이며, 정보기술이 내장한 기술특성으로부터 기인하는 것이다. 동일한 정보

---

149) 결국 금성소프트웨어연구소가 불황을 이유로 연구개발 부문을 정리하면서 최박사는 이사 재임용에서 탈락했고, 뒤이어 1992년 3월부터 일자리를 잃게 됐다.

기술이라 하더라도 국가와 지역에 따라 정보화나 전산화가 다른 이유가 여기에서 비롯되고 있다고 설명할 수 있는 것이다.

〈표 4-19〉 정보처리기술의 사회문화적 형성

정보처리기술	연구개발기관	기술내용
시스템 S/W OS	한국전자기술연	CP/M을 HAN-8에 이식
UNIX(Bell Lab.)	한국전자기술연/삼성반도체통신	UNIX를 16비트 컴퓨터에 이식
UNIX V 2.2	상동(上同)	한글처리기능 추가 UNIX를 32비트 컴퓨터에 이식
UNIX V 3.1	ETRI	슈퍼미니급 밀 결합 다중처리시스템에 탑재
PC-DOS(MS)	ETRI	K-DOS 개발
DBMS	ETRI	바다 DBMS 개발
RDBMS	인하대학교	KORED 개발
PC용 DBMS	큐닉스(주)	행정전산망용 DBMS 개발
통신 S/W	ETRI	타이컴에 OSI 7계층(ISO 표준 S/W) 탑재
UNIX Workstation (SUN)	ETRI	TCP/IP 이식, 한글기능 보완
프로그래밍 언어	ETRI	타이컴에 C, FORTRAN, BASIC, PASCAL, C++, Concurrent-C, LISP 이식
사용자 인터페이스	ETRI	타이컴에 한글기능을 추가한 X Window System (MIT) 탑재
사용자 인터페이스	삼보컴퓨터, 삼성전자	PC와 마이크로 컴퓨터에 한글처리기능을 추가한 X Window System 탑재
워드프로세서	한국전자기술연	KoaWord 한·영문 워드프로세서 개발
워드프로세서	상동	UNIX vi editor/troff text formatter에 한글처리기능 추가한 hvi/htroff 개발
PC용 워드프로세서	금성소프트웨어, 삼보, 휴먼컴퓨터, 금성, 한글과 컴퓨터	가나다라 III, 보석글, 문방사우, 하나, 아래아한글
DTP S/W	과학기술원	LATeX에 한글처리기능을 추가한 한글 LaTeX 개발
트랜잭션 처리	ETRI	OLTP 기능을 위하여 타이컴에 TUXEDO/T의 한글처리기능을 추가하여 탑재

자료: 조윤애 외, 1997: 77-90에서 재정리.

약어: KORED: Korean oriented relational database system; OSI: open systems interconnection; TCP/IP: transmission control protocol/internet protocol; DTP: desk top publishing.

왜냐하면 기술의 토착화는 하드웨어의 사용명세서를 지역 토착 언어로 옮겨놓는다고 해서 해결되는 것이 아니라 해석되고 재해석돼 토착 언어화돼야 하기 때문이다. 여기에는 이종언어와 동종언어의 대응에 미치지 못하는 행간의 의미를 독해해야 하기 때문에 암묵지(暗默知)의 전수(傳授)까지 고려돼야 한다. 이제 행정전산망용 워드프로세서가 선택되는 과정을 살펴보아야 한다. 왜냐하면 하드웨어만으로는 행정전산망이 구동되지 않기 때문이다.

6) 행정전산망 워드프로세서의 사회적 형성

1987년 3월부터 행정전산망 워드프로세서를 선정하기 위한 작업이 시작됐다(박방주, 1987). 최종입찰에 응한 기업체는 고려시스템, 금성소프트웨어, 쌍용컴퓨터였다. 그러나 총무처로부터 기종간의 호환성문제가 제기돼 기능상의 부적합 판정을 받음으로써 이들 3개 기업은 개발시간을 확보할 수 있었다. 정부의 처음 방침은 공개입찰을 통해 1개 제품을 선정하려는 것이었다. 그러나 업체의 요구를 수용해 소프트웨어산업 보호와 육성이라는 명분을 내세워 호환성문제를 거론했고 이는 해당기업에게 입찰을 위한 준비기간을 마련해 준 셈이 됐다. 그래서 7개월 동안의 비교적 장기간에 걸친 논란과 의견교환을 진행한 끝에 10월 19일 이들 업체의 실무자들이 회동해 유찰시키기로 '담합'하는 개발업체간의 '카르텔'을 맺었으나, 당일 금성소프트웨어측은 데이콤이 실시하는 워드프로세서 입찰에 적극 응찰하겠다는 방침을 통보함으로써 태도변화를 보였다.

금성의 입장변화는, 첫째, 정부측이 예정대로 입찰을 강행할 것이라는 사정 분석에 따라 취해진 비상조치였고, 둘째, 3사간의 호환성 실패로 인해 입찰을 유찰시킬 만한 대외적 명분상실과 유찰 이후의 대안이 부재했고, 셋째, 세 차례까지 입찰이 유찰되는 경우 그 다음부터는 지명입찰의 사유가 성립되는데, 이 경우 대정부 관계에서 당시 가장 열세의 위치에 놓여 있다는 자신들의 불안정한 입장을 파악하고 있었기 때문이다.

데이콤은 워드프로세서 한 카피당 구매예정가로 30,900원을 책정했는데 그 근거는 다음과 같다. 워드프로세서 프로그램개발 스텝(step)수를 평균 28,000스텝으로 잡고 과학기술처 용역비 산출기준에 의거해 58,683원, 3,5000원, 30,900원으로 각각 책정했으나 총무처에 의해 제3안의 가격으로 최종 확정됐다. 또한 데이콤은 업체에 의한 덤핑을 방지할 목적으로 예정가의 50% 미만으로 응찰한 업체는 탈락시키되 예정가의 50%인 15,450원에 가장 근접한 업체를 선정하기로 하는 제한적 최저가 낙찰제를 채택했다. 이에 따라 이들 3개 업체가 각각 제시한 가격은 고려시스템의 8,700원, 금성소프트웨어 15,454원, 쌍용컴퓨터 50,000원이었다. 결국 유찰을 기대했던 다른 2개사를 제치고 가장 근접한 가격을 제시한 금성소프트웨어는 1988년도까지의 소요물량 10,782카피 중 4,000카피를 1차로 행정기관에 납품할 수 있게 됐다. 행정전산망용 워드프로세서 선정결과는 금성소프트웨어측에게 그 자체 시장수요 확보라는 전망제시와 함께 일반 사용자들을 대상으로 한 영업에도 유리한 위치를 선점할 수 있게 해 준 것이다.

데이콤은 워드프로세서 예정가 산정을 위해 COCOMO에 근거한 수행시간 등식(effort & schedule equation) 기법을 채택했다. 따라서 어셈블러어로 구성돼 있는 쌍용컴퓨터 세종의 경우 73,250스텝, 어셈블러어와 C언어로 짜여져 있는 고려시스템 명필의 경우 48,256스텝, C언어로 된 금성소프트웨어의 경우 20,000스텝으로 각각 잡고 추정프로그램 스텝수를 3사의 평균인 28,856스텝을 기준으로 추정소요인력(M/M: man/month)을 99M/M으로 산출했다. 이 결과 내정가 산출에서 인건비 7,632만 2천 원, 직접경비 중 PC 임차료 및 교육비를 각각 16만원씩으로 잡았다. 그런데 쌍용컴퓨터와 고려시스템은 가격산정에서 그 동안의 정부 입찰과정을 토대로 단순하게 집계한 것에 근거해 응찰가격을 산출했다. 이에 비해 금성은 치밀한 사전준비와 데이콤과 동일한 기법에 의한 산출결과를 제시했던 것이다. 그러나 낙찰되지 못한 경쟁사들은 구매 예정가격의 '기밀누설'을 내세웠고 입찰 강행 의도를 의심했다.

행정전산망 구축을 추진하던 총무처와 데이콤에서 행정전산망용 워드프로세서를 민간업체로부터 구입하자는 논의가 시작된 것은 1987년 3월부터였다. 정부가 별도로 행정전산망 워크스테이션용 워드프로세서를 새로 개발하게 될 때 기간 및 인건비 등의 자원낭비를 막기 위해 기존 민간업체 제품 중에서 적합한 것을 선정하자는 기본원칙에 양측이 합의했기 때문이다. 이에 따라 워드프로세서 평가대상을 선정하는 기준으로 데이콤은 행정전산망용 워크스테이션에 탑재해 돌아갈 수 있는 모든 워드프로세서를 대상으로 하되 포팅이 가능한 업체 및 워드프로세서를 자체 개발, 자체 소유권을 보유한 업체로 한정했다. 그리하여 10개의 패키지가 선정돼 데이콤에서 성능검사를 마친 후 평가표가 작성돼 그 평가결과가 점수로 환산됐다. 여기에는 제품명 옴니워드(개발기업 옴니테크), 장원16(금성사), 세종II(쌍용컴퓨터), 가나다라(금성반도체), OA II(삼성전자), 보석글(삼보컴퓨터), 명필 IV(고려시스템), 아름글(동양정밀), 큐워드(큐닉스), LANWORD(삼성전관)가 포함돼 있었다.

데이콤이 평가한 평가표의 내용항목은 크게 기본사양과 기능사양으로 대별되는데 이를 각각 60점과 40점을 만점으로 하고, 평가는 복잡한 기능보다는 사용자의 편리성에 기준을 두고 실시됐다. 이와 같은 평가결과 '세종 II'가 94.5점, '옴니워드', OA II, '장원 16', '가나다라', '명필 IV', '아름글', '큐워드', '보석글' 순으로 나타났다. 이런 결과에 대해 평가항목과 배점의 타당성을 놓고 대상업체 사이에 논란이 제기됐으나 이 평가표는 선정과정에 직접적인 영향을 주지 않는다는 발주처의 해명에 따라 대상업체들은 큰 반응을 보이지 않았다.

그후 부족한 성능을 보완해 참여하도록 했으나 동양정밀과 삼성전관은 중도포기 의사를 밝혔고 이 선정과정에서 누락됐던 금성소프트웨어(프로그램명 '하나')와 초기에 금성반도체가 가지고 참여했던 '가나다라'의 원래 소스원인 '팔란티어' 워드프로세서를 가지고 한국팔란티어소프트웨어가 직접 참여했다. 총무처 주관으로 한국전산원에서 5월 29일 개최된 1차 평가회의 전문위원단은 내무부 등 정부 9개 부처 내의 과장급 실무자 10명으로 편성됐다. 여기에서 명필 IV(고려시스템), 하나(금성소프트웨어), 세종 II(쌍용컴퓨터), 옴니워드(옴니테크), 팔란티어(한국팔란티어)가 선정됐다. 8월 20일의 2차 평가회에서는 명필 IV, 하나, 세종 II가 선정됐다. 원래 8월 10일 테스트를 실시한다고 포팅 작업을 완료하고 대기상태에 있던 옴니테크와 팔란티어측은 데이콤이 특정 대기업을 위한 일방적인 일정지연이라고 반발했고, 평가기준과 채점결과를 공개하지 않아 의혹을 제기했다. 더욱이 1차 평가를 통해 3개 업체를 선정하겠다는 방침을 철회하고, 5개 업체를 선정한 후 다시 3개 업체로 압축한 선정 작업 역시 문제가 있다고 일부 업체들은 주장했다. 원래 정부의 방침은 3개 업체를 선정한 다음, 대상 업체들끼리 상호협상을 거쳐 최종 1개 업체로 선정한다는 것이었다. 그러나 정부의 선정작업은 일관성이 없는 것이었다.

발주처의 구매계획도 수정했다. 한국소프트웨어개발조합은 소요물량 제시, 신기능 개발에 따른 유지보수 계약체결, 구매가격 및 제품선정 방법개선, 사용자교육의 제한적 요구 등을 주 내용으로 한 "범용S/W의 정부구매 제도 및 계약보건에 관한 건의"를 받자 총무처는 원래의 조건을 철회하고, 단가입찰을 실시해 구매한다고 수정안을 업체에 통보했다. 3개사는 데이콤과 협의 아래 호환성이 있는 제품을 개발해 적정공급가로 3개사가 공동 납품하겠다고 건의해 9월 29일 구매입찰 연기 요청서를 제출했다. 그래서 3개사의 각서가 제출됐다. 그 각서 내용은 ① 10월 12일까지 3개사가 협력해 호환성 있는 1개의 워드프로세서용 어트리뷰트(attribute)를 제작, ② 1항의 어트리뷰트는 즉시 공개해 여타 희망 워드프로세서업체의 행정전산망 워드프로세서 개발을 지원, ③ 1항의 일자까지 제작이 안 될 경우 3개 업체가 입찰을 거쳐 1개 제품을 선정한다는 것이었다. 이 사이 업체 관계자들의 회합에서는 1개 업자를 밀어 주자는 단일화론이 쌍용측에 의해 거론됐으나 자사 제품의 우월성을 주장하는 바람에 고려시스템이 주장하는 호환성으로 방향 선회됐던 것이다. 호환성 테스트 결과는 불합격 판정으로 나왔고, 입찰이 강행됐던 것이다. 특히 이들 3개사 화일의 호환성은 불만족스럽지만 인정할 수 있었으나 조작법상의 호환성이 전혀 실현되지 못했다.

10월 17일 입찰통보 공문 발송. 19일 데이콤, 입찰 설명회. 19일 3개 업체 실무자 회의. 20일 입찰.

이 소프트웨어기술 구매과정을 통해 기술선택에 대한 정부의 역할과 기업의 대응을 확인할 수 있다. 동시에 이 분야 업계의 문제점이 노출됐다. 첫째, 정부의 소프트웨어 개발비의 정당한 보상과 입찰제도 개선이 시급하다. 한마디로 기술집약적인(technology intensive) 고부가가치 산업인 소프트웨어산업은 정확하게 개발비용을 산정하기 어려운 지식산업이다. 정부가 제시한 제한적 최저가 낙찰제 방식은 현실에 맞지 많을 뿐 아니라 기술의 기술 형성이 아닌 기술의 경제적 선택이었다. 당시 국내시장과 기술수준을 감안할 때 소프트웨어 개발비의 보전을 위해서는 적정한 개발비 산정과 함께 개발공정별 기성고에 따라 비용이 조정돼야 하고 소프트웨어 특성에 따른 조건이 계약에 반영돼야 했다. 둘째, 진정한 의미의 산업육성을 위한다면 자본력이 풍부한 대기업보다는 중견 중소기업을 발굴, 중점 육성해야 합리적 발전의 가능성을 열 수 있었을 것이다.

행정전산망 주전산기의 소프트웨어는 UNIX를 기본으로 하는 운영체제이며 상위계층은 주전산기간 통신기능, 하위계층은 CCITT X.25, HDLC를, 그리고 기존 시스템과의 연결이 가능해야 하며 X.25망상의 파일수송과 가상터미널, 원거리접속 등의 응용서비스가 가능하도록 설계하는 것을 조건으로 했다. 또한 시스템 유틸리티는 시스템 진단기능을 지원하도록 했다. 행정전산망용 주전산기 I의 소프트웨어 사양을 보면 <표 4-20>과 같다.

<표 4-20> 행정전산망용 주전산기 I의 소프트웨어 사양

구분	구성요소	내 역	비 고
소프트웨어	OS	TX	UNIX 호환성
	통신SW 및 프로토콜	TX.25(X.25), X.29, X, UUCP, TCP/IP, SNA/SDLC, SNADS, LU6.2, DDM, DISOSS	
	화일 복구	Flexing에 의한 데이터 무결성 보장	N-Flexing: 8copy까지 복제 가능
	시스템관리 지원도구	System Performance Management Tools	
	DBMS	INFORMIX, C-ISAM	
	응용프로그램 개발지원도구	FMS*, Screen Formatter, Source Code Control System, X-WINDOW	
제공언어		C, COBOL, FORTRAN, PASCAL, ADA	

*FMS: Form Management System.

행정전산화사업의 기대효과는 다대한 것이었다. 첫째, 보고와 통계, 대장관리, 각종 고지서, 제 증명, 수출입면장, 안내서 등의 발급, 주민등록번호 부여, 자동차등록번호 부여 등 일선 행정기관의 정형적 업무처리가 자동화됐다. 둘째, 그 처리과정이 간편해 진다는 것이다. 예를 들어 주민등록관리 업무의 경우 총 1,600여 업무단계중 전산화에 의해 약 700여 단계가 수용되어 업무단계의 현저한 축소가 실현된다. 셋째, 업무의 일괄처리, 대민 서비스 제고, 행정의 효율화, 정책결정능력의 제고, 예산 절감효과 등 상당한 기술적 결과가 예상된다는 것이다. 당시 정부는 연간 500억원 이상의 예산을 컴퓨터 부문에 투입했는데 85년에서 88년을 기준으로 하여 부처단위별 전산화 추진시보다 상당한 예산 절감효과를 기대한다는 것이었다.

〈표 4-21〉 제1차 행정전산망 사업(1987~'91) 추진실태

구분	업무명	관련기관	서비스 개시	관련기관	업무종수
우선 추진업무	주민등록관리	내무부	'95. 1	3,700여 읍, 면, 동	164종
	부동산관리	내무부	'90. 4	298여 시, 군, 구	173종
	자동차관리	건설교통부	'90. 3	133개 사업소	32종
	고용관리	노동부	'90. 1	50개 사무소	40종
	통관관리	관세청	'90. 4	109개 기관	46종
	경제통계관리	통계청	'91. 1	36개 요청기관	20개 105종
계획업무	120개 업무	31개 기관			
기존업무	34개 업무	37개 기관			

자료: 한국전산원, 1995: 53에서 정리

내무부 주관으로 구성된 행정전산망은 정부 행정업무의 근간이 되는 6개 우선 추진업무를 전산화하고 전국에 전산통신망을 구축해 행정자료의 공중 이용으로 인한 효율증대와 대민서비스 향상 및 국내 정보산업 육성을 목적으로 1985년 6월부터 시작해 91년 3월까지 <표 4-21> 같이 서비스를 개시했다. 이런 서비스 제공을 위해 해당 주관기관에서는 많은 인력이 참여해 서비스를 개발했다.[150] 또한 소프트웨어 개발 협력사는 9개사였다.[151]

---

[150] 서비스 관리개발을 위한 주관기관 참여자는 주민등록 관리 34명, 부동산관리 18

〈표 4-22〉 행정전산망사업을 통한 국민편의 증진내역과 행정정보 이용 정책활용 사례

관리 업무명	절차 간소화 및 시간 절감	신규 서비스	정책활용사례	이용기관
주민등록	등·초본 발급 4단계(10분)→2단계(2분)	전국 어디서나 등·초본 열람 거주지 읍, 면, 동에서 종합민원 서비스(410개 업무 추가위임 가능)	복지, 세제 등 국민생활 관련 전산화 기반제공 금융실명제, 의료보험 등	재경원, 보사부, 국세청, 병무청, 교육부 등 17개 관련기관
부동산	토지(임야)대장 등본 발급 4단계(30분)→2단계(5분)	전국 어디서나 토지(임야) 대장 열람	토지종합과세 등 세제운영 개선 토지, 주택 등 국토이용정책	재경원, 농수산, 건설, 국세청 등 13개 기관
고용	구인, 구직 연결 6단계(20분)→2단계(3분)	지방사무소에서 전국대상 취업알선 가능	전산업을 대상으로 노동인력 수급, 사업장관리 및 노사대책	재경원, 과기처, 내무, 상공, 법무부 등 16개 기관
통관	수입 통관 5단계→ 2단계(일일통관목표)	세관에 가지 않고 관세사무소에서 수출입신고, 보세화물 확인	수입개방에 따른 물량통제 감시품목 지정, 반덤핑 제소 등 수출입정책 기획, 입안	재경원, 상공부, 외무부, 국세청 등 14개 기관
자동차	신규등록4단계(30분)→ 2단계(5분)	검사 및 정기검진 사전 안내 타 관할지역에서의 등록/검사	유류, 자동차 및 부품 수요예측 도로, 환경오염, 비상시 동원대책	경제기획원, 내무부, 동력자원부, 환경청, 건설교통부 등 13개 기관
경제통계	통계정보 제공 간행물, 보고서→즉시	연구기관, 대학, 사회단체, 금융기관에서 온라인으로 검색	인구, 노동, 산업, 금융 등	전 행정기관

자료: 한국전산원, 데이콤, 1996: 92-93 참조

명, 고용관리 16명 자동차관리 16명, 경제통계 관리 9명, 통관관리 5명으로 이는 업무의 중요성과 난이도, 지역분포 등과 관련된 것이다.
151) 소프트웨어개발 9개 협력업체의 기업별 참여규모는 다음과 같다. 벽산정보산업(주) 72명, 쌍용컴퓨터(주) 57명, 금성소프트웨어(주) 50명, 한국전산(주) 41명, (주)유니온시스템 37명, (주)삼성데이타시스템 33명, 한국상역컴퓨터(주) 20명, 경시스템(주), 정우정보산업(주) 각 5명, 모두 320명이다.

〈표 4-23〉 제2차 행정전산망 사업(1992-'96)에 의한 제공서비스

구분	업무명	관련기관	비고
우선 추진 업무	우체국종합서비스	정보통신부	70% 진척
	국민복지업무	보건복지부	*
	EDI형 통관자동화	관세청	38% 진척
	산업재산권 관리	특허청	60% 진척
	기상정보관리	기상청	65% 진척
	물품목록관리	조달청	40% 진척
	어선관리	수산청	70% 진척
	경제통상업무	재정경제원	33% 진척
		통상산업부	
		외무부	
	농업기술정보관리	농촌진흥청	60% 진척
	환경보전관리	환경부	33% 진척
	국세종합관리	국세청	33% 진척
계획 업무	59개 업무	29개 기관	93% 진척
기존 업무	71개 업무	31개 기관	보완업무

* 보건복지부의 국민복지업무는 기본계획 확정지연('94년 말)으로 목표년도 조정
('96년에서 '98년으로)
자료: 서삼영 외, 1995: 54.

마침내 행정전산망사업은 주전산기와 소프트웨어 개발과 구입을 통해 일정한 수준에서 거대기술체계의 완성을 보았다. <표 4-24>는 행정전산망 추진시기별 계획수립, 하드웨어 및 소프트웨어 개발, 자금조달과 감리활동 등의 내용을 연도별로 요약해 본 것이다. 그러나 아직 이 기술체계는 도입, 이용, 소비과정에서 많은 기술적·조직적 문제를 일으켰고 이를 위한 피드백 과정을 통해 그 안정성을 확보하고 공고화해야 했다.

기술의 사회적 형성론은 기술이 응용되고 사용됨에 따라, 그리고 새로운 생산물시장이 생겨남에 따라, 점차 공급자의 제공물과 사용자 요구 사이의 연계성을 고려해야 할 것이다. 여기에서 공급자와 사용자 사이의 관계에 따라 일련의 상이한 여건을 구별할 수 있으며, 이를 통해 공급자와 사용자 사이의 연계성에 있어 매우 상이한 맥락이 드러난다.

〈표 4-24〉 행정전산망 추진시기별 개요

	1983	1984	1985	1986	1987	1988
계획수립/ 정책결정	정보산업 육성위 기본구상	전산망조정위 기본계획(안)	행정망계획 대통령 재가	전산망법 제정종합계획(안)	시행령공포 종합계획 확정 조정위 구성	기본계획확정
주전산기 개발			도입기종검토 사양 결정	도입기종 잠정결정	도입기종 선정 1차구매	기술이전 안정화
공통SW 개발					FMS 1차 개발	FMS기능 보완 DB구축방안
표준화 추진			설계방법 검토	방법론 교육 한글화	구현단계지침 작성	데이터 코드 표준안 작성
종합조정 및 관리				데이터코드 표준화 1차작업	테스트베드 구축, WS시험	테스트베드운영, 품질보증 실시
자금 조달				한국통신진흥 (주) 발족	자금차입	
전산본부 구축운영						지역전산본부 환경조사 및 환경구축
시스템보안			시스템보안대책 강구		보안업무규정	프라이버시 보호소요조사
감리 활동				한국전산원 발족	1, 2차 감리	3차 감리
계획수립/ 정책결정	전산망법 시행령개정	행망추진에 관한 규칙 발표		정보산업발전 전략계획		
주전산기 개발	주전산기 I 안정화 2차 작업	주전산기 II 1차 실험모델	주전산기 II 개 발	주전산기 II 성능개선		
공통SW 개발	한글처리 개발	FMS 2차 개발				
표준화 추진	프로토 타입 DB구축	코드 조정				
종합조정 및 관리	테스트베드운영 및 품질보증 실시					
자금 조달						
전산본부 구축운영	이기종 접속방안 검토 및 시험					
시스템보안	보안관리지침	바이러스대책	개인정보 및 안전관리지침			
감리 활동	4, 5차 감리	6차 감리	7차 감리	8차 감리		

자료: 한국전산원, 데이콤, 1996: 431-435에서 재정리.

따라서 공급자와 사용자간의 의사소통은 산업기술과 관련해 살펴봄으로써 상대적으로 명백히 드러날 수 있다. 여기에서 공급자와 소비자 사이에 직접적인 유대가 존재하며, 양자는 기술과 관련된 가치에 대한 이해뿐 아니라 상대적으로 높은 수준의 기술적 숙련도를 공유하고 있다. 그럼에도 불구하고 실질적으로 산업기술을 수행하려는 시도는 자주 어려움에 봉착한다. 공급자와 사용자는 공동개발이라는 계획되지 않은 과정에 놓여 있는 자신들이 새로운 기술이 실제 사용조건 아래에서 작동하도록 많은 노력을 투여하고 있음을 자주 발견할 수 있었다.

7) 피드백으로서의 기술혁신

정보기술은 아무리 완전한 시스템이라 하더라도 사용단계에서 많은 기술적 장애에 직면하게 되고 불가피하게 사용자와의 피드백과정을 수반하게 되면서 안정성과 공고함을 다지게 된다. 상기한 여러 과정을 거쳐 행정전산망 주전산기로 선택된 톨러런트의 이터너티 시스템이 서비스단계에서 장애를 일으키면서 행정전산망사업은 초기부터 시스템 안정화에 문제를 나타냈다. 1988년 1월부터 행정전산망 7개 우선 추진과제 중 하나로 서비스를 실시하던 국민연금 업무가 연일 계속 시스템이 다운돼 서비스를 제대로 실시하지 못했던 것이다. 그래서 연금공단에서는 문제의 원인이 조작미숙이나 운영에 있는 것이 아니라 하드웨어인 톨러런트 시스템에 있는 것으로 상정하고 한국데이터통신에 해결방안 모색을 요구하는 협조공문을 발송했다. 보건사회부가 1988년 5월 행정전산망 추진위원회에 제출한 "국민연금 전산현황 보고서"에 따르면 ① 88년 1월 갹출료 고지서에 87년 12월 연금가입자 증서의 중복 및 착오가 90만 명 발생했으며, ② 2월 갹출료 고지서에는 10만 명이 누락되고, ③ 4월 30만 건 오류자료가 존재하고 있어 2~3개월이 경과하면 연금업무 정상화가 불가능하다고 보고됐다. 이에 정밀조사를 실시해 보니 톨러런트 시스템은 이론상 32대까지 연결해 확장시킬 수 있었으나, 실제 업무에서 연결해 본 결과 문제가 있는 것으로 나타났다. 1988년 1월 이후 4개월간 국민연금 주전산기는 134건의 고장을 기록했다. 이 문제의 가장 큰 원인은 이터니티 시스템의 운영체제인 TX와 하드웨어의 불안정 때문인 것으로 규명됐다. 미국의 톨러런트사는 이를 해결하기 위해 13명의 엔지니어를 파견했고, 국내 연구인력 19명도 안정화작업에 참여했다.152)

더욱 결정적인 문제는 국민연금업무의 전산처리가 배치(batch)처리방식이었고 톨러런트 기종은 온라인처리(OLTP)용이었을 뿐 아니라 국민연금관리공단의 업무 자체가 정확하게 정의돼 있지 않았다. 1987년 12월 대통령선거 공약으로 국민연금 시행을 1년 앞당기기로 공약했으나 아직 국민연금 업무 자체가 제도상으로 완비돼 있지 않았다. 더 심각한 사실은 국민연금관리공단 전산부서의 기술자들이 의료보험공단에서 옮겨왔다는 점이다. 그런데 이들은 IBM시스템에 익숙한 편이었고, 그래서 시스템 공급자와 사용자의 차이는 시스템에 대한 거부로 나타났던 것이다. 결국 국민연금공단의 문제제기 후 6개월만에 톨러런트 시스템은 IBM기종으로 교체하게 됐다.

사태가 이처럼 심각했음에도 불구하고 프로젝트가 1978년의 사례처럼 좌절되지 않고 계속 유지할 수 있었던 것은 과정에 대한 반성과 이를 책임질 수 있는 핵심부처가 나타났기 때문이다. 상기한 바와 같이 한국전산원은 서정욱의 운영체계에 대한 평가에 기초해 안정화작업에 착수했다. 행정전산망 사업이 순조롭게 추진되려면 조직문화와 업무처리 관행이 서로 다른 부처 간의 의식격차를 해소해야 되고, 컴퓨터시스템의 연구와 개발, 시험평가, 품질보증 및 생산을 주도할 연구소와 생산업체, 행정전산망 및 응용소프트웨어를 개발할 전담사업자, 실제로 시스템을 운용할 최종 이용자인 행정부처 간의 커뮤니케이션이 잘 이루어져야 했다(서정욱, 1996: 207).

행정전산망이 일단 가동중인 상태에서도 기존의 WAN(wide area network)기법 사용의 문제점으로, 첫째, 대역의 제약, 둘째, 응용소프트웨어 툴의 제약, 셋째, 최종 사용자에게 다양한 에뮬레이션 소프트웨어 요구로 조직(inter-

---

152) 톨러런트 시스템은 유닉스 머신이었다. 즉 톨러런트사는 유닉스를 자사의 고유 운영체제인 TX로 바꾼 최신의 기술을 보유하고 있었다.

operability)문제 발생이 제기돼 왔다. 그 대안으로 투자보호 및 전환이 용이하고 전환에 따른 비용이 적은 F/R, ATM 같은 WAN 또는 LAN기술을 사용해야 한다고 제안됐다.

더 나아가 이런 행정전산망의 기술적 문제점은 망 측면에서, 첫째, 초고속국가정보통신망을 행정전산망의 골간(backbone)으로 사용하는데 X.25 중심의 행정전산망은 F/R, ATM(Asynchronous Transfer Mode) 중심의 초고속국가정보통신망에 접속이 불가능하다는 점이다.153) 둘째, X.25 중심의 행정망은 서비스의 질 향상에 무리가 따른다는 점이다(속도향상 무리와 다양한 API간 호환성 제공의 난점). 셋째, 행정망에 새로운 서비스를 추가할 때 문제발생이 우려된다(예를 들면 멀티미디어 서비스 수용문제, 다양한 트래픽 모델에 기준한 서비스질의 문제가 있다).

가입자 측면에서 볼 때 가용한 최대속도가 56Kbps로 느리고 트래픽 증가에 따른 대처가 없고, X.25망을 통한 네트워크 지체문제가 존재하며, 애플리케이션 사이의 호환성이 제약되며, 단말 모드의 현재 서비스형태는 파일 송수신 등 다양한 애플리케이션으로의 발전이 어렵다는 것 등이다.

또한 하드웨어 측면에서도 이들 주전산기 개발은 그후 기종간 호환성과 안정화작업, 표준지침에 따른 구매환경이 제대로 조성되지 못해 개발업체의 경쟁력 강화에 많은 장애요인을 안게 됐다. 첫째, 주전산기 호환성문제는 개발 이전단계부터 이미 일어났던 것이다. 즉 주전산기 개발 4개사가 상호 합의된 규격 없이 각 회사별로 경쟁적으로 기능추가 및 성능개선 작업을 추진한 결과였다. 마침내 수요자인 내무부 같은 대규모 사용기관이 많은 어려움을 겪게 되자 내무부와 한국전산원, 타이컴 개발 4개사가 공동으로 주전산기 호환팀을 구성해 공동작업에 돌입했다. 나아가 지방행정 업무같이

---

153) STM(synchrous transfer mode)방식과 달리 통신채널 접근(communication channel access)이 보다 융통적이므로 사용자들이 원하는 순간마다 데이터를 채널에 할당할 수 있다. 이런 이유로 ATM은 요구대역(bandwidth on demand)을 제공하는 기술로 평가된다. 한마디로 다양한 서비스를 제한없이 수용할 수 있다는 것이다(한국전산원, 1995: 13).

시스템을 연결하는 분산처리 형태의 전산화가 구축되면서 호환성문제는 더욱 심각한 양상을 띠게 됐고, 타이컴과 이후 버전인 주전산기 III간의 호환성문제는 더 많은 사용상의 난점으로 부각됐다. 주전산기 II가 ETRI의 연구시제품을 공동 상품화한 것과는 달리 국산 주전산기 III는 ETRI 연구 시제품을 바탕으로 하여 각 개별업체들이 상용화를 추진한 것이어서 각사 제품간 호환성을 보장하는 것은 이전단계보다 더 심각해졌다. 또한 주전산기 II가 CPU칩으로 모토로라 칩을 사용한 반면 주전산기 III은 인텔 펜티엄 칩을 탑재했다는 점에서도 호환성문제는 더 풀기 어려운 것으로 대두했다.

둘째, 호환성문제와 함께 주전산기 II는 주전산기 I의 상위기종 교체에 따른 행정전산망 시스템 업그레이드 방안과도 많은 관련을 짓고 고려해야 할 대상이 됐다. 노후화 및 부품단종으로 상위기종으로 교체 필요성이 제기되고 있는 톨러런트사의 이터니티 시스템을 업그레이드하는 방안에 대해 종합적인 세부계획을 마련해야 한다는 요구가 제시됐던 것이다.

셋째, 주전산기 II는 계속되는 제품안정화 요구에 직면했다. 주전산기 I인 톨러런트시스템은 불안정의 주요원인이었던 TX운영체제 문제가 대부분 해결돼 상당부분 안정화됐지만 주전산기 II에 대해서는 계속 제품안정화 요구가 제기됐다.

넷째, 개발업체들은 가격문제로 경쟁력을 상실하고 있었다. 조달청에서 CPU 같은 본체 규격은 구매가가 정해져 있었으나 주변기기 등은 조달단가에 포함돼 있지 않아 비조달품목 가격은 업체마다 모두 상이했다. 그래서 타이컴을 납품할 때 공급사이트의 규모와 업무성격에 따라 가격투매를 할 수 없어 수익이 줄어드는 문제가 반복됐다.

상기한 바와 같이 주전산기 II까지는 ETRI의 시제품을 개발 4사가 공동으로 각각 상업화해 비교적 각 사별로 큰 차별 없는 동일 모형으로 정부의 시장보호 속에 공공기관을 중심으로 보급되는 시장구조가 형성됐다. 이러한 정부의 보호정책은 국산 주전산기의 경쟁력저하를 야기했다는 판단 아래 주전산기 III부터는 '경쟁개발'이라는 방향으로 정부정책이 수립됐다. 따라서 최소화된 형태의 기초설계만 ETRI와 4사가 공동 개발하고, 제품의 상용화는 각 업체가 나름대로 추진하해제품 차별화가 달성됐다.

그리고 업계에서 제기했던 제3자 단가계약은 실현 가능성이 많지 않아 모두 각 사의 제품에 대한 고객의 판단에 의존하는 본격적인 경쟁체제가 형성됐다. 그리하여 가격경쟁이 심화됐다. 특히 외국업체의 유닉스 서버 가격이 해마다 20% 이상씩 인하하는 조건에서 4사의 가격경쟁은 출혈경쟁으로까지 비화했다.

1991년 6월 주전산기 타이컴(TICOM) Ⅱ가 한국통신 정보서비스 운영을 위한 HOST급 컴퓨터로 선정돼 개통식을 가졌다. TICOM Ⅱ는 한국전자통신연구소 주관하에 삼성전자, 대우통신, LG전자, 현대전자 등 국내 4대 컴퓨터업체가 1986년부터 공동개발에 착수한 국산 중대형컴퓨터다. TICOM Ⅱ가 실용화됨으로써 우리나라는 21세기 정보화시대를 지배할 중대형컴퓨터 생산국 대열에 진입하게 됐다.

CPU보드 설계부터 전체 아키텍처 조합에 이르기까지 순수 국내기술로 완성해 낸 TICOM Ⅱ는 충분한 비교·평가를 거쳐 채택됐으며, 1차로 CPU 4개와 128MB 메인메모리에 앞으로 단말유저 확대를 감안해 2개의 I/O프로세서를 탑재했다. TICOM Ⅱ는 20개의 CPU, 512MB 메인메모리, 4개의 I/O프로세서, 215GB의 디스크를 최대용량으로 하고 있다. TICOM을 개발하기 전 국내 컴퓨터시장은 외국산이 지배하고 있었다. 국내 컴퓨터업체들은 외국 컴퓨터를 도입해 터미널, 프린터 등 주변기기를 한글화하거나 부품을 수입해 조립하는 기술수준에 불과했다. 1980년 국내 최초로 개발한 상용 CP/M 마이크로컴퓨터의 초보적인 기술을 바탕으로 82년 교육용 PC를 개발했는데, 이때 정부에서 이 국산 PC를 전국 초·중·고등학교에 대량 공급했다. 이 조치는 국내 컴퓨터업계에 PC 대량생산 기반을 조성함으로써 '하면 된다'는 자신감을 심어 줬을 뿐 아니라, 신세대에게 컴퓨터마인드를 폭발적으로 확산시켜 이후 컴퓨터산업 발전의 분기점이 됐다.

1983년 미국에서 UNIX 머신을 개발해 상용화하자 우리나라에서도 곧바로 이를 개발하기 시작했다. 1985년 SSM16/ SSM32 시리즈로 상용화된 국산 컴퓨터는 우리나라에 본격적인 컴퓨터시대를 열었다. 1987년에는 우리나라

컴퓨터 발전에 또 하나의 전기가 찾아왔다. 정부에서 행정전산망 확충계획을 수립하는 과정에서 주전산기를 외국기술에 의존할 수는 없지 않느냐는 결단을 내린 것이다. 중형컴퓨터 제작기술을 극소수 기술선진국이 독점하고 있던 시절임을 감안하면 만용에 가까운 자신감이었다. 정부는 이후 5년 동안 335억 원을 투자해 국산 주전산기 Ⅰ(톨러런트) 개발에 성공, TICOM Ⅱ가 등장하기 전까지 211대를 공급했다. 한국전자통신연구소 주관하에 4개 컴퓨터업체 기술진은 정부의 적극적인 정책지원을 배경으로 1991년 6월 드디어 국산 주전산기 TICOM Ⅱ를 개발·배치함으로써 세계적으로 몇 안 되는 중형컴퓨터 생산국 대열에 진입하게 됐던 것이다.

TICOM Ⅱ가 몰고 온 신기종 개발붐은 연구소, 대학, 행정부 및 기업체에 상당한 파급력을 가져왔다. TICOM Ⅱ개발에 자신감을 얻은 연구진은 펜티엄을 주전산기에 탑재할 CPU로 선정하고 고속 중형컴퓨터 TICOM Ⅲ 개발에 착수했다. 체신부, 상공자원부 및 과학기술처 주관하에 한국전자통신연구소와 컴퓨터 4사가 공동 연구기관으로 참여, 연인원 700여 명, 개발비 300억 원을 투입한 TICOM Ⅲ는 1994년 1월 시제품 평가회를 가져 초당 264MB의 전송속도를 가진 우수한 성능을 검증받고 95년부터 상용화에 들어갔다.

TICOM Ⅲ 개발성공을 바탕으로 체신부와 한국전자통신연구소는 1997년까지 4세대 주전산기인 고속병렬컴퓨터를 개발하기로 하고 삼성전자, 대우통신, LG전자, 현대전자 등 컴퓨터업체와 공동개발 계약을 체결했다. TICOM Ⅳ에 채택할 고성능 병렬처리 방식은 세계적인 첨단기술로 TICOM Ⅲ의 40배인 초당 200억 개의 명령어 처리기능을 가지고 있다. 4세대 주전산기 개발은 과학기술, 국방, 통계용 슈퍼컴퓨터 등에 광범위하게 사용돼 21세기 정보통신 시대의 선진국으로 부상하게 될 기술의 관문이다.

TICOM 시리즈 개발과 함께 국내 연구기관과 컴퓨터업체는 주변기기 및 소프트웨어 개발에도 박차를 가해 세계 정상권으로 진입했다. 한국전자통신연구원과 컴퓨터 4사가 공동 개발한 멀티미디어 워크스테이션 콤비스테이션은 미국, 일본과 동시 개발한 신기술이며, 한국전자통신연구원이 개발한 MISIX는 중대형급 이상 병렬컴퓨터 운용에 핵심적인 기술로 역시 세계 최첨단 수준이다. 이러한 TICOM 시리즈 개발로 확보된 각종 컴퓨터기술은 국가 기술력 및 경제발전을 선도해 갈 것이다.

이후 TICOM II 보급현황을 보면 신규 기술혁신이 갖는 효과를 직감할 수 있다. 많은 분야에서 신기술 개발을 가로막는 주요인 가운데 하나는 시장성이다. 우리나라는 막대한 개발비를 투자해 첨단 신기술을 개발하기에는 시장규모가 너무 작다. TICOM II 또한 수익성이 보장돼야 다음 단계 기술개발에 착수할 수 있는 것이다.

TICOM II는 출시되자마자 한국전자통신연구소를 비롯한 5개 연구기관, 건설부, 기상청을 비롯한 10여 개 정부기관에서 40여 대에 이르는 제품을 인수해 국산 중형컴퓨터에 대한 신뢰확산을 선도했다. 1991년 6월부터 1년 동안 TICOM II는 각종 연구기관, 정부부처, 대학, 기업체, 은행 등에 93대를 보급했다. 2000년까지 1700대 보급을 목표로 설정한 체신부는 TICOM II 사용 활성화를 위해 각 대학에 응용소프트웨어 프로그램 개발지원을 시작했다. 금융업무 처리, 대학 학사관리 등 주전산기용 소프트웨어 프로그램이 속속 개발되면서 TICOM II 보급에 가속도가 붙었다. 1992년에는 한 정보통신 전문 리스업체가 기금 240억 원으로 TICOM II 장기저리 리스를 시작해 보급범위를 확대했다. 1994년 마침내 TICOM II 보급 500대를 돌파해 이미 차세대 주전산기 개발에 착수한 연구진에 힘을 실어 줬다.

그러나 1995년 11월 삼성전자를 시작으로 개발 완료된 주전산기 III는 솔루션 부족, 고객들의 불신이라는 냉담한 반응이 나왔기 때문에, 주전산기 II 제품이 축적해 온 성과를 도괴(倒壞)하게 될 형편에다 공공시장 개방이라는 외부적 요인까지 겹쳐 미래에 예측이 불가능할 정도로 어려운 상태에 놓여있게 됐다. 여기에 정부와 업계, ETRI 등 3자간의 이해관계도 원만한 것이 아니라는 평가가 지배적인 상황이었다. 더욱이 민수(民需)시장 확보만이 활로라고 주장하는 주전산기 개발 4사는 외국산 제품과의 경쟁력과 위축되고 있는 국내 주전산기 시장을 앞에 두고 개발포기 여부를 저울질하게 됐다.

특히 사용자의 기능추가 요구에 따른 가격경쟁보다는 사용자의 입장에서 호환성과 성능이 보강된 효율적인 시스템으로 보강돼야 한다는 요구가 많았지만 국산 주전산기의 전반적인 문제는 이후 버전까지 계속됐다. 첫째, 유지보수의 문제, 둘째, 데이터베이스 유지보수, 셋째, 주전산기 IV의 상품화 전망, 넷째, 통상산업부의 국책과제로 서울대 신기술공동연구소가 총괄기관이 돼 추진된 또 다른 MPP 주전산기 개발 등이 과제로 부상됐다(전산망조정위원회, 한국전산원, 1988). 더 나아가 경기침체를 이유로 관련부서를 축소해 중형컴퓨터 개발사업의 전면적인 수정 또는 폐지가 검토됐다(김완식, 1992: 1-21). 이 과정에 정치 환경이 급변했고 또 다른 사업이 시도됐다(전산망조정위원회, 1990a, b).

1988년 취임한 노태우 정부를 거친 다음 92년의 김영삼 정부가 수립된 이후 한국의 '정보초고속도로'는 '초고속국가정보통신망'과 '초고속공중정보통신망'으로 구성돼 추진됐다. 양자는 상호 접속돼 하나의 전 국가차원의 네트워크를 형성하기 위한 것이었다.154) 초고속국가정보통신망은 통신사업자의 광케이블 시설을 최대한 활용해 건설하며 서비스 품질의 고급화를 위해 최첨단설비로 시공하도록 구상했다. 건설비용은 정부 보유주식 매각대금을 공공재원으로 충당하도록 했다. 정보화수준 및 기술발전 등을 고려해 단계별로 고속화해 간다는 계획을 수립했다. 초고속국가망에 국가, 지방자치단체 등 공공기관이 운영하는 국가기간전산망, 행정전화망, 선도시험망, 그리고 필요시간에 민간기업 전산망도 수용하기로 했다(이해원, 1991: 489-496). 사실 이 초고속국가정보통신망의 기술버전은 1992년 6월에 제시된 미 클린턴 정부의 고어 부통령에 의해 제시된 정보초고속도로(information super highway)의 한국어판이라고 할 수 있다.155)

---

154) 한국 최초의 인터넷이라고 할 수 있는 네트워크 연결망은 1982년 7월 서울대학교와 KIET간에 TCP/IP를 이용해 구축된 SDN이었다. 다음해 10월 KAIST를 주축으로 한 HANAnet이 구성됐다. 이것은 UUCP(Unix-to-Unix copy program)을 이용해 미국과 다이얼업 접속한 네트워크였다. 다음해에 HANAnet는 UUCP와 X.25회선을 이용해 유럽지역과도 연결됐다(정보통신부, 2001: 479).

155) 더 나아가 김영삼 대통령은 1995년 5월 동아시아 정보사회의 탄생을 위해 APII (Asia Pacific Information Infrastructure)을 제안했다(Larson, 1995).

그러나 권력이양 후 한국의 초고속정보통신망 추진계획은 상기한 1차 행정전산망사업이 갖는 기술적 한계와 문제점을 해결하기 위한 피드백으로서 기술혁신의 성격을 띠는 것이었다(Jacobs, 1996). 추진계획 내용만으로 보면 대상지역과 부문확대에 주안점을 둔 것이었으나 그 기본구상은 1차 때의 그것과 질적으로 다른 것은 아니었다. 초고속국가망의 단계별 건설계획은 다음과 같다.

① 제1단계(1994~97): 기반구축

전국을 수도권, 중부권, 호남권, 부산권, 대구권 등 5개 권역으로 구분해 권역별로 망을 구축.

제공서비스: 건축설계도 전송, 원 스톱(one-stop) 민원서비스, 영상회의 등.

제공대상: 국가기관, 지방자치단체, 연구소 및 대학 등.

기간전송망: 전국 중소도시까지 고속 광케이블망 건설(155-62Mbps급)

② 제2단계(1998~2002): 확산

제공서비스: 원격진료, 원격교육, 전자 민원서비스, 전자도서관, 지리정보서비스(GIS) 등.

기간전송망: 2.5Gbps급 광케이블망 건설 및 ATM 교환망 구축.

③ 제3단계 (2003~2010): 완성

제공서비스: 입체 영상회의 및 분산DB의 병렬검색 등 슈퍼컴퓨터간 병렬처리 전송 등.

기간전송망: 수십Gbps급 광케이블망 건설.

초고속공중정보통신망은 일반공중의 멀티미디어 정보전송을 위한 것으로 통신사업자가 부설하도록 계획했다. 산업계 등 대규모 수요기관을 먼저 수용하고 단계적으로 일반가정까지 확대할 예정이었다. 정부는 민간기업 투자촉진을 위해 통신사업에의 진입규제 완화 및 세제지원 등의 정책을 강구할 계획이었다. 초고속공중망의 단계별 건설계획은 다음과 같다.

① 제1단계(1994~97): 공공기관, 대형빌딩, 교육연구 단지 등을 중심으로 ATM 등 소요기술 개발.

② 제2단계(1998~2002): 중소기업, 아파트 등 인구밀집 지역, 산업계 등에

시범서비스 제공.

③ 제3단계(2003~15): 일반가입자 집안까지 전국 광역서비스 제공.

그리하여 국가망과 공중망을 합친 초고속정보통신망을 구축·건설하는 데 투입될 총비용은 약 45조 원에 달할 것으로 예상됐다. 이 중 민간부문 투자액이 전체의 94%에 이르는 것으로 계상됐다(한태열: 1997, 196-198). 이 사업의 추진을 통해 얻게 될 정보산업 발전 전략계획도 포함돼 있었다.

1992년 7월 22일 김영삼 대통령의 지시에 따라 정보산업기획단이 발족돼 4개월여의 작업 끝에 "정보산업 발전을 위한 전략계획"이 마련됐다. 이 작업은 정보기기산업, 소프트웨어산업, 정보통신산업과 정보인력 양성 등 4개 분야별로 관련부처(경제기획원, 재무부, 교육부, 상공부, 체신부, 과학기술처)와 연구원이 중심이 되고 민간전문가를 대거 참여시켜 2000년을 향한 정보산업 발전과제를 발굴토록 하고, 이것을 경제기획원 산업3과에서 종합해 핵심 전략과제를 선정한 후 정보산업발전 민관협의회의 자문을 거쳐 확정한 내용으로 이뤄졌다(경제기획원, 재무부, 교육부, 상공부, 체신부, 과학기술처, 1992).

이 계획의 작성배경은 정보산업이 매우 중요하며 선진국의 발전전략이 진척되고 있는데, 우리의 산업은 여러 문제를 안고 있다는 지적에서부터 출발하고 있다.

첫째, 정보산업의 중요성을 지적했다. 즉 현대 문명사회는 이른바 정보화사회로 불릴 만큼 산업, 공공행정, 국민생활 전반에 걸쳐 급속한 정보화의 물결이 일고 있으며, 인간의 창의와 지식을 토대로 한 정보산업의 발전 정도가 경제 선진화의 관건이 되고 있다는 것이다.[156]

---

156) 정보산업은 산업경쟁력과 성장잠재력의 척도다. 즉 생산자동화를 통해 원가절감의 가능성이 있다. 또한 설계자동화 등을 통해 기술개발 잠재력이 있다. 더 나아가 금융, 물류, 무역업 등 생산관련 서비스의 효율성을 좌우한다. 정보산업은 공공서비스분야 효율성의 척도다. 이를 통해 교통, 사회복지, 경찰 및 국방, 교육 등 엄청난 비용증가를 수반하는 공공행정의 효율화를 가져온다. 또한 정부와 민간, 중앙과 지방간의 정보소통 체계를 확립할 수 있다. 정보산업은 국민생활의 질과 국제화 촉진의 관건이다. 즉 개인용컴퓨터의 보급으로 생활양식이 혁신되며 통신발

이에 비해 선진국의 발전전략을 보면 정보화 정도가 산업경쟁력과 국민생활 향상의 질을 좌우할 뿐 아니라 정보산업 자체가 고속 성장산업이기 때문에 선진 각국은 정보산업 주도권을 확보하기 위해 치열한 각축과 경쟁을 벌이고 있다.157)

이들 각국의 사례를 종합해 보면 정보산업이 많은 영역을 포함하고 있기 때문에 자국의 실정에 맞는 분야를 전략적으로 중점 육성해 국제화, 개방화에 적응하도록 하되, 정부가 직접 기업을 지원하기보다는 민관 협조체제를 구축해 정부는 개발여건을 조성하는 데 주력하고 있음을 확인할 수 있다(이종범 외, 1996).

1970년대 이래 전자산업을 주축으로 발전해 온 한국의 정보산업은 1980년대 이후 정보통신분야에서 전전자교환기의 개발과 보급, 64DRAM 반도체 개발, 개인용 컴퓨터와 한국형 주전산기(TICOM I, II) 등의 개발을 중심으로

달을 통해 의식과 행태의 국제화를 촉진한다. 따라서 산업, 공공행정, 개인생활 모든 분야에서 정보화 진전수준이 효율성의 척도가 된다.

157) 미국의 경우, 1970년대까지는 세계 정보산업의 주도권을 장악하고 있었으나 80년대 이후에는 정보기기 분야에서 경쟁력이 떨어졌다. 그러나 소프트웨어 부문과 국방기술 분야의 절대적 우위를 바탕으로 정보산업을 전략산업으로 육성하기 위한 적극적 노력을 경주해 왔으며, 클린턴 대통령과 고어 부통령도 주요 선거공약으로 제시했다. 일본의 경우 정보기기 기업분야(액정소자, 소형 고성능전지 등 핵심부품)에서는 세계 최고수준을 확보했으나 소프트웨어 분야 등은 당시 미국보다 낙후한 실정이었다. 1990년대 들어 정보처리진흥사업협회를 중심으로 정부와 민간의 효율적 협조체제를 구축하고 정보처리 촉진에 관한 법률을 제정하고 정보산업의 고도화를 중점 추진했다. 유럽의 경우 1980년대부터 미국과 일본에 뒤진 정보산업의 경쟁력 만회에 주력했다. 개별 국가차원이 아닌 EC통합체 차원에서 유럽 정보기술 개발전략계획, 유럽 첨단통신기술 개발계획 등을 수립·추진했다. 싱가포르의 경우 개발도상국 중에서는 가장 일찍부터 정보산업을 전략산업으로 지정해 체계적이고 강력한 시책을 추진하고 "IT 2000계획: 1991~2000"을 수립·추진했다. 대만의 경우 중소기업 중심으로 개인용 컴퓨터(PC) 및 주변기기의 세계적 생산기지로 부상하고 있으나 반도체, 정보통신분야는 취약한 실정이고 싱가포르같이 "정보산업진흥 10개년 계획: 1991~2000"을 수립·추진했다.

괄목할 만한 발전을 이룩했다.158)

둘째, 상기한 정보산업의 중요성과 외국의 사례, 국내에서의 기술개발에도 불구하고 정보산업 개별분야에서 여러 가지 문제점이 돌출하고 있다고 지적했다. 즉 1989년 이후 정보기기산업은 개인용 컴퓨터의 국제가격이 급격히 하락함에 따라 경쟁력이 약화돼 생산이 둔화되는 등 구조조정기를 맞이했으며 산업용 기기에 컴퓨터를 내장해 활용하는 산업정보기기 분야도 전략적 육성이 이루어지지 못해 수입이 급증했다.

소프트웨어산업도 양적으로는 성장했으나 일부 응용S/W만 자체 개발하고 있는 초보적 단계로, 시스템S/W, 인공지능S/W 등 고급단계의 기술은 선진국에 비해 10~20년의 기술격차를 나타냈다. 정보통신산업 분야에서는 기간통신(전화 등) 분야는 선진국 수준에 도달했고 기술개발도 많이 이루어졌으나 무선통신과 데이터통신 등 고도통신 분야는 매우 낙후된 상황이었다.

셋째, 정부의 정보산업 육성체제에도 결함이 노출돼 나타나고 있다고 보았다. 국가에 의한 정보산업의 육성체제를 보면 그 동안 정보산업의 중요성이 강조되고 체신부를 중심으로 1990년 9월 정보사회 종합대책이 마련되고 국가기간 전산망사업(1987~1991: 1단계 완료)이 추진됐으나 다음과 같은 문제점이 있어 왔다. ① 기존의 종합계획이 정보산업 육성의 당위성과 주요과제를 많이 제시하고 있으나 우선순위가 미흡했다. ② 정부와 업계간의 협력체제가 정착되지 못하고 관련부처간에도 협력체제가 미흡했다. ③ 각 부처와 기관이 수요부처로서 각각 전산화계획을 추진하고 있으나 능동적인 수요개발 의욕이 부진했다. ④ 관련부처의 기능을 규제보다는 자율과 경쟁 위주의 조장기능으로 개편할 필요성이 제기돼 왔다. 이런 상황은 기업의 경우에도

---

158) 이 시점에서 볼 때 정보산업의 위상은 다음과 같은 지표로도 확인되고 있다.

연도	1985	1991	연평균성장률(%)
세계정보시장규모(억 달러)	4,585	9,432	12.8
국내 정보산업 (억 달러)	73	342	29.4
내수용	27	148	32.8
수출용	46	194	27.1

유사하게 나타나 문제점으로 제기돼 왔다.159)

  이 보고서는 1992년 정보산업 발전 기본전략을 국내외적 시각에서 조망하고 있다. 국제적 시각에서 보면 정보산업은 주요 선진국권과의 치열한 경쟁산업이므로 한국이 경쟁력 우위를 확보할 수 있는 분야를 전략적으로 선정해 세계 최고수준을 지향하도록 한다는 데 목표를 두었다. 그러나 정보산

---

159) 기업정보화 실패요인
- 기업 전체의 정보기술 능력과 경험부족
- 경영진의 관심과 이해부족
- 수준미달의 전산조직
- 사용자들의 참여의식 결여와 변화거부
- 사용자들의 자신의 업무에 대한 지식부족(전산화란 현실의 업무처리 과정에서 일어날 수 있는 모든 경우를 사전에 파악해 시스템에 반영해야 하는데, 이렇게 모든 것을 제시하고 진술해 줄 수 있는 사용자는 매우 드물다. 특히 타 부문과의 업무 관련성에 대해 정확한 이해를 하고 있는 사용자는 매우 드물며, 이는 이후 개발된 시스템의 통합성에 큰 문제를 야기한다)
- 사용자와 개발자의 상호 의사소통 부족
- 개발자의 업무에 대한 지식과 경험부족으로 사용자 요구사항의 정확한 파악 실패
- 시스템 설계와 프로그램의 오류
- 새로운 시스템운영에 필요한 교육부족
- 사용자들의 데이터입력 부정확으로 인한 전산결과의 부정확
- 잘못된 패키지선정 또는 패키지업체의 지원미숙
- 부적절한 외부 용역업체의 선정(용역업체가 해당분야의 업무에 정통하고 경험이 많아야 성공 가능성이 높다. 현재 국내에서는 이러한 능력을 보유한 업체와 인력이 부족해 현실적 어려움을 가중시키고 있다)
- 양식 및 업무처리 표준화 미비(잘못된 업무처리 방법을 그대로 두고 그 방법에 따라 전산화하는 것은 전산의 효과도 적을 뿐 아니라 운영하기 어려운 시스템이 돼 실패의 가능성이 매우 높다. 기업의 경우 비즈니스 프로세스 리엔지니어링 기법을 사용해 업무프로세스를 혁신해야 뛰어난 효과를 얻을 수 있다)
- 기업조직의 능력으로 소화할 수 없는 기술사용(기업이 새로운 기술을 도입할 때는 기술의 성격과 난이도에 따라 그 정도는 다르지만 교육과 훈련 및 숙달기간을 가져야 하는데 성급하게 도입해 실패하는 경우가 많다)
- 불충분한 예산과 인력(이용태, 1997: 390-391).

업의 첨단분야는 기업의 다국적화와 기술개발의 전략적 제휴가 세계적 추세임을 감안해 한국기업도 선진기업과 공동전략을 모색하고 해외 고급인력을 적극 활용할 필요가 제기됐다.

국내적 시각에서 보면 정보산업은 산업의 경쟁력 향상과 공공서비스의 효율을 높여 주는 파급효과가 큰 산업이므로 정부와 기업이 협력해 국내 수요기반을 최대한 확대하고 이를 바탕으로 국내 관련산업의 국제경쟁력이 배양되도록 할 필요가 있다는 것이다. 그래서 정부는 정보산업 발전 전략계획을 수립해 달성해야 할 목표와 추진방향을 설정하고, 정부 각 부처는 물론이고 정부와 민간의 협력체제를 강화하기로 했다.

그러나 정보산업은 기술개발과 대내외 여건변화의 속도가 급속하기 때문에 구체적 시행계획은 1993년 이후 연동계획으로 수립·추진하는 체제를 구축했다. 여기서 정부의 역할은 장기비전을 제시하고 민간기업이 개별적으로 담당하기 어려운 분야를 보완하면서 인력개발과 기반기술 개발에 주력한다는 것이다. 이를 위해 정보산업에 관한 세계적 동향을 종합·분석하고 민간업계와 전문가들의 의견을 수렴하면서 관련부처 기능의 종합조정을 담당하는 핵심 추진체로서 정보산업기획단을 신설, 상설 운영토록 했다.

이 보고서에서 정보산업은 자율경쟁과 개방화를 원칙으로 하기 때문에 특정산업 지원법을 만들 수는 없으나 기반기술의 개발, 관련산업의 표준화, 개인정보의 보호 등을 내용으로 하는 정보화촉진 기본법의 제정이 필요하다는 것으로 의견이 집약됐다. 또한 이 보고서에서는 정보산업 발전의 핵심 전략과제로 정보통신기기와 함께 컴퓨터 주변기기와 반도체, 중형컴퓨터의 개발을 들고 있었다.[160]

---

160) 정보산업 발전의 핵심 전략과제
- 정보기기산업, 정보통신산업, 소프트웨어산업별로 구분하해 90년대 후반 이후 국제경쟁력을 확보할 수 있는 과제를 선정한다는 것이었다.
  정보기기산업의 경우
  1992년 현재 한국기업의 기술 축적도에 비추어 2~3년 내에 개발해 국제경쟁력을 가질 수 있다고 판단되는 분야로 관련기업에 대한 파급효과가 큰 품목을 핵심과제

* 컴퓨터 주변기기

세계 컴퓨터시장의 약 70%를 점유하고 있는 컴퓨터 주변기기 중 부가가치가 높은 품목으로 국내 대형 전자업체들이 개발하고 있던 기억장치 분야(디스크), 프린터 분야(레이저와 잉크분사식), 모니터(액정 및 고해상도) 분야의 기기를 중점 개발했다.161)

* 개방형 중형컴퓨터 개발

한국은 주전산기(TICOM I, II)를 개발·보급한 경험이 있으므로 외국의 중대형 컴퓨터업체와 전략적 제휴의 가능성을 상당히 갖고 있다. 따라서 앞으로의 과제는 국내시장에서 국산컴퓨터의 비율을 현재의 3%에서 2000년대에는 50%까지 높이고 국산컴퓨터의 성능도 슈퍼미니급까지 확대시키는 것이 필요하다.

국산컴퓨터 보급확대를 위해서는 표준화된 개방형 시스템을 개발하고 다양한 응용소프트웨어를 개발하면서 이와 병행해 국산컴퓨터에 대한 구매확대를 뒷받침하기 위해 전문 리스업체의 설립을 추진해야 할 것이다.

정보산업의 발전을 위한 중장기 개발과제를 부문별로 보면 다음과 같이 요약할 수 있다.

첫째, 정보기기산업은 그 응용범위가 매우 넓고 신제품 개발 가능성이 크기 때문에 여러 가지 전략상품 발굴 여지가 크다고 할 수 있다. 특히 1990년대 들어 가전제품에 정보화기술이 접목됨으로써 다기능화·고품질화 되고 있으며 산업용 정보기기분야에서도 점차 다양화되고 있는 자동화기기의 개발에 필요한 제어장치 및 관련 소프트웨어의 개발 여지가 크다고 할 수

로 선정하고 여기에 중장기 유망품목을 추가했다(하략).

161) 기억장치 분야는 미국이 세계시장을 석권하고 있기 때문에 미국 벤처기업과의 기술제휴를 통해 세계시장 침투가 가능하며, 모니터분야는 일본이 독점하고 있으나 원천기술은 유럽에 의존하고 있기 때문에 한국도 원천기술을 도입하고 국내 생산기술 수준을 향상시켜 세계시장에 진출하도록 했다. 이들 컴퓨터 핵심 주변기기 분야는 대규모의 설비투자와 기술개발 비용이 소요되기 때문에 국내 기업간의 중복투자보다는 특화개발을 위한 업체간 협력시스템 구축이 중요한 관건을 이룬다.

있다. 따라서 이런 분야의 유망상품 개발을 촉진하려면 가정용 정보기기 분야에서는 국내 표준화작업을 추진해야 하며, 산업정보기기는 전자, 컴퓨터, 기술, 통신 등 여러 기술의 복합분야이기 때문에 이를 다룰 수 있는 전문인력 양성을 위해 대학에서 통합 전공학과가 신설돼야 한다.

기타 수많은 정보기기산업의 핵심부품 개발을 위해서는 1990년대부터 본격로 추진된 ELECTRO-21 프로젝트를 연차적으로 강화해 추진토록 하되 내수시장이 협소한 품목의 경우에는 생산 전문화를 유도해야 한다.

둘째, 1980년대 초반까지 정보처리기술은 컴퓨터 등 하드웨어산업에 종속돼 독립된 기술분야 또는 산업으로 인식되지 못했다. 그러나 개인용컴퓨터의 보급확대와 클라이언트/서버환경의 대두로 정보처리산업이 독립된 고부가가치산업으로 부각되면서부터는 오히려 소프트웨어산업이 하드웨어산업을 선도하고 있는 상태라고 지적할 수 있다.

이 사업의 추진계획을 분석해 보면 초고속국가정보통신망의 교환체계 구성만 하더라도 국가 5대 전산망 수용을 놓고 다수의 방안이 제시됐다. 따라서 기술논쟁은 기술의 사회적 형성 가능성을 넓혀 준다고 해석할 수 있다.

행정전산망 수용방안

① <방안 1>
- X.25 중심의 행정전산망을 F/R의 PVC 형태로 트라픽이 많은 구간만 초고속국가정보통신망에 수용.
- 행정망 하부기관은 현 상태를 유지.
- 라우터 중심의 LAN 가입자는 행정전산망에 F/R기능으로 접속하거나 고속을 요구하는 경우 초고속국가정보통신망의 F/R기능으로 접속.

② <방안 2>
- 행정전산망의 X.25 교환기를 F/R기능 중심의 중속(F/R + ATM) 교환기로 대체.
- 행정전산망을 X.25 및 F/R기능이 제공되는 교환기술로 관련서비스 수용.

- X.25 형태로 서비스중인 행정전산망은 X.25 인터페이스 형태로 프레임 릴레이에 연결.
- TDM 전용회선을 사용하는 가입자는 중소 도시별로 회선집선 장치를 이용해 프레임 릴레이에 연결.
- 라우터 중심의 기간망 네트워크는 F/R기능에 의한 기간망 접근을 위해 라우터의 F/R 접속 소프트웨어 사용 및 ATM의 F/R 접속기능 이용.

③ <방안 3>
- 행정전산망 발전방안에서 제시된 전체 구성도를 수용하는 방안.
- 장래에 새로운 행정전산망 구축 후 수용하는 개념.
- 행정전산망을 새로 설계해 구성하기 때문에 많은 소요비용이 요구됨.

기술개발의 한 주체였던 ETRI는 이런 개발결과의 시행과정에서의 한계에도 불구하고 다음에 제시하는 바와 같이 상당한 기술확산과 응용사례를 모험 기업화하는 데 성공했다.

그러므로 상기한 소프트웨어 안에서 '사회적 요소'(그리고 특수한 사용맥락)를 구현하려는 시도와 '사회적 요소'(특수한 사용맥락)를 인공물에서 제외시키려는 시도 사이의 소프트웨어 개발전략에서 나타나는 이분법을 발견하게 된다.

여기에서 이러한 대립적 압력은 이 소프트웨어가 특수한 사회적 여건과 일치되는 정도를 최대화하려는 과정에서 어떻게 나타나는지 혹은 공급자의 전략인 경우 소프트웨어의 산업적 응용의 시장 크기를 최소화하려는 과정에서 어떻게 나타나는지를 보여줄 수 있다. <그림 4-5>에서 도시적으로 보여준 바와 같이 응용범위의 한쪽 끝에서 특수한 사용자의 요구에 적합하도록 설계된 개별 소프트웨어를, 그리고 다른 한편에서 점차 세계화되고 있는 시장에 맞추어 값싼 솔루션으로 제공된 각각의 응용을 볼 수 있다. 전자는 가격이 비싼 반면 국부적인 상황에 잘 일치하는 솔루션들을 제공하고, 후자는 특수한 기능을 수행하도록 매우 싼 솔루션을 제공한다.

한편 제2단계 행정전산망사업으로 진행중인 국가기간전산망사업이 소기의 성과를 거두기 위해서는 먼저 기간망 추진방식이 전반적으로 대폭 수정

〈표 4-25〉 ETRI 연구원 출신 벤처 일람표

상 호 명	사업내용	소재지	비고
삼보컴퓨터(주)	컴퓨터 및 주변기기 제조, 판매(S/W 포함)	서울	1호 벤처
(주)엘렉스컴퓨터	Machintosh 및 관련시스템 판매	서울	
(주)큐닉스	컴퓨터 제조	서울	부도
(주)콤텍시스템	모뎀 및 주변기기 제조	서울	
(주)삼도데이터시스템	소프트웨어 용역	서울	
(주)연합정보서비스	입력전산처리사무자동화	서울	
STI	Laser Printer 판매	서울	
(주)현민시스템	출판, CBT Program	서울	
(주)위세정보기술	컴퓨터 주변기기 및 S/W 개발, 컨설팅	서울	
화이트정보통신	S/W개발 및 판매, 개발 Tool 지원	서울	
(주)러닝툴	CBT, ORDB, EIS, GIS, LEGO, DACTA		
(주)웹나라	MIS, H/W판매, Network설치 및 유지보수		
(주)핸디소프트	지능형 S/W 개발	서울	
엘렉스센터 강남점	S/W개발 및 판매, 컴퓨터 네트워크	서울	
(주)두일정보	S/W 개발 및 판매	서울	
(주)고도컨설팅	경영자문	대전	
한국인식기술	문자인식시스템 개발 및 판매	서울	
사과마을	매킨토시 출력 및 인쇄물 제작	서울	
으뜸정보기술	S/W 개발 및 판매, 컨설팅, 교육	서울	
(주)SIET	SI 사업	서울	
제임스마틴코리아	정보기술 컨설팅	서울	
영림원소프트랩	ERP	서울	
한맥소프트웨어	컴퓨터 프로그래밍, Mac용 WP	서울	
(주)데이타커널	ISP, DB, S/W개발, 컨설팅	서울	
이래정보시스템	네트워크 컨설팅, LAN구축	서울	
For Top System	S/W 연구개발	서울	
아담소프트	컴퓨터 S/W 개발	서울	
VRTOPIA	컴퓨터 S/W 개발, VR컨설팅, 판매	대전	
삼명시스템컨설팅	전산컨설팅	서울	
제일데이타 시스템(주)	IBS 시스템 S/W, Access Control	서울	
(주)화인매카트로닉스	인디케이터	서울	
(주)유니크테크놀로지	중대형 컴퓨터 설계기술 타이컴용 ASIC 및 보드	대전	
(주)욱성전자	멀티미디어 Hardware 및 Software	대전	

(주)한국이지시스템	IBM AS/400 시스템 Emulator, Network&SI 사업, EZ5250 Emulator	서울	
에덴전자	PCB ARTWORK(인쇄회로 기판설계) AC-DC, DC-DC POWER UNIT 제작	대전	
삼광전자통신(주)	염색공장 자동화 및 통합 전산화 소프트웨어 개발 용역	대전	
㈜네오그라프	소프트웨어 자문, 개발공급, 컴퓨터, 방송수신기	대전	
㈜한국에이아이소프트	네트워킹 소프트웨어개발, 시스템 판매 컴퓨터 통신등	대전	
K4M	문서저장 관리시스템 개발 등	서울	
(美) MEDIA SCAN Inc.	Video Conference H/W 및 S/W 개발, 문자인식 S/W개발, GIRO전표 시스템 개발	미국	
하이콤리서치㈜	인터넷 관련 S/W 개발, 멀티미디어 처리 S/W 개발	대전	
H&C	LINUX기반의 인터넷 서버 및 다중PC개발, 고성능 시스템 개발, Simulator개발	대전	
동명컴퓨터㈜	제조업체 ERP(TIMS S/W)개발 및 판매, SI사업	서울	
(주)두어스	인터넷 트래이딩 시스템 및 응용 분야 개발	서울	
㈜ 첨성대	기상정보 및 지구과학교육용 컨텐츠 개발	대전	
마이원 정보기술㈜	인터넷 홈페이지 S/W개발, 금융 관련 S/W개발	서울	
애니컴	인터넷 관련 S/W 개발, 데이터베이스 관련 S/W개발	서울	
(주)쉘컴정보통신	고성능 캐쉬 서버개발, Linux클러스터 시스템개발, 인터넷관련S/W제작 및 기술용역	서울	
㈜SERI컨설팅	정보기술컨설팅, SI, 교육, 번처기업지원	서울	회장성기수
Bestech	멀티미디어 콘텐츠(영상, 음향) 개발	대전	
지니소프트	SI 및 인터넷 관련 소프트웨어 개발	대전	
(주) S & L	자연어처리 소프트웨어 개발	대전	
(주) 코난테크날리지		대전	
DDR소프트	멀티미디어 관련 소프트웨어 개발	서울	

돼야 했다. 그것은 예산제도, 추진체계, 업무선정 방식 등에 이르는 전반적인 국가기간전산망 사업 추진방식이 대폭 보완돼야 한다는 주장으로 표출됐다(한국정보산업연합회, 1993; 한백연구재단, 1993: 213-247; 한국정책학회, 행정학회, 1997).

학계의 의견으로 안문석은 "21세기를 대비한 국가기간전산망 추진방향"이라는 발표를 통해 "앞으로 국가기간전산망 사업은 부처별 분산적인 개발과 전국적인 통합운영의 연방제적 개발이라는 특수한 모습을 가져야 한다"며, "이를 위해서는 6공 이후 기능이 사실상 정지된 전산망조정위를 다시 활성화시켜야 한다"고 주장했다. "전산망조정위를 명실상부한 대통령 직속의 위원회로 기능을 살리고 각 부처의 기금운용에 대한 승인 및 조정권도 부여해야 한다"는 것이다. 예산제도와 관련해서는 "전산화사업이 계속적인 신규 시설투자가 필요한 장기사업이란 측면에서 현재의 단년도 예산제도로는 효율적 지원이 어렵다"고 하고, "단년도 예산제도를 다년도 예산제도로 바꾸고 정부예산 회계제도도 성과주의를 토대로 한 기업형 예산제도로 변화시켜야 한다"고 지적했다. 이용태 정보산업연합회장은 "전체예산에서 전산예산이 차지하는 비중이 선진국의 5분의 1 수준에 불과하고 정책 우선순위에서 밀리고 있다"며 전산예산 규모 자체의 대폭확대를 촉구했다.

국가기간전산망 사업 선정방식에 대해서도 전산화추진기구의 서삼영은 기존처럼 각 부처별로 선정하는 것보다 범부처의 측면에서 우선순위를 선정·지원하는 것이 효율적이라고 주장했다. 한편 중요도가 날로 높아지는 기간망 표준화는 현재 표준화 담당기구가 산재해 있는 데다 기구간 정보교환이 원활하지 못한 것이 가장 큰 문제로 제기됐다(<전자신문>, 1994. 2. 25).

어쨌든 초고속정보통신망은 미래 정보사회에서 예상되는 정보폭증에 대비한 정보고속도로다(서상영 외, 1995). 초고속망은 광케이블을 주축으로 한 광대역 통신망과 고성능컴퓨터의 결합을 통해 문자뿐 아니라 음성, 화상 등 모든 형태의 정보를 통합적으로 자유로이 주고받을 수 있는 고도의 통신망이다. 달리 말하면 광케이블뿐 아니라 이동, 위성 등 무선통신과 기존의 동축 통신망을 연계 통합한 통신망을 말한다. 정보의 흐름도 단일방향에서 양방향으로 변하고, 통신망이 단순히 정보의 전달로만 그치는 것이 아니라 사용자 요구사항을 망에서 수용하는 지능망 성격을 갖는 것이다.[162]

---

162) 이런 기능의 효율을 높이고 다양한 수요자의 요구를 수용하려면 초고속정보통

그러나 초고속정보통신망 구축계획과 관련한 논란은 계속됐다. 그 내용을 살펴보자면 먼저 산업체의 문제제기와 요구는 다음과 같다.

① 초고속정보통신망 구축은 세계와의 상호연결을 전제로 추진되고 있는 것으로 안다. 프로토콜 등의 세계 표준화가 추진되고 각종 설비 등이 공통 표준을 수용해야 할 것으로 보이는데, 어떤 부분을 개발하고 어떤 부분을 도입해야 하는가.

② 서비스와 관련, 현재 민간기업의 망사업 참여가 불가능하다. 망사업

신 기반기술의 개발이 필요하다. 초고속 정보이용 기술은 광대역 통신망, 이동 및 위성통신망을 타고 흐르는 멀티미디어 정보를 사용자와 정보 제공자 누구나 1개의 터미널과 간단한 사용법만 가지고도 쉽게 경제적으로, 그리고 실시간으로 이용할 수 있는 환경을 만들어 주어야 한다. 즉 컴퓨터 화상회의, 전자신문, 전자게시판, 광고방송, 원격교육, 원격진료, 원격 공동작업, 주문형 비디오 등 새로운 개념의 정보서비스를 개발하는 데 필요한 멀티미디어 정보를 응용서비스 개발자들이 직접 취급하기는 너무나 어렵게 돼 있었다. 왜냐하면 복잡한 초고속망을 스스로 관리해야 하고 망과 망 사이, 통신망과 컴퓨터 사이, 컴퓨터와 컴퓨터 사이의 통신 규약도 새로 정하고 이것을 구현해야 하기 때문이다. 또한 이러한 준비가 끝나면 여러 가지 다른 미디어를 조정해 음성과 화상의 움직임 등 느릴 때나 빠를 때를 막론하고 자연스러운 모양으로 맞춰야 하는데 이렇게 하기가 어렵다. 뿐만 아니라 멀티미디어 정보는 여기저기 서로 다른 미디어에 분산돼 있게 마련이다. 이런 분산환경에서 멀티미디어 정보의 통합처리를 가능하게 해 주어야 응용서비스 개발자들이 초고속망을 쉽게 이용할 수 있게 된다. 그 외에 기존의 모든 아날로그형 멀티미디어 정보를 디지털정보로 바꿔 주는 정보인식 및 변환도구가 필요하다. 즉 초고속망을 타고 흐르는 정보를 응용서비스 개발자들이 경제적으로 사용할 수 있도록 기반서비스를 먼저 개발해야 한다. 그리고 초고속이란 기본적으로 기가비트 정보를 뜻하며, 1단계 망사업에서는 2.5기가비트, 2단계에서는 10기가비트, 3단계에서는 1천 기가비트의 정보통신망을 구축한다는 것이다. 따라서 초고속 혹은 기가비트 정보통신 기반기술을 개발해야 하는데 이를 GIANT(gigabit information processing and network technology)라 부르고 있다. 따라서 초고속망 기술개발 정책과 관련된 기관과 관련 기술자들은 망구축과 응용서비스 개발 외에도 둘 사이를 이어 줄 기가비트 정보통신 기반기술(GIANT) 개발이 절대적으로 필요하고 이를 해결해야 것이다(오길록, 1994).

진출허가 여부를 검토중인가.

③ 표준화와 관련해 국제적 그룹인 GII에는 참여하고 있는지.

④ 망 구축계획과 산업계의 연계가 현재까지는 별달리 기대할 것이 없다. 기획단과 산업계의 유기적인 체제가 필요하지 않은가.

이에 대해 연구기관과 추진기구의 입장을 보면 다음과 같다.

연구기관의 입장(ETRI, 오길록): "② 표준은 사용자 불편을 해소하고 분업화를 통해 개발업체의 비용을 줄인다는 측면에서 중요한 요소다. 원천기술과 직접적으로 연관되기 때문에 국제표준에 우리 방식의 반영을 위해서도 표준화는 시급히 서둘러야 한다. ④ 연구개발 차원에서는 중복투자가 되더라도 다양한 각도의 개발이 진행돼야 한다."

추진기구의 입장(최락홍): "① 초고속정보통신망 사업과 산업의 연결은 망 구축에 필요한 기자재 공급을 위한 표준과 추진단계별로 필요한 기자재 규격 및 목록이 제시돼야 한다. 따라서 표준을 결정하는 국제적인 그룹에 들어가 국내방식의 표준화 채택을 유도하고 표준화된 기술의 국내전파가 이뤄져야 한다. 이와 관련, KS 등 시간소모가 많은 현재의 표준제정 체계와는 다른 형태의 표준제정 체계구성을 계획하고 있다. 국내외에서의 표준화 활동에 대한 방향을 정립하고 산업계 확산전략으로 인센티브제도를 마련하는 한편 이해 당사자들이 참여할 수 있는 시스템구축을 유도해 나갈 방침이다.

② 초고속정보통신망의 성패는 민간투자가 얼마나 이뤄져 이용을 확산시키는가에 달려 있다고 본다. 따라서 제도개선을 포함한 민간투자 촉진방안을 마련중이다. 제도개선에는 민간업체의 통신사업 참여허가 여부가 쟁점사항이 되고 있다. 관계부처 모두가 기본적으로 누구나 망사업을 할 수 있어야 한다는 것은 인지하고 있다. 허용시기는 정책적인 부분이다. 그러나 장기적으로 2015년까지는 민간의 망 참여기반이 마련될 것으로 본다.

③ 국제표준 제정과 관련하여 고어 미 부통령이 참여, 국가와 실적을 발표하면서 각국의 참여를 유도하고 있다. 그러나 국제표준은 동참의 개념이 아니다. 국가와 국가간 개념의 조합이다. 이를 염두에 둔 표준화 개발이 추진되고 있다. 미국을 따라가느냐의 여부는 1994년 연말까지 윤곽이 드러날

것이다.

④ 기획단은 산업계의 투자지원 방안모색에 고심하고 있다. 개별업체나 협의회 등 민간창구를 통한 의견 모두를 수용할 자세는 돼 있다. 초고속분야 협의회 구성도 바람직하다"(박주용, 1994).

더 나아가 초고속정보통신망 구축사업을 둘러싸고 정부부처간 의견대립이 심화돼 통상산업부와 한국전력은 케이블TV 전송망이 곧 초고속망이라고 주장했고, 정통부와 한국통신은 케이블TV 전송망은 통신망으로 쓸 수 없다고 대응했다. 이것은 통신망에 대한 기술적 논쟁처럼 보이지만 그 이면에는 부처의 이해관계와 끊임없는 자기증식을 추구하는 거대 공기업간의 영역다툼이 있었다(Nelkin, 1979).

통상산업부의 주장에 따르면 "케이블TV망이 곧 초고속망"이라는 주장은 케이블TV 전송망사업의 이니셔티브를 쥐고 있는 한국전력이 그 동안 기회 있을 때마다 제기해 온 문제라는 것이다. 이것이 정부부처간의 본격적인 정책논쟁으로 확산된 것은 지난 1994년 5월 8일 통상산업부가 "규제개혁 관련 추가발굴 과제"에 "초고속정보통신망 조기 구축방안"을 포함시키면서부터 촉발됐다. 통상산업부는 이 "방안"에서 초고속정보통신망을 정통부가 추진하고 있는 방식대로 구축하면 망구축에 32조 원이 소요되는 반면 케이블TV망에서 채택하고 있는 광 동축 혼합방식(光同軸混合網 hybrid fiber coax(HFC): 접속망 구성의 한 방식으로, 동축 CATV 전송망의 주요 트렁크 부분을 광케이블로 개선시킨 망. CATV 방송국에서 가입자 광망 종단 장치(ONU, 光網終端裝置 optical network unit)까지는 광선로를 이용하고 ONU에서 가입자 단말까지는 동축 케이블을 이용하는 구성 방식)을 채택할 경우 약 4조 원이 소요돼 28조 원을 절감할 수 있다고 보았다. 또한 2015년까지 초고속망을 구축할 경우 선진국과의 격차가 발생할 것으로 우려되며, 따라서 한국전력, 철도청, 도로공사 등에서 보유한 유휴 자가 통신설비를 적극 활용하고, 전국 가구수의 70%에 달하는 지역에 설치돼 있는 케이블 TV전송망을 시내 가입자망으로 활용하면 2000년대 초반에 전국적인 초고속정보통신망을 확보할 수 있다고 주장했다. 2015년까지 45조 원을 투자해 전국의 모든 가정을 광케이블로 연결한다는 정통부의 초고속정보통신망 구축방안에 대해 관계부처인 통상산업부가 공식적인 문제제기와 함께 획기적인 예산절감 방안을 제시하고 나선 것이다.

통상산업부 안의 구체적인 내용은 삼보컴퓨터와 한전의 합작회사로 회선 임대사업자인 두루넷(대표 이용태)이 1990년대에 관계기관에 제출한 "HFC방식 케이블TV망의 쌍방향통신," "선진국 조기진입을 위한 초고속정보통신망 구축안" 등의 보고서에 나타나 있다.

두루넷은 이 보고서에서 광동축혼합방식(HFC)의 케이블TV 전송망과 디지털광케이블 TV(SWAN-Ⅱ), 디지털가입자 선로(xDSL), 다역 다지점 분배시스템(LMDS) 등 가입자망 전송방식들을 비교하면서 경제성과 기술성 측면에서 HFC가 초고속망을 구축하는 데 최선의 방안이라고 보았다.

두루넷은 2015년의 전화회선 수를 3,300만 회선으로 예상하고 이를 HFC망으로 구축할 경우 회선당 12만 7,200원씩 총 5조 6,000억 원이 소요될 것으로 전망하면서 이는 정부의 초고속 가입자망 소요예산 32조원의 17.5%에 불과하다고 보았다.

재정경제원 경제정책국의 입장은 이미 구축된 설비를 전혀 배제하고 초고속망을 구축하는 것은 바람직하지 않으며 케이블TV 전송망을 최대한 활용하는 방안을 검토할 필요가 있다는 것이었다. 예산을 절감할 수 있다면 통신부 방안에 일리가 있을 수 있다는 것이다. 재경원의 "케이블TV망을 정보통신망으로 활용하는 방안"에 따르면 "완전한 쌍방향통신을 위해서는 디지털 광통신망을 설치해야 하지만 인터넷, 원격교육, 주문형 비디오 등 하향정보가 대부분인 서비스의 경우 케이블TV 전송망을 활용해도 충분히 가능하다," "케이블TV망을 이용한 원격교육, 인터넷 이용시 매월 정액요금제를 실시할 경우 요금부담 없이 정보화 확산이 가능하다." 또한 케이블TV망 활용을 촉진하기 위해 ① 신규지역의 전송망은 쌍방향통신이 가능하도록 전송망 설비기준을 제정하고, ② 기존 지역의 경우 쌍방향통신이 가능토록 설비 투자하는 경우 투자준비금의 손금산입을 인정하고 회사채 발행요건을 완화하는 등 금융 및 세제지원 방안을 강구할 필요가 있다고 지적했다.

정보통신부는 케이블TV망을 초고속정보통신망 구축에 활용하자는 통상산업부 및 한전의 주장에 대해 기술성이나 경제성 어느 측면에서도 받아들일 수 없는 안이라고 보았다. 우선 기술적인 면에서 케이블TV망은 본래 단방향 TV전송을 목적으로 개발·구축된 망이기 때문에 쌍방향 통신망에는 부적합한 구조를 갖고 있다. 물론 전세계적으로 케이블TV망으로 다양한 멀티미디어 통신서비스를 제공하기 위한 광범위한 실험이 진행되고 있으나 아직까지 뚜렷한 성과는 찾아보기 힘들다는 것이 정통부의 분석이다.[163] 경제적인 면에서도 4조 원(통산부)~5조 6,000억 원(두루넷)이면 초고속망을 구축할 수 있다는 주장이 이와 같은 기술적인 해결을 위해 드는 비용을 제외한 수치여서 받아들일 수 없다는 입장이었다. 통산부의 계산은 한전이 1차 종합유선방송 지역에 전송망을 구축하는 데 든 비용인 회선당 13만원을 기준으로 한 것이나 이를 쌍방향 통신에 적합하도록 보완하는 데 소요되는 비용을 합하면 경제성 면에서도 이점이 없다는 것이었다. 즉 케이블TV망에 음성전화를 수용하기 위해서는 교환시설, 가입자 댁내장치가 추가로 개발·설치돼야 하며 인터넷을 수용하려고 해도 인터넷 서버, 가입자측 케이블 모뎀 등이 추가로 필요하다는 것이다. 또한 쌍방향통신을 위해 전송대역폭을 변경하려면 케이블을 제외한 다른 시설들을 대부분 교체해야 하므로 상당

---

163) 케이블TV망을 통신용으로 활용하기 위해 기술적 검토를 수행한 전문가들이 흔히 지적하는 것이 나뭇가지(tree & branch) 구조를 택하고 있는 망에서 발생하는 이른바 '깔때기 현상'이다. 깔때기 현상이란 하나의 불량 가지에서 발생한 잡음이 상향으로 누적됨으로써 인접한 다른 가지에 영향을 미치며, 결국 단 한 개의 불량품이 존재해도 전체 셀의 상향통신이 두절된다는 것으로, 이것이 하향전송 위주의 방송 분배망을 상하향 동시전송이 필요한 쌍방향 통신망으로 쓸 수 없다는 기술적 논거로 주로 제시된다. 한 사례로 한양대 정보통신기술연구소가 한전의 케이블TV망 설치지역을 표본 추출해 실시한 실험결과에 따르면 광동축혼합망(HFC)을 쌍방향 멀티미디어 통신에 적합하도록 품질을 향상시키기 위해서는 ① 현재 수천 가입자를 수용하고 있는 셀을 분할해 셀당 가입자수를 4~5백 이하로 줄이고, ② 깔때기 현상 감소를 위해 증폭기 단수를 6단 이하로 조정하며, ③ 3중 차폐 이상의 동축케이블 사용, ④ 커넥터 접속부분의 적정공구 사용, ⑤ 가입자 단측 저역(端側底域) 통과필터 설치 등이 필요하다고 권고했다.

부분 재투자가 필요하다고 지적했다. 따라서 현재의 케이블TV망은 단방향 위주의 TV전송이나 주문형 비디오 등에 주로 이용되고, 기껏 발전해 봐야 제한적인 인터넷이나 일부 음성전화에 이용될 것으로 전망했다. 또한 2015년까지 전체 가입자에게 광케이블을 설치하는 것을 전제한 당초의 초고속망 투자계획은 기술발전 추세 및 이용자의 수요 등을 고려해 언제든지 수정·보완할 수 있다는 것이다.

이와 같은 관점에서 통신부가 제안하고 있는 HFC망은 기존의 동선케이블을 활용한 ADSL(비대칭 디지털가입자 선로, 非對稱加入者回線路 asymmetric digital subscriber line), WLL(무선 가입자 회선망, 無線加入者回線網 wireless local loop) 등 최근에 등장한 기술에 비해 경제성이나 기술성 측면에서 유리하다고 할 수 없다. 결론적으로 "현재 구축된 케이블 TV망은 쌍방향 통신망으로 발전하기 힘든 구조를 갖고 있어 초고속망으로서의 검토대상이 아니다"는 것이다. 나아가 통신부가 현실성이 없음에도 불구하고 케이블TV 전송망의 시내 가입자망 활용을 요구하는 것은 일부 기술적으로 가능한 인터넷이나 음성전화를 토대로 한전의 전화사업 진입을 유리하게 하기 위한 전략이라고 분석했다(최상국, 1997).

왜 이런 기술적·조직적 논란이 제기됐을까? 그 배경을 살펴보면 광동축혼합방식(HFC)의 케이블TV망이 쌍방향 멀티미디어통신에 적합한가 하는 기술적 논쟁은 한국통신의 HFC 불가론과 한국전력의 HFC 우위론으로 전개되면서부터였다. 논쟁이 계속될수록 한국통신은 100년 통신기술 노하우의 '권위'가 훼손되고 있는 데 대해 불만족스러웠고, 한국전력은 '기회'를 요구하며 논쟁에 개입했다.

그러나 이것은 기술적 차원에서 가능론과 불가론이 갈등한 것이 아니었다. 표면적으로는 기술논쟁을 벌이고 있는 것 같지만 이면에는 초고속정보통신기반 구축계획, 통합방송법 등 통신·방송정책 전반에 걸친 부처간의 갈등과 공기업간의 영역분쟁이 논쟁의 핵심이었다. 한전이 HFC망이 곧 초고속망이라는 주장을 통해 얻고자 하는 목적이 무엇인지 정확하게 밝힌 적은 없다. 단지 케이블TV망도 초고속망으로 활용할 수 있다는 점을 정통부가 인정하고 케이블TV망 구축 사업자들을 정부 전략사업인 초고속망 구축 사업자로 대우해 각종 금융·세제상의 혜택을 부여해야 한다는 입장을 간접적으로 표명하고 있었던 것이다.

이 과정에서 "HFC망이 초고속망이라는 것을 정통부가 인정해 줄 것"을 줄기차게 요구함으로써 공기업인 한전이 국가 전략사업인 초고속망 구축사업에 기여하고 있음을 '공인'받고, 이를 바탕으로 '전화 가입자'를 보유한 명실상부한 통신사업자의 지위를 획득하겠다는 것이 한전의 전략이었다.

사실 45조 원에 달하는 초고속정보통신기반 구축비용 가운데 엄밀히 말해 정부예산은 3조 원에 불과했다. 즉 32조 원이 투입될 가입자망 구축비용을 획기적으로 줄일 수 있다고 해서 정부예산이 줄어드는 것은 아니었다. 가입자망이 비록 초고속정보통신망의 하나라는 기술요건을 충족시키는 것이고 한다면 여기서 통신사업자들은 자사 서비스의 품질제고를 위해 투자해야 하는 것이다.

한국통신의 초고속공중정보통신망 구축계획도 자세히 살펴보면 전화사업자로서의 설비투자 계획인 셈이었다. 따라서 제2시내 전화사업자인 하나로통신, 제3시외 및 국제전화 사업자인 온세통신 등 전화사업자를 거느리고 있는 기업의 입장에서는 한국전력측이 이들 통신사업자의 전화 가입자망으로 HFC망을 활용하든 말든 제3자로서 개입할 사항은 아니었다. 즉 제도적 장벽도 이미 사라지고 없는 상태였다. 그렇다고 해도 중복투자를 방지하고 정보화시대를 앞당길 수 있는 바람직한 투자방향을 제시하는 것은 여전히 정부의 고유한 기능이었다.

이와 같은 맥락에서 공기업의 역할에 관한 논쟁도 치열했다. "전력사업을 담당하고 있는 정부투자기관이 본래의 설립목적과 다르게 기간통신사업을 영위하는 것은 기존 정부투자기관인 한국통신과의 경쟁을 유도하게 돼 불합리하며 경제력 집중방지를 위한 정책기조에도 부합되지 않는다"는 것이 정통부의 공식입장이었다. 그러나 재경원은 "국내 공기업의 통신사업 참여를 민간 및 외국인보다도 제한하는 것은 문제가 있다"며 공기업의 통신사업 지분 소유한도를 완화해야 한다는 견해를 밝혔다. 이에 대해 한전의 정보통신본부장은 "개발도상국 시절의 공기업 개념에 매여 있는 한 발전은 기대할 수 없다"며, "한전은 전기는 물론 통신, 가스, 방송 등을 통합 제공하는 종합 유틸리티 사업자로 발전하는 것을 추구하고 있다"고 밝혔다. 나아가 "정부가 아무리 통제하려고 해도 3~4년 내에 소비자들이 이와 같은 종합 유틸리티 서비스를 요구하는 시대가 올 것이며 한전은 이같은 시대에 대비하고 있을 뿐"이라고 했다. 이에 대해 한국통신은 한전의 통신사업 진출봉쇄에 진력하며 "초고속정보화의 시대에도 모든 국민의 통신복지를 실현할 보편적 통신서비스 제공의 책임은 사라지지 않는다. 시대가 어떻게 변하더라도 한국의 통신복지를 책임질 회사는 한국통신"이라고 변호했다.

한국통신과 한전의 논란은 진정되지 않고 오히려 통신정책은 물론 방송정책까지 논란이 확산됐다. 정부차원에서 정책조정은 이미 실패했고, 논란을 불식시키고 이를 해결할 만한 공감대가 전혀 형성돼 있지 않았기 때문이다. 통신과 방송의 구분이 없어지는 범세계적인 미디어전쟁 시대에 통신과 방송정책을 관장하는 서로 다른 두 정책 부서가 양립하는 한 논란은 계속될 것이다(최상국, 1997. 7. 4). 따라서 이들 양대 공기업의 정보산업 참여논쟁은 시간과 함께 새로운 정치환경의 변화를 기다리지 않을 수 없게 됐다.

제5장 사례분석의 종합과 기술의 사회적 형성론에 대한 이론적 고찰

　지금까지 좁게는 '기술적인' 것과 더불어 일련의 '사회적·정치적·경제적 요소'가 어떻게 한국 컴퓨터 통신기술의 개발과 사용을 형성해 왔는지 규명해 보려고 했다.1) 이 기술사회학적 연구를 위해 '기술의 사회적 형성론'이라는 분석틀을 적용해 보았다. 기술의 사회적 형성론의 연구는 기술변화 과정에 대한 풍부한 결실을 제공해 준다. 이 결과들을 재고해 볼 때, 첫째, 기술의 동역학(dynamics)과 공고화 (entrenchment) 사이에 상호작용의 관계가 존재하며, 기술의 공급과 사용 사이의 연계성을 둘러싼 몇몇 대립적인 경향을 조명해 볼 수 있었다. 둘째, '거대화, 전문화, 복잡화, 융합화'라는 현대기술이 갖는 특징과 함께 점차 그 중요성이 높아지고 있는 정보통신기술의 산업응용과 표준화 추세와, 정보통신기술은 '배열적 또는 구성적인 기술'이라는 현대적 특징을 확인해 볼 수 있었다. 셋째, '기술의 사회적 형성론'은 정보통신기술의 개발과 수용과정에 대한 우리의 이해를 향상시켜 줄 수 있다는 점을 확인할 수 있었다. 하나는 역사적 측면에서 한국 정보통신기술의 형성과정을 통해 정보통신기술의 전반적인 구조와 아키텍처(architecture)를 형성시킨 '사회적·정치적·경제적 과정'을 검토할 수 있었다. 다른 하

---

　1) 여기에서 '사회적인 것'은 어떤 단일한 공간형태로 존재하지 않고 이질적인 형태로 나타날 것이다(Mol and Law, 1994: 641-671).

나는 설계와 사용을 포괄하는 정보통신기술의 응용 속에서 이루어지는 사회적 형성과정에 대한 연구와 조사결과를 재고할 수 있었다(조찬식, 1995: 167-170; 허상수, 1999b, c).

이 연구에서 사례로 채택한 정보통신기술의 사회적 선택과 상업적 성공 사례를 평가해 보면 다음과 같다. 첫째, 한국사회의 컴퓨터통신 기술혁신과정에서 기술적 요인보다는 권력관계가 더 중요하게 사회적 선택과 협상과정에 관여함으로써 기술의 안정화와 탈안정화, 상업적 성공과 실패의 중요한 요인으로 작용했다. 기술결정론의 시각에서 본다면 전술한 국내 기술의 토착화 시도는 1980년대부터 일정한 안정화단계에 진입하고 있어야 했을 것이다. 그러나 기술혁신은 기술적 요인에 의해, 비기술적 요인에 의해 기술혁신이 종종 지체되고 차단되는 탈안정화의 경로를 답습했다.

둘째, 사회적 과정에 의한 기술혁신의 설명 가능성은 보다 명백하게 확장되었다고 볼 수 있다. 국가기관의 정보화과정, 특히 행정전산망 주전산기 개발과정에서 적어도 5차례의 기술논쟁이 제기됐다. 첫째는 1970년대의 제1차 행정전산화 사업 추진과정에서 내무부와 총무처간에, 지방관서와 중앙부처간에 기술도입을 둘러싼 논란이 제기됐다. 둘째, 1980년대 관련기술의 국내 독자 개발론과 외국기종 도입 사용론이 맞섰다. 셋째, 컴퓨터 기종선정과 정책입안을 통한 추진과정에서 정부 내 주무부처간의 이해관계가 여실

〈표 5-1〉 한국컴퓨터 통신기술의 사회적 선택과 안정화

하드웨어(H/W)				소프트웨어(S/W)와 네트워크			
기존의 기술	기술의 선택	안정화	불안정화	기존의 기술	기술의 선택	안정화	불안정화
IBM PC 등	세종1호		O	20여 종	한글표준		O
Apple 등	HAN-8		O	SIJO	JIONS	O	
글마당, 으뜸글 등	명필		O	보석글 등 20종	아래한글	O	
20여 종	5종의 교육용 PC		O	3-9종	행정전산화		O
Tolerant 등 6종	TICOM	O		10종	국가기간 전산망	O	

히 드러났다. 넷째, 도입기술의 대상을 놓고 기술자들간의 논쟁이 있었다.

다섯째, 전산망사업 추진파와 반대파간의 갈등이 제기됐다. 이 점에서 개발도상국의 경우 기술혁신을 위한 지식기반의 부족으로 기술의 사회적 형성론을 기술혁신 과정에 적용하기가 마땅하지 않다는 주장은 한국의 사례를 볼 때 수용하기 어렵다는 점이 확인되었다. 한국사회는 1970년대의 다양한 기술개발 경험의 축적과 시행착오를 통해 기술 지식기반을 구축하고 연구와 개발을 위한 기술혁신 체제의 정비와 연구인력을 확보하고 있었다. 따라서 기술혁신 프로그램은 기술논쟁을 통해 퇴색하는 것이 아니라 오히려 혁신과 확산을 고무시켜 주었다.

셋째, 기술혁신은 피드백 과정을 통해 더욱 안정화된다. 그러나 설사 새로운 혁신을 통해 선택된 기술이었다 하더라도 상업적으로는 얼마든지 실패할 수 있다는 점에 주목해야 한다. 행정전산화사업이 무산된 후 1980년대 행정전산망사업을 통해, 그리고 1, 2차 행정전산망사업 시행 이후 초고속정보통신망의 추진은 크게 보아 기존 사업의 수정과 세련화를 통해 그 골격은 유지한 채 기술체계의 안정화에 기여하는 방향에서 추진·시행되었다.

넷째, 기업간 경쟁과 연구개발은 결국 이를 통해 신기술 혁신을 위한 경제적 형성을 이룬다는 점도 확인되었다. 시장으로의 신규진입, 대소규모 업체간의 기술경쟁, 연구혁신 체제와의 관련 여부 등이 기업수준의 경제적 기술형성의 가능성과 성공사례 등을 잘 보여주고 있다.

다섯째, 국가의 성격에 따라 기술개발의 속도와 내용이 달라질 수 있음을 알게 됐다. 자본주의국가론(capitalist state) 시각에서 볼 때 기술의 경제적·사회적 형성이 지배적인 해석이 될 수 있지만 한국사회와 같은 제3세계의 권위주의국가론(authoritative state)이나 신흥공업국의 발전국가론(developmental state) 시각에 서게 되면 기술의 정치적 형성이 더욱 뚜렷하게 확인될 수밖에 없다. 특히 발전국가론의 입장에서 볼 때 지난 30년 동안 한국 과학기술 정책의 요체는 국민자원의 총동원을 통한 '선택'과 '집중'에 있었다. 이 점에서 '기술'은 가치 중립적인 것이 아닌 '정치적 성격'을 가질 수밖에 없었고, 국가주도의 기술(state oriented technology)은 비단 국방, 군사, 국가안보, 국가 위상

제고에 국한되지 않고 중화학공업 기술 전반에 걸친 광범위한 것이었다 해도 지나친 말은 아니다(김환석, 1991: 291-323). 예컨대 기계공업 발전은 유사시 필요한 군수장비의 기동성 제고 측면에서 대단히 중요한 의미를 갖는다고 지적할 수밖에 없기 때문이다.2)

이 연구의 문제의식을 중심으로 기술결정론의 한계와 '기술과 사회의 관계'설정에 대한 대안을 살펴보자. '기술의 사회적 형성론'의 접근방식은 기술혁신과 이와 관련된 사회·경제적 과정의 복잡성을 파악하려는 것이다. '기술의 사회적 형성론'은 기술공급을 통해 사용자가 요구하는 만큼의 해결책이 생산될 것이며, 단지 시장을 통해 확산됨으로써 사회적 필요를 충족시킬 수 있을 것이다라는 기술혁신의 '선형모델', 기술결정론적 관점이 갖는 전제를 비판하는 데 있는 것이다.3) 대조적으로 '기술의 사회적 형성론'은 새로운 기술형성을 하는데 현재와 미래의 기술수요에 일방적으로 대처하거나 기계적으로 확정하는 것이 매우 어려울 수 있음을 보여주었다. 특히 어떤 기술에 대한 사회적 필요와 그것을 충족시킬 수단은 고정된 것이 아니라 부분적으로는 새로운 기술의 수용능력에 따라 점차적으로 발전한다는 것이다. 이런 문제점들은 장래의 기술이 갖는 잠재적 효용과 사용가치가 종종 잠재적 사용자는 물론이고 기술 공급자에게도 제대로 파악되지 않기 때문에, 사용법이 잘 확립돼 있는 현존하는 장치를 점차적으로 개선하는 것과는 반대로 급진적인 혁신과 관련시켜 볼 때 확연히 드러나는 것이다(James, 1989: 79). 한국의 경우 1980년대, 특히 1983년 이후 4~5년 동안 최고권력의

---

2) 이 점에서 지난 30년간의 한국사회는 자본주의적 산업화 프로젝트를 전국민적 헤게모니 프로젝트로 일반화하고 국가안보 프레임 속에서 주조된 리스트적 준전시국가(Listian warfare state)로 규정할 수 있을 것이다. 그래서 산업경쟁력 강화나 생산과정 혁신과 기술발전을 추구하는 슘페터적인 노동국가(Schumpeterian workfare state)가 되기에는 시간을 필요로 했다. 발전국가론 등 국가론에 대해서는 암스덴(Amsden, 1989), 제솝(Jessop, 1993) 참조.

3) 기술결정론에 대한 비판은 자유주의자에 의해 시도되기도 한다. 이들은 기술적 중립성(technological neutrality) 또는 주의주의(voluntarism)로 집약되는 입장으로 기술의 도구적 관점(instrumental view of technology)과 일맥 상통한다(윤영민, 1997).

후원을 받는 기술 파워엘리트와 그 혁신 네트워크에 의해 무수한 논의와 계획안이 설정되고 기술캠페인이 일정한 효과를 거두게 되자, 장래의 기술에 대한 가치와 기술비전이 제대로 수용되기 시작하였다.

이상의 논의를 바탕으로 기술결정론과 '기술의 사회적 형성론'의 주장을 '기술과 사회에 대한 관점'에 비추어 대비해 보면 다음과 같다고 할 수 있다(Cozzens, Gieryn ed., 1990; McGinn, 1991; Webster, 1991; Westrum, 1991; Laudan, Traver, Laudan, 1996).

〈표 5-2〉 기술과 사회에 대한 관계의 대비

	기술결정론	기술의 사회적 형성론
사회와의 관계	기술(X)→사회(Y)	사회(X) 속의 기술(Y)
사회변동	사회변동의 원인, 선행변인	상호교접
사회발전	누적적·가속적·향진적	역진적인 경우도 존재
기술과 문명	수렴	문화적·사회구조적 차이
논점 1	사회적 결과와 영향	사회과정
논점 2	짜 맞춤 enframe	선택 selection/choices
논점 3	의도 intention	우연성 contingency
발명관	영웅적 발명	피드백과 개량
기술관	적용과 사용	개선의 성공과 실패
기술의 성격	중립적·자율적 성격	정치적·사회적 성격
기술의 기원	과학 또는 기술의 산물	과학·기술·사회의 산물
기술의 내용	암흑상자	암흑상자의 개봉
지식기반	무(O)	유(X)
지식정도	기지	불가해
선택모형	합리적 선택	편기적biased/국소적/비합리적 선택
기술 효과	확실성	불확실성
기술발전 모델	선형	비선형 또는 나선형
기술발전 궤적	필연	우연 chance
기술혁신	안정적·확실한 과정	모순적·불확실한 과정
혁신단계	발명-혁신-확산의 분리	혁신(투쟁에 의한 학습)
기술결과의 대상	전방위적 방향	제한적/차등적 방향

여기서 기술혁신은 단순하게 기술공급에 한정되지 않고 기술의 수행과 소비와 사용을 포괄해 이해해야 한다. 플렉(Fleck, 1988)이 지적한 대로 혁신과 확산이 일어나는 과정에서 사용자의 요구와 필요가 새롭게 발견되고, 기술의 안정성은 한층 강화된다고 지적할 수 있다. 이 점에서 '기술의 사회적 형성론'은 '기술의 사회문화 결정론'과 구별되어야 한다.[4]

컴퓨터 통신기술의 사용 및 응용과 관련해서 기술혁신이 중요한 이유 중 하나는 기술의 잠재적 효용과 유용성이 혁신을 계획할 당시에는 완전히 파악하기 어렵기 때문이다. 기술의 수용능력 증대를 예상하고 미래의 응용과 효용을 예견하는 데는 여러 가지 제한을 받게 된다. 왜냐하면 아마도 가장 큰 불확실성은 사용자의 반응과 '사회적 필요'의 증가와 관련이 있기 때문이다. 새로운 응용기술이 갖는 미래의 효용과 유용성은 처음에는 확연히 드러나지 않을 것이다. 그 이유는 컴퓨터기술이 응용되고 사용되는 것과 유사하게, 공급자와 사용자를 포괄하는 습득과정들이 지체되는 결과를 예상하는 데 따르는 어려움 때문이다.

중간단계와 최종단계의 사용자에 대한 고려는 과거의 경험과 전문지식에 따라 어떤 기술에 대하여 다양한 이해 관계를 가진 사회집단과 함께 상이한 관계 속에 있는 혁신과 관련된 행위자의 장(場)에 대한 분석을 필요로 한다. 특정의 새로운 기술내용과 기술의 유용성에 대해 상이한 이해관계를 가지는 행위자들은 기술의 공급자 집단에 속한 전문 기술자, 경쟁재 뿐만 아니라 보완재의 공급자, 자문역, 정책수립자, 그리고 현재 및 장래의 사용자를 포괄하는 것이다. 그래서 '기술의 사회적 형성론'은 어떤 새로운 기술을 둘러싸고 이들 행위자와 기술들간의 협상 가능성을 강조하게 되는 것이다. 여기서 새로운 인공물의 형성은 어느 한 행위자에 의해 결정된다기보다

---

4) 기술결정론에 대한 이론적 대척점은 기술의 사회문화 결정론에 기초한 극단적인 입장에 있다. 기술의 사회문화 결정론은 예를 들어 시장의 힘에 의한 시장점유, 자본의 이윤획득, 노동통제를 위해 기술혁신이 이루어진다는 것이다. 사회문화 결정론은 러다이트주의자(Luddites)의 입장에서 극명하게 드러난다(Webster and Robin, 1986; Lyon, 1988).

이들 이질적 행위자들간의 작용과 상호작용의 복잡한 과정, 예를 들면 어떤 새로운 기술의 출현과 이용에 대한 협상과 선택을 거쳐 나타나게 되는 것이다.

'기술의 사회적 형성론'이 갖는 기술혁신 정책에 대한 정책적 함의는 바로 이런 상호작용의 복잡성을 인정하는 데서 시작된다. 이러한 고려사항은 상이한 행위자들 사이의 의사소통 및 협력과 관련된 잠재된 문제에 대해서도 분석을 해야 하는 부담으로 남는다(Nguyen, et al., 1996: 566-580). 기술개발을 통해 다양한 전문분야, 예컨대 판매와 회계 같은 기술 외적 분야의 전문지식뿐 아니라 다른 기술분야의 지식을 결합할 필요가 생기게 한다. 이러한 관계의 맥락에서 어떤 경우에는 집단 사이에 의사소통의 실패를 낳는 상황이 존재한다. 이러한 상황에 내재해 있는 '제한된 합리성'은 어떤 한 집단이 문제풀이에 기여하는 다른 집단의 능력을 불완전하게 간주하기 때문에 납득할 수 없는 반응을 낳을 수도 있다. 예를 들어 다양한 입장과 지적 배경을 가진 기술권력층과 전문가와 경영자, 그리고 다른 다양한 집단 사이의 정보의 단절을 확인하려고 할 때 생기는 난점은 기술 생산물이 점차 복잡해지고 더욱 광범위한 기술적 및 사업상의 지식을 요구함에 따라 잠정적으로 점차 가중된다. 예를 들면 이런 난점에는 기술적 가능성에 대한 전문기술자의 이해를 응용분야에 대한 전문가가 아닌 사용자의 이해와 조화시키는 방법과 관련된 특수한 문제가 있다.

또한 이와 같은 상호작용이 갖는 복잡성은 왜 컴퓨터 통신기술 개발과 응용이 심각한 불확실성과 관련이 있는지에 대한 이유 중 하나다. 위에서 살핀 바와 같이 기술혁신은 종종 전반적으로 실패하며, 공급자와 최초의 주도자가 예상한 것보다 훨씬 느리게 발전하는 것이 보통이며, 초기에 예상된 것과는 완전히 다른 방향으로 나갈 수 있다.

'기술의 사회적 형성론'은 기술혁신 과정에서 이루어지는 이러한 사회적 과정이 갖는 두 가지 측면에 주목하는 것이었다. 첫째, 기술혁신의 공고화와 동력학 사이의 상호작용에 반영돼 있는 과정, 즉 기술이 안정화돼 가는 것 또는 탈안정화돼 가는 과정이다. 둘째, 새로운 기술이 갖는 미세한 잠재성을 현재 및 장래 사용자의 요구에 맞도록 조화시킬 때 생길 수 있는 긴장요소를 포괄한다.

어느 정도의 안정화 가능성은 기술혁신이 갖는 불확정성 때문에 없어서는 안 될 뿐 아니라 매우 중요한 특징이다. 예를 들어 정해진 기술 구성요소들은 기술 자체가 제대로 작동하는 일정한 조건하에서는 계속 안정화될 수 있는 것임을 확인할 필요가 있다. 반면에 그러한 엄격함으로 인해 '원하지 않던' 또는 '기대하지 않은 결과'가 생길 수도 있으며, 기술설계가 고착화되고 잠재적 사용자의 관심을 끌지 못하는 특징을 구체화하는 경우도 일어날 수 있다. 이러한 기술의 공고화는 부분적으로는 현존하는 기술의 지식기반과 사회적·기술적 하부구조의 공고화를 촉진시킴으로써 기술이 누적적으로 발전하기 때문에 발생한다. 한국사회에서 일정한 수준의 기술설계가 성공한 중요한 이유는 그것이 초기성과를 누적할 수 있는 방식에 있었다. 이것은 기술지식이 정교해지고 발전됨에 따라, 그리고 '기반투자'의 결과, 기존의 기술적 선택지로부터 경제적 가치가 증가하는 주된 원천이 되기 때문에, 기술의 성능을 점차 향상시키는 데 기초를 제공한다. 그래서 초기의 기술적 선택지가 낳은 결과들은 나중의 기술결정을 제한하는 한 가지 중요한 방식이 될 수 있다. 이러한 '경로 의존성'은 기존의 해결책과 표준에 구속되는 결과를 낳을 수 있다.

기술이 안정화되는 공고화의 요인은 경제적인 것에 한정되지 않았으며, 하나의 기술에 대해 공유하는 인식과 기대 또는 유사한 기술비전을 포함하는 것이었다. 신기술에 대한 인식의 조정은 혁신과정에서 매우 중요한 단계다. 예를 들어 개발자는 만약 신기술 혁신을 창출하는 데 필요한 기술적·인적 자원을 획득코자 한다면 하나의 기술이 갖는 가능성과 수용능력을 계획해야 한다. 사회적·기술적 집단인 행위자의 연합을 확대시켜 나가기 위해서는 신기술 창출이 필요하다. 더 나아가 특수한 기술적 개념과 선택지에 대한 합의를 요구할 수도 있다. 개발자와 한 가지 인공물의 소비자, 그리고 다른 관련된 사회집단들로부터 합의를 형성하고 확대하는 것에 따라 기술적 '폐쇄'와 기술적 가공물의 안정화 가능성 여부를 예견할 수 있다. 그럼에도 불구하고 사회적 조정과정이 너무 시급하다거나 한 가지 기술이 갖는 특수한 전제나 그 가능성을 구체화하게 된다면, 그로 인해 환경적 여건과 기존의 사용자의 요구가 변할 때 치명적인 경우가 될 수 있다. 이때에는 특수한 기술적 경로에 관심의 초점을 국한시킬 수 있다. 이것은 어떻게 경직된 기술적 맥락이 경직된 기술설계를 유발하는지에 관한 하나의 사례를 만들 수 있다. 바로 여기에서 '기술의 사회적 형성론'이 기술정치, 즉 기술의 민주적 통제나 기술변화에 대한 대중의 이해를 제고할 수 있는 이론적 자양으로 기능을 할 수 있다고 고려되는 지점이다(Dicken, 1974: 29-50; Marglin, 1976; Collingridge, 1980; Goodwin and Humphreys, 1982; Brannigan, et al., 1985; Cohen, 1985; Irwin, 1985; Gary Marx, 1988; Yates; 1989; Winner, 1991; Wisebrod, 1994; Mansel, 1994; Sclove, 1995; Steven, 1995; Mansen, et al. ed., 1996; Wenk, 1996; Keil, 1997).

기술의 동력학은 부분적으로는 새로운 기술지식의 개발에 의해 확립된다. 그럼에도 불구하고 공급과잉은 기술혁신과 관련된 일련의 인자들과 행위자 중 단지 하나에 불과하다. 그렇지 않다면 기술개발은 좀더 예측 가능하고 선형적인 과정이 될 것이며, 이때 기술형성을 유도하는 주된 원인은 기술에 포함된 그 자체의 자율적 원리가 될 것이다. 특히 기술적 인공물은 이미 언급된 바와 같이 현재 및 미래 사용자의 요구와 일치돼야 한다. 사용자의 반응은 공동의 인식과 이해가 나타남에 따라 혁신을 공고화시키는 인자로 작용할 수 있다. 그럼에도 불구하고 이미 기술이 수행되고 있다면, 기존 기술은 혁신을 진척시키기 위한 기초를 제공할 수 있다. 공급자는 그 제공물이 구현하는 새로운 응용 가능성을 확인할 것이며, 새로 확인된 사용자 집단에 적합하도록 그 기술내용을 수정하려 할 것이다. 사용자는 새로운 인공물을 사용하고 있는 한, 새롭고 혁신적인 방식을 찾아낼 수 있으며, 그럼으로써 기술 제공자가 예상치 못했던 방향으로 기술을 적용하는 것이 가능해진다는 것을 보여주는 일이 중요하다. 정보통신기술 분야에서는 이런 점이 명백하게 드러난다. 그래서 개발자의 원래 의도와 다른 용도발명의 가능성은 충분히 있다.

현대기술의 특징을 복잡한 '사회기술적 과정'의 압축으로 이해한다고 전재하여 보자. 그렇다면 컴퓨터통신 기술의 혁신 과정에 대한 '기술의 사회적 형성론'에 근거한 분석은 몇 가지 함축을 갖는다고 말할 수 있다. 첫째, 복잡한 기술은 최종적이거나 체계적 해결책이기보다는 기술적으로나 사회적으로 이질적인 성분의 구성체라는 개념이다. 둘째, 어느 정도 진척된 혁신과정이 갖는 한 가지 특징은 기술 동력학에 의해 특징지어진 표준화가 지니는 중요성의 증가이다. 이것은 '기술'과 '사회'간의 관계가 변하고 있음을 말해 준다. 예를 들어 정보통신기술과 네트워크의 변화는 국가나 지역차원에서 상이한 특성을 보인다는 점은 명백한 것으로 보인다(Antonelli, 1999: 133-147).

정보통신기술은 구성적·배열적 기술이라는 개념은 기술공급의 역할을 과도하게 강조하던 기술혁신에 대한 기존의 사고에 대한 비판의 일부로 생겨났다. 이러한 종래의 사고 속에 기술은 '체계'로 창출된다는 고정관념이 포함된다. 즉 종래의 기술관은 내적으로 정합적이며 완결된 그리고 사용자의 요구와 일치하는 해결책을 제시한다는 것이다. 마이크로프로세서, 개인용 컴퓨터와 같은 표준화된 구성을 가진 기술은 그 대표적 사례이다. 기능이 잘 확립된 기술의 응용(예컨대 워드 프로세서 패키지)은 일괄적 해결책이다. 그럼에도 불구하고 특수한 사용자의 요구에 맞추기 위해 기술은 좀더 엄격히 구성되어야만 하고 그 응용이 좀더 복잡해질 때, 이것을 이용하는 것은 쉽지 않다. 예를 들어 광범위한 활동영역을 지원해야 하는 국가사회의 정보화 또는 기업단위의 컴퓨터통신 네트워크 시스템은 표준 해결책에 의해서는 거의 달성되지 않는다. 대신에 정부기구나 기업은 기존의 기술적 해결책을 그들의 특수한 구조에 맞도록 개선해야 한다.

현재의 기술 변화과정에서 점차 중요해지고 있는 특징의 하나는 컴퓨터통신 네트워크 기술이 너무 복잡하고 서로 얽혀 단일 행위자가 전체 기술분야의 개발을 통제할 수 없다는 사실이다. 예를 들어 공급자는 처음부터 완전한 기술을 생산할 수는 없으나, 대신 일련의 다른 행위자들의 인공물과 연계하거나 연계된 인공물을 만들어야 한다. 이것은 부분적으로 기술간의 유대가 증가함으로써 생겨나며, 그리고 부분적으로는 혁신이 여러 측면에서

'평행적으로' 진행되는 체계가 갖는 동력학과 혼돈을 나타낸다. 이러한 상황에서 다른 기술간의 정보처리, 즉 상호운용을 위한 표준은 특히 중요하다. 이것은 개방적이고 공적인 표준환경 하에서의 처리절차로부터 생기는 법적(de jure) 표준, 그리고 공급사슬 안의 행위자가 갖는 선택지와 상업적 전략으로부터 생기는 사실상의(de facto) 산업적 표준 양자 모두에 관련이 있다.

기술표준의 중요성은 부분적으로 현재의 많은 기술, 예를 들면 지식 집약적이며 강하게 상호 연관된 기술적 생산물 각각이 갖는 경제성에 의존하고 있다. 점차 세계적 수준에서 작동하고 있는 시장에서 신개발품을 재생산하는 데 상대적으로 낮은 비용이 소모된다면, 이 수준 높은 신기술 생산물에 드는 거대한 연구개발 비용은 대량의 잠재성을 갖는 '규모의 경제'에 의해 상쇄된다. '규모의 경제' 또는 시장형성의 막연함은 개발자에게 커다란 불확실성을 안겨 준다. 실패할 경우에는 막대한 손실을, 그리고 상품이 성공할 경우에는 잠재적으로 엄청난 이윤을 가져다주지만, 개발자는 점차 이러한 비용을 공동 부담하고 위험을 최소화하기 위해 공동으로 개발에 참가하게 되고 정부에 의존하게 된다. 개발도상국의 새로운 기술혁신 과정에서 정부는 매우 중요한 후원자의 역할과 지원기능을 가진다. 무선전화같이 다른 사용자의 수에 비례해 한 상품의 가치가 높아지는 상황에서 경제학자들은 과거의 투자와 상호 연관적 구조로부터 생기는 이윤이 증가하는 데 관심을 집중하고 있다. 이런 경제적 관심이 의미하는 바는 하나의 기술은 어느 정도의 사용범위에 도달하고 나서야 소비자나 사용자의 관심을 모을 수 있으며, 반대로 후원자가 잠재적 소비자와 공동 공급자의 충분한 수를 확신할 수 없다면 아마도 가능하지 않을 것이다. 이것은 다른 표준이나 기술적 해결책을 구현하는 경쟁재가 존재하는 상황과 특히 관련이 있다. 하나의 상품이 고립되지 않을 것이라는 확신은 보완재의 생산자 및 소비자 모두에게 중요하다.

암흑상자식 해결책 같은 산업적 표준상품의 출현은 시장을 창출하는 동시에 더 가격이 싼 상품과 소비자들이 생산자를 선택하는 데 더 큰 선택의 여지를 제공한다. 이것은 공급자로 하여금 더 크고 안정된 시장을 공동으로 창출하게끔 자극한다. 점차 기업은 경쟁자 및 보완재 생산자와 협력해 미래 기술에 대한 표준에 대해 합의 또는 일종의 담합을 이끌어 낸다. 장래의 기술 및 시장은 상품간의 상호연계를 위해 반드시 요구되는 기술 표준을 둘러싸고 벌어지는 행위자의 협동적 활동을 통해 구성되며 가상공간 속에서 이미 형성돼 가고 있다.5)

또한 이러한 기술개발은 기술의 상업적 형성과 주로 관련이 있음에도 불구하고, 기술개발들이 갖는 광범위한 사회적 함축 때문에 중요하다. 왜냐하면 우리는 기술들 간에 상호실행이 가능한 표준을 만들어 내는 과정과 구성적 기술의 확산과정에서 공급자의 전략은 특수한 범위에서만 사용할 수 있는 완전한 해결책이며 이 전략들 또는 하나의 해결책은 설계된 상품의 창출로부터 다른 것들과 연계할 수 있으며, 여러 가지 목적에 적합한 다목적 상품 쪽으로 변하고 있음을 볼 수 있기 때문이다. 이러한 개발의 영향으로 인해 그것을 개방해 가능한 한 시장의 영역을 최대화하기 위해, 그리고 특수한 사회적 맥락과 조직상의 특징으로부터 특수한 인공물의 설계과정을 분리하게 될 것이다. 이로 인해 기술설계와 사회적 응용 사이의 간격은 점점 멀어지게 될 것이다. 이러한 상황이 갖는 유동성으로 인해 특수한 인공물의 수준에서 하나의 기술이 갖는 사회적 함축을 조사하는 것은 별다른 도움이 되지 않지만, 그것이 기술과 사회적 실천이라는 포괄적인 체계 속에 어떻게 삽입되는가 라는 점에 알아보는 편이 낫다는 사실이 드러난다.

정보기술의 효용성과 처리능력의 진보와 함께 다루어지는 정보고속도로 또는 초고속통신망의 설치는 멀티미디어라는 항목 아래 놓이는 일련의 신기술을 더 빨리 수용하고자 하는 광범위한 사회적 기대를 갖게 만든다. 더욱이 이에 기초한 응용기술은 제조 및 일상생활의 영역에서 넓게 확산되고 심오한 사회적·경제적 함축을 갖게 된다. 간단히 말해서 이들 기술은 정보사회로의 변화에 중요한 기초를 제공하게 된 것이다. 그럼에도 불구하고 이

---

5) 그러한 표준설정 같은 기준의 확립과정은 인터넷과 멀티미디어 같은 기술의 개발과정에서 결정적 역할을 해 왔다.

러한 세계적인 시각 이면에는 그 도래를 기대할 수 있는 응용기술의 종류에 관한 거의 아무런 확실성도 존재하지 않는다.

과거는 우리에게 미래에 대한 중대한 식견을 제공한다. 정보통신기술의 개발역사 속에서 많은 일반적 주제와 문제가 드러난다. 그것은 다른 기간과 맥락에서 다른 방식으로 해결될 수 있으며, 기술개발을 형성할 수 있다. 다음 사항은 그런 고려사항이라고 할 수 있다.

① 지역적·세계적 요인: 정보통신기술의 보편성에 대한 주장과 더불어 정보통신기술의 응용과 사용과정에서 사회적 맥락이 갖는 특이성을 보여주는 방법이 있다. 특히 대량 생산된 표준적 제공물에서 생기는 다양한 가격 차익이 주어진다면, 이것은 강력한 정보통신기술의 해결책이 갖는 기존의 유용성 속에 들어 있는 전제에 특히 주목한다.

② 형식화와 모호성: 정보통신기술은 형식적·수학적 표상과 모델에 뿌리를 두고 있다. 임금정산과 계좌관리 같은 초기 정보기술의 상업적 응용은 처리순서 및 단순화된 정보처리 능력에 주목했다. 이것은 수학적 어휘로 기술될 수 있고, 알고리듬으로 변환 가능하며, 소프트웨어로 수행될 수 있다.

③ 기대와 경험: 미래의 기술이 갖는 성능과 효용성에 관한 기대치와 기술비전의 창출은 투자를 유치하기 위한 선행조건이다. 이와 유사하게 공급자의 생산품 발표, 혹은 '발표됐으나 생산되지 않은 물품'은 경쟁자와 협력자의 태도를 형성하는 한 가지 수단이 될 수 있다. 그럼에도 불구하고 기대치가 장래의 수용능력과 그렇게 멀리 동떨어져 있지 않음은 틀림없다. 전문기술자들은 응용분야의 복잡성과 정보통신기술의 응용이 낳은 난점을 과소평가하는 경향이 있다. 그리고 이것은 정보통신기술이 하나의 기술에서 유도된 견해을 산출해 낸 기대치를 대처하는 데 실패하고 있다는 되풀이된 경험에서 비롯된다.

④ 인공물과 사용자의 요구에 대한 해석: 어떤 기술에서 유도된 견해는 인공물의 효용성을 당연시하는 경향이 있다. 동시에 새롭게 제공된 기능성은 사용자의 요구들과 일치할 것이라고 가정한다. 그럼에도 불구하고 사용자는 산재하는 요구를 확인하지 않는다. 그 요구는 사회적 차원에서 구성된

다. 개발 초기의 틀 위에 세워지고 인공물의 사용과 함께 서서히 변해 간다. 이것은 다양한 행위자(예를 들면 현재와 미래의 공급자와 중간 및 최종 사용자)가 인공물과 그 효용에 대해 매우 상이한 인식을 가지는 이유 중 하나다.

⑤ 공급자와 사용자: 공급자의 제공물과 사용자의 필요와 요구의 일치는 문제를 드러낼 수 있으며, 특히 사용이나 응용과정에서 기존 모델이 거의 존재하지 않는 새로운 기술에 있어 그러하다. 기능적인 것과 다른 적절한 지식(예를 들어 응용 차원의) 사이에 불균등한 분배가 이루어진다면, 공급자와 사용자 사이의 관계는 특히 어려울 것이다. 이것은 예를 들어 전문 기능인인 공급자와 비전문가인 사용자 사이에서 자주 경험되는 '의사소통의 어려움' 속에 반영돼 있다.

앞으로 정보통신기술의 개발과 사용을 형성하는 사회적·경제적 요소에 대한 연구를 재고함으로써 이러한 과정을 살펴볼 수 있을 것이다. 우선 정보통신기술의 핵심과 그것의 전반적인 구조와 설계의 역사적 형성을 고찰한 다음, 작업장에서 정보통신기술의 산업적 응용을 살펴볼 필요가 있다. 그리고 이것은 일상생활 속에서 사용되는 기술(특히 통신기술과 가정용 기술들)에 관한 좀더 제한된 영역의 연구를 고찰하기 전 단계의 포괄적인 연구의 주제가 돼 왔다. 이들 상이한 혁신환경과 관련해서 형성과정 사이에 중대한 차이가 존재하며, 그것에 의해 직접적으로 비교하는 잘못된 방향으로 나갈 수 있다. 이것이 이러한 맥락 속에 놓인 사회적 형성과정 사이의 중요하고도 명시적인 유사성을 파악하는 것을 막지는 않는다. 또한 현재의 기술은 더욱 빠르게 두 영역의 간극을 메워 일과 여가, 그리고 공적 및 사적 생활 사이의 구분을 흐려 놓을 것이다.

정보통신기술 분야의 혁신에 관한 좀더 진척된 두 가지 견해를 살펴보자. 첫째 것은 혁신과정에 연산기술 사용자들이 행한 중대한 기여와 함께 이것이 미래의 기술공급에 채택될 수 있으며 궁극적으로 핵심기술로 분할될 수 있는 방법과 관련이 있다. 둘째 것은 혁신에 있어 동력학의 중요성을 강조하는 동시에 특수한 사용맥락으로부터 성분기술을 구분하는 것과 관련이 있다. 달리 말해 기술의 요소는 점차 표준화되고 있으며 응용으로부터 독립되고 있다.

이러한 개발을 유도하는 중요한 요인은 표준화된 생산품을 대량 생산함으로써 얻어지는 막대한 경제적 이익이다. 마이크로 프로세서와 컴퓨터 운영체계와 같은 세계화된 정보기술 생산물의 경제학은 거대한 잠재적인 '규모의 경제'와 더불어 신상품을 연구하고 개발하는 데 막대한 비용을 수반한다. 여기에는 불확실성이 따른다: 이것이 실패하느냐 성공하느냐에 따라 막대한 손실 혹은 이익을 가져온다. 이것들, 즉 정보기술 분야의 혁신속도와 더불어 다른 행위자의 제공물 사이의 상호운영 가능성을 유지하는 것은 집적회로(IC)의 개발과 깊이 관련되고 있다.

'각각의' 기술의 수행에 관한 연구를 통해 산업적 기술과 이와 연관된 작업조직의 형태를 형성하는 포괄적인 인자가 포착될 수 있다. 이들 인자에는 사용자로서 기업과 정부기관 내부의 공급자와 권력집단 또는 경영자가 갖는 경제적 및 정치적 목적과, 사용자로서 기업과 정부기관 내부의 다른 집단이 갖는 직업적 전략과, 그들의 숙련도 및 협상능력과 자동화된 작업이 갖는 구체적인 특징이 포함된다. 그리고 노동과정이 갖는 직접적인 특성뿐 아니라 산업관계의 체계를 포함한 더 광범위한 맥락과 특정국가의 문화는 역시 중요한 인자들로 간주되고 있다.

통합적 정보기술 시스템의 출현과 사회적·기술적으로 관련을 맺고 있는 사람들은 각각의 기술보다 더 복잡해지고 다양해지는 경향이 있다. 많은 공급자들은 관심영역과 작업수행방식과 전문지식이 다른, 사용자조직 내의 상이한 분과의 구성원들과 함께 관계를 맺을 수 있다. 통합적 정보기술의 개발은 각각의 기술의 개발과정보다 더 유동적이다.

통합적 시스템은 특수한 기능의 수행보다는 차라리 조직의 전반적인 성능에 초점을 맞추는 경향이 있다. 통합적 기술이 어떻게 진행돼 가는지에 관한 생각은 정부조직이나 산업조직의 개념과 밀접히 연관돼 있다.

통합적 정보기술 시스템은 기술적·조직적 요소의 복잡한 구성체이며, 이것은 그들이 도입되는 상황에 맞게 최적화되어야 한다. 통합적 기술은 조직의 변용이라는 입장에 뒤이어 생겨났음에도 불구하고 실제로 즉각 변화된 것은 통합적 기술이었다. 사용자는 이들 기술을 자신이 처한 특수한 환경에 맞게 재구성해야 했다. 이 과정에서 기술적·조직적 혁신이 생겨났으며, 그 중 몇몇은 다른 곳에 적용됐다. 그러므로 조직적 수행에 있어 획기적 개선에 대한 기대가 즉각 이행되지 않았음에도 불구하고 '혁신·확산'과정은 기술적·조직적 개발을 진척시켜 나가는 기회를 제공하게 될 것이다.

제6장 결 론

1.

 이 책은 한국사회에서 어떤 사회적 요인이 막대한 사회적 영향을 미치고 있는 정보통신기술을 형성해 왔는가, 우리가 경험하고 있는 정보통신기술의 충격을 유발하고 있는 원인은 무엇인가 라는 기술사회학적 질문을 해결하기 위한 것이었다. 그래서 새로운 기술의 설계, 인공물의 생산과 사용과정에 나타나는 사회적 요인을 규명하려는 것이었다. 이를 위해 관련기술의 발달에 미친 사회의 영향을 크게 두 가지 차원으로 나눠 기술혁신의 사회적 촉진과 저해과정을 밝히고, 한국사회에서 정보통신기술이 변화·발전하는 과정을 뒤쫓아 관련기술의 혁신에 미친 사회과정과 이를 가능하게 만든 사회적 선택을 규명하려는 것이었다.
 그리하여 이 책은 한국 정보통신기술의 등장과 발전을 기술 제도화의 측면에서 분석했다. 이를 위해 정보통신기술은 한국사회에 어떤 형태로 도입되어 사용됐는가, 그리고 그런 기술과 정부, 기업, 대학, 연구기관과 시민간의 관계는 어떠했는가, 동시에 그런 기술을 제도화하기 위한 관련기술의 형성과정은 어떠했는가를 살펴본 것이다. 이를 통해 한국사회에서 정보기술의 혁신은 어떻게 진행돼 왔는가, 기업의 연구개발과 시장진입 및 상업화과정에서 정부와 연구기관의 역할과 기능은 무엇이었는가를 분석하게 됐다.
 사회변동의 또 하나의 축으로 추정되고 있는 정보통신기술 그 자체에 대한 이해, '기술'과 '사회'의 상호관계에 대한 심층적 해석을 시도해 '바람직한 기술과 사회의 관계'가 무엇이어야 하는지 판단할 지적 근거를 획득해 보고자 한 것이다. 따라서 현재 진행중인 정보화정책이 나아가야 할 바람직한 방향을 가늠하는 데 유용한 사회학적 근거를 확보해 보고자 했다.

기술 비전이 없이 기술혁신은 없다. 통상적으로 기술발전의 역사에서 기술 비전은 발명가나 공학자, 기술자나 과학자의 아이디어나 영감에서 제시된다고 말해져 왔다. 그러나 여러 가지 기술혁신의 사례에 대한 심층연구의 결과를 살펴볼 때 기술 비전은 사회적 기원을 갖는다. 즉 기술혁신은 다양한 사회적 요인에 의해 많은 영향을 받고 있다. 기술혁신을 유발하는 기술 비전은 상식적이거나 맹목적인 기술혁신관에 근거한 해석과 달리 사용자나 소비자, 더 나아가서는 권력이나 다른 사회적 요인에 의해 제시되고 구현되는 사회과정을 통해 기술혁신이 완성된다. 오류와 파행과 실패의 사회적 조합 그 자체로부터 신기술 형성의 사회적 환경이 마련된다.

기술변화는 일종의 사회적 과정이다. 기술은 사회적 영향을 초래하지만 동시에 권력관계나 사회적 목표 및 구조를 체화하는 사회적 산물이다. 따라서 기술이 갖는 이 양 측면은 매우 밀접하고 복잡하게 결합돼 있다.

한국 컴퓨터통신 기술은 지난 30년(1967~97) 동안 매우 빠른 속도로 발전해 왔다. 1960년대 이후 경제성장과 함께 산업기술의 도입과 대량생산으로 특징지을 수 있는 산업사회의 진전과 함께 이미 1970년대 이후 한국사회에서 뚜렷하게 정보산업의 출현과 성장이 가시화돼 왔다.

한국사회의 정보화는 1960년대의 국산라디오 개발, 70년대의 국산 텔레비전 등 가전제품의 국산화, 양산화와 80년대의 전화 전전자교환기의 개발과 전자산업의 수출산업화 등을 통해 더욱 지속적·가속적으로 진행돼 왔다. 1967년 최초의 컴퓨터 완제품 도입과 이용을 통한 이용기술 획득과 카드펀치 용역 등 제한적이나마 소프트웨어 산업화의 가능성이 확인됐고 하드웨어 개발 및 컴퓨터통신망 개발과 이용이 확대됐다.

1970년대 이래 정부와 기업은 전자산업의 중요성, 컴퓨터기술의 가치에 주목하기 시작해 이전기술의 모방을 통한 기술능력을 키워 나가면서 독자 기술 개발의지를 실현시켜 왔다. 기술체계 형성자로서 정부는 관련법률과 제도를 제정·시행했고 기술혁신을 위한 연구체제를 신설·정비했다. 이 과정에서 기술표준화를 위한 시도와 실패, 산업정책의 주도권을 둘러싼 주무부처간의 이해관계가 표출되기도 했다. 그러나 기업과 신생 연구기관 등 연구혁신 체제를 통해 일정하게 기술개발이 성공했고, 이는 한국 컴퓨터통신 기술의 사회적 형성을 위한 지식기반과 기술적 토대를 마련해 주었다. 아울러 이런 주류의 흐름과는 별도로 신흥 벤처기업이 출현해 나름대로 기술적 성과를 거두기도 했다. 이는 정보통신기술에 대한 우호적인 사회적 이미지로 인해 더욱 고무됐다.

한국의 정보통신기술은 '정부'와 '기업', 그리고 '과학기술 연구기관' 이 세 가지의 지배적인 사회적 행위자들에 의해 형성돼 왔다. 이들의 역할과 상호관계 및 상대적 중요성이 지난 1960년대부터 80년대 중반까지, 그리고 80년대 중반부터 현재까지 어떻게 달라져 왔는지를 살피고 사회적 기초에 의해 이들 정보통신기술의 역사적 형성과정을 살피는 것이 중요하다. 특히 배열적 기술로서 정보통신기술은 컴퓨터를 매개로 하여 네트워크를 구성하고 사회에 영향을 주기도 하지만 사회적 요인에 의해 많은 기술의 혁신과 선택이 사회적으로 형성됐다.

정부는 신규기술의 전파자로서, 나아가 기술 수요자, 정책 추진자로서, 체제 개발자로서 상당히 중요한 역할을 행사했다. 이는 신흥공업국에서 일반적 현상일 뿐 아니라 개발도상국의 기술정책을 이해하는 중요한 사례가 되고 있다. 특히 신제품의 판매시장으로 기능해야 하는 개발도상국에서 정부와 기업은 산업생산의 효율성 제고와 업무효율 극대화를 위해 값비싼 대가를 치르면서도 컴퓨터와 그 관련기술을 도입·활용하지 않을 수 없었다.

특히 정부영역에는 최고권력과 기술 파워엘리트가 혁신네트워크를 구성해 각종 기술혁신 정책과 거시 산업정책(예를 들면 전자산업정책 등) 추진을 통해 행정지시, 입법, 연구비 지원과 기관설립을 주도했다. 특히 정부는 신기술의 수요자로서 각종 기기와 장비 및 운용체계 명세의 주문생산을 독려했고, 시간이 지남에 따라 그 역할과 위상을 달리하면서 특정 기술의 '형태'와 '결과'를 형성했다.

기술형성 과정에서 정부의 역할은 역사적으로 변해 왔다. 1960년대 초에서 80년대 초까지 외국과의 교류가 빈번했던 상공부(통상산업부, 현 산업자원부)가 기술혁신 과정에서 주도권을 행사했다. 1980년대 정부기구가 개편되면서 체신부(1994년 현재의 정보통신부로 재탄생)가 신설돼 상공부와 과학기술처가 갖고 있던 정보통신산업 관련업무가 일원화됐다. 그리하여 상공부의 1개 과에서 하던 업무를 1개 부처에서 맡게 된 획기적 조치가 이뤄졌다. 과학기술처(현 과학기술부)는 컴퓨터, 소프트웨어, 정보통신산업이 확대돼 주도권이 달라지게 되면서 전략적 연구개발의 정책추진을 맡아 컴퓨터부품(반도체) 개발사업에 진력하게 됐다. 1990년대에는 정보통신부의 역할이 더욱 점증하는 형태의 정부조직 개편이 진행됐다.

기업의 측면에서는 1970년대 말까지 신기술 도입과 확산에 중점을 두었으나, 1980년대 이후에는 기술혁신의 주된 행위자로서 거대자본을 내세워 정책을 선도하며 산업발전을 추구했으며, 산·관·학·연 연구혁신 체제를 통해 상당한 기술적 성과를 달성할 수 있었다.

과학기술 연구기관과 대학은 기술혁신, 기술이용 및 확산에 풀(pool)을 이루었다. 또한 연구소는 연구자원 공급과 기술적 성과의 수요자로서 주요한 역할을 수행했다.

시민들은 혁신기술 제품의 소비자로서 새로운 기술의 형성에 참여할 수 있는 가능성을 보였다. 더 나아가 시민들은 사용자로서 새로운 기술의 형성에 직접 참여해 일정한 성공을 거두기도 했다. 이상의 연구결과는 다음과 같은 행렬식으로 나타낼 수 있다.

협상-선택	안정화
탈안정화	비실재/배제

이 연구에서 사례로 채택한 기술의 사회적 선택과 상업적 성공과 안정화 과정을 보면, 첫째, 컴퓨터통신 기술혁신 과정에서 기술적 요인보다는 권력관계가 사회적 선택과 협상, 기술의 안정화와 탈안정화(상업적 성공과 실패)의 중요한 요인으로 작용했다.

둘째, 개발도상국의 경우에도 사회적 과정으로서 기술혁신의 가능성은 명백한 것이었다. 지금까지 국가기구의 정보화를 위한 기술개발 과정에서 적어도 5차례의 기술논쟁이 제기됐다. ① 제1차 행정전산화사업 추진과정에서 내무부와 총무처간에, 지방관서와 중앙부처간에 기술도입을 둘러싼 논란이 제기됐다. ② 행정전산망 주전산기 개발과정에서 기술의 독자 국산화 개발론과 외국기종 도입 사용론이 맞섰다. ③ 컴퓨터 기종선정과 정책추진을 위해 주무부처간의 이해관계가 여실히 드러났다. ④ 도입기술 대상을 놓고 기술자들간의 논쟁이 있었다. ⑤ 행정전산망사업 추진파와 반대파간의 갈등이 제기됐다. 이 점에서 개발도상국의 경우 기술기반 부족으로 기술의 사회적 형성론을 적용하기가 마땅하지 않다는 주장은 수용하기 어렵다는 점이 확인됐다. 따라서 기술논쟁을 통해 기술혁신 프로그램은 퇴색하는 것이 아니라 오히려 혁신과 확산을 고무시켜 주었다.

셋째, 기술혁신은 피드백과정을 통해 더욱 안정화됐다. 그러나 사회적 과정에 의해 선택된 기술이었다 하더라도 혁산과정(革散過程)에서 탈안정화돼 상업적으로는 얼마든지 실패할 수 있다는 점도 확인됐다. 1970년대 말 행정전산화사업이 무산된 후 행정전산망사업을 통해, 그리고 1, 2차 행정전산망사업 시행 이후 초고속정보통신망을 추진할 수 있었던 것은 크게 보아 기존 사업의 수정과 세련화를 통해 그 골격은 유지한 채 기술체계의 안정화에 기여하는 방향으로 추진·시행됐기 때문이다.

넷째, 기업간 경쟁과 연구개발은 결국 이를 통해 신기술 혁신을 위한 경제적 형성을 이룬다는 점도 확인됐다.

2.

이 연구를 통해 얻어진 결과가 갖는 함의는 다음과 같다. 첫째, 한국사회에서 특히 한국 정보통신기술의 사회적 형성과정을 규명할 수 있게 됐다. 이것은 과학기술사회학적 접근의 실용적 유용성과 학문적 정당성을 입증한다고 볼 수 있다. 그리하여 기술의 사회적 형성론에 의한 사례연구를 통해 그 이론적 가치 제고와 수정 가능성을 도출할 수 있게 됐다.

둘째, 이 연구의 결과로부터 향후 정보사회로의 진입과 정보사회의 건실한 실현을 위한 여러 가지 정책 및 이론적 함의를 시사할 수 있게 됐다. 그리하여 정보사회론의 이론적·정책적 근거를 마련할 수 있게 될 것이다. 또한 선진 정보사회 형성과 사례연구에 대한 소개와 적용을 넘어선 우리 미래사회의 발전 가능성과 현실성에 대한 본격적이며 생산적인 논의가 가능해질 것으로 보인다.

셋째, 정보통신기술의 급속한 발전, 특히 소프트웨어기술의 개방화, 통합화, 지능화 및 자동화추세가 가속되고 있는 상황에서 이런 변화의 사회적 요인을 검출하는 것은 혁신유 발요인 발굴 및 기술예측에 유용한 실증자료를 제공할 수 있을 것이다. 이것은 기술혁신의 경제적 가치를 제고하는 데도 한몫 하게 될 것이다. 왜냐하면 기술 연구개발 투자의 평가수단으로 경제외적 변수(인적, 문화적, 사회적 요인)에 주목할 수 있기 때문이다.

넷째, 과학기술의 사회적 통제 연구의 가능성을 열어 현대사회에서 과학기술에 대한 대중적·급진적 통제에 기여할 수 있을 것이다. 정보통신기술의 긍정적 측면이 부각돼 인간의 입장에서 보다 편리하고 사용하기 용이한 기술개발의 가능성과 경로를 발견할 수 있게 될 것이다. 이것은 현대 과학기술을 보편적 합리성의 산물로 절대화하지 않고 사회적 산물임을 입증함으로써만 가능하다. 즉 과학기술에 대한 탈신비화, '암흑상자 열기'를 이뤄내야만 보다 바람직한 가치에 입각한 새로운 과학기술의 재구성 가능성을 시사해 줄 수 있을 것이기 때문이다.

이후 연구과제로는 한일 양국간, 한미일 3국간 비교연구의 시발점을 확보해야 할 것이다. 여기에는 이를 위한 국제연구와 학제간 연구의 가능성도 열려 있게 될 것이다.

3.

이 연구에서는 일상생활에서의 컴퓨터기술, 예를 들면 원격기술(telematics)

과 가정에서의 컴퓨터기술에 대해서는 조사하지 못했고, 더욱이 멀티미디어에서의 혁신모델, 예를 들어 미래의 멀티미디어에 대한 기술예측과 배열기술로서의 멀티미디어에 대해서도 이후의 연구과제로 남겨 둘 수밖에 없었다. 이 연구에서 제기된 분석틀이 과연 기술의 사회결정론을 극복할 수 있을 것인가, 기술결정론 비판으로서 이론적 대안으로 충분한가, 기술사회학 분야에서 기술의 사회구성론이 갖는 이론적 위상은 어떠한가, 이 분석시각에서 비춰 보아 기술의 사회적 통제를 위한 이론구성의 가능성은 개방돼 있는가, 과연 기술혁신론과의 이론적 수월성은 입증됐는가, 사회와 기술의 공진화론과의 관계정립은 가능한가 등이 의문으로 남는다.

이후 연구의 쟁점을 거론하자면, 첫째, 한국 같은 신흥공업국에서 개발모델 추진과 과학기술 혁신정책간에는 어떤 상관성이 존재하는가, 둘째, 개발도상국가의 기술혁신을 설명하기 위한 이론적 틀로서 기술의 사회적 형성론과 국가 혁신정책 중 어느 것이 더 설명적인가, 셋째, 과연 국가에 의한 기술선택의 원칙은 합리적인가, 넷째, 한국의 혁신사례와 미국, 일본 등 기술선진국의 정책선택 과정은 어떤 차이를 보이는가 등이다. 이것들은 이후의 연구과제로서 학문적 해명이 요구되고 있으며, 연구결과의 해석에 따라 일정한 실용적 의의가 없지 않다고 지적할 수 있다.

참고문헌

<국내문헌>

『동아일보』.
『전자신문』.
월간『경영과 컴퓨터』.
월간『컴퓨터』 1982 월간 컴퓨터사.
과학기술처, 1976-97,『과학기술연감』.
과학기술처 1977, '76『과학기술편람』, 과학기술처
전자신문사 1997 97『정보통신연감』
강신영(1988),「한국기업 사무자동화 도입시 실패요인과 해결방안에 관한 연구-조직관리측면의 해결방안을 중심으로」한국외국어대학교 무역대학원 전산개발학과 석사.
강정인(1995),「정보사회와 원격민주주의」,『계간 사상』가을호.
강준만(1989),『정보제국주의: 제 3 세계의 도전과 미국의 대응』, 한울.
강창언(1991), 행정전산망에 거는 기대,『체신』5월호, pp. 28-30.
경영과컴퓨터(1999), 한국컴퓨터30년: 그 도전과 응전의 세월, 월간 경영과 컴퓨터 창간 23주년 별책부록 9월호.
경제기획원·재무부·교육부·상공부·체신부·과학기술처(1992),「정보사업발전전략계획」.
권태환·조형제 편(1997),『정보사회의 이해』, 미래미디어.
고상호(1986), 행정전산망 종합설계안 빗장을 열다,『컴퓨터비전』, 6월호, pp. 40-56.
기영석(1991),「기술혁신정책의 성공조건에 관한 연구-한국, 일본, 인도의 사례를 중심으로-」, 중앙대학교 행정학박사논문.
김광동(1996),「전략산업에 대한 국가의 정책과 역할의 변화: 한국 반도체산업의 발전과정을 중심으로 한 연구-」고려대학교 정치학박사 논문.
김광수(1995),「우리나라 전자산업의 신제품 개발에 관한 실증적 연구-특히 신제품 개발성공 및 실패요인 분석을 중심으로」고려대학교 경영학 석사논문.
김 견(1994),「1980년대 한국의 기술능력발전과정에 관한 연구-'기업내 혁신체제'의 발전을 중심으로」서울대학교 경제학박사논문.
김경동(1986), 정보통신혁명의 사회적 함의, 사회과학연구소편『정보화사회: 도전과

대응』, 서울대 출판부.
김교식(1984),『한국의 재벌』, 계성출판사
김규태(1999),「기술의 자율성에 관한 연구-랭던 위너와 사회 구성주의 기술개념을 중심으로-」, 고려대학교 과학학 협동과정 석사논문.
김길조(1979),「전산화가 행정에 미치는 영향」, 고려대학교 행정학과 박사논문.
김동식 편역 1990『현대자본주의와 과학기술혁명』, 동녘.
김문조(1989),「정보화사회의 가능성과 한계」.『사회변동과 사회과학연구』, 홍승직 교수 회갑기념 논총, 253-266 쪽.
_____(1990),「기술발전과 노동자 복지-(탈)숙련화 논쟁을 중심으로-」, 284-304쪽.
_____(1993),「포스트모더니즘의 사상적 개관」,『한국학연구』, 5집 197-213쪽.
_____(1996),「21세기 한국의 미래와 정보화정책」. 한국정책학회 한국전산원.
_____·박형준(1996),「정보화사회의 부작용과 사회정책의 방향」,『정책포럼』 20집 14-53쪽.
_____(1998),「정보사회: 본질과 유형」한국언론학회 한국사회학회 1998『정보화시대의 미디어와 문화』, 세계사, 37-54쪽.
_____(1999),『과학기술과 한국사회의 미래』, 고려대학교 출판부.
김성진(1991),『한국의 전산화: 도전과 대응』, 한국전산원.
김영식(1997),「정보화사회의 변화와 대응」,『동향과 전망』, 봄호 30-51쪽.
김용복(1995),「한국 전자산업의 발전메카니즘에 관한 연구」, 서울대학교 경제학박사논문.
김성태(1999),『행정정보체계론-정보정책론과 전자정부론-』, 법문사.
김세인(1990),「한국정보산업의 구조변화와 정보정책에 관한 연구-산업연관분석을 중심으로-」, 원광대학교 경제학박사논문.
김승현 편(1990),『정보사회 정치경제학』, 나남.
김정수(2000), 한국의 정보통신혁명: 오명의 리더쉽연구, 나남출판.
김재현(1994),「컴퓨터소프트웨어 개발정책에 관한 연구」, 인하대학교 행정학석사논문.
김종범(1993),『과학기술정책』, 대영문화사.
_____(2002),『한국 기술혁신의 이론과 실제』, 백산서당.
김지운 편저(1991),『국제정보유통과 문화지배』, 나남.
김창욱(1998),「기술특성과 산업패턴의 관계에 관한 진화경제학적 분석」, 서울대학교 경제학 박사논문.
김태완(1997),「국내 컴퓨터 하드웨어산업의 핵심역량을 통한 글로벌 전략」, 한국과학기술원 경영학석사 논문.

김환석(1990), 「정보기술혁명과 신흥공업국: 기술종속성의 문제를 중심으로」, 『경제와 사회』, 겨울호 pp. 71-106.

_____(1991), 「과학기술의 이데올로기와 한국 사회」, 한국산업사회학회 편『한국사회와 지배 이데올로기: 지식사회학적 이해』, 녹두, pp. 291-323.

_____(1997), 과학과 기술에 대한 사회학적 이해, 『계간 과학사상』, 20호.

_____(1999), 「정보기술과 정보사회를 어떤 관점에서 볼 것인가」, 『시민이 열어가는 지식정보』, 대화출판사 pp. 69-87.

_____(2001), 「STS(과학기술학)와 사회학의 혁신-행위자연결망이론(ANT)를 중심으로」, 『과학기술학연구』, 한국과학기술학연구회, pp. 201-234.

김현옥(1996), 「정보기술산업의 기업조직과 정보기술자의 자율성 연구」, 이화여자대학교 사회학과 박사논문.

노봉남・장옥배 편저(1993), 『정보통신사회: 그 변화와 전망』, 성능출판사.

노시평(1993), 「우리나라 중소기업 기술혁신정책집행에 영향을 미치는 요인에 관한 연구-금융, 정보지원제도를 중심으로-」, 서울대학교 행정학박사논문.

G. 마린코 지음, 홍종도 옮김(1990), 『과학기술혁명이란 무엇인가』, 백산서당.

맥머티 J.(1990) 「칼 맑스와 테크놀로지」, 김승현 편(1990), 『정보사회 정치경제학』 제 2 장, 나남.

미래시대(1989), 『'89 컴퓨터 연감』, (주) 미래시대.

민영신(1989), 「OA구축 성공전략 보고서」, 『컴퓨터』 4월호, (주) 미래시대.

박동진(1996), 「사회혁명으로서의 정보혁명-정보사회의 권력관계 변화분석-」 한국정치연구회편, 『정치비평』, 봄호 2 pp. 268-298.

박방주(1986), 「행정전산망종합설계(안)-(상,중,하)」, 『전신전화연구』, 7, 8, 9월호.

박방주(1987), 행정전산망 워드프로세서 입찰전모, 『컴퓨터』, 12월호.

박세영・오길록(1985), 한글코드표준화, 『정보과학회지』, 3권 2호 pp. 49-53.

박승관(1992), 「제 3 세계 정보부문의 탈구현상」, 『신문연구소 학보』, 서울대 신문연구소 43-64쪽.

박재창 편저(1993), 『정보화사회와 정치과정』, 비봉출판사.

박주용(1994), 초고속망 논란, 『전자신문』, 전자신문사.

박준식・이영희 편저(1991), 『기술혁명과 노동문제: 극소전자 기술혁명의 영향과 대응』, 두리.

박형준(1991), 『현대노동과정론: 자동화에 관한 연구』, 백산서당 제 2 장.

_____(1996), 「정보사회에서 사회적 불평등의 메카니즘」, 『정보사회와 사회윤리』,

아산사회복지사업재단.
박홍철(1994), 「국내 퍼스널 컴퓨터 산업의 제품 경쟁력 제고방안에 대한 연구」, 서강대학교 경영학 석사논문.
방석현・이철수・정일주・정홍식・이기열(1991) 행정전산망사업의 추진배경과 발전 방향(좌담)『체신』5월호, pp. 31-46.
삼성전자주식회사(1989),『삼성전자 20년사』, 삼성전자.
서이종(1998),『지식・정보사회학』, 서울대학교 출판부.
서삼영 외 19인(1995),『초고속국가정보통신망구축 세부 추진방안 연구』, 한국전산원, NCA V-RER-95108.
서진영(1995), 「기술후발기업의 협력제휴에 관한 동태적 발전모델-한국의 DRAM 반도체산업을 중심으로-」 서울대학교 경영학 박사논문.
서태설・최경규(1992),『데이터베이스산업의 동향과 정책』, 산업기술정보원.
서정욱(1994), 국가기간전산망사업의 회고와 발전전망,『정보화저널』1권 3호.
_____(1996),『미래를 열어온 사람들: 통신과 함께 걸어 온 길』, 한국경제신문사.
서현진(1997),『처음쓰는 컴퓨터사』, 전자신문사.
설동훈(1990), 한국의 공장자동화 및 사무 자동화 현황과 노동의 성격변화,『현대 한국의 생산력과 과학기술』, 한국사회사연구회 논문집 22집, 문학과 지성사.
송관호(1987), 행정전산망 추진체계와 방법,『정보산업』65호, 9월호, pp. 12-16.
송경탁(1992), 「한일간 전자공업기술관계의 정치경제」, 연세대학교 정치학박사 논문.
송성수 편(1995),『우리에게 기술이란 무엇인가』, 녹두.
송성수 편(1999),『과학기술은 사회적으로 어떻게 구성되는가』, 새물결
송위진(1992), 「기술과 사회의 상호작용」,『한국과학사학회지』, 제 14권 2호, pp. 247-251.
신윤식 외(1992),『정보사회론』, 주식회사 데이콤.
신충우・장인수(1986), 행정전산망 카운트 다운 시작하다, 월간『컴퓨터』, 6월호, 35-43.
안문석(1998),『행정정보체계론』, 학지사.
알렉산더 안치슈킨 지음 김성환 옮김(1990),『사회주의의 미래와 과학기술혁명』, 푸른산.
양해술(1991), 행망용 개발 소프트웨어의 품질평가,『행정과 전산』, 13권 2호, 62-71.
엄의석(1989), 행정전산망 개발 운영방법론,『행정과 전산』 11권 4호, 12월호, pp.

14-42.

오길록(1987), 행정전산망 주전산기 개발,『전자진흥』 10월호, pp. 37-57.

_____(1989ª), 행정전산망 주전산기 컴퓨터 통신시스템,『전자진흥』, 7월호, pp. 56-60.

_____(1989ᵇ), 행정전산망 주전산기 개발을 위한 순기관리 모형『전자진흥』, 10월호, pp. 30-33.

_____(1995), 컴퓨터의 기술적 진화『계간 사상』, 가을호, pp. 42-68.

오 명(1988),『정보화사회 그 천의 얼굴』, 한국경제신문사.

오효진(1984),『재벌들의 전자전쟁』, 나남.

오진곤(1997),『과학사회학』, 전파과학사.

유철규(1996),「기술변화에 따른 이윤율의 조정경로와 기술격차가 기술변화의 속도에 미치는 영향」, 서울대학교 경제학 박사논문.

윤규영(1988), 행정전산망 설계에 관한 연구『행정과 전산』, 10권 4호 12월호, pp. 59-69.

염재호(1990), 국가기획으로서의 과학기술 정책,『과학기술정책』, 2권 1, 2호 합본호 pp.36-52.

_____(1991), 과학기술발전에 있어서 행정의 역할에 대한 연구 염재호 외『한국사회개발연구』, XXVII 고려대학교 아세아문제연구소 pp. 37-79.

_____(1994),「전자통신 기술개발 정책의 비교연구: 일본 우정성과 통산성의 정책경쟁」, 고려대학교.

윤기철(2000),『TMD 전구 미사일 방어』, 평단문화사.

윤영민(1996),『전자시민사회론』, 나남.

_____(1997), 기술적 혁신과 사회적 진보: 정보테크놀로지의 창조적 수용을 위한 서설,『네트워크 트렌드, 정보기술혁명과 사회변화』, 삼성경제연구소 http://midas.hanyang.ac.kr/library/data/yun_network.htm.

윤석민(1998),「정보화시대 문화정책」한국언론학회 한국사회학회 1998『정보화시대의 미디어와 문화』, 세계사, 260-283쪽.

윤정로(1990), 한국전자산업의 발전,『현대 한국의 생산력과 과학기술』, 한국사회사연구회 논문집 22집, 문학과 지성사.

_____(1994),「'새로운' 과학사회학: 과학지식사회학의 가능성과 한계」, 과학사상연구회 편『과학과 철학』, 제 5 집, 통나무 pp. 82-110.

윤창번·오정택·최수혁·홍성걸·김의수·성진영·조원경·이상오·유선실(1995),「정보통신산업 발전전략」 정책연구 95-02.

이가종(1990),「기술혁신전략」, 나남.
이경태·김휘석·박태주·허정구(1986),『정보화사회의 전망과 과제』, 산업연구원.
이경희(1987), 정보처리용 한글부호계에 관한 연구,『EDPS 연구』, 8집 성균관대학교 경영대학원 논문집 pp. 47-54.
이규억(1989), 정보화와 산업조직,『한국개발연구』, 한국개발연구원, 11권 3호.
이기열(1995),『보이지 않는 전쟁』, 전자신문사.
이상덕(1988), 행정전산망사업 추진환경 조사연구,『정보사회연구』 3호, 1월호, pp. 53-76.
이상석(1989),「한국자동차산업의 기술수준 예측에 의한 개발부품 선정에 관한 연구」, 고려대학교 경영학박사논문.
이선기, 1999, 2. 11, "한국전자공업 40년," 4전자신문>.
이순철(1998),『신제품 개발과 연구개발의 경영전략』, 삼성경제연구소
이영희(1995),「과학기술과 사회의 상호관계」,『과학기술정책연구소 연구보고』 95-25, pp. 5-35.
_____(1999),「과학기술비판이론으로서의 사회적 구성주의」, 한국산업사회학회 발표문.
이용태(1981),『경영과 컴퓨터』, 7월호.
_____(1992), 행정전산망의 필요와 바람,『정보화저널』, 1권 1호
_____(1997), 기업경영의 정보화전략, 이헌조 최정호 공편『커뮤니케이션의 유토피아?: 정보화와 한국인의 삶』, 나남출판, pp. 390-391.
_____(1998),『선진국, 마음먹기에 달렸다』, 정보시대.
이윤식(1992), 행정전산망사업 추진체제의 효과성에 관한 평가: 사회환경의 여건을 중심으로, 숭실대학교『사회과학연구』 10집 pp. 39-110.
이주용(1987), 월간『경영과 컴퓨터』, 2월호.
이종범 외(1996),『정보화사회의 성숙을 위한 정책과제와 전략』, 한국행정학회.
이찬진(1992),『한글과 컴퓨터의 역사』, 김영사.
이창수 옮김(1990),『과학기술혁명입문』, 동녘.
이칠수(1998),『컴퓨터가 본 세상』, 전자신문사.
이해원(1991), 행정전산망 현황과 발전방향,『전자공학회지』 18권 7호, 7월호 pp. 489-496.
이헌조·최정호 편『커뮤니케이션과 유토피아: 정보화와 한국인의 삶』, 나남.
이호창(1991),「과학기술혁명론의 전개와 사회주의관의 변화: 소련에서의 논의를 중심으로」서울사회과학연구소『사회주의 이론 역사 현실』, 민맥 pp.

105-138.
임양택(1988),『技術開發의 知識』, 韓國經濟新聞社.
임석우(1990),「우리나라 컴퓨터산업의 현황과 문제점에 대한 실증적 연구」동국대학교 경영학 석사논문.
임태균(1991), 지방정부에 있어서 전산의 사용과 영향-충청북도를 중심으로- 서울대학교 행정학과 박사논문.
임휘철(1992),「자본의 국제화와 한국전자산업의 발전과정에 관한 연구」성균관대학교 경제학박사논문.
장경철(1995),「기업의 반도체개발성공요인과 정부특정연구개발사업의 영향분석에 관한 연구」, 중앙대학교 경영학석사논문.
전국경제인연합회(1978),「기업경영과 정보산업」.
전길남(1999), 컴퓨터통신 발전사(3장)『Telecommunications Review』, 연말특집부록 SK텔레콤 (주).
전석호(1993),『정보사회론: 커뮤니케이션혁명과 뉴미디어』, 나남.
전산망조정위원회·한국전산원(1988), 국가사회전산화중장기계획(안).
전산망조정위원회(1990a),「정보사회종합대책-선진민주복지국가 구현을 위한 장기계획-」.
_____(1990b),『국가전산총람』.
_____(1991. 1),『주전산기 개발백서』, ETRI.
전정구(1997), 정보화시대의 법문제, 이헌조 최정호 공편,『커뮤니케이션의 유토피아?: 정보화와 한국인의 삶』, 나남출판.
정보사회학회편(1998),『정보사회의 이해』, 나남.
정보시대사편(1985), 행전전산망의 전모를 벗긴다,『컴퓨터비전』 7월호, pp. 57-85.
정보통신부(1997),「정보화촉진 기본계획」 Online
    http://www.mic.go.kr/korea/info/load/lead 32.htm, lead 33, lead 34.
_____ ·한국전산원(1998),「공공부문 정보자원 현황조사」.
조윤애·이상연·임수윤(1997),『국가경쟁력 강화를 위한 정보처리산업의 발전방안』산업연구원.
조찬식(1995),「정보화사회의 문제점: 개념과 측정을 중심으로」한국정보관리학회 학술대회논문집 pp. 167-170.
조형제 외(1996),『정보고속도로와 정보기술산업』, 서울대학교 출판부.
주현정(1991), 행정전산망사업의 추진현황과 전망,『체신』 5월호 pp. 22-27.
천유식(1991ª) 행정전산망용 주전산기 II의 개발,『행정과 전산』 13권 3호, pp.

　　　　50-59.
_____(1991b), 「주전산기의 개발현황과 전망」, 『체신』 5월호, pp. 47-53.
_____(1992), 「차세대 컴퓨터 행정전산망 전산기 기술발전 전망」, 『전자진흥』 3월호, pp. 31-36.
최상국(1992), 초고속통신망 논란, 「전자신문」.
최　성(1989), 사무자동화를 통한 사무생산성 향상방안, 『행정과 전산』, 11권 1호, 총무처 정부전자계산소
최수묵(1989), 과학기술계의 5공 비리, 행정전산망, 『신동아』 12월호, 동아일보사.
최영락(1991), 『한국의 기술개발활동에 대한 탐색적 연구』 과학기술정책연구소.
_____(1991), 『반도체기술 발전을 위한 자체 기술능력 축적에 관한 연구』 과학기술정책연구소.
_____(1995), 반도체분야의 동태적 기술관리능력: 삼성반도체 사례『과학기술정책』 7권 2호, 과학기술정책관리연구소.
최종필(1990), 「한국전자산업의 해외기술도입에 관한 연구」 단국대학교 경영학박사 논문.
총무처(1987), 「행정전산화 기본계획(1, 2차)」. 총무처
총무처 정부전자계산소(1978), 행정전산화 기본계획, 『행정과 EDP』, Vol. 5 No. 1, 3월호.
총무처 정부전자계산소(1988), 『행정전산자료목록(데이터베이스, 소프트웨어)』 제 7권.
A, A. 쿠신 지음 노태천 옮김(1990), 『마르크스의 기술론』, 문학과 지성사.
한경희(1993), 「기술의 사회구성론과 형성론의 비교」, 연세대학교 사회학과 석사논문.
한국과학기술원 전산개발센터(1984), 『퍼스널 컴퓨터-과학기술처 선정 국산 5개 기종 중심-』, 동명사.
한국과학문화재단(1998) 『21세기를 빛낼 우리 첨단연구소』, 서해문집.
한국사회학회(1990), 『정보화사회와 사회변동』.
_____(1996), 「정보통신기술발달과 현대사회」.
한국 IBM(1992), 『한국아이비엠 25년 발자취』, 한국IBM.
한국언론학회·한국사회학회(1998), 『정보화시대의 미디어와 문화』, 세계사.
한국생산성본부(1987), 「국내소프트웨어 기술인력수급현황조사보고서」.
한국전산원(1988), 「국가사회 전산화중장기분야별계획: 컴퓨터하드웨어(본체)분야 발전방안에 관한 연구」, 한국전산원.

_____(1995), 「초고속국가통신망구축 세부 추진방안 연구」, NCA V-RER-95108
_____(1996a), 「전자주민카드사업의 타당성 분석」.
_____(1996b), 「국가정보화백서」 CD-ROM.
_____ · 데이콤(1996), 『행정전산망 우선추진사업』, 한국전산원 · 데이콤.
_____(1997), 「국가정보화백서」 CD-ROM.
한국전자계산소 편역(1977), 『전자계산조직개론』, 동명사.
한국전자통신연구소(1995a), 「국가사회정보화 촉진방안에 관한 연구」.
_____(1995ᵇ), 『한국전자통신연구소 15년사』, ETRI.
한국전자통신연구원(1997), 『한국전자통신연구소 20년사: 1976-1996』, ETRI.
한국정보산업연합회(1993), 『한국정보산업 민간백서』.
한국정책학회 · 한국행정학회(1997), 「21세기 정보통신정책의 방향과 조직개편」.
한국후지쯔(1994), 『한국후지쯔 20년사』, 한국후지쯔 사사간행위원회.
한세억(1996), 『정보정책의 효율적 추진방안에 관한 연구-정보화 이슈, 의제화, 결정 및 집행과정을 중심으로』 한국정보문화센터 연구보고 96-05 pp. 161.
_____(1998), 「인맥으로 본 정보정책 일 고찰-1980-1990년대 기간의 정보정책의 변화와 특성」.
한백연구재단(1993), 정보사회의 정치『포럼 21』 16호 213-247쪽.
한태열(1997), 정보화와 케이블TV의 발전방향, 이헌조 최정호 공편『커뮤니케이션의 유토피아?: 정보화와 한국인의 삶』, 나남출판, p. 196-198.
허상수(1999a) 정보기술과 시민사회: Y2K문제의 사회학, 한국사회과학연구소편, 『동향과 전망』, 41호, 박영률출판사.
_____(1999b), 「한국정보통신기술의 사회적 형성」, 한국사회학회 발표문.
_____(1999c), 「한국컴퓨터과학기술의 혁신과 정보기술산업정책: 1967-1997」, 한국산업사회학회 발표문.
_____(2000), 「한국통신정보기술의 발전에 관한 사회학적 연구--행정전산망의 사회적 형성을 중심으로--」, 고려대학교 대학원 과학학 협동과정 과학사회학전공 박사학위청구 논문.
황종선(1985), 정보처리 및 데이터의 표준화, 『정보산업』 11월호.
황태연 지음, 허상수 엮음(1991), 『과학기술혁명시대의 자본주의와 사회주의』 중원문화.
홍성욱(1994), 「과학과 기술의 상호작용: 지식으로서의 기술과 실천으로서의 과학」 『창작과비평』 제 22권 제 4 호 pp. 329-350.
_____(1999), 『생산력과 문화로서의 과학기술』 문학과 지성사.

홍성원(1987), 국가기간전산 추진현황과 전망, 행정과 전산, 9권 1호, 6월호, pp. 7-25.

<국외문헌>

Abernathy, William J. and James M. Utterback(1978), Patterns of Industrial Innovation *Technology Review*, Vol. 80. no. 7, pp. 40-47.

Academies of Science of Czechoslovakia and the USSR(1973), *Man-Science-Technology :A Marxist Analysis of Scientific-Technological Revolution* Progress Press.

Adams, Gerald R. and Jay D. Schvaneveldt(1991), *Understanding Research Methods*, 2nd ed. Longman.

Alberts, Davis S.(1996), *The unintended consequences of information age technologies: avoiding the pitfalls, seizing the initiative* National Defense University.

Amsden, Alice(1989), *Asia's next Giant: South Korea and Late Industrialization*, Oxford University Press.

Anderson, Ronald E. and David R. Sullivan(1988), *World of Computing* Houghton Mifflin Company.

Antonelli, Cristiano(1999), *The Microdynamics of Technological Change* Routledge.

Aronowitz, S.(1989), *Science as Power* Macmillan.

Attewell, Paul(1996), Information technology and the Productivity Challenge, in RobKling ed. 1996, *Computerization and Controversy: Value Conflicts and Social Choices*, 2nd ed. Academic Press.

Barnes, Barry and David Edge eds.(1982), *Science in Context: Readings in Sociology of Science* Open University Press.

Bassala, George(1988), *Evolution of Technology* Cambridge University Press.

Bell, Daniel(1973), *The Coming of Post-Industrial Society*, Heineman.

_____(1981), The Social Network of Information Society in Forester, T., ed *The Micro Electronics Revolution* MIT Press [다니엘 벨, 이동만 옮김, 1984, 『정보화사회의 역사적 구조』, 한울 열린 글 4.].

_____(1992), *The Winding Passage: Essays and Sociological Journeys* MIT Press [서규환 옮김(1993), 「텔레텍스트와 테크놀로지: 후기 산업사회의 지식과 정보의 새로운 통신망」, 『정보화사회와 문화의 미래』, 디자인 하우스, pp. 77-120].

Bijker, Wiebe E., Thomas Hughes and Trevor F. Pinch eds.(1987), *The Social*

Construction of Technological Systems: New Directions in the Sociology and History of Technology MIT Press.

_____ and John Law eds.(1992), *Shaping Technology / Building Society: Studies in Sociotechnical Change* The MIT Press.

_____ (1998), Democratization of Technology: Who are the Experts?, http://www.desk.nl/~acsi/WS/speakers/bijker2.html.

Bloom, Martin(1986), *The Experience of Research* Macmillan Publishing, pp. 60-2.

Bloor D.(1976), *Knowledge and Social Imaginary*, Routeledge.

Bolter, J. David(1984), *Turing's Man: Western Culture in the Computer Age* University of North Carolina Press.

Bourdieu, P.(1975), The Specificity of the Scientific Field and the Social Conditions of the Progress of Reason *Social Science Information* Vol. 14 pp. 19-47.

Braverman, Harry(1974), *Labor and Monopoly Capital: The Degradation of Work in the Twentieth Century* Monthly Review Press [이한주 강남훈 옮김 1987 『노동과 독점자본』 까치].

Brannigan, Augustine and Sheldon Goldenberg eds.(1985), *Social Responses to Technological Change* Greenwood Press.

Bresson, Chris De(1987), *Understanding Technological Change*, Basic Rose Books.

Bruland, Tine(1982), Industrial Conflict as a Source of Technical Innovation: Three Cases *Economy and Society,* 11 pp. 91-121.

Bush, Vannevar(1960), *Science: The Endless Frontier,* National Science Foundation, pp. 5-11.

Campbell-Kelly, Martin and William Aspray(1996), *Computer: A History of the information machine*, Basic Books.

Callon, M.(1987), The Sociology of an Actor-Network: The Case of the Electric Vehicle, in M. Callon, J. Law and A. Rip, eds., *Mapping the Dynamics of Science and Technology*, Macmillan.

Callon, Michel(1987), Society in the Making: The Study of Technology as a Tool for Sociological Analysis in Wiebe E. Bijker, Thomas Hughes and Trevor F. Pinch eds. 1987 T*he Social Construction of Technological Systems: New Directions in the Sociology and History of Technology* MIT Press pp. 83-103.

Callon, Michel(1992), The Dynamics of Techno-Economic Networks. R. Coombs, P. Saviotti and V. Walsh. eds. *Technological Change and Company Strategies: Economic and Sociological Perspectives.* Academic Press.

Callon, M. & Latour, B.(1992), Don't Throw the Baby Out with the Bath School !, A Reply to Collins and Yearley, A. Pickering ed. *Science as Practice and Culture*, Chicago University Press.

Caplovitz, David(1983), *The Stages of Social Research* John Wiley & Sons.

Castells, Manuel(1996), *The Rise of the Network Society* Blackwell.

Chandler, Daniel(연도미상), Technological or Media Determinism, http://www.aber.ac.uk/~dgc/tecdet.html.

Ciccotti, G.(1976) The Production of Science in Advanced Capitalist Societies in H. & S. Rose eds, *The Political Economy of Science* Macmillan p. 50.

Clark, N.(1985), *The Political Economy of Science and Technology* Blackwell.

Cohen, Stanley(1985), *Visions of Social Control* Polity Press p. 222.

Collins, H.(1982), The TEA Set: Tacit Knowledge and Scientific Networks in B. Barnes and D. Edge eds. *Science in Context: Readings in the Sociology of Science* Open University Press.

Collins, H.(1985), *Changing Order* Sage.

Collingridge, D.(1980), *The Social Control of Technology* Open University Press pp. 13-21.

Collingridge, David and Colin Reeve(1986), *Science Speaks to Power-The Role of Experts in Policy Making* Frances Pinter(Publishers).

Cooley, Charles Horton(1901), *Social Organization* Charles Scribner's p. 65.

Cooley, Mike(1987), Drawing up the Corporate Plan at Lucas Aerospace in Mike Cooley, 1987 *Architect or Bee ?: The Human Price of Technology* new and extended ed. with a new introduction by Anthony Bernett Hogarth Press pp. 114-138.

Coombs, Rod, Paulo Saviotti and Vivien Walsh(1987), *Economics and Technological Change* Macmillan.

Coombs, R., P. Saviotti and V. Walsh(1992), *Technological Change and Firm Strategies: Economical and Sociological Perspectives* Academic Press.

Cozzens, S. E.(1986), Funding and Knowledge Growth *Social Studies of Science* 16 pp. 9-21.

Cozzens, Susan E. and Thomas F. Gieryn ed.(1990), *Theories of Science in Society* Indiana University Press.

David, Paul(1975), *Technical Choice, Innovation and Economic Growth*, Cambridge University Press.

Davies, Simon(1996), *Big Brother-Britains Web of Surveillance and the New Technological Order-* Pan Books.

Dickson, D.(1974), Technology and Construction of Social Reality *Radical Science Journal* No. 1 pp. 29-50.

DiMaggio, P. and W. Powell(1983), The Iron Cage Revisited: Institutional Isomorphism and Collective Rationality in Organizational Fields *American Sociological Review* 48, pp. 147-160.

Dinneen G. P. and F. C. Frick(1977), Electronics and National Defence: A Case Study *Science* 195 pp. 1151-1155.

Dolby, R. G. A.(1972), The Sociology of Knowledge in Natural Science in B. Barnes ed. *Sociology of Science* Penguin.

Dosi, Giovanni(1982), Technological Paradigms and Technological Trajectories: A Suggested Interpretation of the Determinants of Technical Change *Research Policy* pp. 147-162.

Dosi, Giovanni, Christopher Freeman, Richard Nelson, Gerald Silverberg and Luc Soete, ed.(1988), *Technological Change and Economic Theory* Pinter Publishers.

Dubofsky, Melvyn(1975), *Industrialism and the American Worker 1865-1920* Arlington Heights [배용수 옮김 1990 『현대 미국노동운동의 기원』 한울아카데미 2장 참조].

Durkheim, Emile(1964), *The Division of Labor in Society* Glencoe.

Edge, David(1988), The Social Shaping of Technology *Edinburgh PICT Working Paper Series 1* Edinburgh University.

Edge, David(1995), The Social Shaping of Technology in Heap, Nick, Ray Thomas, Geoff Einon, Robin Mason and Hughie Mackay eds. 1995 *Information Technology and Society: A Reader* Sage pp. 14-32.

Edquist, C.(1997), Systems of Innovation Approaches-Their Emergence and Characteristic, in Charles Edquist ed., *Systems of Innovation Approaches-Technologies, Institutions and Organization*, Pinter Publisher.

Edwards, Paul S.(1995), From "Impact" to Social Process: Computers n Society and

Culture, in Jasanoff, Shelia, Gerald E. Markle, James C. Peterson and Trevor Pinch, eds., 1995 *Handbook of Science and Technology Studies* Sage Publications.

Elliott, Brian ed.(1988), *Technology and Social Process* Edinburgh University Press.

Ellul, Jacques(1964), *The Technological Society* Vintage pp. 85-94.

Elster, John(1983), *Explaining Technical Change: A Case Study in the Philosophy of Science* Cambridge University Press.

Elzinga, Aant and Andrew Jamison(1995), Changing Policy Agendas in Science and Technology, In Jasanoff, Shelia, Gerald E. Markle, James C. Peterson and Trevor Pinch, eds., *Handbook of Science and Technology Studies,* Sage Publications.[김명진 역(2001), 전후 과학기술정책 의제의 변화, 시민과학 25호, 2, 3월호」.

Ende, Jan Van Den, Wim Ravesteijn, and Dirk de Wit(1997/1998), Shaping the Early Development of Television IEEE *Technology and Society Magazine*, Winter pp. 13-26.

Executive Office of the President of the United States, Office of the Information and Regulatory Affairs and Information Policy and Technology Branch(1995), *Evaluating Information Technology Investment: A practical guide*: version 1.0 GPO.

Feenberg, Andrew(1991), Critical Theory of Technology, Manuscript presented at Simon Fraser University, http://bolt.lakeheadu.ca/~facedwww/kerlin/Feenberg.html.

Finnegan, R. et al., eds.(1987), *Information Technology: Social Issues* Hodder and Stoughton.

Fleck, James(1988), Innofusion or Diffusation *Edinburgh PICT Working Paper* Series 7 Edinburgh University.

Fleck, James, Juliet Webster and Robin Williams(1990), The Dynamics of Information Technology Implementation: A Reassessment of Paradigms and Trajectories of Development *Future* 22 pp 618-640.

Forester, Tom(1987), *Hightech Society* MIT Press[한국경제신문사 발행『이것이 하이테크혁명이다』 1992].

Fransman, Martin(1986), *Technology and Economic Development* West Press.

Freeman, C.(1974), *The Economics of Industrial Innovation* Penguin.

Freeman, C.(1996), The Two-Edged Nature of Technological Change: Employment and

Unemployment, in William H. Dutton eds. *Information and Communication Technologies: Visions and Realities* Oxford University Press.

Gates III, William Henry(1995), *The Road Ahead* Microsoft Press.

Giddens, Anthony(1985), *The Nation-State and Violence* Polity Press.

Gilder, George(1989), *The Microsm: The Quantum Revolution in Economics and Technology*, Simon and Schuster.

Gilfillan, S. C.(1935), *The Sociology of Invention* Follett p. 5.

Goldstein, Herman H.(1972), *The Computer from Pascal to von Neumann* Princeton University Press.

Goodwin, G. and L. Humphreys(1982), Freeze-dried sigma: cybernetics and social control *Humanity and Society* 6 Nov.

Granoziano, Anthony M. nad Michael L. Raulin(1989), *Research Methods* Harper & Row.

Habakkuk H. J.(1962), *American and British Technology in the Nineteenth Century: The Search for Labour-Saving Inventions* Cambridge University Press.

Hall, A. R.(1957), Epilogue: The Rise of The West, In C. Singer et al., *A History of Technology*, Vol. III, Oxford University Press.

Haraway, Donna(1985), A Manifesto for Cyborgs: Science, Technology, and Socialist Femininism in the 1980s *Socialist Review* 80 pp. 65-107.

Harbermas, Jurgen(1971), Technology and Science as 'Ideology' in Jurgen Harbermas *Toward a Rational Society* Heineman pp. 81-122.

Heap, Nick, Ray Thomas, Geoff Einon, Robin Mason and Hughie Mackay eds.(1995), *Information Technology and Society: A Reader* Sage.

Hobsbawm, Eric J.(1968), *Labouring Men: Studies in the History of Labour* London pp. 5-22.

Hughes, Thomas P.(1979), The Electrification of America: The System Builders *Technology and Culture* 20 pp.125-139.

Hughes, Thomas P.(1983), *Networks of Power: Electrification in Western Society !880-1930* Johns Hopkins University Press pp.18-46.

Hughes, Thomas P.(1987), The Evolution of Large Technological Systems in Wiebe E. Bijker, Thomas Hughes and Trevor F. Pinch eds. *The Social Construction of Technological Systems: New Directions in the Sociology and History of Technology* MIT Press pp. 51-82.

Institute for Information Studies(1994), *Crossroads on the Information Highway*[한국전자통신연구소 옮김, 1996, 『정보고속도로의 길목』, 한국전자통신연구소].

Irwin, A.(1985), *Risk and the Control of Technology* Manchester University Press.

Irwin, A. and P. Vergragt(1989), Rethinking the Relationship Between Environmental Regulation and Industrial Innovation: The Social Negotiation of Technical Change *Technology Analysis and Strategic Management* Vol. 1(1) pp. 57-70.

Jacobs, J. A.(1996), Comparing Regulatory Models: Self-Regulation vs. Government Regulation *Journal of Technology Law & Policy* University of Florida.

James, Frederic(1984), Post-modernism, or the Cultural Logic of Late Capitalism *New Left Review* 146 July-August p. 79.

Jasanoff, Shelia, ed.(1997), *Comparative Science and Technology Policy* Edward Elgar Publications.

Jasanoff, Shelia, Gerald E. Markle, James C. Peterson and Trevor Pinch, eds.(1995), *Handbook of Science and Technology Studies* Sage Publications.

Jessop, Bob(1990), *State Theory: putting Capitalist States in Their place*, The Pennsylvania State University Press.

Jones, S. ed.(1995), *Cybersociety: Computer-Mediated Communication and Community* Sage.

Kahn, A. E.(1966), The Tyranny of Small Decision: Market Failure, Imperfections and the Limits of Economics, *Kyklos*, Vol. 19

Keil, Thomas(1997), Embeddedness, Power, Control and Innovation in the Telecommunication Sector *Technology Analysis and Strategic Management* Vol. 9, No. 3(Sept.) pp. 299-316.

Kline, Stephen and Nathan Rosenberg(1986), An Overview of Innovation in Ralph Landau and Nathan Rosenberg eds. *The Positive Sum Strategy: Harnessing Technology for Economics Growth* National Academy Press pp. 275-305.

King, J. L. and K. L. Kramer(1985), *The Dynamics of Computing*, Columbia University Press.

Klein, Hans K.(1996), Institution, Innovation and Information Infrastructure: The Social Construction of Intelligent Transportation Systems in the U.S., Europe, and Japan, Ph D. Dissertation in Technology, Management and Policy/Political Science at the MIT.

Kling, Rob(1996), *The Computerization and Controversy -Value conflicts and social *choices*, 2nd ed., vol I. II. Academic Press.

Knorr-Cetina, Karin D. and Michael Mulkay eds.(1983), *Science Observed: Perspectives in the Social Study of Science* Sage.

Kubicek, Herbert, William, H. Dutton, and Robin Williams eds.(1997), *The Social Shaping of Information Superhighways: European and American Roads to the Information Society*, Campus Verlag.

Kuhn, Thomas S.(1970), *The Structure of Scientific Revolutions*, 2nd ed. Chicago University Press.

Laudan, Kenneth C., Carol Guercio Traver, and jane P Laudan(1996), *Information Technology and Society*, Course Technology[김상운 외 편역, 1997, 정보기술과 사회, 교문사].

Landes, David S.(1969), *The Unbound Prometheus: Technological Change and Industrial Development in Western Europe from 1750 to the Present*, Cambridge University Press.

Large, Peter(1980), *The Micro Revolution*, Fontana.

Latour, Bruno(1987), *Science in Action: How to Follow Scientists and Engineers through Society*, Harvard University Press.

Latour, B.(2000), When Things Strike Back: a Possible Contribution Of 'Science Studies' to the Social Sciences. Special Issue: Sociology Facing the Next Millenium, edited by J. Urry. *British Journal of Sociology* 51. No. 1.

Latour, B. and S. Woolgar.(1986/1979). *Laboratory Life: the Construction* Princeton University Press.

Law, John and John Hassard ed.(1999), *Actor Network Theory and After*, Blackwell Publisher.

Layton, Edwin T., Jr.(1974), Technology as Knowledge, *Technology and Culture*, 15 pp. 31-41.

Lazonick, William H.(1981), Production Relations, Labor Productivity and the Choice of Technique: British and U. S. Cotton Spinning, *Journal of Economic History* 41 pp. 491-516.

Levidow and Robert Young, ed.(1981), *Labor Process Debates*, Review.

Lundvall, B-A.(1988), Innovation as an Interactive Process: From User-Producer Interaction to the National System of Innovation, In Dosi, Giovanni, Christopher Freeman, Richard Nelson, Gerald Silverberg and Luc Soete, (eds.), *Technological Change and Economic Theory*, Pinter Publishers.

Lyle, Jack and Douglas McLeod((1993)), *Communication, Media and Change*, Mayfield Publishing Co. [강남준 강태영 옮김 (1996)『커뮤니케이션 혁명과 뉴 미디어』한나래].

Lyon, David(1988), *The Information Society: Issues and Illusions*, Polity Press[한국전자통신연구소 1992『정보화사회론』].

Lyon, David(1994), *The Electronic Eye: The Rise of Surveillance*, Blackwell[한국전자통신연구소 1994『전자감시사회』].

Mahoney, Michael S.(1991), Cybernetics and Information Technology, In R. C. Olby, G. N. Cantor, J. R. R. Christle and M. J. S. Hodge eds., *Companion To The History of Modern Science*, Routledge, pp. 537-553.

Mander, Jerry(1978), *Four Arguments for the Elimination of Television*, William Morrow p. 44.

Mcginn, Robert E.(1991), *Science, Technology and Society*, Prentice Hall, Chaps. 1-15.

Mackay, Hughie(1995), Theorising the IT/Society Relationship, in Heap, Nick, Ray Thomas, Geoff Einon, Robin Mason and Hughie Mackay eds., *Information Technology and Society: A Reader*, Sage pp. 41-53.

McKenzie, Donald.(1981), Notes on the Science and Social Relations Debate, *Capital and Class*, 14(Summer), pp. 47-60.

McKenzie, Donald(1984), Marx and Machine, *Technology and Culture*, 25 pp. 473-502.

McKenzie, Donald(1988), 4Micro> versus 4Macro> Sociologies of Science and Technology, *Edinburgh PICT Working Paper*, Series 2 Edinburgh University.

McKenzie, Donald(1992), Economical and Sociological Explanations of Technical Change, in R. Coombs, P. Saviotti and V. Walsh *Technological Change and Firm Strategies: Economical and Sociological Perspectives*, Academic Press.

McKenzie, Donald(1996), *Knowing Machines: Essays on Technical Change*, MIT Press.

McKenzie, Donald and Judy Wajcman eds.(1985 & 1999), *The Social Shaping of Technology: How the Refrigerator Got Its Hum*, Open University Press.

Mansell, Robin ed.(1994), *The management of information and communication technologies: Emerging patterns of control*, Aslib.

Mansell, Robin and Roger Silverstone eds.(1996), *Communication by design: the politics of communication technologies*, Oxford University Press.

Marglin, Stephen(1976), What Do Bosses Do: The Origins and Function of Hierarchy in Capitalist Production, in Andre Gorz ed., *The Division of Labor: The Labour Process and Class Struggle in Modern Capitalism*, Hassocks pp. 13-54.

Marx, Gary T.(1988), *Undercover: Police Surveillance in America*, University of California Press.

Marx, Karl(1976), *Capital: A Critique of Political Economy*, 3 Vols. Penguin.

Mashima, R. and K. Hirose(1996), From 4Dial-a-Phorn> to <Cyberphorn>: Approaches to and Limitations of Regulation in the United States and Japan, *Journal of Computer-Mediated Communication*, vol. 2 No. 1.

Masuda, Y.(1980), *The Information Society as Post-Industrial Society*, Institute for Information Studies.

Merton, Robert K.(1938/1970) *Science, Technology and Society in Seventeenth Century England*, Harper Torchbooks.

_____, Robert K., (1949/1970), *Social Theory and Social Structure*, Free Press.

_____, Robert K.(1973), *Sociology of Science: Theoretical and Empirical Investigations*, The University of Chicago Press.

Mitcham, Carl(1979), Philosophy and History of Technology, in George Bugliarello and Dean b. Doner eds., *History and Philosophy of Technology*, University of Illinois Press, pp. 163-201.

Modis, T and A. Debecker(1988), Innovation in the Computer Industry, *Technological Forecasting and Social Change*, Vol. 33.

Mol, Annemarie and John Law(1994), Regions, Networks and Fluids: Anaemia and Social Topology, *Social Study of Science*, Vol. 24. Sage, pp. 641-71.

Molina, Alfonso(1989), *The Social Basis of the Micro-electronics Revolution*, Edinburgh University Press.

Montealegre, R.(1997), The interplay of information technology and the social milieu, *Information Technology & People*, vol. 10 no. 2.

Mulkay, M. J.(1976), Norms and Ideology in Science, *Social Science Information*, Vol. 15 pp. 637-656.

Mulkay, M. J. et al.(1983), Why an Analysis of Scientific Discourse is needed, in K. Knorr-Cetina and M. J. Mulkay eds., *Science Observed: Perspectives in the Social Study of Science*, Sage p. 199.

Mumford, Lewis(1964), Authoritarian and Democratic Technics, *Technology and Culture*,

5 pp. 1-8.

Nachmias, Chava and David Nachmias(1981), *Research Methods in the Social Sciences*, 2nd ed. St. Martin's Press.

Naisbitts, J.(1982), *Megatrends*, Warner Books.

Negroponte, Nicholas(1995), *being digital*, MIT Press[백욱인 역 (1996) 『디지털이다』 커뮤니케이션스북스].

Needham, Joseph(1969), Science and Society in East and West, *The Grand Titration*, Allen & Unwin. chap. 6.

Nelkin, D.(1979), *Controversy: Politics of Technical Decisions*, Sage.

Nelson, Richard R., and Sidney G. Winter(1977), In Search of a Useful Theory of Innovation, *Research Policy*, 6 pp. 36-76.

Nelson, Richard R., and Sidney G. Winter(1982), *An Evolutionary Theory of Economic Change*, Harvard University Press.

Nelson, Richard R.(1993), *National Innovation Systems: A Comparative Analysis*, Oxford University Press.

Nguyen, Nam Tien, Claire Lobet-Maris, Jacques Berleur and Benoit Kusters(1996), Methodological issues in information technology assessment, *IJTM Special Publication on Technology Assessment*, pp. 566-580.

Noble, David F.(1979), Social Choice in Machine Design: The Case of Automatically Controlled Machine Tools in Andrew Zimbalist ed., *Case Studies on the Labor Process*, Monthly Review Press pp.18-50.

Noble, David F.(1984), *Force of Production: A Social History of Industrial Automation*, Knopf.

Nowotny, Helga and Klaus Taschwer ed.(1996), *The Sociology of the Sciences*, Vol. I, II Elgar Publishing Co..

NTIA(1997), Privacy and Self-Regulation in the Information Age, in http://www/ntia.doc.gov/reports/privacy.

Ogburn, Wlliam and Meyer F. Nimkoff(1964), *A Handbook of Sociology*, Routledge & Kegan Paul pp. 571-575.

OECD(1997), *Global Information Infrastructure-Global Information Society: Policy Requirements*, OECD.

Office of Technology Assessment, U. S. Congress(1995), Global Communications: Opportunities for Trade and Aid, OTA-TCT-642 Sept..

Pavit, Keith(1997), The Social Shaping of the National Science Base, *Electronic Working paper*, Series No. 5, SPRU, University of Sussex, November.
Peck, Robert S. ed.(1990), *To Govern A Changing Society-Constitutionalism and the challenge of new technology*, Smithsonian Institution Press.
Pinch, Trevor F., and Wiebe E. Bijker(1986), Science, Relativism and the New Sociology of Technology: Reply to Russel, *Social Studies of Science*, 16 pp. 347-360.
Pinch, Trevor F., and Wiebe E. Bijker(1987), The Social Construction of Facts and Artifacts: Or How the Sociology of Science and the Sociology of Technology Might Benefit Each Other, In Wiebe E. Bijker, Thomas Hughes and Trevor F. Pinch eds., *The Social Construction of Technological Systems: New Directions in the Sociology and History of Technology*, MIT Press pp. 17-50.
Pickering, A. ed.(1992), *Science as Practice and Culture*, Chicago University Press.
Pool, Ithiel de Sola.(1983), *Technologies of Freedom* The Belknap Press of Harvard University Press.
Porat, M.(1977), *The Information Economics* U. S. Department of Commerce.
Poster, M.(1997), Cyberdemocracy: Internet and the Public Sphere, in D. Porter(ed.), *Internet Culture*, Routledge.
Powell, W. W.(1987), Review Essay: Explaining Technological Change, *American Journal of Sociology*, 93 pp. 185-197.
Rheingold, Howard(1991), *Virtual Reality*, Summit Books, Simon and Schuster Inc..
Rheingold, Howard(1994), *The Virtual Community*, Secker and Warburg.
Rifkin, Jeremy(1994), *The End of Work*, MRP[이영호 역 (1996) 『노동의 종말』 민음사].
Robins, Kelvin and Frank Webster(1989), Plan and Control: Towards a cultural history of the information society, *Theory and Society*, 18 pp. 323-351.
Ronfeld, David.(1992), *Cybercracy is coming*, Taylor & Francis[홍석기역, (1997), 정보지배사회가 오고 있다, 자작나무].
Rosenberg, Nathan(1976), Problems in the Economist's Conceptualization of Technological Innovation in Nathan Rosenberg, *Perspectives on Technology*, Cambridge University Press pp. 61-84.
Rosenberg, Nathan(1976), Marx as a Student of Technology, *Monthly Review*, 28 pp.

56-77.

Rosenberg, Nathan(1982), *Inside the Black Box: Technology and Economics*, Cambridge University Press pp. 120-140.

Rothwell, R.(1984), Difficulties of National Innovation Policies in M. Gibbons et al. eds., *Science and Technology Policy in the 1980s and Beyond*, Longman.

Rushkoff, Douglas(1996), *Playing the Future: How Kids' Culture Can Teach Us to Thrive in An Age of Chaos*, Harper Collins[김성기 김수정 옮김 (1997) 『카오스의 아이들』 민음사].

Russel, Stewart(1986), The Social Construction of Artefacts: A Response to Pinch and Bijker, *Social Studies of Science*, 16 pp. 331-346.

Russel, Stewart and Robin Williams(1988), Opening the Black Box and Closing It behind You: On Micro-Sociology in the Social Analysis of Technology, *Edinburgh PICT Working Paper*, Series 3 Edinburgh University Press.

Saloman, Jean-Jacques(1984), What is Technology: The Issue of Its Origins and Definitions, *History of Technology*, pp. 113-156.

Saul, S. B.(1970), *The Technological Change: The United States and Britain in the Nineteenth Century*, Metheun.

Schiller, H.(1989), Information for What Kind of Society, In Salvaggio, J. L. ed., *The Information Society: Economic, Social and Structural Issues*, Lawrence Erlbaum Associates Publishers.

Schumpeter, Joseph(1934), *The Theory of Economic Development: An Inquiry into Profits, Capital, Credit, Interest and the Business Cycle*, Harvard University Press.

Schumpeter, Joseph(1939), *Business Cycles: A Theoretical Historical and Statistical Analysis of Capitalist Process*, McGraw-Hill.

Schumpeter, Joseph(1943), *Capitalism, Socialism and Democracy*, Allen & Unwin.

Sclove, Richard E.(1995), *Democracy and Technology*, The Guilford Press.

Shapin, Steven(1982), History of Science and Its Sociological Reconstructions, *History of Science*, pp. 157-211.

Shapin, Steven(1988), Following Scientists Around, *Social Studies of Science*, Vol. 18 pp. 533-550.

Shapin, Steven(1996), *The Scientific Revolution*, The University of Chicago Press.

Sheth, Jagdish and Rajendra S. Sisoda(1996), *The Consolidation of the Information*

Industry- A Paradigm Shift, U. S. International Engineering Consortium.
Shrum, Wesley and Yehouda Shenhav(1995), Science and Technology in Less Developed Countries, in Jasanoff, Shelia, Gerald E. Markle, James C. Peterson and Trevor Pinch, eds.(1995), *Handbook of Science and Technology Studies,* Sage Publications.
Simon, Julian L. and Paul Burstein(1985), *Basic Research Methods in Social Science,* 3rd ed. Random House p. 37, 184.
Smith, Merritt Roe(1994), Technological Determinism in American Culture', in Merritt Roe Smith and Leo Marx, eds., *Does Technology Drive History: The Dilemma of Technological Determinism,* The MIT Press.
Sorge, A., W. Warner and I. Nicholas(1983), *Micro-electronics and Manpower in Manufacturing: Applications of CNC in Great Britain and West Germany,* Aldershot: Gower.
Springer, Claudia(1996), *Electronic Eros: Bodies and Desire in the Post-industrial Age,* University of Texas Press[정준영 옮김 (1998) 『사이버 에로스: 탈산업시대의 육체와 욕망』 한나래].
Steven, E. Miller(1995), *Civilizing Cyberspace: Policy, Power and the Information Superhighway,* Addison-Wesley Pub. Co..
Street, John(1992), Politics and Te*chnology,* The Guilford Press.
Tisdell, C. A.(1979), Scientific and Technological Risk-taking and Public Policy, In W. Callebaut et al., eds., *Theory of Knowledge and Science Policy,* 1University of Ghent Press.
Thompson, E. P.(1967), Time, Discipline and Industrial Capitalism, *Past and Present,* 38 pp. 56-97.
Toffler, Alvin(1980), *The Third Wave,* Collins [이규행 감역 (1989), 『제3의 물결』, 한국경제신문사].
Usher, A.(1954), *A History of Mechanical Inventions,* 2nd ed., Harvard University Press.
Utterback, James M.(1994), *Mastering the Dynamics of Innovation,* Harvard Business School Press[김인수 외역 (1997), 『기술변화와 혁신전략』 경문사].
Volti, Rudi(1995), *Society and Technological Change,* 3rd ed. St Martin's Press.
Webster, Andrew(1991) *Science, Technology and Society: New Directions,* Macmillan[김환석·송성수 역 (1997) 『과학·기술과 사회』 한울].

Webster, F and K. Robin(1986), *Information Technology: A Luddite Analysis*, Ablex.

Webster, F.(1991), *Theories of Information Society*, Macmillan[조동기 역 (1997)『정보사회이론』사회비평사].

Wenk, Edward, Jr. New Principle for Engineering Ethics in Rob Kling, 2nd ed.(1996), *The Computerization and Controversy -Value conflicts and social choices*, Vol I. II Academic Press pp. 932-944.

Westrum, Ron M.(1991), *Technology and Society: The Shaping of People and Things*, Wadworth Publishing Co..

Williams, Frederick ed.(1988), *Measuring the Information Society*, Sage.

Williams, Robin and David Edge(1991), The Social Shaping of Technology: A Review of UK Research Concepts, Findings, Programmes and Centres, *Working Paper*, WZB(Berlin) pp. 152-205.

Williams, Robin and David Edge(1996), The Social Shaping of Technology, in William H. Dutton eds., *Information and Communication Technologies: Visions and Realities*, Oxford University Press pp. 53-67.

Williams, Robin and David Edge(1996), The Social Shaping of Technology, *Research Policy*, 25 pp. 865-899.

Williams, R.(1981), Communication Technologies and Social Institution, in Raymond Williams ed., *Contact: Human Communication and its History*, Thomas and Hudson, pp. 226-248.

Williams, Robin and S. Russel(1992), Social Shaping Reviewed: Research Concepts and Finding in the U. K., *Edinburgh PICT Working Paper*, Series 41 Edinburgh University.

Williams, Robin(1997), The Social Shaping of Information and Communications Technology in Kubicek, Herbert, William, H. Dutton, and Robin Williams eds. (1997), *The Social Shaping of Information Superhighways: European and American Roads to the Information Society*, Campus Verlag pp. 299-338.

Winner, Langdon(1977), *Autonomous Technology: Technics-out-of-Control as a Theme in Political Thought*, MIT Press pp. 57-73.

Winner, Langdon(1980), Do Artifacts Have Politics, *Daedalus*, 109 pp. 121-136.

Winner, Langdon(1991), A victory for consumer populism, *Technology Review*, May-June p. 66.

Winner, Langdon(1991), Upon Opening the Black Box and Finding It Empty: Social Constructivism and the Philosophy of Technology, *Science, Technology & Human Values*, Vol. 18 No. 3, pp. 368-373.

Wise, George(1985), Science and Technology, *Osiris*, 2nd Series pp. 229-246.

Wisebrod, D.(1994), Controlling the Uncontrollable: Regulating the Internet, *Media and Communication Law Review*, pp. 353-360.

Woolgar, Steve(1991), The Turn to Technology in Social Studies of Science, *Technology and Human Values*, 16 pp. 20-50.

Woolgar, Steve(1996), Science and Technology Studies and the Renewal of Social Theory, In Stephen P. Turner, ed., *Social Theory and Sociology: The Classics and Beyond*, Blackwell. pp. 235-255.

Yates, Joanna(1989), *Control through Communication*, John Hopkins University Press.

Yearley, Stanley(1989), *Science, Technology and Social Change*, Unwin-Hyman.

부록

한국 국가전산화와 정보산업기술 관련 연대표

1960년
12. 경제기획원 통계국, IBM 천공카드조직(PCS) 도입.

1961년
3. 내무부 통계국, IBM PCS 130대 도입.

1964년
5. 7. 이만영, 진공관식 아날로그 계산기 개발.

1966년
2. 10. 한국과학기술연구소(KIST) 발족.
2. 과학기술진흥 5개년계획 발표.

1967년
1. 1. 한국생산성본부, 전자계산조직 발족.
1. 16. 과학기술진흥법 제정.
4. 21. 과학기술처 발족.
4. 25. 경제기획원 통계국, IBM 1401 도입: 인구조사 처리(행정기관 도입·운영의 시발).
4. 25. IBM Korea 설립.
5. 과기처, 전자계산기 사용개발 계획 발표.
5. 12. 생산성본부(KPC), 후지쯔 파콤 222 도입.
6. KIST, 전자계산실 설치(CDC 3300).
8. 국세청, EDPS 연구반 조직, 전산화 추진.
   한국전자계산소, 정부와 금융기관에 대한 전산화 타당성 용역계약 체결.
9. 27. 과기처, 전자계산조직개발조정위원회 설치.
9. 콘트롤데이타코리아(CDK) 설립.
10. 12. KPC, 전자계산소에서 한국전자계산소 분리.
11. 보건사회부, UNIVAC 1005, 1105 도입.

1968년
3. 성균관대, 경영개발대학원에 전자자료처리학과 석사과정 설치.

4. 과기처, 공무원 전산교육 실시.
5. 17. 유한양행, IBM 1401 도입.
6. 육군본부, 유니백 9300 도입.
9. 1. 제1회 국제사무기계화촉진전시회 개최.
10. 5. 한국유니백 설립.
11. 　 금융기관 전자계산본부(KBCC) 설립.
12. 　 경제기획원 통계국 IBM S/370 도입.

1969년
1. 　 서강대 유니백 SS-80 도입.
5. 　 과기처, KIST에 데이터뱅크 시스템 연구 위탁개발 의뢰.
9. 　 국세청, CDC 3250 도입.
10. 23. KIST 전자계산실 준공.
10. 　 금융단전자계산본부(KBCC) 발족.
10. 　 락희그룹, IBM 360-25 도입.
12. 　 서울컴퓨터센터 설립.

1970년
1. 　 외환은행 NCR 센추리-100 도입.
2. 5. 중학교 무시험 추첨.
3. 　 숭전대, 전자계산학과 설치.
4. 　 과기처 산하 중앙전자계산소 발족.
6. 21. 경제기획원(광화문)과 KIST(홍릉)간 터미널 개통.
11. 　 KIST 전산실, 한글 라인프린터 개발.
12. 　 국세청 CDC 3150 도입.

1971년
1. 　 부산은행 버로스 E-8000 도입.
3. 　 스페리랜드 코리아 설립.
4. 21. 한국전자계산주식회사(KCC정보통신) 설립.
7. 　 한국보험전산 설립.
　 　 한국전력, IBM 360-40 도입.
9. 　 철도청, 유니백 9400 도입.
10. 　 치안본부, 유니백 9400 도입, 주민등록 전산화.
11. 　 외환은행, 서울-부산지점 온라인 개통.
　 　 KIST 전산실, 초대형 사이버 73-18 도입.
12. 　 KIST, 덕수상고에 CDC 200 UT 터미널 설치.
　 　 KIST, 대학예비고사 채점 전산화.

1973년
2. 한국정보과학회 창립.
3. KIST, 미니컴퓨터 '세종 1호' 개발(미 GTE 후원).
10. 반포 AID아파트 부정추첨사건.

1974년
2. 화콤코리아(한국후지쯔) 설립.
7. KIST와 삼양타이어(전남 송정리)간 데이터통신.
8. 체신부, 유니백 도입.
9. 홍익대, CDC 3200 도입.

1975년
1. 중앙전자계산소(NCC)를 정부전자계산소(GCC)로 개칭.
2. 행정전산화 추진에 대한 지시(대통령 총무처 연두순시).
6. 총무처 행정전산화 추진 총괄기구 설치, 행정전산계획관실 설치.
8. 행정전산추진위원회 구성.
   서울시청(유니백 90/60), 해양개발연구소(NOVA), 해군(WANG 2200)의 컴퓨터 도입.
9. 한국과학기술정보센터 TK-70 도입.
10. KBCC, 금융기관전자계산소로 개편(77. 6. 은행지로관리소로 개명).
12. 홍릉기계(ECLIPSE S/200), 농업진흥공사(IBM 370) 한국전력(FACOM 230)의 컴퓨터 도입.

1976년
5. KIST, 전산기술연구실 발족.
9. 한국전자기술연구소, 경북 구미 설치 발표.

1977년
1. 서울신탁은행 전산화(IBM 730).
2. 과기처 정보산업국 국내 최초로 컴퓨터 실태조사 실시.
4. 한국과학기술연구소 잉크젯방식 프린터 개발.
6. 관세청, 전산화 시작.
9. 상업은행, 보통예금 온라인 실시.
10. 문교부, 8개 국립대학의 컴퓨터로 HP-3000 선정.
11. 한국은행 컴퓨터 도입(CYBER 71).

1978년
2. 정부, 제1차 행정전산화 기본계획 수립(1978~82):
   - 관련 행정제도의 정비.
   - 공무원의 인식제고.
   - 전산요원 유치양성.

　　　　총무처, 제1차 행정전산화 기본계획(1978~82) 발표.
12.　대신증권, 증권업계 최초로 전산화.

1979년
1. 6개 해상화재보험사, 공동 전산개발실 설치.
2. 중앙일보, 자체 전산실 운영(IBM 370).
　　전국경제인연합회, 정보산업협의회 발기.
3. 대한재보험, 전산기 가동(FACOM 230).
5. 정부, 행정업무 전산화 추진 개시.
　　총무처, 행정전산계획관실을 전산계획담당관실로 축소개편.
8. 전자공업진흥회, 컴퓨터 기술교육 실시.
9. KIST 전산개발센터, 국내 최초로 일본 화콤에 소프트웨어 수출.
10. 한국일보, 컴퓨터 이용 한글 자동문선 및 식자기 개발.
11. 전자기술연구소, 소형/초소형 컴퓨터개발 시작.

1980년
1. 전매청, 전산화 및 온라인화.
　　문교부, 상업고등학교 전산교육 지원방안 마련.
　　KIST 전산개발센터, CAI시스템 개발.
4. 과학기술정보센터, 한글한자 자동변환시스템 개발.
6. 공업진흥청, 표준화사업의 일환으로 미니컴퓨터, 중앙처리장치 등 7종의 컴퓨터 및 주변기기에 대한 표준 설계기준 마련.

1981년
1. KIST와 한국과학원(KAIST), 한국과학기술원(KAIST)으로 통합.
2. 전자기술연구소, 마이크로컴퓨터 HAN8시스템 개발(64KB, CP/M).
　　삼보전자, 국내 최초로 PC 개발 SE-8001.
3. 해외 4대 데이터뱅크, 국내 검색서비스 개시, KORSTIC.
7. 한국상역, 미 MDS사와 기술제휴. 마이크로컴퓨터 국내생산 개시.
8. 컴퓨터, 반도체부문 외국인 100% 투자 허용.
9. 벤처기업 (주)큐닉스 설립.
10. 한국전기통신공사(KTA) 발족.
　　금성반도체, 국내 최초로 미니컴퓨터 생산.
11. KAIST, 디지털통신 변복조기 개발, 국제특허 취득.

1982년
1. 행정업무 전산화 추진규정 제정:
　　- 행정전산화추진위원회 운영.
　　- 행정전산화 기본계획 수립(5년 단위).

- 부처별 연간 세부 실천계획의 조정과 통보 및 추진결과 평가.
           - 전자계산조직의 도입과 설치에 대한 사전합의.
           - 부처별 전산예산의 사전심의.
        국제경영연구원과 한국과학기술정보센터 통합, 한국산업경제기술연구원(KIET) 발족.
        데이타통신 전문회사 발기인대회 개최.
3.   한국데이타통신(주) 설립(DACOM).
7.   행정업무전산화 추진규정 시행규칙 제정.
        금성사, DSP 시리즈 국산화 추진.
        센텔, 국내 최초로 유럽시장에 컴퓨터 수출.
9.   '82 정보처리기술사 시험 실시.
        데이콤, 데이터통신회선 사용 청약업무 개시.
10.   공업진흥청, 컴퓨터표준화 KS규격 고시.
        한국전자계산, 미 PRIME사와 기술계약, 소형컴퓨터 국산화.
        OPC, 국내 최초로 5 1/4″ FDD 개발.
        제13회 한국전자박람회 개최.
11.   데이콤, 미 ITT와 통신협정 체결.
        삼성정밀, 미 SHUGART사와 기술제휴, 5 1/4″ FDD 생산.
        제1회 기술진흥확대회의 개최, '83년을 정보산업의 해로 선언.
        총무처, 사무자동화기기전 개최.
12.   제2차 행정전산화기본계획(1983-86) 수립.
           - 행정기관별로 기 개발된 업무를 업무계열로 체계화·종합화 추진.
           - 행정정보체체제(AIS) 구성계획 수립.
                행정기관별로 구성된 통신망을 종합해 전 중앙행정기관에 상호 연결.
                지방의 군단위까지 연결되는 전국적 행정정보망 구성.
           - 행정 데이터베이스를 단계적으로 구성·활용.
                제1차 기간중의 정보 수요조사 및 기술연구 결과에 기초.
           - 전산화 여건조성의 중점사항.
                정보산업 육성을 고려한 국산 컴퓨터시스템의 적극 활용.
                별정직 공무원의 일반직화 등 우수요원의 적극적인 확보.

1983년
1.   전자공업진흥회, 컴퓨터, 반도체부문 등에 38억 원 진흥기금 지원.
        한국소프트웨어개발연구조합 발족.
        외무부, 여권발급 업무 전산화.
2.   한국상역, 미 TANDEM사와 기술제휴.
3.   정보산업 육성방안 보고
           - 정보산업육성위원회 구성.
                위원장: 대통령 비서실장.
                위원: 각 부처 차관.

- 공공기관 전산망을 국방, 정보, 기타 등으로 단계적 추진.
  정보 공동활용 체제 구축.
  정보의 안정성 및 신뢰성 확보.
  공공기관의 전산화 추진.
  시범사업 추진.
  공공개발.
과기처, 프로그램보호법(안) 예고
전산망 보급확장과 이용 필요에 관한 법률 입법예고
상공부, 산업기술연구조합 육성 발표
교육연구전산망 기본계획 수립(교육연구전산망 구성 연구).
  - 연구기관: KAIST 부설 시스템공학센터.
  - 연구내용.
    교육연구전산망 목표설정 및 단계별 구축계획 설계.
    교육연구전산망 활동방안 등.
  - 연구기간: 1985. 7~1986. 5.

1986년
6. 상공부, 공업발전법 시행령 발표
   금융결제관리원 설립.
     - 금융전산망 구축 및 운영담당.
7. 한국반도체연구조합 설립.
   상공부, 공업발전법 시행규칙 발표
9. 상공부, 소프트웨어민간협의회 발족.
10. 한국전자공업진흥회, 제17회 한국전자전 개최.
12. 정보교환용 한글코드표준(안) 확정.
     - 한글코드표준화자문위원회.
     - 2바이트 완성형.

1987년
1. 전산망 보급확장과 이용촉진에 관한 법률 시행령 제정 시행.
     - 전산망법 제정 공포에 따라 위임된 사항과 시행에 필요한 사항 규정.
   한국전산원 설립:
     - 전산망사업 감리.
     - 표준화 연구.
   데이콤, 행정전산사업단 구성.
   한국형 전자우편시스템 개발(DACOM).
   KAIST, 신 토큰링 방식 LAN 개발.
2. 한국전기통신공사 컴퓨터통신 개시.
3. 행정전산망용 주전산기 개발업체 선정(ETRI 잠정선정 업체 6개사).

　　　　　전자시보사, 한국소프트웨어 전시회 개최.
　　　　　정보과학회, 인공지능 학술발표회 개최.
　　　　　체신부, 통신기술용역(주) 발족.
4.　행정전산망 종합계획 확정.
　　　- 행정전산망 종합계획.
　　　　6개 우선 추진사업 확정.
　　　　하드웨어는 국산기기를 활용.
　　　　소프트웨어는 국내 민간업체를 적극 활용.
　　　　통신망을 공중망으로 사용.
　　　　운영 및 유지보수는 일괄책임 지원체제로 함.
　　　　시범사업의 선행 추진.
　　　- 행정전산망용 주전산기 개발계획.
　　　　목표: 슈퍼미니급(중형) 컴퓨터 개발.
　　　　　　도입기술을 기반으로 목표시스템 개발.
　　　　　　전자통신연구소를 중심으로 국내 생산업체 공동참여.
　　　- 행정전산망 자금지원 계획.
　　　　개발비는 데이콤이 통신진흥(주) 등의 지원으로 선투자 추진.
　　　　행정망 완성 후는 익년도부터 정부예산에 계상하여 분할상환.
　　　　운영비는 사용량에 따라 이용기관이 부담.
　　　　선투자 소요액 1,513억 원 책정.
　　　행정전산망용 주전산기 도입.
　　　- 한국데이타통신(주).
　　　- 도입기기: 미 톨러런트사의 이터니티 시스템.
5.　노동부 각 지방사무소, 행정전산망 중 취업알선 업무 서비스 개시.
　　전산망조정위원회 발족 및 제1차 회의 개최.
　　　- 위원회 발족 및 위원 임명.
　　　　위원장: 김성진 한국전산원장.
　　　　위원: 관련기관 차관급.
　　　- 심의안건.
　　　　전산망조정위원회 운영규칙 의결.
　　　　행정전산망용 다기능 사무기기 보급계획 수립.
　　　　확대회의 행사계획(안) 보고
　　산업경제자료원, 종합생활정보 데이터베이스센터 개설.
6.　한국전산원, 제1차 전산망 감리보고서 제출.
　　한국소프트웨어연구조합, 소프트웨어 개발비 산정기준 마련.
　　희망전자, 국민보급형 PC 생산.
　　금융전산위원회를 금융전산망추진위원회로 확대개편.
　　　- 금융전산망추진위원회의 구성.
　　　　위원장: 한국은행 총재(총괄기관 의장).

　　　　　　부위원장: 한국은행 부총재.
　　　　　　위원: 각 금융기관 및 관련기관 의장(26명).
　　　　　- 증권, 보험, 투자금융회사 등도 금융전산망사업에 포함시키기로 함.
7.　　제1차 국가전산화 확대회의 개최.
　　　　　- 국가기간전산망의 기본계획 보고.
　　　　　　국가전산화 기본계획 수립.
　　　　　　전산망별 추진계획 수립.
　　　　　- 시범행사 실시.
　　　과학기술처, 프로그램보호법 제정 시행.
　　　교육연구전산망추진위원회 위원 선정.
　　　　　- 위원장: 과학기술처 장관.
　　　　　- 부위원장: 과학기술처 차관, 문교부 차관.
　　　　　- 정보처리전문가협회, 제1회 한국소프트웨어 공모전 개최.
　　　상공부, 개인용컴퓨터 등 수입자유화 실시.
　　　상공부, 공업발전 시행령 및 시행규칙 확정.
8.　　정보통신진흥협회 설립.
　　　신용카드법 시행.
9.　　전산망조정위원회 사무국 설치운영 개시.
　　　　　- 전산망조정위원회 관련 행정사무의 처리.
　　　　　- 위원장이 필요로 하는 관련 업무.
　　　　　　우선 추진사업 독려 및 공공전산화.
　　　　　　컴퓨터 도입심의 관련의안 처리.
　　　전화 1천만 회선 돌파.
　　　은행 금융기관의 ARS 공동운용 방안 확정.
　　　　　- 적용업무: 조회업무, 안내업무.
　　　　　- 실시지역: 서울지역.
　　　　　- 실시시기: 1988년 하반기.
10.　　KAIST, 슈퍼컴퓨터 AS/XLV 50 설치.
　　　행정전산망용 워드프로세서 선정.
　　　　　- 금성소프트웨어 하나.
　　　한국전자공업진흥회, 제10회 한국전자전람회 개최.
11.　　과기처, 전문 소프트웨어 개발단지 조성계획 발표.
11.　　제2차 전산망조정위원회 개최.
　　　　　- 행정전산망 종합계획 조정.
　　　　　- 국가기간전산망 표준화 관리방안 수립.
12.　　문교부, 학교컴퓨터 교육 강화방안 수립.
　　　　　- 각급 학교 컴퓨터교육 기회의 확대.
　　　　　- 컴퓨터 보급확대.
　　　　　- 교육용 소프트웨어의 개발과 보급.

1988년
1. 한국전산원, 제2차 전산망사업 감리보고서 제출.
   한국전산원, 전산망 표준화 시행규칙(안) 마련.
     - '87. 11. 전산망조정위에서 통과한 "전산망표준화 관리방안"에 의거, 시행규칙(안) 마련.
   국민연금법 제도 시행 및 국민연금 전산화 시험운영 개시.
   행정전산망 표준 다기능 사무기기용 소프트웨어 보급.
     - 워드프로세서: 하나—금성소프트웨어(주).
     - **DBMS** 및 **SPREAD SHEET**용 소프트웨어는 별도 구매계획 수립.
   상공부, 생산자동화 3천억 원 지원 5개년계획 발표
   특허청, 특허정보 전산화 추진.
   데이콤, 88관광정보 제공, WIN 구축—3개 국어 서비스 개시.
2. 전산원, 전산망사업관리절차(프로젝트 개발방법론) 수립.
     - 금융전산망 기본계획(안) 및 타행환시스템 기본계획(안) 제출.
   전산망조정위원회 사무국, "국가전산총람" 발간 및 배포
     - 수록내용: 국가전산화 현황, 공공기관(219개) 전산자원 현황, 기타 정보산업 관련자료 등.
   ETRI와 반도체연구조합, 4M DRAM 개발.
   상공부, 제2차 공업기술 수요조사 착수.
3. 과기처, 한영 및 영한 번역시스템 개발 본격화.
   금성사, 중형컴퓨터용 UNIX OS용 한글화 개발.
   체신부, 16개 도시에 고속데이터통신망 구축.
   체신부, 전산망 기술기준 마련.
   과기처, UNPP, 기상정보 시스템 개발.
4. 전산망조정위 "범국민전산교육계획" 추진.
   제3차 전산망조정위 개최.
     - 금융전산망 기본계획(안) 의결.
     - "64비트 병렬처리 시스템 설계기술 개발" 연구사업에 관한 보고
   체신부, 문자다중 텔레비전 방송 1989년부터 실시 발표
   과기처, 한국형 OS 개발 추진.
   과기처, 컴퓨터범죄 방지법 추진.
   금성사, 슈퍼미니컴퓨터 DPS-6-PLUS 국내 생산.
5. 행정전산망용 주전산기 국산화 공급(금성, 삼성, 대우, 현대).
   연금업무 전산처리 정상화와 행정망 주전산기 개발 및 활용.
   전문정보산업 서비스 개시(데이콤, 천리안 II).
   공업진흥청, 컴퓨터 표준화 5개년계획 수립.
6. 전산망조정위, OSI표준 채택.
7. 제4회 전산망조정위원회 개최:
     - 행정전산망 국민연금 개발계획 수정(안) 의결.
     - 교육연구전산망 기본계획(안) 의결.
     - 금융전산망 현금자동인출기 공동이용시스템 실시 보고

행정전산망 다기능 사무기기용 소프트웨어 보급:
- 자료관리용 소프트웨어(DBMS): 스윙, (주) 큐닉스
- 계산표 처리용 소프트웨어(SPREAD SHEET): 하나스프레드쉬트, 금성소프트웨어(주).
8. 부동산 정책회의(장관급).
- 토지종합과세 조기실시를 위한 전산화 촉진방안 수립 및 보고
국민연금관리공단과 DACOM, 국민연금 인수인계 협약서 체결.
전산망조정위원회 위원장 교체, 김성진 한국전산원장에서 홍성철 대통령 비서실장.
9. 행정전산망용 주전산기 1차 안정화작업 종료 및 2차 안정화작업 개시.
자동차관리 전산시스템 인천지역 개통.
제6공화국 경제정책 관련 국가전산화 촉진과 정보산업 육성방안 수립.
상공부, 공업기반 기술과제 컴퓨터분야 12개 과제 발표
상공부, 자동화시스템 연구소 설립추진.
서울올림픽조직위원회(SLOOC), 서울올림픽전산망 가동.
10. 국가전산화 정책과 정보문화확산 세미나 개최(대한상공회의소 국제회의실).
- 주최: 한국전산원, 정보문화센터, 한국정보과학회, 한국통신학회, 정보통신진흥협회.
행정전산망용 주전산기 개발 발표회(서울힐튼호텔).
상공부, 중고컴퓨터 수입자유화.
컴퓨터연구조합, 행정전산망용 주전산기 2단계 개발착수.
한국전자공업진흥회, 제19회 한국전자전람회 개최.
11. 행정전산망 우선추진사업 감리(11. 19까지).
- 1987년 4/4분기~1988년 3/4분기 집행실적.
- 국민연금 전산화.
한국무역정보통신, 무역정보네트워크 개발.
과기원, 디스크 제조기술 국산화 개발.
과기원, 인공지능 컴퓨터 국내 첫 개발.
12. 제5회 전산망조정위원회 개최.
- 국가기간전산망 기본계획(12호).
- 망별 기본계획(7~11호).

1989년
1. 대통령 지시사항(체신부 업무보고시).
- 1990년대를 대비한 "정보사회 종합대책" 수립.
정보문화홍보관 개관.
톨러런트 국산기 공급개시.
2. 행정전산망 감리(2. 14까지).
- '89 4/4분기 사업실적.
- '89 사업계획.
정보산업연합회, 정보화선언문 채택.
6. 자동차 VAN 본격 개통.

전산망조정위, 체신부로 이관.
교육용컴퓨터 16비트로 결정.
6. 12. KAIST, KAIS(학사부)와 KIST(연구부)로 분리.
7. 통신회선 사용 전면개방.
제6회 국가기간전산망 조정위원회 개최.
 - 전산망조정위원회 운영규칙 개정 세칙(안).
 - 행정전산망 주전산기 개발 실행계획(안).
 - 행정전산망 기본계획(안).
 - 행정전산망 감리결과 정산기준(안).
국산 TDX I 1백만 회선 돌파.
한국전산원, OSI 기능표준안 발간.
슈퍼컴 스위칭센터 설치운영.
8. 공업진흥청, 16비트 PC KS규격 제정.
무역협회, 무역정보 종합통신망 서비스 개시(KOTIS).
정보통신회선 사용제도 완화(VAN시장 국내 완화).
8. 16. 과기처, 국책연구사업 공청회 개최.
11. 정보사회 종합대책 중간보고 및 대통령 지시사항 점검.
정보사회 종합대책 조기수립, 관계부처 합동보고
행정전산망 주전산기 2차 발표회 및 명칭공모 시상.
데이콤, 행정전산망용 선투자 처음 상환.
KTA, 교육용PC 품질인증 검사 실시.
12. 정보사회 종합대책 시안작성 및 관계부처 협의.

1990년
1. 한국전기통신공사(KTA) 민영화계획 발표
2. 교육용컴퓨터 입찰파문.
2. 과기원, 충남 대덕연구단지 입주.
2. 중소컴퓨터 판매업체 협동조합 설립.
3. 금성사, 슈퍼미니컴퓨터 DPS 6000시리즈 국내 생산공급.
3. 행정전산망용 워드프로세서, 5개 기종 추가선정.
4. 전산망조정위원회, 정보사회 종합대책 수립.
5. 교육연구전산망 대덕연구단지에 시범구축.
7. 6개 소형증권사, 종합증권시스템 석세스 사용.
12. 10. 한국전기통신공사, 한국통신(KT)으로 개칭.
12. 14. 한국통신, ISDN 시험망 개통.

1991년
1. 정보통신사업 외국인 투자비율 50%까지 허용.
3. 14. 한국IBM, 최초로 한국인 오창규 사장 선임.

9. 한국통신, 증권정보 114 음성안내 서비스 개시.
10. 고려시스템산업 파산.
12. 9. 한국PC통신 출범.
12. 데이콤 국제전화 서비스 개시.

1992년
1. 9. 성기수 시스템공학연구소 소장 사임.
1. 대우통신, 파키스탄에 TDX-10 수출.
5. 삼성전자, SSM 시리즈로 국산 주전산기 타이컴의 첫 상품화.
6. 워드프로세서 자격 검정시험 처음 실시.
8. 프라임컴퓨터, 하드웨어사업 포기.
8. 20. 제2이동통신 사업자 선정.
8. 24. 제2이동전화, 특혜시비로 사업자선정 백지화.
10. 삼성전자, 64MD RAM 개발성공을 발표
10. 국산 주전산기 III CPU에 인텔 펜티엄칩 선택.

1993년
1. 과기처, 컴퓨터프로그램 보호법 개정안 입법예고.
5. 6. 한국컴퓨터연구조합, K-DOS 5.0 신제품 발표
6. 1. 총무처, 행정종합정보망 개통.
6. 15. 제2이동전화 사업자선정을 94년으로 연기.
7. 29. 소프트웨어재산권보호위원회 설립.
7. 금성사, 멀티미디어 PC 스타미디어 발표
8. 7. 대전엑스포 개최.
11. 25. SERI, 슈퍼컴퓨터 2호기 가동.

1994년
1. 3. 광주은행, 국내 처음으로 계정계 다운사이징 시스템 구축.
1. 26. 한국NCR, AT&T GIS로 상호변경.
2. 대우통신, 국내 처음으로 64비트 펜티엄 프로세서 탑재, 장착 PC 발표
3. 4. 정보화추진협의회, 정보산업 발전을 위한 대정부 건의안 체신부에 제출.
5. 17. 과기처, 2010년을 향한 과학기술 발전 장기계획 발표
7. 시스코시스템즈 국내지사 설립.
11. 10. 초고속정보통신 기반구축 종합추진 계획수립.
12. 23. 정보통신부 발족.

1995년
1. 한국통신, 삼성전자, 신세기통신 등 3개사, 인마샛 참여.
2. 핸디소프트, 핸디 오피스 정보통신부 표준제품으로 지정.

2. G7 정보고속도로 구축방안 협의.
3. 정보통신부, 통신분야 자율경쟁을 위해 기본법 및 사업시행규칙 개정.
3. LG전자, 4배속 CD롬 드라이브 100만 대 수출.
8. 5. 국내 첫 방송통신용 무궁화위성 발사 실패.
9. 한솔그룹, 옥소리 전격인수.
11. 삼성전자, 국산 주전산기 III 개발 발표.
11. 28. 한글윈도우 95 출시.

1996년
1. 1. 정보화촉진을 위한 기본계획인 정보화촉진기본법 시행.
1. 1. 인터넷 엑스포 96 개막.
1. 14. 무궁화위성 2호 발사.
2. 통신부, 전자문서 법적 효력 인정.
2. 한국전산원, 국산 주전산기 개발참여 4사 타이컴 품질보증 도구 개발.
3. 18. 무궁화위성을 이용한 서비스 개시.
4. 1. 신세기통신, CDMA 상용화 서비스 개시.
5. 인터넷 영상물 등급제 시행—PICS제도 마련.
5. 삼성전자, 미 썬사의 '자바원' 반도체 개발참여.
6. 10. 신규통신사업자 27개사 선정.
6. SERI, 병렬처리형 멀티시스템 시제품 개발.
9. 조달청, 행정전산망 PC 공급 일반단가 계약방식으로 변경.

1997년
2. 두루넷, 회선 임대사업 개시.
2. 통상산업부, 산업정보화 사업에 2천억 원 자금지원.
2. 아프로만, 세양정보통신, 한국소프트정보통신 부도.
3. 14. 유니텔 가상대학 개교.
3. 20. 시티폰 상용서비스 개시.
6. 9. 인천광역시를 미디어밸리로 선정.
6. 13. 통신부, 제2시내전화 사업자 선정.
10. 한솔PCS, 한통프리텔, LG텔레콤 PCS서비스 개시.
10. 총무처, 전자정부 구현 시범사업 추진.
11. 핵심텔레텍 부도.
11. 한국컴퓨터통신 유니SQL 소스판권 인수.
11. 데이콤 천리안 1백만 명 가입 돌파.
12. 8. 한국통신 출자기관 전환 후 이계철 사장 체제 출범.
12. 큐닉스컴퓨터 부도.

[부표 1] 정보통신관련 단체 개황

명 칭	주 요 업 무	설립일	설립근거
한국전산업 협동조합	○ 제품의 표준화 공동검사 및 시험연구 ○ 경영·기술 및 품질관리의 지도조사, 연구교육, 정보에 관한 사업 등	1981. 8.	중소기업 협동조합법
한국정보 산업연합회	○ 정보시스템 활용에 대한 연구·조사 ○ 컴퓨터 및 소프트웨어산업의 육성과 정보유통 ○ 정보자료의 수집·분석 및 교류 등	1983. 7.	민법
한국무선국 관리사업단	○ 전파기술 연구개발 및 발전방안 연구 ○ 전파관련 국내외 기술정보의 수집·분석 ○ 무선종사자의 복지증진사업 ○ 정부로부터의 위탁업무 등	1990. 8.	전파법
한국데이터 베이스진흥 센터	○ 데이터베이스산업의 지원, 육성으로 일반국민의 정보 이용 활성화 촉진 ○ DB이용 실태조사 등	1993. 2.	민법
소프트웨어 공제조합	○ 소프트웨어산업 진흥을 위하여 자금의 대여, 채무보증 및 이행보증 등을 제공	1998. 1.	소프트웨어 산업진흥법
소프트웨어 수출연구 협회	○ 국산 소프트웨어를 개발·판매하는 회원사간 공동연구 및 공동수출로 정보통신산업 진흥 및 국제경쟁력 강화	1998. 8.	민법
정보통신 공제조합	○ 정보통신공사업자의 공제사업과 정보통신공사업 관련 보증업무, 공사에 필요한 장비 대여 ○ 공사용 기자재 구매 알선 등	1988. 3.	정보통신 공사업법
한국통신 사업자 연합회	○ 통신사업 공정경쟁 환경조성 및 자율규제 ○ 통신사업에 관한 회원 의견수렴·정부건의 ○ 통신정책·기술·서비스 등에 대한 조사연구 및 홍보 등	1996. 8.	민법
한국 커머스넷	○ 국내 전자상거래의 건전한 발전에 공헌	1997. 4..	민법
한국아마추 어무선연맹	○ 아마추어 무선통신 장려지도 및 보급	1957. 4.	민법
기업정보화 지원센터	○ ERP 도입 등 기업정보화 촉진을 위한 연구개발, 지원을 위한 활동 추진	1997. 9.	민법

[부표 2] 정보통신관련 학회현황

명 칭	목 적	설립일
한국통신학회	○통신과학에 관한 연구, 통신사업 성장을 위한 연구	1975. 2.
한국전기전자학회	○전기, 전자, 통신, 정보, 음향공학에 관한 학술 및 기술의 진흥	1990. 6.
한국전자파학회	○전자파 환경의 정비와 관련기술 진흥	1989. 2.
한국정보보호학회	○통신정보 보호를 위한 학술 및 기술의 진흥	1991. 2.
통신위성우주산업연구회	○통신방송위성사업의 효율적 추진과 기술발전 도모	1991. 5.
개방형컴퓨터통신연구회	○컴퓨터통신에 관련된 정보 및 기술 연구개발 및 교환	1991. 12.
대한의료정보학회	○의료정보학에 관한 연구와 응용으로 관련 분야의 발전에 기여	1991. 12.
한국데이터베이스학회	○데이터베이스에 관한 연구 및 국제교류로 정보통신산업 발전 도모	1992. 1.
한국정보처리학회	○정보처리에 관한 학술적 조사·연구	1993. 12.
정보통신정책학회	○경제·사회적 측면에서 정보통신분야의 심도 있는 연구와 건설적인 대안 제시	1994. 4.
한국지능정보시스템학회	○전문가시스템에 관한 학문 연구, 산·학 협동으로 전문가시스템 분야 발전 도모	1993. 12.
한국전자거래학회(CALS/EC)	○CALS 및 EC를 위한 학술 및 기술의 진흥과 관련분야의 발전에 공헌	1996. 3.
한국산업정보학회	○정보기술 관련분야의 연구 및 교류를 촉진하여 국가 및 산업 정보화에 공헌	1997. 10.
한국언론정보학회	○매체·통신을 통한 커뮤니케이션 현상의 사회과학적 연구 및 교육수행	1998. 3.
한국정보과학회	○정보과학에 관한 기술의 발전 및 보급	1977. 10.
한국정보기술응용학회	○정보기술 관련분야의 연구 및 교류를 촉진하여 국가 및 기업 정보화 발전에 공헌	1998. 7.
한국멀티미디어학회	○멀티미디어에 관한 이론 및 기술 발전에 기여	1998. 3.
한국정보법학회	○정보법학 분야의 학술연구, 관련단체와의 협력도모	1997. 2.
한국지역정보화학회	○지역정보화 방안을 학문적 기술적인 측면에서 연구하여 지역발전 유도	1996. 9.
한국해양정보통신학회	○해양 정보통신에 관한 이론, 정책 연구 및 기술발전에 기여하고 정보통신 진흥과 정보사회 발전에 공헌	1997. 7.

찾아보기

(ㄱ)

강경식 62, 155
강인구 237
강태진 139
강형석 141
거대기술체계론 23, 43, 44, 214, 252
게이츠 28
경제기획원 62, 69, 70, 73, 92, 97, 153, 154, 203
경험적 상대주의 프로그램 43
고려시스템산업 129, 130
공병우 140
공안망 160
공정혁신 32, 39
공평성 36
과학기술정책 40, 72, 73
과학기술진흥법 73
과학기술처 60, 65, 66, 73, 74, 80, 85, 97, 100, 129, 134, 143, 167, 184, 186, 188, 190, 191, 194, 196, 197, 202, 203, 204, 209
과학사회학 16, 36
과학의 사회적 구성주의 42
과학지식사회학 23, 35, 37, 42, 43
과학지식사회학의 강한 프로그램 36
과학철학의 상대주의 36
과학혁명 35
교육연구전산망 160
교육행정 전산화 61

국가기간전산망 23, 205, 206, 213, 217, 226, 234, 237, 261, 270, 272, 273
국가기간전산망조정위원회 207, 209, 213, 214, 220, 228
국가보위비상대책위원회 168
국가사무의 전산화 147, 151
국방과학연구소 75, 106
국방망 160
국산컴퓨터 99, 106, 109, 111, 118, 124, 182
국산화 23, 81, 105, 113, 114, 115, 116, 120, 121, 135, 165, 166, 178, 179, 183, 185, 191, 192, 193, 197, 201, 202, 225, 231, 233, 243
권력엘리트 53
극소전자혁명 26
금성 100
금성사 103, 104, 121, 127, 236
금융결제원 161
금융전산망 160
기능주의 36
기술 비전 300
기술 파워엘리트 24, 53, 76, 209, 301
기술-경제 연결망 33
기술결정론 23, 24, 25, 26, 27, 30, 35, 42, 43, 150, 284
기술경제학 23, 35, 39, 40, 42
기술관료 33
기술권력 53, 161, 164
기술궤적 24, 40

기술논쟁　269, 279, 284, 285, 303
기술비전　45, 53, 164
기술사회학　15, 17, 19, 20, 33, 34, 35, 39, 40,
　　　　43, 46
기술선택　157, 232, 234, 235
기술의 공고화　290
기술의 사회문화 결정론　288
기술의 사회적 구성론　23
기술의 사회적 구성주의　43, 44, 45, 46
기술의 사회적 선택　302
기술의 사회적 형성　269
기술의 사회적 형성론　23, 25, 34, 40, 42, 47,
　　　　48, 52, 252, 283
기술의 안정화　302
기술의 제도화　23
기술이전　23
기술자립　41, 183
기술정책론　23, 40, 42
기술종속　39, 41
기술체계　45, 52, 53, 69, 74
기술촉진법　201
기술표준　293
기술혁신　20, 22, 23, 27, 28, 29, 30, 32, 33,
　　　　34, 38, 40, 41, 50, 51, 52, 66, 69, 71, 72,
　　　　86, 100, 102, 137, 214, 285
기술혁신론　31, 32, 40
기술혁신정책　35
김만진　84
김성중　108
김성진　210, 212, 229
김완희　179
김재익　162, 163, 164
김정덕　168
김현영　120
김형집　139

(ㄴ)

나이스빗　25
내무부　134, 182
네그로폰테　28
네오 맑시스트　46
네오포디즘　47
노동과정론　23, 35, 38
노바　93
노태우　145

(ㄷ)

다니엘 벨　25
대우전자　127
대우통신　236
대칭성　36, 37
대학입학 예비고사　61, 77
데이터제너럴　93
데이터제너럴사　78
동력자원부　81, 84, 85
동양시스템산업　99
동양전산기술　95, 99, 103
되먹임　38
두루넷　277
뒤르껭　16
디지털이퀴프먼트　93

(ㄹ)

라인프린터　105, 107
로젠버그　32

(ㅁ)

마르크스　30, 38
마스다　28
마이크로소프트　96, 126
마이크로컴퓨터　113, 115, 117, 119, 123, 193,
　　　　201, 202, 213
막스 베버　42
매뉴버　54

머튼　16, 36
명필　128, 131, 247
모델 컴퍼니　141
몬트리올올림픽조직위원회　143
문교부　97, 134, 167, 195, 202
미니컴퓨터　78, 94, 103, 117

(ㅂ)

바이커　44
바텔연구소　77
박동인　129
박성철　109
박정희　64, 75, 76, 81, 87, 151, 152, 161, 166, 169, 179
박충훈　72
박태준　96
박홍호　140
반스　36
발명가 겸 기업가　45
배열적 기술　52, 292
백영학　168
백인섭　235
벨　28
보석　139
보석글　138, 247
브레이버만　38
블로어　36

(ㅅ)

사무자동화　147, 148
사회결정론　35, 43
사회과정　49, 52, 53, 152
사회구성체　31
사회기반　49
사회문화결정론　30
사회적 맥락　22, 23, 53, 67
사회적 선택　52

사회적 영향　48, 49, 50
사회적 합의와 개입　49
사회적 효과　60
사회환경　49
산업사회학　35, 38, 42
삼보전자　122, 136
삼보컴퓨터　115, 277
삼성　100
삼성반도체통신　112, 236
삼성전자　103, 104, 120, 127
상공부　72, 80, 84, 85, 97, 114, 134, 167, 180, 181, 182, 184, 190, 194, 195, 196, 197, 203, 209
상대주의의 경험적 프로그램　37
생산성 역설　74
생산성본부　60
서삼영　273
서울올림픽조직위원회　142
서정욱　236
선형모델　28, 29, 30, 32, 286
성기수　62, 76, 78, 129, 130, 142, 151, 161, 234
성찰성　36, 37
세종1호　78, 109, 111
소프트웨어　23, 57, 68, 76, 88, 102, 139
슈퍼마이크로 컴퓨터　112
슘페터　16, 39, 42
시스템공학센터　161
신국제분업　38
신동필　156, 214

(ㅇ)

아래한글　139
아버나시와 우터백　32
아스키　126
아이비엠　69
안경수　127

안문석 62, 156, 273
안철수 102
암흑상자 22, 24, 30, 33, 36, 138, 293
애플 126
앨빈 토플러 25
에디슨 45
엔지니어-사회학자 45
엘륄 27
연구조합 101
연구혁신 체제 83, 285
연쇄모델 32
오길록 237
오명 161, 163, 210, 217
오원철 84, 161
올드 맑시스트 46
왕 래보러토리즈 94
우연성 37
우원식 139
워드Word-80 129
위너 46
윌리암 28
유영준 84
윤정경 140
이기식 130
이단형 143
이만영 105, 161
이만희 72
이범천 127
이어령 140
이용태 167, 235
이원경 142
이정오 167, 194
이찬진 102, 139
이해관계 접근 37
이후락 109
인과성 36

(ㅈ)
자율적 기술론 25
재무부 97
재정경제원 277
전길남 231
전두환 156, 162, 167, 169, 194, 204
전산망보급확장과이용촉진에관한법률 161, 177, 214, 217, 218
전산화 68, 77, 96, 153, 158
전자계산기조직 60, 73, 74, 182
전자계산조직개발조정위원회 184, 188, 191
전자공업 72, 82
전자공업진흥법 100, 180, 181, 190, 194
전자민주주의 28
전자전화교환기 81, 87, 171
전자정부 21, 151, 152
정내권 140
정보기술혁명 27
정보사회 91
정보산업 18
정보산업기술 217
정보산업육성법 183, 185
정보산업육성위원회 204, 205
정보산업의 해 100, 165, 167, 171, 196, 200, 208
정보산업협의회 186
정보통신기술 15, 16, 17, 20, 22, 23, 25, 27, 38, 42, 52, 58, 60, 85, 86, 91
정보통신부 277
정보통신산업 18, 22
정보통신혁명 163
정보화사회 22, 27
정보화정책 19
정보화촉진기본법 177
정부전자계산소 154
정성계 84
정수창 99

정왕호 130
정종택 155
정치적 과정 75
정통부 276
제품혁신 32, 40
중간범위 이론 48, 52
중앙전자계산소 66

(ㅊ)

찬들러 30
청계천 121
청계천 전자상가 102, 123
청와대 109, 131, 163
체계 형성자 45, 300
체신부 63, 78, 81, 85, 87, 100, 167, 182, 209
체제 개발자 301
초고속정보통신망 261, 262, 263, 269, 273, 275, 276, 277, 280, 285
총무처 134, 151, 153, 167, 209
최고권력 53, 151, 160, 161, 163, 205, 207, 209, 211, 214, 301
최규하 156
최상현 242
최순달 168
최영환 192
충청북도 155, 156

(ㅋ)

캠페인 53, 164
컨트롤데이터 76, 93
컨트롤데이터 코리아 94
컴퓨터 매니아 102
콜린스 37, 43
콩트 16
쿤 36, 39
쿨리 16
큐닉스 136

(ㅌ)

타이컴 230, 256, 257, 258
토착화 129, 191, 245, 284
토플러 28
톨러런트 231, 233, 235, 236
통상산업부 276

(ㅍ)

포드주의 38
포랫 28
포리스터 28
포항제철 96
표준화 133, 134, 137, 138, 158, 273, 275, 300
프로그래머 66
프리만 18
플렉 51
피드백 51, 201, 204, 254, 285, 303
핀버그 43

(ㅎ)

하나 138
하드웨어 23, 57, 68, 105, 256
하버마스 27
한국IBM 94, 98, 100, 136
한국과학기술연구소 62, 73, 78, 80
한국과학기술원 78, 128
한국데이타통신 79, 161, 167, 209, 230
한국전기공업협동조합 84
한국전기기기시험연구소 80, 84
한국전기통신공사 78, 209, 220
한국전기통신연구소 81, 85
한국전력 84, 276
한국전산원 161, 228, 233, 255
한국전자계산소 89
한국전자공업진흥회 203, 212
한국전자공업협동조합 100
한국전자공업협회 100

한국전자기술연구소 78, 80, 82, 145, 201
한국전자통신연구소 78, 81, 169, 213, 260
한국전자통신연구원 80, 170, 174, 181
한국통신 276
한국통신기술연구소 78, 80, 82
한국통신진흥 161, 220
한글과컴퓨터 140
한글코드 133, 135
한글화 105, 107, 115, 120, 138, 241, 242, 243, 258
한대희 140
한자코드 133, 136
함병춘 164
해석적 유연성 37, 43
행위자 연결망이론 23, 33, 37, 43, 45, 46
행정전산망 15, 58, 138, 150, 151, 152, 157, 161, 207, 217, 219, 220, 228, 230, 245, 250, 254, 255, 256, 270, 285
행정전산망용 주전산기 158, 229, 241
행정전산화 23, 147, 150, 151, 152, 153, 154, 155, 157, 158, 159, 160, 163, 218, 221, 223, 249, 285
행정정보시스템 154, 155, 156, 213
혁신네트워크 209, 301
혁신체계 33
현대전자 236
홍성원 162, 164, 165
화콤코리아 97
황규빈 126
후지쯔 60, 93, 96, 131
휴즈 44, 45, 69

한국사회와 정보통신기술

초판 제1쇄 찍은날: 2006. 11. 20
초판 제1쇄 펴낸날: 2006. 11. 30

지은이: 허 상 수
펴낸이: 김 철 미
펴낸곳: 백산서당

등록: 제10-42(1979. 12. 29.)
주소: 서울 서대문구 홍제동 330-288
전화: 02) 2268-0012(代)
팩스: 02) 2268-0048
이메일: bshj@chol.com

※ 저작권자와의 협의 아래 인지는 생략합니다.
값 16,000원

ISBN 89-7327-290-X 03300